世界历史有一套
– 白金版 –

俄罗斯

双头鹰之迷思

RUSSIA

杨白劳
——作品

中国出版集团　　现代出版社

图书在版编目（CIP）数据

俄罗斯：双头鹰之迷思 / 杨白劳著 . — 北京：现代出版社，
2020.10
（世界历史有一套）
ISBN 978-7-5143-8819-0

Ⅰ . ①俄… Ⅱ . ①杨… Ⅲ . ①俄罗斯—历史—通俗读物
Ⅳ . ① K512.09

中国版本图书馆 CIP 数据核字 (2020) 第 160967 号

俄罗斯：双头鹰之迷思（世界历史有一套）

作　　者：杨白劳
责任编辑：张　霆　哈　曼
出版发行：现代出版社
通信地址：北京市安定门外安华里 504 号
邮政编码：100011
电　　话：010-64267325　010-64245264（兼传真）
网　　址：www.1980xd.com
电子信箱：xiandai@vip.sina.com
印　　刷：固安兰星球彩色印刷有限公司

开　　本：710mm×1000mm　1/16
印　　张：21.5　　　　　　　　字　　数：352 千字
版　　次：2020 年 10 月第 1 版　印　　次：2023 年 12 月第 4 次印刷
书　　号：ISBN 978-7-5143-8819-0
定　　价：50.00 元

目　录

引 言

让我们先找两只身体结实的雪橇犬吧，要瞳孔分明、目光锐利的，还要有银灰色平直的背，让它们拉上一个大雪橇，带我们从咱家东北角那些黑黝黝的松林穿出去，向北，再向北，一路向北，大家把羽绒服、狗皮帽、手套、脚套、耳朵套都带上，这一路，风会越来越冷，大地会冻成一块铁板。

这是地球上自然环境最严酷的地带了，再向前，就能看到跟地球同时产生的亿年玄冰、万年积雪，冷风像钢针一样刺穿我们裸露在外的皮肤。

实在太冷了，我们就在途中找个农舍休息暖和一下，跟当地人要些最好的大麦、小麦、玉米，再加点马铃薯。

在这种冻土地带生长出来的农作物，需要克服很多困难，经历漫长的等候才能收获，每一颗都带着蓬勃的生命，有丰富的蛋白质，如果用来做面包，就浪费了。

我们让这些谷物发酵，蒸腾出最激烈的魂魄，最炙热的原浆，再找那些亿万年前就已存在的冰雪融水来冷却稀释它。这些水静谧地凝固在地球的最北端，保持着宇宙最初的洁净，不沾染丝毫人间的烟火。然后，我们需要一些木炭或是石英，让这些冷却稀释后的液体慢慢地、极尽细致地过滤，不要残留谷物的味道，不要留下器皿的味道，不要红尘中所有的味道，没有杂质，没有沉淀，像西伯利亚的天空一样纯净，像极地的冰山一样通透。

好，这样，我们就做出了一杯水。看上去，这就是一杯水，小小地喝一口，几亿年的寒冷麻木了舌头，一刹那后，这阵钻心的寒冷骤然升温，像利刃一样从喉咙划过，最终熊熊燃烧在胃里。那些热烈的谷物精灵，跳着最张扬的生命之舞，进入你的周身血液。如果你酒量不好，还酒品一般，就很容易被带着手舞足蹈，出一阵很大的洋相。

对，我们酿的就是伏特加——神奇的生命之水，最热烈的魂魄藏匿在最清澈的液体中，是地球上最冷又最热、最安静又最狂放的液体，它是冷静沉郁和激情豪迈最完美的结合，现在我说的不是酒，是我们这篇的主角——俄罗斯人！

不管你喝不喝酒，酒跟文学、音乐、美术一样，都是神赐的艺术，地球上所有文化发达的地域都出产好酒，比如咱家的白酒、法兰西家的葡萄酒、英伦三岛的威士忌、德意志家的啤酒，当然还有俄国人的伏特加。老山姆是一移民国家，所有别家的好东西他只管拿来改良，所以他家啤酒、红酒、威士忌、伏特加都有很好的货色，只有咱家的白酒酿不出。

"痛饮狂歌空度日，飞扬跋扈为谁雄"，这句诗是杜甫送给李白的，当决定要写俄罗斯时，老杨脑子里最先出现的就是这句诗，在我心里，俄罗斯人是更狂野的东北人，所以，老杨带大家行走在俄罗斯的历史进程中时，主要人物对白均为东北话，当写到大家的偶像普京时，我会给他安上范伟的口音，普京说："老杨啊，你这样编派我，我的心拔凉拔凉的啊……"（听着出汗！）

因为老杨已经带大家粗略浏览了西欧三个国家和罗马，讲述俄罗斯的故事就方便多了，请大家找出《世界历史有一套：罗马帝国：霸主养成记》，翻到东罗马那部分，讲述俄罗斯的古代历史，东罗马的故事是重要的参考资料。

一　雪原茫茫，征途漫漫

整个欧洲最早的两批原居民，一群是凯尔特人，一群是罗马人。这两群城里人之外，还有各种古怪的蛮夷，比如日耳曼人，然而要说人口最多的一个蛮族，则肯定是斯拉夫人。

现在的研究认为，斯拉夫人很可能起源于印度或者伊朗一带，不知道怎么的，就溜达到西起奥德河，东到第聂伯河，南至喀尔巴阡山，北临波罗的海这个位置安顿下来。大约现在波兰的维斯瓦河谷，被认为是斯拉夫人最早的家园。

在4—6世纪，斯拉夫人开始群居组团过生活，学术名词叫作：形成了初级的部落联盟。他们靠什么生活呢？主要是打猎、抓鱼、养蜜蜂，偶尔也养牛放羊。

都知道，在欧洲只有罗马人有权利将其他部族定性为蛮夷，既然斯拉夫人是史载的著名蛮夷，可以想象，他们肯定是挑衅了罗马帝国，把自己堕落进了流氓团伙。

斯拉夫人没赶上罗马最好的时候，他们张狂的时候只能找东罗马的麻烦，他们顺河流南下，进入希腊地界劫掠。根据东罗马的记录，这群蛮夷出手狠辣，下手歹毒，人家罗马人，抓了俘虏都是变成奴隶，还开发出角斗士之类的高端娱乐，斯拉夫人干脆，直接杀掉了事。

其实斯拉夫人真冤枉，他们从波兰河谷乡下地方氏族公社升级为劫匪，根本没人教他们规矩，他们从来就不知道世界上有奴隶制这种玩法，况且，斯拉夫人本来没什么了不得的产业，也想不出来收一群奴隶养着有啥用，不杀掉还浪费粮食呢。所以，斯拉夫人是跳级的学生，他们几乎是从原始社会直接进化成为所谓封建社会了。

原来说过，欧洲大陆虽然品种流杂，可不论是种地的、放牧的、钓鱼的、打劫的，在欧洲大地原本都可以相安无事，安居乐业，可因为北匈奴的向西逃窜，打乱了欧洲的民族版图，各种部族立时陷入各种混乱，拉家带口、鸡飞狗跳到处乱窜，几乎所有族群都牵涉其中。斯拉夫人看着潮流兴盲流，也就跟着四散寻找更好的位置、更好的生路。

斯拉夫人是民族语言相类的一个种族群体，内部可以细分成不同的部分，尤其是在迁徙的过程中，他们还选择了不同的方向，以至于遭遇不同的受害族群时，就以各自的方式给他们乱起名字。

西线的那支，曾被西罗马称为维内德人，他们向西方运动，大约公元 623 年，建立了斯拉夫人最早的国家，后来的捷克和波兰就是他们陆续建立的；南部的斯拉夫人，目标是巴尔干半岛，他们遭遇东罗马，被称为斯拉夫人，因为东罗马代表主流文化，所以他们给起的名字，就成了这个族群正式的称呼。南斯拉夫人在巴尔干建立了保加利亚等国，是导致东罗马灭亡的主要因素之一；而我们这篇的主角，就是东部的这支，所谓东斯拉夫人。

东斯拉夫人向东移动，最后在东欧平原上找好位置，安家立户，逐渐出现了两个和氏族公社不同又还没升级到国家的组织，一个是位于第聂伯河中游的库雅巴，三兄弟构建，老大叫基辅，所以他们的统治中心被取名为基辅；另一个叫斯拉维亚，以诺夫哥罗德为中心。

基辅和诺夫哥罗德成为东斯拉夫人各部族整合的核心，慢慢地发展为最早的小公国。蛮夷形成的国家，毫无积累，看似一个小国，内部乱糟糟的，什么规矩都没有。东斯拉夫人觉得自己肯定是管不好家里这些乱事了，不行就考虑请个外援吧。

二　留里克——留下就不再是客

东斯拉夫人终于安顿下来，生活虽还是原始贫瘠，但总算有了个落脚安身的地方，不管经历了多少流浪，有了家，就有了希望。

说到这里，老杨要申请穿越一次，回到2011年。

2011年中国有很多热词，其中一个，肯定是航空母舰。全世界的人都在传说，咱们大连军港里有一艘今年就会进入大洋，可能会翻江倒海的庞然大物——中国第一艘航空母舰。

这艘传说中的航母，出生不是秘密，它是被咱们领养的，原始的出生地在苏联。

20世纪末，苏联解体前的那几年，苏联人很抓狂，因为他们憋着劲跟美国人玩军备竞赛。军备的竞赛比足球赛、篮球赛刺激多了，稍不控制就会倾家荡产，把自己活活玩死。

20世纪80年代初，苏联末世的张狂，预备建造第三代航母。到80年代末，在乌克兰的黑海船厂，漂亮的航母基本成型，被命名为瓦良格号。90年代，苏联解体，根据分家的原则，这艘没有完工的航母就被分给了乌克兰。

乌克兰人挺硬气，从独立开始就张罗着要把这艘航母完工，不幸的是，一分钱难倒英雄汉，最终也因为财力不足，让瓦良格号停在造船厂几乎成为一堆废铁。

瓦良格号是没落贵族出身，一般人养不起，沉睡了好多年，终于遇上有钱人。中国香港的一个娱乐公司买下了这个庞然大物，号称是要改装成集购物娱乐为一体的大型主题娱乐设施。当初虽然是这么说，可既然被咱们买下来了，到底是当玩具还是当武器，当然是我们自己说了算。

买了东西要交货啊，乌克兰人不地道，我们买这么大的东西，他们居然不负责运输，还说："小店薄利多销哦，亲！折扣最低了哦，亲！不包邮哦，亲！一经出售不退不换哦，亲！"

因为没有安装动力，说是航母，那时的瓦良格号其实就是一块巨大的能漂浮的废铁，海上航行需要巨型的拖船拖动。比起买下它的一掷千金，瓦良格号来到中国的这趟旅程也是花费不菲，而且艰难重重。

大家看地图，从黑海造船厂出海，第一个要经过的就是狭窄的土耳其海峡，土耳其政府出于一些不知道的什么目的，设置了重重障碍；进入地中海后，埃及方面拒绝这个拖船队经过苏伊士运河，所以不得不绕道直布罗陀海峡；然后是好望角—印度洋—马六甲海峡，终于在2002年进入了中国海。这一节地理课上得蔚为壮观，全世界都看得目瞪口呆。

没有钱的人家谁敢这么玩啊，瓦良格号从黑海船厂到大连港这一路，走了123天，花费了三千多万美元（当时美元还值钱呢）。

瓦良格号离开黑海造船厂时，很多乌克兰船厂的老师傅都老泪纵横，因为他们不能亲手培养瓦良格号长大成人。好在中国帮他们实现了这个理想，这些老师傅很多被请到大连，继续他们没完成的工作。到2011年，瓦良格号已经基本装配完毕，英姿飒爽，预备在全世界各种复杂的目光中开始自己盛大的表演。

瓦良格是这个苏联血统孩子的乳名，虽然它已经加入中国籍，还一直没有正式的中国名字。根据惯例，这样的名舰，名字一般来自历史上的海军名将或者是名舰，这个事在咱家比较尴尬，大家都知道，聊到海战的历史，中国人一般都是尽量躲起来，不参与讨论。当然也没有特别牛的历史名舰让瓦良格号继承它们的名字，如果叫"定远号"或者"致远号"，相信广大中国人民也不能答应。

其实，瓦良格这个名字，对苏联人代表的也是悲壮。20世纪初的日俄海战，俄国有艘火力强大的瓦良格号巡洋舰，因为遭到日舰的围攻，最后不得不自沉。虽然沉了，可俄国人一直认可它的精神，所以，俄罗斯海军有首著名军歌就是《瓦良格号巡洋舰》，雄壮激昂，而被他们寄予无限希望的第三代航母，也沿用了这个名字。

瓦良格到底什么意思？就是维京商人的意思。最早的东斯拉夫人厚道，对来自斯堪的纳维亚半岛的维京人，西欧人都说他们是强盗，是海贼，东斯拉夫人说他们不过是些商人，还请他们经常到家里玩。

回到 9 世纪，维京海盗狂欢的年代。斯拉夫人总算脱离了氏族公社，依然可怜兮兮的，连维京海盗都看不上他们。

对维京人来说，经过芬兰湾顺涅瓦河南下，沿着第聂伯河到黑海，最后与拜占庭贸易，才算大生意，在东斯拉夫那些小公国身上浪费时间，实在没必要。而从斯堪的纳维亚半岛到拜占庭的这条通路，当时被认为是世界上最繁盛最热闹的商道之一。东斯拉夫人眼巴巴地看着维京人从自己家门口经过，装满货物和金银的船只往来如梭，无比羡慕。在东斯拉夫人眼中，瓦良格人有文化、有本事、有见识，相当靠谱。

公元 862 年，诺夫哥罗德公国陷入混战，东斯拉夫的贵族们感觉，以自己的能力无力控制这个局面了，他们认识的最有本事的人就是瓦良格人，所以就派了几个代表去找海盗们求援。

维京海盗也分族系的，被东斯拉夫人看中的这一支，在瑞典一带据海称王，他们的酋长叫留里克。

留里克一听有人请他过去做老大，很配合，就带了自己的兄弟和勇猛善战的海盗武装进入了东斯拉夫的小公国。留里克当然是毫不客气地给自己一个国王的职称，这样一来，东斯拉夫人就有了正式的王国，而俄罗斯人正式的历史，也就是从留里克称王开始。

留里克在俄国历史上的形象云山雾罩，半人半仙的，谁也讲不清楚究竟是怎么回事，甚至还有历史学家质疑这个人物的存在。不过老杨不太相信东斯拉夫人哭着喊着请维京海盗过来当老大这个说法，我更愿意相信，是留里克兄弟几个看着东斯拉夫这片挺乱的，自说自话过来帮忙平乱，并顺势取得了对东斯拉夫人的统治权。

三　基辅罗斯的生平

劫匪出身

整个沙俄的历史，就是一部武力扩张史，那么大的地盘都是抢来的。而扩张抢地盘这些优秀品质，几乎是在最初的国家一成立就开始了。

统治了 20 年后，留里克死了，留下的继承人叫伊戈尔，当时伊戈尔年纪小，所以留里克托孤，委托自己的姐夫（或者是妹夫）奥列格为摄政，暂领大公之位。

奥列格摄政王比留里克有进取心，他感觉斯拉维亚地方太小，地段也不好，所以顺着第聂伯河向南征伐。正好库雅巴此时也被两个瓦良格人占据着，奥列格用计除掉了这两个同胞，占领了基辅，将基辅命名为"罗斯诸城之母"，以此为中心，继续兼并了周围所有东斯拉夫人和部分非东斯拉夫人的部族，建立了正式的罗斯国家，历史上称为"基辅罗斯"，依然只是个小公国，首领被称为大公。

基辅罗斯正式建国已经是公元 882 年左右，之前斯拉夫人并不知道，世界上有奴隶制这种搞法，维京人见过大世面，他们是知道的，所以，奥列格在国内分化出了自由人和奴隶，穷人和富人几个族群。可因为完全没有奴隶制国家的积累，斯拉夫人还是不太清楚奴隶到底该怎么用，稀里糊涂进入了封建社会。

基辅罗斯算是一个初级的国家，各部落城邦松散联合，不论是留里克还是奥列格，他们对如何整理整合这么一盘资源也没有特别有效的办法和心得。斯拉夫的贵族们组成几个类似议会的组织，国家大事商议着办理。可是运作国家机器需要钱啊，到哪里去搞钱呢？

东斯拉夫部族的大部分地区，此时还维持着氏族公社的形态，集体劳

11 世纪的基辅罗斯

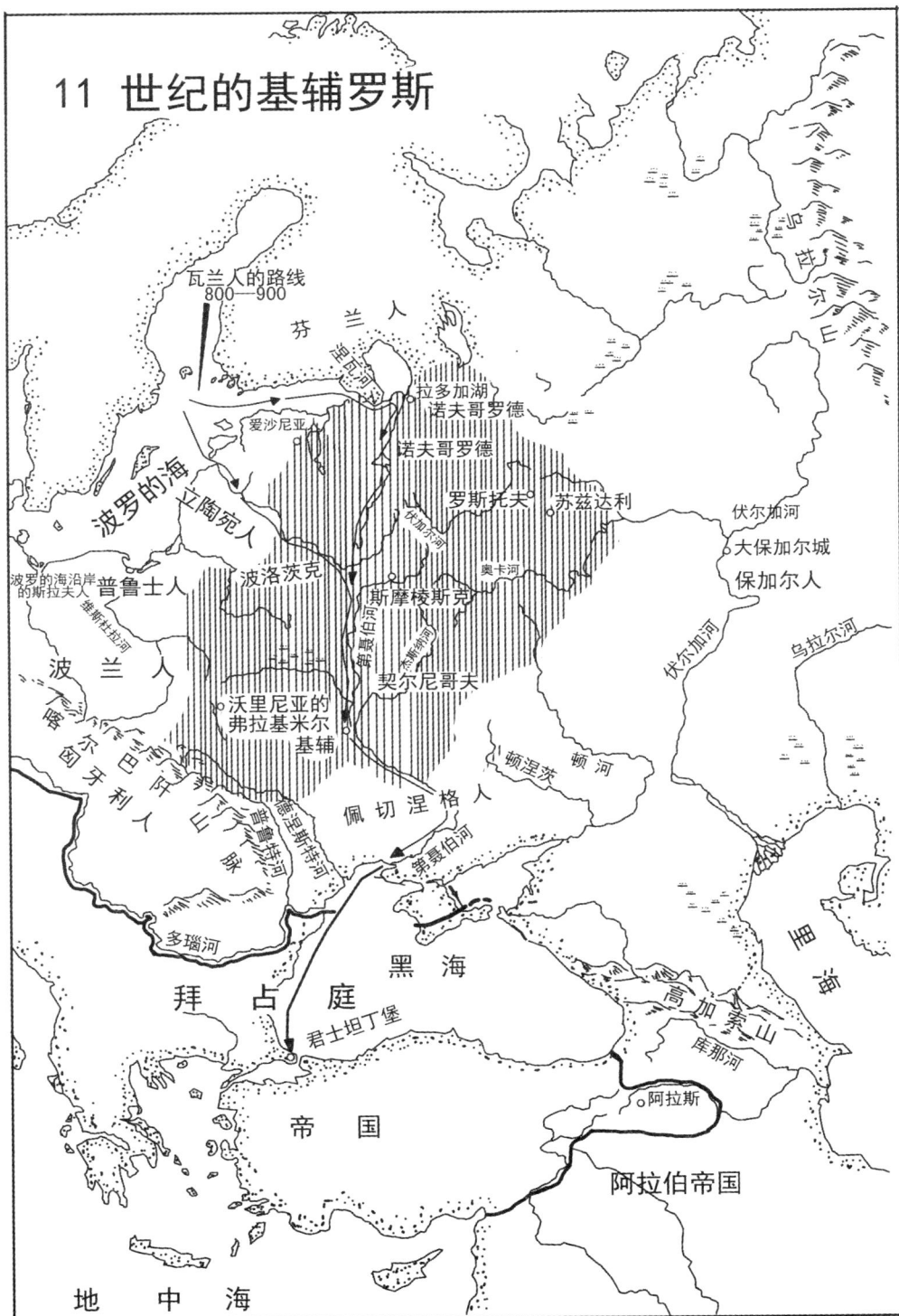

瓦兰人的路线
800—900

芬兰人

波罗的海

立陶宛人

爱沙尼亚

拉多加湖
诺夫哥罗德

诺夫哥罗德

罗斯托夫　苏兹达利

伏尔加河

大保加尔城

保加尔人

波罗的海沿岸
的斯拉夫人

普鲁士人

涅斯杜拉河

波洛茨克

斯摩棱斯克

奥卡河

伏尔加河

乌拉尔河

波兰人

沃里尼亚的
弗拉基米尔

契尔尼哥夫

伏尔加河

加利西亚

匈牙利人

普鲁特河

德涅斯特河

基辅

顿涅茨　顿河

佩切涅格人

第聂伯河

里海

多瑙河

拜占庭

黑海

高加索山

库那河

君士坦丁堡

阿拉斯

帝国

阿拉伯帝国

地中海

作或者狩猎，然后大家分享收成。如果这时你跟他们说，国家要找他们纳税，他们是想不清楚的，我的劳动所得，干吗要交给大公啊，国王自己不劳动吗？

好在这个问题对出身海盗的大公来说，一点儿不算问题，因为从他们记事起，就知道一个生存的规矩：想要的东西，别人不给就抢呗。

于是，大公们建立了一种非常有特色的"巡行索贡"规矩，每年11月到次年的4月，大公带着自己的近卫侍从和亲兵，开始在基辅罗斯各城邦部落巡视，老百姓的收成，直接收缴。当时该地区的产品主要有毛皮、蜂蜜、蜂蜡、粮食等。等到天气转暖，大公就拿这些东西，南下拜占庭，换回纺织品、酒或者水果等奢侈品。

大公带队下乡武力抢劫自己的子民，抢完后，大公想起自己不光是抢劫集团头目，还是一个国家首脑，于是地方上有些案件官司或者纠纷上访之类的事，就捎带着一并处理了。

奥列格任内，两次出击拜占庭，都收到了很好的效果。大家回顾东罗马的历史，此时的拜占庭帝国，被各路神仙蹂躏，基本都是花钱买平安。奥列格商业意识敏锐，除了跟东罗马要贡赋，还要求对方签订了对自己非常有利的商务条约，让基辅罗斯到拜占庭这条商道更加风生水起，车水马龙。

雌雄双煞

912年，奥列格死了，留里克的儿子伊戈尔在而立之年成为基辅罗斯的新大公。

受奥列格的影响，伊戈尔认为，国家强大的关键就是收拾拜占庭，逼他们签订不平等商贸条约，还要求逐年增加贡赋。伊戈尔的运气不如奥列格，第一次出征东罗马，就遭遇了大杀器——希腊火（详见《世界历史有一套：罗马帝国：霸主养成记》）。好在拜占庭神勇的时候也不多，第二次出征，基辅罗斯又如愿了。

伊戈尔死得很惨，他出征拜占庭之前，已经搞了一次"巡行索贡"，抢了好一堆东西，打完拜占庭，他觉得抢得不够，预备再去"索贡"一次。在一个叫德列夫立安人的部族，当地人看大公又来抢劫了，忍无可忍，拿起武器反抗，抓住了伊戈尔，将他绑在两棵树上，扯成了两半！

维京人老当益壮，伊戈尔60岁才生出第一个儿子，所以他死时，长子还未成年。伊戈尔的老婆奥丽加摄政，成为实质上的女大公。

俄罗斯的历史上，风华绝代的女首脑不少，而东斯拉夫大方让女人主事这个开放的心态，恐怕就是来自奥丽加女大公的摄政。

奥丽加风姿卓绝，是俄罗斯史上著名的美女。德列夫立安人干掉了大公，也有些后怕，所以就怂恿自己部族的大公去向奥丽加求婚。像奥丽加这样的女人，一玩阴谋诡计会害死很多人。她先设计除掉了组团过来求饶的德列夫立安人，据说其中很大一部分是被她活埋的。杀完后，她宣布，只要德列夫立安的首府，每家交出三只鸽子三只麻雀，她就饶剩下的人不死。收到这六只鸟，她让人给鸟的脚上涂上焦油，然后点燃放飞，这些家养的鸟类木呆呆地飞回老家，罗斯房子都是木质建筑，鸟儿带着火种飞回来，将首府顷刻烧成白地。

能这样花样百出地杀人放火，奥丽加绝对不是寻常女人，最离奇的，她居然还是个基督徒！这个时期，基辅罗斯的宗教信仰还很迷茫，是某种多神教的时代，没有确切的资料显示奥丽加是什么时候信奉基督教的，但对当时的基辅罗斯来说，属于思想和作风都比较新锐了。

也许是宗教原因，更大原因还是奥丽加徐娘虽老，风韵犹存，所以她造访了一次拜占庭，成为东罗马皇帝的座上宾。据说当时的拜占庭皇帝，著名的知识分子君士坦丁七世对她表达了爱慕之情。奥丽加一边愉快地接受了这份来自紫色皇族的暧昧，一边为基辅罗斯争取到了更大的利益。女大公当政时期，基辅罗斯跟拜占庭的关系空前和谐，后来拜占庭发起对克里特岛和叙利亚的战斗时，基辅罗斯都派出军队协同作战（参看《罗马帝国：霸主养成记·东罗马第十八》）。

奥丽加一直试图将基督教推广进基辅罗斯，无奈老公伊戈尔无限忠于海盗事业，生于抢劫死于抢劫，当然不会信上帝；儿子呢，从小看这个基督教的老妈杀人放火手段狠辣，没体会到基督教的宽容和美感，而且因为有伊戈尔和奥丽加这雌雄双煞的彪悍血统，儿子更加野性难驯，进化得似猛兽，自然，也不会接受那个能让他少安毋躁、修身养性的基督教。

基辅罗斯的华年

阅读警告：之前老杨已经写过四部欧洲国家史，读者们最闹心的就是这些老外的名字，动辄威廉、亨利、查理一堆堆、一群群冒出来。而现在要写俄罗斯的历史，老杨心里就更发毛，因为大家都知道，俄罗斯历史上诸位大侠，名字一个比一个长。老杨之前一直不太喜欢苏联的文学作品，就是对那些列夫、斯基之类冗长的名字头痛，现在躲不掉了，只能咬牙坚持，也请读者们容忍，实在眼花缭乱的部分，老杨会按不着调的写史风格给他们相应的外号或者代号，力求减小阅读难度。

奥丽加的儿子，新的基辅大公，斯维亚托斯拉夫上场！之前那几位名字都不长嘛，怎么突然冒出这么长的名字呢？这说明，来自维京人的基辅罗斯大公们，已经逐渐被斯拉夫人同化了，这个啰里啰唆一长串的，是斯拉夫人的风格。

斯维亚托斯拉夫我们不陌生，在《罗马帝国：霸主养成记》第十八章，他是个挺重要的人物。在那一篇里，东罗马皇帝同时面对穆斯林和保加利亚人的威胁，于是花重金请这位罗斯大公帮着收拾保加利亚人，斯维亚大公不仅按约定完成了皇帝交代的工作，还在多瑙河住下不走，预备将基辅罗斯的中心搬到多瑙河口，进而占领巴尔干半岛甚至吞掉拜占庭。

根据历史记载，斯维亚大公造型很狂野，光头，留着一缕额发，左耳戴一个宝石耳环，魁梧健壮，脑袋大脖子粗，胸肌发达。生活习惯也是狂放型的，他出征几乎不带行李，饿了就烤马肉吃，困了就枕着马鞍睡在地上；打仗时，喜欢冲锋在前，深受士兵爱戴。他15岁开始远征，保加利亚及周边的不少国家都见证过他的"风采"，还征服过外高加索，为基辅罗斯的版图扩张做出了巨大的贡献。

这种粗放型统帅，在战场上只能占一时的便宜，一旦碰上学院派的军事专家，就很容易吃大亏。东罗马的历史里，老杨描述了斯维亚大公的下场，他被拜占庭英俊的约翰皇帝围在多瑙河重镇——德里斯特拉堡，粮草耗尽，不得不投降认输，约翰皇帝大度地放他回家了。

东罗马史里说过，拜占庭出手，从来不会只用军事行动这么单一的手段，在约翰皇帝对大公动手前，先勾结了基辅罗斯传统的仇家——顿河下游的佩切涅格人（突厥的一支）。斯维亚回家的路上，经过一个险滩扎营休息时，一帮子佩切涅格人跳出来，抓住了大公，割掉了他的脑袋。大公的头骨被镶上黄金，制成了"杯具"，给突厥人用来喝酒了。

斯维亚大公死时不过 30 岁，虽然留下了三个儿子，却没有留下相应的规矩。斯拉夫人在继位的问题上，一直就稀里糊涂，他们没有长子嫡出的概念，只要是自己生的，都应该享受完全平等的权利。于是大公死后，他的三个儿子开始争位。

三兄弟互相打了 8 年，把一个兴盛的基辅罗斯打得很残破，大公的权威也被削弱。终于，最小的儿子弗拉基米尔胜利，成为罗斯的新大公。

弗拉基米尔的故事在东罗马史中也介绍过了，当时的拜占庭皇帝巴西尔二世初登大宝，国内有反叛，他不得不向罗斯求援，条件是将自己的妹妹，生于紫色寝宫、尊贵的安娜公主嫁给弗拉基米尔，附加要求是，弗拉基米尔信奉基督教。（《罗马帝国：霸主养成记·第十九章》）

从拜占庭的角度讲历史，当然是认为，弗拉基米尔是因为对拜占庭无限敬仰、无比忠诚而信奉基督教的，其实弗拉基米尔自己是经过了慎重考虑的。

随着基辅罗斯封建制度的巩固，地主阶级也越来越强势了，旧的宗教信仰仿佛已不能适应新的统治要求，而当时欧亚流行的各种宗教都派人到罗斯的地盘上传教，希望能争取这片新兴市场。

弗拉基米尔看着这些让人眼花缭乱的宗教，就派了几个人出去考察，哪个宗教好，就加入哪边。

哪个宗教更好？这是全世界最艰深的课题，研究到博士后都不会有成果。可人家罗斯人就能分辨得清楚。

首先弗拉基米尔大公否定了伊斯兰教，理由很简单，穆斯林不许喝酒，让罗斯人不喝酒，他们肯定做不到；其次，犹太教肯定也不行。剩下就是罗马天主教和拜占庭的东正教了，虽然此时两大教派还没有正式分裂，但是很多教义已经有了明显的分歧。

弗拉基米尔综合考虑了一下，最终还是选择了东正教，随后，他组织了所有他能抓到的罗斯国民，要求他们集体下第聂伯河受洗，正式成为基督教徒。弗拉基米尔这一次组团下河的行动，基本确定了俄罗斯历史的发展轨道，他当时恐怕想不到，这种宗教的选择对整个罗斯甚至世界历史的影响都是巨大的。

966年，弗拉基米尔在基辅建造了俄罗斯史上第一座教堂，因为大公捐出了自己收入的十分之一用于建设，所以被称为什一税教堂。

随着东正教入主基辅罗斯，拜占庭式的制度和统治秩序也进入了这个落伍的国家。东正教对罗斯最明显的作用是：终于确立了基辅罗斯自己的文字。弗拉基米尔按拜占庭的模式兴办教育，确立司法制度，以前多神教那些愚昧落后的习俗和生活方式也被废除了，基辅罗斯的大公总算有个国王的样子了，而这个东斯拉夫人的家园这才算正式成为一个封建制的国家了。

弗拉基米尔在位时，重点防御佩切涅格人的进犯，稍有空闲，他就出兵波兰和立陶宛，从他们手里抢了不少土地。波兰是个天主教国家，加上领土争执，俄国和波兰之间悲剧性连绵不绝的敌意由此时就算开始了。

学习拜占庭的先进文化、先进制度，基辅罗斯人开化了不少。但是就传位这件事，总是一脑袋糨糊。基督教规定，只有嫡出长子才享有继承权，弗拉基米尔觉得，手心手背都是肉，拒绝接受这一条，坚持儿子们享有平等的继位权。犯这种傻，明摆着就是怂恿手足相残，弗拉基米尔婚内婚外共有儿子十个，女儿两个！

十个儿子互相打吧，胜者为王，败者为尸。这段争位故事，老杨在《德意志：铁与血的历史》第五章中大致描述过。大王子杀掉三个弟弟，正预备对另一个弟弟雅罗斯拉夫下手，这个弟弟赶紧召集了各路帮手打群架，波兰和德意志都卷入其中。最后，靠着瑞典雇佣军的帮忙，雅罗斯拉夫获胜，取得大公之位。

雅罗斯拉夫应该是基辅罗斯历史上最有文化的大公，被称为"智者"，基本可以说，雅罗斯拉夫大公时代是基辅罗斯最兴盛的华年，大公本人几乎可以说是当时全欧洲最显赫的君主。

按说基辅罗斯不过是个东欧小公国，为什么雅罗斯拉夫能取得这么高的声望呢？会生孩子呗。他自己娶了瑞典公主，所以争位时获得瑞典的全力支持；三个儿子分别迎娶了欧洲三位公主；三个闺女，一个嫁给匈牙利国王，一个嫁给挪威国王，一个则是法兰西国王亨利一世的王后。法王亨利一世对罗斯公主言听计从，而她生下的王子被起名为腓力，导致后来好多法王都叫腓力。腓力是个传统的希腊名字，法兰西之前并没有人叫这个，显然，这个名字来自基辅罗斯。这样的联姻结果，导致欧洲好些国王都要叫罗斯大公为"公公"或者"岳父"，他当然地位尊崇。11世纪欧洲到处兵荒马乱的，经常有王公贵族需要逃跑避难，大公来者不拒，一概欢迎，以至于后来不少人觉得欠他人情，让他在欧洲人缘非常好。

之前每一位基辅罗斯的大公都要到拜占庭去耍一下武力，雅罗斯拉夫也不能省这趟征程，这一场远征，是罗斯对拜占庭的最后一战，罗斯军队打输了。好在其他的征伐还挺顺利，收回了争位时大哥割让给波兰的领土，战胜了立陶宛、芬兰和爱沙尼亚。

雅罗斯拉夫是内政处理得最好的罗斯大公，他下令将《圣经》翻译成了斯拉夫的文字，还编撰了俄罗斯最早的法典。基辅壮美的索菲亚大教堂也拔地而起，至今完好无损，是古罗斯建筑的代表作。受拜占庭艺术的影响，基辅罗斯盖出来的教堂，大都顶着圆圆的洋葱头帽子。

大公自己是个学者，会说好几种语言，博览群书，所以他按自己成才的办法，想把孩子们也培养成知识分子。遗憾的是，读书有些时候真不能改良道德血液，雅罗斯拉夫虽然是个智者，对儿子继位的问题也磨叽。他自己跟大哥争位，闹得血光冲天，就不想儿子们也手足相残，临终时，他交代了长子继承的规矩，并教育五个儿子要团结友爱，给他们界定了自己的地盘，让他们各守自己的位置，不要打架不要互砍。五个王子当时答应得挺好，可老爸一闭眼，争位战又开始了。

基辅罗斯的暮年

基辅罗斯逐渐成为一个正式正规的国家，因为整天扩张和打仗，少不得要封赏手下，跟其他封建制国家一样，必然经历一个地主或者军阀割据的过程。雅罗斯拉夫死时，基辅罗斯内部各路诸侯也成长壮大了，而伴随着几个王子的自相残杀，诸侯们的势力更加相应增长，很多小公国根本不把基辅的大公放在眼里，更有几个实力雄厚的，公然就独立了。

雅罗斯拉夫的儿子们把国家打成一盘散沙，孙子却雄心壮志想重新让其统一。雅罗斯拉夫的第三个儿子娶了拜占庭皇帝君士坦丁九世的女儿，生下的儿子结合了曾祖父和外祖父的名字，叫弗拉基米尔·莫诺马赫，按规矩，我们称他为弗拉基米尔二世。

基辅罗斯已经形成了诸侯割据的局面，正逐渐形成各自为政的大小各公国，基辅大公的地位有点不尴不尬，权威性逐年下降。弗拉基米尔二世在位，最重要的工作就是企图让基辅罗斯这一盘散沙重新成塔，再次统一。

弗拉基米尔二世一辈子做得最好的工作，是根据他祖上的经验教训和他自己的经历，写了一部留给子孙的《家训》，现在我们对当时大小事件的研究，很多都来自这本教科书。《家训》是本挺靠谱的亲子教育书籍，老杨印象最深刻的句子是：要坚持救济无家可归的孤儿，至于要不要救济寡妇，则由你自己决定。

《家训》中说，弗拉基米尔二世一生征战无数，跟各方向不同的族群都干仗，而让他耗费精力的，则是对付黑海北部钦察草原上的突厥人，罗斯人称他们为波洛伏齐人。据大公自己的统计，大小战役打过 83 次。

早先弗拉基米尔二世的父亲叔伯争位，所以到弗拉基米尔二世这辈，他跟堂兄弟们关系并不好，他的一个堂兄还公然跟突厥人联手跟他对峙，并分裂国家。弗拉基米尔二世召集了几次罗斯大公的联谊会，晓之以理动之以情，告诉他们，在对付突厥人的问题上，罗斯内部，真不能起哄架秧子敲边鼓或者内讧内耗内斗，应该紧密围绕在大公周围，同心同德团结战斗。思想工作做得不错，后来，罗斯几次出击钦察草原都获得了成功，基本化解了来自钦察草原上波洛伏齐人的威胁。

弗拉基米尔二世作为基辅罗斯的大公仅仅 12 年，他的努力并没有重新整合基辅罗斯，他死后虽然儿子孙子也都表现不错，可是，基辅罗斯的运势已经走到了尽头。钦察草原上的狼群被罗斯的军队吓住了，然而头狼是吓不住的，一匹来自东方的头狼远远地看中了这片辽阔的草原。

四　金帐汗国

绝世的头狼——成吉思汗

从我们学历史开始，都习惯于将元和清这两个朝代，看作我们几千年中华文明的一部分，也非常自然地将这两朝看作中国历史正常的朝代更替。如果纯粹从大汉民族的角度来看，这两朝统治期间，我们必须承认是华夏大地的沦陷，可以说是汉民族被这两个当时的异族侵略占领了四百多年。好在大汉民族的文化太深厚博大了，这两个"异族"虽然当时占领了我们的河山，却没有更好更先进的文明来同化大汉的人民，而最终被汉族同化，成为我们这个多民族国家的一部分。那段时间里，华夏和基辅罗斯是难兄难弟，都被一个草原游牧民族的铁蹄践踏。这一篇，老杨讲讲人类史上最有效率、最有规模的蒙古征伐。

跟俄罗斯的历史一样，写蒙古人的历史也要面对稀奇古怪晦涩拗口的人名，好在有个叫金庸的老爷子写过一部《射雕英雄传》，让我们接下来要介绍的蒙古大叔们，显得亲切多了。

在地图上找到俄罗斯、中国和蒙古交界的地带吧，从前，有一个游牧民族在额尔古纳河东岸溜达，后来他们迁徙到现在鄂嫩河、克鲁伦河一带，以后就长期在这一带放牧繁衍。鄂嫩河，又叫斡难河，被认为是蒙古的发源地。

这个叫蒙古的游牧部落此时可不是整齐划一地行动，他们也是由各种氏族部族组成。本篇的主角是其中一个叫"蔑尔乞惕"的氏族，首领名叫也速该。

某天，也速该在斡难河畔打猎玩，碰上一个倒霉鬼。倒霉鬼名叫也客赤列都，也是一个氏族的首领。也客赤列都当时正好从另一个部落娶亲回来，带着新婚妻子，快乐地从也速该狩猎的地方经过。古蒙古人很文明，同一个部落，贵族之间是绝对不通婚的（根据当代科学的研究，血缘较远的父母，优生的概率比较高，古蒙古的这个婚俗，可能是后来蒙古人崇武彪悍、能征善战、到处跑也不会水土不服的重要原因），所以男孩子到了岁数，就要去另一个部落把自己预先定下的老婆领回家。

也速该从小猎鹰，眼神极好，他突然眼前一亮，脑子猛地热了，因为他确信，也客赤列都带着的那位丽人，是他这辈子从没见过的美女。蒙古人直性子，看上了绝对不会躲在家里单相思，他叫上自己的哥哥和弟弟，张牙舞爪地追上去预备抢亲。

也客赤列都看着这三个彪形大汉扑上来，还以为碰上打劫的。他老婆不仅美丽，还冰雪聪明的。她一眼就看出这三个如狼似虎的大汉是奔自己来的，于是对也客赤列都说："他们是为我来的，肯定是要杀你，你快走吧。只要保住性命，何愁没有女人，如果实在放不下我，以后就用我的名字呼唤你的女人好了。"说完脱下自己的外套，送给也客赤列都做个念想。也客赤列都抓着这件纪念物含恨而逃，以后的日子，他经常念叨的名字是：诃额仑。

也速该抢亲成功，诃额仑也争气，一口气生下四个儿子一个女儿，而生第一个儿子时，也速该正参加本部落对塔塔尔人（另一个游牧部落）的复仇战，并生擒了对方的首领铁木真·兀格，所以他就为自己的长子取名为铁木真。据说铁木真出生时，手里握着一个巨大的血块（蒙古人对帝王的传说不讲究，汉族的君主出生时，一般都是天降五色彩霞、红云漫天之类的）。

铁木真出世了，蒙古人的好日子还会远吗？也速该也这么想，所以想给长子找个好闺女做老婆。儿子9岁那年，也速该预备带着铁木真去找舅父的部落，看有没有合适的儿媳妇。路上，也速该遇上了另一个部落的首领德薛禅。

德薛禅会看相，他当时就发现9岁的铁木真"目中有火，面上有光"，于是坚持将自己的闺女孛尔帖嫁给他。也速该也会看相，他到德薛禅家一看，就确定了这位长媳，孛尔帖比铁木真还大一岁。

蒙古规矩，定了娃娃亲后，男孩子要在女孩子家住一阵子，包办婚姻还考虑要培养感情，再次证明蒙古人文明。也速该留下孩子，自己回家了。

当时的蒙古草原，各部落恩怨情仇的，防范意识少一点都不行。归途中，也速该碰上一帮塔塔尔人大块吃肉大碗喝酒地饮宴。塔塔尔人非常客气，邀请尊贵的也速该入席同乐。大约是儿子的事办妥了，也速该心情好，没心没肺地忘记了，他曾经跟塔塔尔人打得头破血流呢。塔塔尔人可没忘，非常客气地给也速该的饮食里加了特别作料，毒死了这个大仇家。

也速该显然是笨死的，留下孤儿寡母。铁木真当时还小，还不能继承父亲的酋长之位，为了防止铁木真成年后对首领地位的要求，当时主事的部落领导们居然将铁木真一家赶出了部落，让他们自己去流浪。

这时显示出了也速该在看女人方面的天才眼光，诃额仑不仅是个绝色美女，会生儿子，遇上这种天翻地覆的变故，在危急关头还能淡定坚忍，吃苦耐劳，将几个孩子培养成人，更繁衍出一个震古烁今的黄金家族，成为古往今来最成功的单亲妈妈。

铁木真不仅仅只有兄弟四个，也速该还有两个小妾，各生了一个儿子。嫡出和庶出的六兄弟，关系上总是容易出现隔阂。诃额仑以一个女人罕见的大度和智慧一直平衡着这个被部族抛弃、朝不保夕的家族内的各种关系，从小就劝诫这兄弟六个，只有他们精诚团结，互相扶持，才有可能报仇并拿回本该属于自己的部落。

虽然儿子们对母亲都是孝顺听话的，可兄弟之间的裂痕却是弥合不了的。矛盾越积压越多，终于有一天，铁木真和亲弟弟合撒尔就决定杀掉其中一个庶出的兄弟——别克帖尔。

跟汉民族的观念不同，咱们历史上最精彩的帝王唐太宗杀掉了哥哥，后来的史书，一直隐晦暧昧，觉得这是太宗皇帝终生的污点。而铁木真杀弟，下手可比太宗皇帝残忍多了，他和合撒尔拿着弓箭前后包抄了别克帖尔，别克帖尔正在放牧，手无寸铁，于是坐下，接受了自己的命运。这两个哥哥在他前后各放一箭，分别从前胸和后背穿透了身体。

这样镇定自若地杀掉自己的亲弟弟，蒙古的历史书描写得也很淡定，貌似大家都不认为这个事会影响大汗的光辉形象。

历经重重辛苦，逃过部族几次斩草除根的追杀，吉人天相、大难不死的铁木真终于长大了。虽然铁木真一家还是很窘迫，但他的岳父德薛禅并没有食言悔婚，看到来迎亲的 17 岁的铁木真还非常心痛，于是带着老婆一起，亲自送亲，将女儿孛尔帖送到了铁木真家里。孛尔帖的母亲不舍女儿，还陪着住了好几天才走，临走时，依依不舍地将一件昂贵的黑貂皮斗篷留给了女儿，而这件黑貂皮斗篷后来成为铁木真一生最重要的道具之一。

铁木真家一直受到父亲原来的部落和塔塔尔人的追杀，他们忘了，仇家其实还有。当年也速该抢了别人的老婆，被抢的也客赤列都属于蔑尔乞惕部落。有一天，蔑尔乞惕人来报仇了。当时铁木真家只有九匹马，能让家里九口人骑上逃命，可全算上，不止九口人啊，铁木真选择得很果断，他丢下了新婚妻子孛尔帖逃走了，孛尔帖落在蔑尔乞惕人手里，这一轮因果报应真是快。

此时的铁木真已经不想再到处跑了，他预备掌握命运，他要组织一场反击，抢回自己的老婆，也让整个草原知道，也速该的儿子不再躲了，所有的仇家都放马过来吧。

其实草原上，铁木真一家也不光只有仇家，某个很大部落的首领王罕（王罕是当时金国的册封，本名叫脱斡邻勒），早年曾得也速该帮助夺取汗位，两人还结为安答（结义兄弟）。结婚后不久，铁木真找到王罕，送上了那件名贵的黑貂皮斗篷，跟王罕说，自己的父亲没了，希望能尊王罕为父。王罕收了礼，表示了自己没有早点照顾他们兄弟的遗憾，并答应随时帮助铁木真拿回也速该的酋长之位。

铁木真 11 岁的时候，还认识了一个小孩，名叫扎木合。两个少年在草原上偶遇，成为挚友，当然也结拜为安答。一起嬉戏，一起狩猎，无话不谈，晚上睡觉还盖一床被子。两人的成长过程中，为了确定这种亲密无间的关系，三次结拜互赠很多礼物，看着像是比亲兄弟还亲。

扎木合也成长为一个很有实力的部落酋长了，面对铁木真安答的求助，他爽快地答应发 2 万大军帮安答抢回老婆。

这是铁木真征服生涯的第一战，主要目的是抢老婆，显得不太体面。然而就是这一战，帮助铁木真确立了自己的江湖地位，并培养了属于自己的队伍和人马。客观地说，这一场对蔑尔乞惕人的大战，最重要的人物应该是扎木合，他的战斗经验和指挥有度是胜利的关键，我们不能指望铁木真一出山就会打架。

对蔑尔乞惕人的战争让这个部落从此没落，铁木真缴获了大量牲畜发了横财，而他父亲的旧部和属民见他很有潜力，是个高速成长绩优股，都赶过来入伙，铁木真也有了自己的队伍。战斗的第一目的也达到了，孛尔帖被找回来，九个月后，她生下了铁木真第一个儿子术赤。所有人都在背后议论，这孩子是蔑尔乞惕人的野种，但是铁木真一直坚持，这就是他亲生的儿子。

战后铁木真的部落和扎木合部落联合行动，在草原上同住，共同生活了一年半。

兄弟间的矛盾是从什么时候开始的，为什么呢？这些事，铁木真自己都毫不敏感。倒是孛尔帖看出了端倪，她从扎木合的话里话外感觉到了扎木合的厌倦，他想分手了。

铁木真和扎木合是兄弟，是安答，又不是两口子，还能有厌倦分手的时候吗？是啊，随着实力的增长，这两个草原上难得一见的绝代双雄都有了更大的念头，那就是统一蒙古各部，成为草原上唯一的大汗。一个草原容不下两个头狼，同时存了成为老大的念头，兄弟情谊自然也就淡漠了。

分吧，没有不散的筵席，铁木真趁夜开拔，离开了扎木合，扎木合明明知道，也没有挽留。天亮之后，大家发现了一件奇怪的事，铁木真不仅带走了自己的部属，居然还有很多扎木合部落的人马甚至亲随跟着一起走了！铁木真绝对没撬兄弟的墙脚，这些人全都是自愿转投铁木真的门墙。

蒙古历史描述铁木真时，经常说他有非凡的个人魅力和领袖气场，很多人跟他认识就愿意与他结交，并追随他流浪，从扎木合的部属跟他出走这件事来看，这个评价应该是真实的。

铁木真独立了，蒙古各部族很多人风闻来入伙，还有长老亲王之类的蒙古贵族，这些人一讨论，决定推举铁木真为蒙古大汗。

朝不保夕的流浪儿成为大汗，草原上飘散着酸溜溜的空气，这不是酸奶发酵，是其他人的嫉妒。虽然王罕和扎木合表面上都表示没有异议，还祝贺铁木真登位，但是，谁都知道，这两人绝对不会真的臣服。

尤其是扎木合，推举铁木真的蒙古亲王中，有两个曾经是扎木合的部下，这个事让他更加生气。以扎木合的智慧，他总不能说是不服自己的安答而动手发难吧，他会等机会，等借口。

扎木合的弟弟抢走了大汗一个部从的马群（这部从也是从扎木合那边跳槽过来的），亲随去追击时，一箭将扎木合幼弟射死，扎木合将此事归咎于大汗，兄弟间的大战拉开了帷幕。

大汗和扎木合的这一仗，算是他在草原上扬名立万第一战，此战后，之前押宝不定、犹豫不决、不知道该投靠哪边的蒙古部族都买定离手，拜服在大汗麾下。比较离奇的是，这个真正奠定了大位的重要战役，居然是大汗战斗生涯中罕见的败仗。

1190年，扎木合联合蒙古13部，共3万联军进攻大汗，此时大汗麾下也有人马3万，他将3万人分成13翼作战，所以历史上，这次战役就被称为十三翼之战。

此时的铁木真，在军事修为上恐怕还是逊了扎木合一筹，大战后败逃到斡难河上游的峡谷中。扎木合并没有追击，因为他有其他娱乐：所有抓住的青壮年俘虏，用70口大锅煮死！手段太残忍了，连蒙古人都看不下去了，导致更多的扎木合的部从和其他的蒙古部族纷纷加入了败军铁木真这边。

兵败后的大汗有人马有实力有威望，所有他之前的仇家就要倒霉了。1196年，金国征讨塔塔尔，见此机会，大汗赶紧拉上王罕趁火打劫。塔塔尔被金兵击溃败逃后，正好落在大汗和王罕的手里，几乎被全歼。

这一战再次让成吉思汗收获了大量财物，更好的是，大金感谢成吉思汗出兵帮忙，册封了他一个"札兀忽里"的官职，大约就是蒙古部落的最高行政长官，当时金国在该地区算是领导，他的册封让大汗的地位获得了一个官方认证。

1202年，大汗正式出击塔塔尔部，替父报仇。双方展开大会战，铁木真的军队尽管损失惨重，还是取得了胜利。大汗的脾气从这时开始有点儿暴躁了，他下令，所有塔塔尔的男人，只要身高超过车轴，一律杀死。血流成河的画面肯定是让蒙古人有点高兴过头了，也就是由此时起，蒙古的征伐定了规矩，那就是：屠城。

除了这个反人类的规矩，大汗还正式颁布了军队的作战纪律：打仗时，必须专心打仗，不论看到什么好东西，都不许一边打仗一边抢劫，因为只要打赢了，所有的东西都是自己的。而所有打架缴获的财物，必须上缴，统一分配。也就是这个纪律，让蒙古军队打仗时心无旁骛，更加骁悍。

在进攻塔塔尔的过程中，作为盟军的王罕部私下攻打别的部族挣外快去了。大汗每次战争收获的财物都分给王罕，而王罕此次擅自出击收获的财富却没有分给大汗，大汗一直很顾念跟王罕的"义父子"之情，不过王罕更顾念亲生的父子之情。

王罕被乃蛮人欺负，妻儿老小都被抢走，大汗派手下"四杰"支援，重新帮助王罕恢复了汗位。王罕感激之下，就说要认铁木真为义子。王罕自己有个亲生儿子，名叫桑昆，他当然不愿意无端多了这么个大哥，而以这位大哥的声势，将来肯定毫不客气地收编王罕的部族。

铁木真是个实诚人，他没感觉到桑昆恨他，他还想亲上加亲，让桑昆的儿子娶自己的女儿。谁知桑昆一点面子都不给，说是婚事不平等，他们家伺候不起大汗的公主，直接拒绝了。大汗方面都说桑昆这小子，很不是东西。

扎木合还一直在草原上溜达呢，找到机会就启衅搞事，只是"十三翼之战"后，他再也没取得什么优势。听说桑昆和大汗交恶，他赶紧跑去接洽，希望能联手除掉铁木真。桑昆是王罕的亲生儿子，王罕表面上对大汗客气，心里肯定也嫉妒，被扎木合一忽悠，就答应联手对付铁木真。

桑昆出面，说是自己经过慎重考虑，决定还是答应大汗的婚事，请大汗过去会谈。大汗带着少数随从出发了，尽管有人提前向大汗预警，还是遭遇了突袭，仓促之下迎战，大汗的军队损失惨重，败逃而去。

这就算正式跟王罕翻脸了，1203 年，大汗发动合兰真沙陀之战，一举歼灭了王罕父子的部族。王罕父子逃走被异族所杀，第二年，扎木合被俘送到大汗面前。纠缠了大半生的情和仇终于了断，扎木合向大汗求死，铁木真满足了安答最后的要求，并给予厚葬。

1206 年，大汗基本统一了蒙古草原各部，所有的部族在斡难河源头召开大会，尊铁木真为"成吉思可汗"，史称成吉思汗，成为蒙古的最高领袖，并将带领蒙古人建立一个庞大的蒙古帝国。

狼群的狂欢——蒙古西征

蒙古慢慢发展壮大，可依然要臣服于金国之下。以大汗这种脾气，他是不会降服金国朝廷的，所以，在拒绝对金国皇帝的朝拜后，大汗启动了伐金之旅。长期的高密度范围广大的战争，对后勤保障要求很高，大汗必须一手抓军事，一手抓经济，因而非常重视跟西亚的通商关系。可没想到，西亚的某个小国居然敢冒犯天威，蒙古军队从来不惯任何国家的毛病，对成吉思汗来说，全世界都是他的杀场，该出手时必须出手。于是，震惊了整个欧洲的"黄祸"——蒙古西征，在1218年拉开了帷幕。

将大汗的铁骑引入欧洲的小国，叫花剌子模。花剌子模是古代中亚地区的明星国家，全盛时其版图覆盖现在的哈萨克斯坦、乌兹别克斯坦、土库曼斯坦、伊朗、阿富汗大部分地区，文明深远，文化发达，曾被称为"中亚的埃及"。

因为地理位置优渥，卡在东西商道上，花剌子模还是个经济贸易非常繁荣的地带。早先他们是隶属于波斯的小国，吞并波斯后发展壮大，就失去了平常心。到12—13世纪，他们对东部邻居，尤其是日渐壮大的蒙古，也萌发了占有的念头。

大汗对花剌子模刚开始还真有接纳之心，希望跟这个国家建立更有效更有利的贸易联系，所以在1215年派了一个使团，携带大量金银财宝过去套交情，目的是使双方缔结一份通商的协议。没想到，在花剌子模境内，经过地区的总督竟然说这个商务使团其实是间谍，上报国王后，将450名团员全部屠杀，劫掠了他们的骆驼和财物。

蒙古军队此时正全力攻打金国，大汗虽然震怒，还是派去使者，要求对方交出主凶，能将这场国际纠纷以和平方式解决，没想到，被派去的外交人员被剃掉胡子赶回家，花剌子模的国王显然是闯祸还不怕事大。

1218年，蒙古灭了西辽，西辽原来挡在蒙古和西亚之间，现在这道屏障一打开，花剌子模就在大汗的眼前了。

蒙古军队对花剌子模的征伐，我们都不陌生，因为有部叫《射雕英雄传》的小说描述过这段故事，蒙古军团主要指挥是郭靖，军师是丐帮帮主黄蓉，捧着一本叫《武穆遗书》的秘籍自学成才。根据金庸老爷子的介绍，蒙古军队对花剌子模动武，因为郭靖的慈悲为怀，一直有仁有义有礼有节。

其实，这一次的蒙古西征是大汗亲自指挥发动的，其先锋部队就是我们都认识的哲别和速不台。大家都知道，整个蒙古人的远征史基本就是一部屠杀史，所到之处家破人亡，生灵涂炭。历史上大面积侵略的帝国也不少，蒙古人除了是侵略面积最大的，也是作为侵略者名声最差的。尤其是对花剌子模一战，因为抱着复仇之心，所以下手越发惨烈，屠城是规矩，标准程序是杀完了人，还放火。要知道，花剌子模是阿拉伯和波斯两大文明精华的传承，家里各种艺术尤其是城市建筑是古代文明的著名瑰宝，托蒙古人的福，现在我们都看不见了。

1220 年，蒙古大军将花剌子模的都城撒马尔罕围了个水泄不通，这个都城出名据说是因为固若金汤，都说没有三五年不能被攻破，结果，大汗用了五天时间，就占领了这座名城，并习惯性地将其摧毁为白地。花剌子模的国王从前期的极度自负到悲催绝望，趁国破逃出了首都，跑到里海一个小岛上，抑郁而死。当时没有微博，国王客死海岛这么大的事也没人第一时间公布，以至于哲别和速不台不明所以，持续果断追击，这一追，就追入了钦察草原。

现在轮到我们的主人公出场了，基辅罗斯国的各位大爷忙啥呢？继续窝里斗，斗得热火朝天，此时的罗斯，实质上已经分裂为各自为政互相敌对的若干小公国，而整个东斯拉夫人的族群，因为语言和文化上的些许差异也分化成三个部族，东部的俄罗斯民族，西北的白俄罗斯，西南的乌克兰。

弗拉基米尔二世在位时，基辅已经没落，他建立了一个新的城市，叫弗拉基米尔城，从此罗斯公国以此地为中心运转，弗拉基米尔大公成为所有大公的老大，说是老大，那些分裂的小国也不见得听他的。

蒙古大军进入钦察草原，我们就纳闷了，同样是草原游牧部落，打架的本事怎么差别这么大呢？原来在钦察草原上称王称霸的波洛伏齐人被蒙古军队打得四散逃窜，无奈之下，他们不计前嫌去找过去的仇家罗斯人帮忙。罗斯诸公风闻蒙古人的战绩也有些唇亡齿寒的惶恐，于是南部诸国罕见地连纵了一次，几个罗斯大公加上波洛伏齐人组成联军，预备在第聂伯河下游决战，将"黄祸"阻挡在家门之外。

1223 年，在顿河旁的迦勒迦河上，蒙古军团跟罗斯军队展开第一场决战，哲别和速不台加上大汗长子术赤的援军不过三万，罗斯大公却集结了近十万大军。跟蒙古人打仗，人多并不好用，况且，罗斯各路人马离心离德是常态。打仗大忌就是各自为战，更不用说还有些不怀好意的诸侯，乐得看到同胞被蒙古人削弱。在这个背景和心态下，罗斯军队自然是惨败，损兵 7 万，6 位大公战死或者被处死，还有几十名贵族丢了性命。

迦勒迦河之战是蒙古军团进入欧洲的第一场大战，战后，这次征伐所占领的土地都被大汗封给长子术赤，术赤死后，由其次子拔都继承，并以此为根据地，按照蒙古军团的作战习惯，开始深入了解罗斯公国，预备将其一口吞并。

1227 年，成吉思汗病死在六盘山附近，留下三道著名的遗嘱，指定了接班人，还为后代安排了灭掉西夏、金、宋的方略。成吉思汗的继承人三子窝阔台严格遵循了大汗的遗嘱，完美漂亮地灭掉了西夏和金国。1236 年，窝阔台启动了第二次西征的大业，他下令蒙古皇族贵族部族都遣自家的长子长孙加入这场远征，所以历史上，这次西征又被称为"长子西征"，而领导这次西征的统帅，就是拔都。

黄金家族又来了。黄金家族指的是成吉思汗的直系子孙：术赤、察合台、窝阔台、拖雷和他们的后代。

大家都认为黄金家族打仗靠的是他们草原野狼一般的彪悍喋血的特质，最巅峰的时候，蒙古铁流席卷欧亚大陆四十多个国家，收服了各种种族七百多个，大家真以为这件事，仅凭匹夫之勇就能做到？其实，每次长途征战前，蒙古军队都会先派情报员潜伏在目的地，收集情报，等待时机，蒙古军队对每个国家动手的时候，都是该国家内部出现问题的时候。大汗虽然没什么文化，也没读过《孙子》《老子》之类的东西，但他天生知道"知彼知己，百战不殆"，而被他欺负的很多国家，国破家亡了，还不知道兵临城下的是哪路神仙。

比如罗斯，已经四分五裂得如此彻底，迦勒迦河大败后还不自省，继续内讧，这等于是通知蒙古人，收了这帮人算了！

蒙古的第二次西征历时六年，在1240年左右，罗斯境内诸国就已经臣服在蒙古的马蹄下。俄罗斯的历史上，唯一没有被他家那地狱般的恶劣气候拖垮的敌人，就是蒙古军队。蒙古人还最喜欢冬战，尤其是冰面作战，他们花了一周不到的时间，就占领了罗斯的中心弗拉基米尔城。

好在时值春近，冰冻的大地尤其是河流开始解封，蒙古战马身材矮小，不喜欢陷在泥泞里举步维艰，也再不能顺着冰面渡过河流。所以，蒙古大兵掉头南下，如此一来，西北方的诺夫哥罗德公国得以躲过了蒙古军团的兵锋，难得地没有被灭国。

占领罗斯后，蒙古大军向西的大军兵分两路，一路向波兰，一路向匈牙利，步步推进，西欧各种骑士兵团近六十万人挡者无不披靡，这股差点灭亡了欧洲的"黄祸"一直蔓延到多瑙河畔。

1241年，窝阔台很不合时宜地驾崩了，都知道黄金家族哥儿几个每遇汗位之争都不淡定，西征军统帅拔都此时也赶紧回家，生生终止了这次气贯长虹的远征，放了西欧诸国一条生路。

黄金家族的子孙中，拔都是个佼佼者，且不说他是卓越的军事统帅，在争权夺利的事情上，他也能保持理性和智慧。窝阔台生前和长子贵由不睦，临终也不想让贵由继承大位。贵由的妈，也就是窝阔台的皇后是个狠角，她在老公死后，果断攫取权力，并通过各种操作，让贵由继位成功。拔都虽然从西欧撤回，但他并不想回到朝廷，蹚这路浑水，于是留在自己的驻地，观察兄弟们的动向。

1243年，拔都将自己的封地整理了一下，成立了属于自己的国家，因为这个地区早年是钦察人的地盘，所以这个国家就是钦察汗国。多数时候，我们叫金帐汗国。

贵由当了两年大汗就挂掉了，当时因为拔都的资历和声望，很多人都愿意推举他为大汗，他拒绝了，并表示愿意扶持拖雷的长子蒙哥为主。蒙哥接位后，有感于这位堂兄的拥立之恩，又加封了很多土地给他。如此一来，黄金家族分家后形成的四大汗国中，以拔都家地方最大，不过，他们都要服从后来咱家元朝，也就是拖雷—蒙哥这一系的领导，大元是这些汗国的宗主。

四大汗国奉大元为宗主，各汗国又是自己占领的各小国的宗主，东欧大小国家基本在金帐汗国治下，罗斯诸国除了诺夫哥罗德都没有幸免，对于自己的新主子，罗斯人管他们叫鞑靼人。

从 1243 年算起，基辅罗斯正式沦陷，罗斯人开始了亡国奴的生涯，跟咱们元朝时的汉人一样，罗斯人沦为低等公民，要看鞑靼人的脸色生活，罗斯人以小公国为单位，定期向蒙古人缴粮纳税受其盘剥，而罗斯的新娘子必须把初夜权留给鞑靼的王公。好在鞑靼人从一个野蛮的游牧民族直接暴发成地球霸主，政治、经济、文化、艺术、宗教这类的人文积累完全没有，除了在肉体上消灭了那些国家，也不知道如何从根本上收服并同化异族，只好由着他们一切照旧，按自己的形态生活，只要按时交钱纳粮就好。罗斯的人文传统因而得以保留并延续，等待着驱逐鞑虏恢复家园的机会。

五　识时务者为俊杰

罗斯诸国成为鞑靼人的附庸，只有西北的公国诺夫哥罗德保全。虽然逃过了狼群的蹂躏，但诺夫哥罗德的日子也不好过，因为在这段时间里，进攻基辅罗斯的，绝对不仅仅只有蒙古人这一支。

基辅罗斯的开国大公来自瑞典，进入 11 世纪，瑞典更发达了，占领了芬兰南部地区，包括芬兰湾，当然想继续南下，向罗斯方向扩张。诺夫哥罗德公国正好横亘在瑞典进军的征途上，而当年留里克取得东斯拉夫统治地位的第一站，就是诺夫哥罗德。

诺夫哥罗德公国是个很有意思的地方，跟其他罗斯公国不一样，因为商业的发达，城市富裕，公国的公民大会权力特别大，所以他们可以在基辅罗斯保持独立。12 世纪，因为老百姓对自己的君主不满意，他们就联手赶跑了自己的大公。而在公国割据的这段时间里，不少罗斯大公想去诺夫哥罗德公国做公爵，都因为当地公民不答应，不能成行。甚至有一次，有个大公表达想过去任职的意向，诺夫哥罗德公国的老百姓就警告他："阁下出门前，最好先看看自己有没有长两个脑袋！"

事实证明，公国的百姓选择自己的行政长官眼光是非常准确的，他们同意弗拉基米尔大公的儿子亚历山大成为他们的新大公。

刚上任没多久，瑞典人的战船就进入了涅瓦河口，并向诺夫哥罗德公国放狠话。瑞典人觉得，按规矩，他们放了狠话，对方也要还几句狠话，斗一阵嘴再动手，而且，瑞典人预测，亚历山大肯定要向自己的老爸求救，请弗拉基米尔大公发援兵过来。

谁知亚历山大表示压力不大，没等援兵也没等公国全民总动员，带着自己的兵团和一批志愿兵先发制人发动了攻击。瑞典人被偷袭，反应不及，被杀得大乱。这场战斗，罗斯方面兵马明显劣势很多，可却以非常微弱的伤亡

封建割据时期的罗斯
（1240年以来）

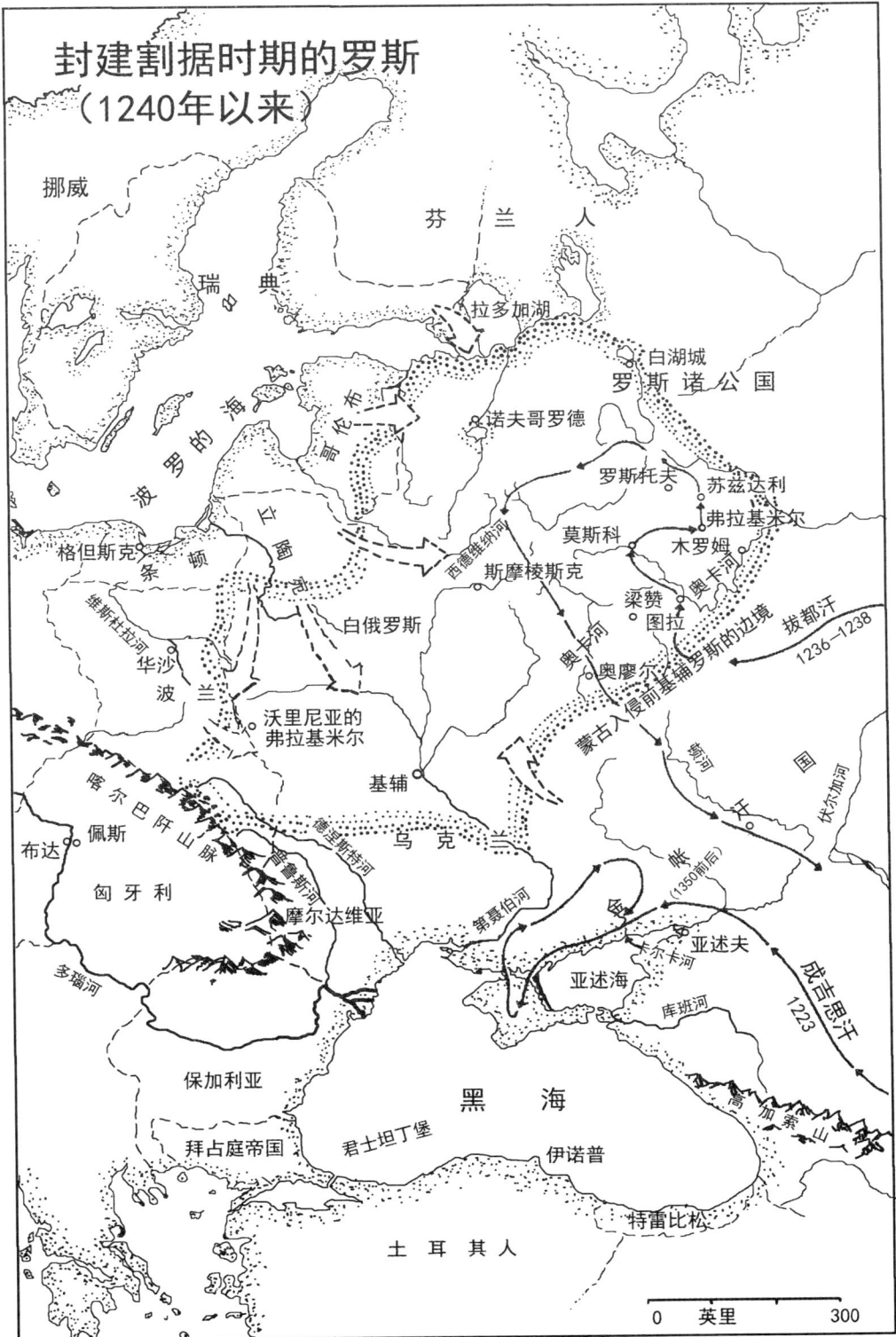

挪威

瑞典

芬兰人

拉多加湖

波罗的海

罗斯诺公国

白湖城

诺夫哥罗德

格但斯克

条顿骑士团

维斯杜拉河

华沙

波兰

白俄罗斯

沃里尼亚的弗拉基米尔

基辅

罗斯托夫 苏兹达利

弗拉基米尔

莫斯科 木罗姆

斯摩棱斯克 奥卡河

梁赞 图拉

奥廖尔

奥卡河

拔都汗 1236—1238

蒙古入侵前基辅罗斯的边境

顿河

伏尔加河

布达 佩斯

喀尔巴阡山脉

匈牙利

多瑙河

摩尔达维亚

德涅斯特河

乌克兰

第聂伯河

保加利亚

拜占庭帝国 君士坦丁堡

金帐汗国（1350前后）

卡尔卡河

亚述夫

亚述海

库班河

高加索山

成吉思汗 1223

黑海

伊诺普

土耳其人

特雷比松

| 0 | 英里 | 300 |

取得了大胜。瑞典士兵伤亡不计其数，狼狈败逃。因为这一战，亚历山大有了个"涅夫斯基"的美名，大意就是"涅瓦河之王"，史书上，他的全名就变成了亚历山大·涅夫斯基。

涅瓦河口的胜利，让涅夫斯基风头强劲，诺夫哥罗德公国的贵族们就担心他因此权力过大，不容易控制，涅夫斯基也不愿意跟当地贵族扯皮，既然你们看俺不顺眼，俺还不干了呢。于是涅夫斯基大公撂挑子回老家休养去了。

听说涅夫斯基离开了，更强的敌人就预备来了。

又是我们的老熟人，骑士团。大家翻到《德意志：铁与血的历史》第二十二章，这篇说道，波兰跟普鲁士干仗，只好请条顿骑士团来帮忙，结果引狼入室，最终条顿骑士团占领了普鲁士，将其变成德意志的一部分。

其实，条顿骑士团进入波罗的海东部之前，已经有不少十字军在那一带活动了，该地区不肯接受基督教，肯定少不了被十字军关照的。后来某个主教将这部分的十字军组织了一下，也成立了一个骑士团，被称为"圣剑骑士团"（也叫立沃尼亚骑士团）。

条顿骑士团进入普鲁士后，圣剑骑士团找到组织了，两边会师而后合兵，统称为日耳曼骑士团。1204 年，第四次十字军东征，十字军毫不客气攻陷了君士坦丁堡。虽然天主教和东正教正式分裂快二百年了，但是两边都没想到，会这么绝情地反目成仇。而在波罗的海的日耳曼骑士团听说天主教可以公开找东正教发难，正中下怀，他们早就想打进基辅罗斯了。

1241 年，日耳曼骑士团一路攻城拔寨，占领几座罗斯的城市，眼看就攻到诺夫哥罗德城下。公国的贵族们乱了手脚，赶紧准备了礼品，找到弗拉基米尔大公，请他劝说自己的儿子，出来挽救危亡。涅夫斯基见老爸带着梯子过来，就顺势下台，带兵抗敌。

涅夫斯基带着两个公国的联军而来，日耳曼骑士团马上感觉到了压力，眼睁睁看着之前占领的城池轻易又被抢了回去，随后，最精彩的大戏来了。

1242 年 4 月，涅夫斯基进入爱沙尼亚，在楚德湖畔跟日耳曼骑士团主力遭遇。骑士团见识到了这位传说中的神人出神入化的列兵布阵和指挥自如。双方在即将融化的冰面上决战，日耳曼骑士团很快就溃不成军，死伤惨重，当然还有不少是掉进了初融的河水里，冻死的、淹死的、杀死的难以分辨，历史上，这一战被称为"冰湖大屠杀"。

日耳曼骑士团被屠，被赶出罗斯，两场漂亮的战役，涅夫斯基保全了诺夫哥罗德公国和罗斯西北的安全。也有历史学家说，这两战算是挽救了俄罗斯民族。

大家会问了，涅夫斯基这么能打，他怎么不带领罗斯人反抗蒙古的侵略和统治呢？

涅夫斯基对待瑞典人和日耳曼是如寒冬般凛冽，对待蒙古人却是如春天般温暖。之前说过，基辅罗斯诸国割据混战后，弗拉基米尔大公被认为是最有势力，其次就是基辅大公。罗斯都被灭国了，都变成蒙古附庸了，这些大公们一点没有国耻家恨，还都惦记着继续你争我夺，争取弗拉基米尔大公之位。因为蒙古人对于管理异族毫无心得，也不愿意研究，他们偷懒的办法就是，指定一个他们信得过的罗斯大公替他们管理罗斯诸国，并在各个国家征收税赋上交鞑靼国库。弗拉基米尔大公就是被鞑靼人指定的承包商，他承包了在蒙古人之下统辖整个罗斯这项业务。

蒙古人一来，弗拉基米尔大公先表示了臣服，当时的大汗是窝阔台的长子贵由，他召弗拉基米尔大公见驾，回去的路上，弗拉基米尔大公被离奇地毒死了。

本来贵由倾向于由涅夫斯基继承弗拉基米尔大公之位，结果贵由领了两年大汗之位就死了。贵由的皇后提拔了涅夫斯基的弟弟安德烈为弗拉基米尔大公，涅夫斯基被封为基辅大公。

1250 年，安德烈大公联络了其他几个地区的大公，组成了一个地下反蒙联盟，预备跟蒙古人干一仗，让罗斯解放。这个反蒙联盟向涅夫斯基招手，希望他能入伙，一起光复河山。谁知，涅夫斯基采取的行动是，跑到金帐汗国的首都萨莱，向拔都告密！

告密有功，涅夫斯基如愿取代弟弟成了新的弗拉基米尔大公，加上原来的基辅大公和诺夫哥罗德大公，涅夫斯基成为全罗斯最有权势的人，替蒙古大汗"照看"所有罗斯人。

涅夫斯基的"照看"还是很厚道的，比如，派自己的儿子去管理诺夫哥罗德，见当地人不服，他就出兵镇压百姓帮着儿子站稳了脚跟；1258 年，为了有效征收赋税和纳贡，蒙古对整个罗斯搞了一个人口普查和户口清查，诺夫哥罗德人不驯服，他们心想，自己没有被蒙古占领，犯不着听蒙古人的，更拒绝向蒙古纳贡，结果也是涅夫斯基再次镇压了反抗；再以后，但凡有罗斯人不服蒙古人的统治，不按时纳贡缴税搞坏规矩的，都由涅夫斯基大公出兵教化，蒙古人对涅夫斯基相当满意。

1263 年，涅夫斯基第四次去萨莱城见新的金帐汗国大汗别尔哥。老涅每次去见大汗，工作基本都一样，第一是请功，向领导汇报，说自己又镇压了某些忤逆不忠的分子；第二是进谗，要求蒙古高层加强镇压力度，绝对不能对罗斯人太客气。这次进京见驾，回来的路上，涅夫斯基患病去世。

大家感觉到了，涅夫斯基对蒙古人的行为，基本可以等同于抗战时期的汪精卫，在咱家，汪精卫是大汉奸、大卖国贼，受全国人的唾弃。涅夫斯基可不一样，综观所有的俄罗斯史书，俄国人都认为涅夫斯基有苦衷，情有可原。他们认为，涅夫斯基之所以向蒙古人屈服，其实是因为知道蒙古人不可战胜，鸡蛋碰石头没有意义，不如驯服做一个顺民，保全没有被蒙古人杀光的罗斯人和这片可怜的土地。翻译成中国话就是：留得青山在，不怕没柴烧，或者是"曲线救国"。而东正教界更是认为，拜占庭之后，罗斯东正教是罗马天主教的眼中钉，天主教怂恿涅夫斯基对抗蒙古人，就是想借蒙古人之手，消灭异教徒。涅夫斯基没有上当，归顺蒙古保全了东正教，所以 1547 年，涅夫斯基被东正教会封为圣人。

"二战"时，眼看德军已经深入苏联腹地，想到涅夫斯基曾经干掉过日耳曼最神勇的骑士团，斯大林宣布涅夫斯基是民族英雄，并用他的名字设立了勋章，以此鼓舞苏军的士气。

大部分时候，历史人物的功过都没有明晰的标准，到底涅夫斯基是民族英雄还是卖国贼，让俄罗斯人自己去评说吧，到现在为止，涅夫斯基在俄国历史上的地位，还是非常尊崇而光鲜的。很多历史书甚至说，涅夫斯基是死于蒙古人下毒，想借此说明涅夫斯基跟蒙古人的关系其实没那么铁。不过，根据涅夫斯基的表现，我要是蒙古人，我怎么舍得毒杀他呢？

六　莫斯科

崛起从贪污开始

中世纪，欧洲诸国都没什么国家民族之类的概念，亡国，亡就亡了呗，也就是换个老板，时间长了习惯就好了。尤其是基辅罗斯的诸位大公，简直是没有基本的荣辱观。他们被蒙古人轻易击破的原因就是内讧和互相倾轧，如今亡国了，还为了争取蒙古人施舍的那点权力互相打。蒙古之所以能在罗斯统治得这么顺手，靠的就是在大公们之间挑拨离间。金帐汗国的大汗们喝着羊奶，看着这帮人一边向自己争相献媚拍马屁，一边狗咬狗一嘴毛，心想，这伙人怎么一点出息都不长呢？

也不是都不长出息，有的人就是出息得慢点。话说弗拉基米尔—苏兹达尔公国里有个小城市，土地肥沃，交通发达，水路和陆路，它都算是东北罗斯的枢纽，经济繁荣，商业兴盛，自然人口也就众多。而最好的是，因为小城周围有茂密的森林，蒙古人不喜欢到这里溜达，他们不都是骑兵部队吗，进了大森林，容易晕头转向啊。虽然之前进攻罗斯的时候，因为这里靠近弗拉基米尔城，被迫荼毒了一次，可正式收编后，鞑靼人还真不愿意再骚扰这一地区，小城就渐渐发展壮大了，成了一个独立的小公国。这里，就是莫斯科。

莫斯科公国的第一任大公，是涅夫斯基的小儿子丹尼尔，从他开始，为莫斯科公国制定的发展蓝图就是侵略扩张，反正鞑靼人只管收税，谁抢了谁的地盘也都是在金帐汗国版图内转手，他们的利益不受影响，所以轻易不太理会。

丹尼尔抢了不少土地，莫斯科公国扩大，到儿子尤里接班时，理想就更大了，他想做弗拉基米尔大公，管辖全罗斯。

要想获得弗拉基米尔大公之位，要点就是让蒙古高层满意，请客送礼一

莫斯科的崛起
（1300—1533年）

白海

芬兰

瑞典

莫斯科公国
的附属国

奥涅戈湖

拉多加湖

波罗的海

立沃尼亚骑士团

诺夫哥罗德

沃洛格达

雅罗斯拉夫尔

特维尔

罗斯托夫

弗拉基米尔

普鲁士

喀山汗国

喀山

卡马河

斯摩棱斯克

乌格拉河

莫斯科

奥卡河

大保加尔城

梁赞

保加尔人

基辅大公国

契尔尼哥夫

沃罗涅日

帖木儿
1395

伏尔加河

萨莱

金帐汗国

顿河

匈牙利

摩尔达维亚

德涅斯特河

第聂伯河

克里米亚汗国

阿斯特拉

汗国

多瑙河

库班河

里海

保加利亚

黑海

君士坦丁堡
（1453年被土耳其占领）

高加索山

奥斯曼帝国

■ 1300年丹尼尔统治下的莫斯科

▨ 从伊凡一世到德米特里的历任统治者在1389年
前扩张的疆域

▧ 瓦西里一世和瓦西里二世在1462年前扩张的疆域

▥ 伊凡三世和瓦西里三世在1533年前扩张的疆域

✕ 战场

样也不能少。尤里在家备了一份厚礼进京打点，没想到，他的竞争对手，特维尔公国的大公，礼物贵重多了。自然，尤里买官贿选失败，灰溜溜地回家了。

尤里有志气，回家卧薪尝胆，发愤图强，终于在十年后，举公国之力准备了一份盛大隆重的礼品，送上京城。这些礼物，当场把鞑靼人眼睛看花了，鞑靼人办事利索，以最快的速度撤免了特维尔大公，让尤里成为新的弗拉基米尔大公。不仅给他职务，还有更高规格的奖励，那就是将金帐汗国的公主嫁给了尤里。

尤里带着新媳妇回家，特维尔大公不服，发兵围攻他们。混战中，金帐汗国的公主落在了特维尔公国手里。中间发生了什么事，不详，这位蒙古公主莫名其妙就死掉了。特维尔大公闯了大祸了，肯定是死罪，这样，尤里才算坐稳了弗拉基米尔大公之位。

莫斯科公国和特维尔公国因而结下大仇。弗拉基米尔大公代表蒙古向罗斯各公国收税，在那个财务和税收制度混乱的年代，收税的想做点手脚，贪污点税款几乎一点儿难度都没有。尤里千辛万苦搭上老婆搞到这个位置，当然不是为了全心全意为蒙古人服务，他一边偷漏税款补充莫斯科公国的库房，一边还打点金帐汗国的高层，让他们替自己说好话，保住位置。

特维尔公国拒绝向尤里缴纳税赋，他们要求直接交给金帐汗国总部，理由是，尤里贪污，而且有凭有据。蒙古人见证据确凿，就罢免了尤里，特维尔的新大公接班。特维尔的新大公脾气不好，已经战胜了尤里，还是觉得有杀父之仇要报，某一天，两人遭遇，一言不合，特维尔的大公就把尤里杀掉了。

金帐汗国办事公正，处决了凶手，却让凶手的弟弟成为弗拉基米尔新大公。

特维尔公国的人，从上到下都脾气暴躁。蒙古人进驻他们公国，也就是搜刮得厉害点儿，态度蛮横点儿，公国的人就不答应了，组织起义对抗蒙古人。这时，尤里的弟弟伊凡赶紧跳出来，主动请缨，要帮助平乱。他带领一支蒙古人的军队杀进特维尔，镇压成功。表现不错，以后弗拉基米尔大公就是伊凡了！

就这样，莫斯科大公又取得了帮金帐汗国收税的资格。伊凡在历史上有个外号，叫"钱袋子"，这个外号可不能让金帐汗国各位爷知道，之所以叫他钱袋子，就是因为他在收税中中饱私囊，赚了不少钱，不仅用这些钱在京城行贿，还买下了不少土地，莫斯科公国又扩大了。

同样是贪污行贿，伊凡比尤里水平高多了，每个人都知道他发了大财，金帐汗国的高层还都觉得他是个好伙伴，忠诚厚道，所以伊凡死后，金帐汗国又让他两个儿子依次接了班。

顿河上的英雄

1357—1380年，金帐汗国乱套了，前后换了20位大汗，势力衰弱。而罗斯的西北部，新的敌人在成长——立陶宛大公国崛起。

1386年，立陶宛大公皈依了基督教，娶了波兰公主，正好波兰还绝嗣了，因此，波兰公主的陪嫁就是整个波兰公国，立陶宛和波兰合体后势力倍增，对罗斯虎视眈眈。

莫斯科公国也不太平，伊凡的两个儿子加起来统治也没超过20年，都死掉后，继承人德米特里才9岁。

金帐汗国不愿意9岁的孩子帮他们收税，就将罗斯大公之位交给了另一位大公。莫斯科公国的诸位领主和贵族此时发扬了团结协作、爱国爱家的精神，有钱出钱，有力出力，终于又帮德米特里拿回了大公之位。

能让德米特里没成年就成为弗拉基米尔大公，说明了莫斯科公国此时的实力。原基辅罗斯所有的公国，现在基本都不是莫斯科公国的对手。

莫斯科公国的首府莫斯科，早年是以一组城堡建筑群为中心扩建出来的，而这个城堡建筑群，就是俄罗斯的象征——克里姆林宫。克里姆林宫原本是木结构的城堡，德米特里上任不久，就将这片城堡群用砖石重新装修，又在周围加建了不少防御设施。

工程被证明是非常及时有效的，因为随后不久，公国就遭到来自立陶宛的攻击，有两次，立陶宛大军攻到了莫斯科城下，虽然劫掠了郊区，却没有攻破新建的城墙。

莫斯科公国打立陶宛打不过，打别的公国倒足够，德米特里先收拾了自家的宿敌特维尔公国，终于让他们承认了自己的大公之位，随后，德米特里又进攻梁赞公国。

金帐汗国此时知道不能放纵了，1378 年，蒙古军队进攻莫斯科，被德米特里打败。蒙古人立即跟立陶宛结盟，金帐汗国的权臣马麦亲率 20 万大军出征，他计划在顿河与立陶宛的军队会师，联手收拾德米特里。

1380 年 9 月 8 日，德米特里赶在立陶宛军队到达之前渡过河先发动了攻击，背水一战。蒙古骑兵老了，尤其是碰上河道纵横、地势起伏、树林密布的地方。这是库里克沃原野战役，中世纪著名的大型会战之一。几十万人挤在这个并不开阔的地方，冷兵器作战，混乱而惨烈。德米特里自己都被打昏，后来被手下从死人堆里挖出来。

两天后，赶来支援的立陶宛军队看到战场的情况，掉头就回家了。德米特里打赢了，被蒙古人欺压征服了一百多年，终于打赢了一次。这场胜利最大的意义在于，罗斯人现在知道，蒙古人不是不可战胜的，罗斯是有机会摆脱这个狼群控制的。

跟涅夫斯基一样，此战为德米特里赢得了一个"顿斯科伊"的尊称，大约就是"顿河上的英雄"吧。

这样的胜利肯定招致蒙古的报复，两年后，新的金帐汗国大汗脱脱迷失一点没有迷失地摸到了莫斯科城下，这次使德米特里措手不及，他还在北部召集军队呢。

好在莫斯科城墙的工程挺负责任，脱脱迷失大汗转了一圈，发现强攻无望，就要奸计。脱脱迷失放出消息：都是自家人，打得差不多就停手吧，不过听说莫斯科城修得挺漂亮，能不能让俺们进城参观一下。莫斯科人热情好客，总要招呼京城来的领导吃顿饭吧，就放了脱脱迷失大汗带着一支精兵入城，结果领导进城就翻脸，抢占一座城门后，城外的军队汹涌而入，莫斯科遭到一轮洗劫，脱脱迷失也不等主人回来打个招呼，抢完就撤退了。

两次较量，都知道对方不好对付，势力达到均衡，于是互相妥协。德米特里低头继续臣服，脱脱迷失大汗还是让他做全罗斯的大公，一切照旧。

情已逝，不可能照旧了。德米特里凭实力战胜了蒙古大军，而蒙古大汗不过是玩诡计抢了莫斯科城，还不敢跟德米特里的军队正面作战。罗斯人有数了，他们感觉到，脱离这些蒙古人指日可待。

遗憾的是德米特里的命数不长，39岁就去世了，统治了整30年。这30年时光，他让莫斯科公国空前强大，在整个罗斯有绝对的领袖加盟主的地位。所以，他死后，长子瓦西里毫无争议地成为全罗斯大公。

两个瓦西里

13—15世纪，世界上谁最牛？突厥人！《罗马帝国：霸主养成记》东罗马第二十二章已经介绍过突厥人和他们横空出世、纵横欧亚的故事。地球人类的发展史上，种族繁多，想在浩瀚的历史中有一席之地，这个种族至少要出一位一线明星。老杨带大家认识一个让突厥人地位提升的一线历史人物，虽然是突厥人，可他总自称是成吉思汗的后代，拥有纯良的蒙古血统。

黄金家族分裂为四大汗国，天山附近，西辽故地被封给大汗的次子察合台，他建立的就是察合台汗国。察合台汗国后来分裂，变成西察合台汗国和东察合台汗国两个国家。

咱家西北那条重要的丝绸之路中，最重要的一段被叫作"河中地区"，在中亚的阿姆河和锡尔河之间。蒙古之前，它先属于西辽，后被花剌子模控制，再后进入西察合台汗国的版图，因为周边突厥人不少，所以河中地区品种流杂，蒙古人和突厥人混居通婚，时间长了，到底是蒙古人还是突厥人也分不太清楚。

我们的男主角就是个搞不清血统种族的，他叫帖木儿，他的父亲是河中地区一个部落的贵族，跟察合台汗王通婚，帖木儿的妈妈是蒙古公主，老婆是西察合台汗王的闺女，所以，帖木儿算是蒙古驸马，不过他长期自称是成吉思汗的嫡系后代。

蒙古即使成为横跨欧亚的大帝国后，内部管理也比较混乱，河中地区更谈不上秩序。已经从良，却不抵制抢匪响马之类的业务。帖木儿明明是个贵族，却常年领着些雇佣兵纵横河中，抢财抢人抢地盘。

帖木儿性情豪爽，大碗喝酒大块吃肉，看似快意恩仇的草原英雄，其实野心勃勃很有机心，他敢说自己是大汗的后代，人生追求显然不是劫匪头目这么低端，于是他投靠了察合台汗国的王族高层，预备驰骋政坛。

中亚地区，从古至今都是派系族群宗教混乱的地方，要想投机，总有机会。帖木儿玩手段跟动武力都是该时该地的顶级高手，所以，很快就脱颖而出，取得了西察合台国的实际统治权。代价是，在阿富汗的战争中，他被打瘸了腿，以后江湖人称瘸子帖木儿。

帖木儿为什么在意成吉思汗的血统呢？因为四大汗国境内，只有黄金家族可以称汗，帖木儿就算权势熏天，他也得不到正式的职称。好在后来他想开了，也不用这虚名了，14世纪初，仅次于蒙古帝国的帖木儿帝国基本成型。

既然存了重新统合蒙古帝国的理想，帖木儿的主要攻伐目标就是蒙古分裂后的各大汗国了，所以，难以避免地，他会跟罗斯的宗主国——金帐汗国遭遇。

帖木儿面对的金帐汗国的大汗，就是上篇说的用奸计劫掠了莫斯科的脱脱迷失。这位迷失大汗真是黄金家族的嫡系，不过人品就一点不黄金，还有点猥琐卑劣。他本是白帐汗国的皇族，白帐汗国是金帐汗国分裂出来的小国。脱脱迷失对白帐汗之位有野心，就去求帖木儿帮忙，帖木儿见黄金家族的子孙上赶着求他，觉得这小子可以利用，就一直扶持脱脱迷失争位。脱脱迷失还真不给帖木儿丢脸，不仅如愿拿下白帐汗，随后又干掉马麦，取得了金帐汗位，再次统一了白帐和金帐，重新掌控了当年术赤的领地。

脱脱迷失做了金帐汗，就视帖木儿为眼中钉。脱脱迷失很迷失啊，帖木儿不过是个突厥"野种"，他有什么资格打着成吉思汗后代的旗号完成统一大业呢？我们黄金家族的正品都还在，要让一个赝品挑了大梁吗？

于是，脱脱迷失反而先发动了攻势，打的是帖木儿的龙兴之地、老家——河中地区。脱脱迷失挑衅帖木儿的结果是，让钦察草原再次遭受一场浩劫，帖木儿对这条东西商道的伤害，比当年的蒙古西征还严重，帖木儿屠城杀人的手段，也比当年的蒙古还霸道，金帐汗国的都城萨莱被整个烧毁，尸横遍野。

金帐汗国被打废了，罗斯人呢？此时的全罗斯大公是瓦西里一世。这孩子从小看着就有出息，12 岁的时候，他就步行去到鞑靼人的朝廷，要求封他父亲做全罗斯的大公，他自己则愿做人质留下。三年后，他伺机逃回家。

　　接掌全罗斯大公之位后，瓦西里一世非常了解鞑靼人的需求，他学会了咱家建筑商的工作模式，通过行贿政府获取土地，连脱脱迷失都收受过瓦西里一世的贿赂，所以这段时间，很多城市被并入莫斯科公国。

　　看到脱脱迷失被帖木儿追着满草原乱跑，瓦西里一世非常自动自觉地省掉对鞑靼人的贡赋。可惜好景不长，脱脱迷失和帖木儿这一场恩怨结束后，金帐汗国依然存在，只是换上了让帖木儿更放心的领导者，此时金帐汗国的大权，掌握在一位叫也迪该的权臣手里。

　　也迪该也是个狠角，他能控制新的金帐汗，更不会容罗斯大公跟自己耍态度了。1408 年，鞑靼大军再次进发罗斯公国，烧毁了周边的城市后，封锁了莫斯科。瓦西里一世见情势不妙，赶紧筹措了一笔退兵款，这一次反抗非常短暂，罗斯人依然要向鞑靼人称臣，并交粮纳税。

　　1425 年，瓦西里一世去世，10 岁的儿子瓦西里二世接了大公之位。罗斯人怎么都学不乖，就是喜欢窝里斗，眼看着莫斯科公国逐渐壮大，即将成了气候，其他诸侯又闹起来了。瓦西里一世的弟弟尤里就认定自己应该是大公继承人，还取得了地方领主的支持，而莫斯科的贵族和市民则支持年幼的瓦西里二世，引发一场内战。

　　瓦西里二世的外祖父是立陶宛大公，瓦西里一世在位时，自己的这位岳父没少在西部边境给自己找麻烦，但是瓦西里一世还是非常有眼光地临终将儿子托付给岳父。立陶宛姥爷对外孙子挺好，全力扶持瓦西里二世对抗叔叔，保住大公之位。

　　姥爷 1430 年去世后，瓦西里二世的地位就岌岌可危，尤里叔叔自己有两个儿子，不管是亲兄弟还是堂兄弟，这三个亲戚都毫无骨肉之情，打得天翻地覆的。尤里的大儿子先取得胜利，取得大公之位，瓦西里二世赶紧联合尤里的二儿子组成联盟推翻了大哥，并刺瞎其双目。

　　在这场罗斯内战中，金帐汗国的态度很重要，只是他们态度有点混乱，因为内部更乱。1440年，金帐汗国终于被整散了，变成了好几个小汗国，主要有喀山汗国、卡西莫夫汗国、阿斯特拉汗国和克里米亚汗国等，其中心区成为大帐汗国，保持着对罗斯的宗主权，不过其他分裂出来的小汗国也偶尔到罗斯去找麻烦。

这一年，喀山汗国到罗斯串门，直接掳走了瓦西里二世，尤里叔叔的二儿子乘机夺取了大权，瓦西里二世被重金赎回后，不愿意交出权力的堂兄又弄瞎了瓦西里二世的眼睛。这一轮的手足相残，看着真有拜占庭帝国风格，难怪以后罗斯帝国会自诩为拜占庭的继承人。

瓦西里二世身残志不残，他还拥有莫斯科广大贵族的支持，最后终于战胜二堂兄，拿回了大公之位。

内战让罗斯诸公国的势力得以削弱，很多之前独立自大的小公国都表示愿意接受莫斯科公国的行政领导，比如诺夫哥罗德公国，以莫斯科为中心的中央集权也得到了加强，罗斯这一盘散沙逐渐整合。

瓦西里二世任内，还发生过一件对俄罗斯历史影响巨大的事件：1439年，因为土耳其的咄咄逼人，在意大利的佛罗伦萨，天主教和东正教的合并议题再次被提起。作为东罗马东正教遗留的势力，希腊代表东正教同意了合并，而莫斯科方面却坚决不同意。本来罗斯的东正教是以君士坦丁堡牧首为尊的，但既然君士坦丁堡方面预备出卖教派，投靠罗马教廷，莫斯科方面就绝对不能再接受他们的领导，由此时起，罗斯的东正教取得了独立的地位，并开始以东正教的领袖自居，无形中，提升了罗斯的国际地位。

帖木儿的宏图大业没有实现，他明明可以在中亚一带征伐，最后取得绝对的统治，改变这一地区的历史，可他更看重的是，恢复被朱元璋推翻的大元。他听说有个叫朱棣的篡了自己侄子的皇位，中原风雨飘摇，危机四伏，所以他沿袭蒙古军队的进攻办法，趁人病，要人命。1404年，帖木儿几乎是集合了所有的力量东征，预备跟大明打一场硬仗，目的是收复"故土"，更放出豪言要让整个华夏大地改信伊斯兰教！但在1405年，帖木儿病死在征途中。

七 第一沙皇——伊凡大帝

终于看到"沙皇"这两个字了。这一篇，我们讲的是第一个自称"沙皇"的大公，瓦西里二世的儿子——伊凡三世。

瓦西里二世一辈子过得颠沛辛苦，儿子伊凡也没过几天好日子，东躲西藏总算保住了小命。很小就跟在瓦西里身边做助理了，12 岁参加正式的出征，所以，22 岁的伊凡新大公，一点儿也不稚嫩外行。

俄国历史上大部分的君王都是作风骁悍，大开大合的，伊凡三世却是个小心谨慎得有点过分的人，都说他是"一颗樱桃都要分两半吃"。其实，大家想想也可以理解，他那样的成长环境，不小心翼翼怎么能活到成人呢？而就是这么个谨小慎微的人，却是后来那个疆域辽阔的俄罗斯帝国的奠基人，莫斯科公国整合整个罗斯公国完成统一的工作，就是由伊凡三世开始的。

伊凡的国土整合，大致分三个部分，第一部分是罗斯国内的占领和扩张；第二部分是跟金帐汗国的了断和切割；第三部分是自己给自己提升了职务和职称。

伊凡一上台，就花钱买下了伏尔加河上游的两个小公国，基本控制了伏尔加河。此时就整个罗斯公国来说，最有实力的是莫斯科公国，但是最富的肯定还是诺夫哥罗德公国。

前面说过，"瓦西里—希腊"商道凋零，西北部对西欧的贸易兴起，诺夫哥罗德公国有地理位置上的优势，经济发达。但因为这个位置不产粮食，还要跟罗斯的其他公国买粮，所以想真正超然独立，不跟罗斯其他公国为伍，也不太容易。

15 世纪，诺夫哥罗德这个商业共和国也有点变质，贵族和领主保持了大部分权力，出于自身利益的考虑，跟邻居波兰—立陶宛公国打得火热。他们感觉，只要依靠这个邻居，罗斯不论哪个大公都不敢染指诺夫哥罗德公国。

虽然半独立，但根据之前与莫斯科大公瓦西里二世的条约，诺夫哥罗德公国承认莫斯科大公是老板，如今跟波兰—立陶宛结盟，显然是里通外国破坏和谐。这让伊凡三世有了对它出兵的借口。

1471年，伊凡带着几千军队在舍隆河与诺夫哥罗德几万大军交战，冷兵器时代，生活太好的地方出不了好兵，诺夫哥罗德人的日子安逸惯了，对打仗毫无心得，伊凡三世不费力气就取得了胜利，而且是大胜，超过3万诺夫哥罗德士兵丢掉了性命。

此战后，莫斯科的亲贵们一致要求伊凡三世乘胜杀进诺夫哥罗德，将这里彻底收复。伊凡谨慎的性格起了作用，他觉得，如果这样霸横进军，真的吃掉诺夫哥罗德，百姓也不会驯服，他们如果拉上波兰—立陶宛一起反抗，战争规模就大发了。

所以，伊凡三世的想法是招安，只要对莫斯科臣服，认可领导，并跟波兰—立陶宛断绝关系，以后诺夫哥罗德马照样跑，舞照样跳，日子一样很逍遥。

这是某种政治智慧，伊凡三世达到了目的，诺夫哥罗德人感觉莫斯科大公心胸宽阔有担待，靠谱，可以托庇。于是，公国内就分出了两派，一派还是坚持跟波兰—立陶宛结盟，另一派则认为应该回到罗斯，奉伊凡三世为主。

又打又拉，伊凡三世在诺夫哥罗德取得了一定数量的支持，1477年，亲立陶宛的势力又想惹事时，伊凡三世再次果断出兵，在几乎没有遭遇抵抗之下，包围了诺夫哥罗德。城内的亲立陶宛势力知道无力回天，只好接受伊凡三世的兼并，如此一来，莫斯科公国就以极好的胃口吞掉了诺夫哥罗德这条肥美的大鱼。

伊凡三世的实力翻倍，其他罗斯公国内的敌人更不值一哂了。1484年，莫斯科公国的世仇——特维尔公国也想跟立陶宛勾结，伊凡三世就在第二年出兵占领了特维尔。随后，伊凡将诺夫哥罗德和特维尔公国中，所有对大公不肖，跟立陶宛暧昧，立场不坚定，心思很叵测的领主贵族们，移民的移民，搬迁的搬迁，放逐到莫斯科公国的各地区，让他们在自己眼皮子底下被监视；再将那些无限忠于自己的莫斯科领主转移到这两个公国，加强那里的管理。

莫斯科公国以暴发的姿态壮大，上级机关——金帐汗国肯定着急，急归急，他抽不出空来收拾莫斯科，自己正焦头烂额呢。

　　作为一个拥有世界霸权的大帝国，蒙古动作很狂野，技术很粗糙。他们开疆辟土，扩张地盘无人能敌，但是发展社会经济文化则是一塌糊涂。统治时间长了，这样的国家就危机重重。15世纪，因为内部的争斗，金帐汗国分裂。分离出来好几个汗国，原来金帐汗国的中央，只剩了不大的一片疆域，被称为大帐汗国，继续向罗斯各地征收贡赋。

　　其实，伊凡三世接班后，基本就不太向大帐汗国缴税了，隔三岔五地，打点礼物送给汗国的高层，有点像打发叫花子。

　　大帐汗国的阿合马汗登基后，对莫斯科这种行为非常不满，做了几次要过去打架的动作，伊凡三世都毫不客气地表示：来吧，我等你！阿合马汗如今哪有早年蒙古大汗们的神勇，看着莫斯科兵强马壮的，居然不敢上去硬碰，最后，他选择了跟罗斯其他小公国一样的办法，拉拢伊凡三世的劲敌，也就是波兰—立陶宛，说好结伙寻莫斯科的晦气。

　　莫斯科有劲敌，大帐汗国也有劲敌啊，比如跟他分裂独立后的克里木汗国。一番勾结后，伊凡三世跟克里木汗国签订了条约，约定：只要大帐汗国进攻莫斯科，克里木汗国就帮着牵制立陶宛。

　　决裂发生在1478年，这一年，伊凡三世就正式宣布，以后不再给大帐汗国进贡了。1480年，被激怒的阿合马汗亲率重兵赶来，这次他预备打真的了。在乌格拉河（奥卡河的支流）两岸，两军对峙，阿合马汗等待他的立陶宛盟军。

　　虽然之前阿合马汗三次亮剑，伊凡三世都给予了很强硬的回应，可看到蒙古骑兵真的杀气腾腾而来，伊凡三世心里又打鼓了。诺夫哥罗德公国初定，局势飘摇，整个罗斯被蒙古人占领压迫二百多年，真要正面较量的时候，很多人心理上都很胆怯。

　　两军对峙阶段，伊凡三世在前线转了一圈就跑回莫斯科了，态度很犹疑，貌似还想下令退兵道歉，重新跟蒙古的领导们修好。好在莫斯科公国的高层还是有点血性，都到这个时候了，死活只能硬着头皮上，作为大公，你怎么能说跑就跑呢？主教、领主、贵族、市民轮番上阵给大公打气，鼓劲。最争气的是罗斯的士兵，虽然大公跑了，他们还是坚定地守在河边，打退了蒙古人的几轮进攻，将这个对峙的局面维持到了寒冷的冬天。

前面说过，蒙古军队是地球上唯一在隆冬季节攻入罗斯腹地并取得胜利的军队，在蒙古骑兵看来，冰封的河面最有利于他们的渡河战，省却了抢夺渡口或者搭桥那些啰唆事。大帐汗国的蒙古军队显然是退化了，作为一个草原游牧民族，居然开始怕冷了。粮草匮乏，冬衣单薄，阿合马汗有点坚持不住了，他的盟友立陶宛呢？人家不是忙着对付克里木汗国吗，而且此时他们国内也乱着呢。

说起来，这场终结了240年屈辱历史的大战，根本就没正式打起来，双方隔着河看了几个月，终于痛下决心办理了离婚手续。11月11日，阿合马汗最凄清的光棍节，他不得不承认，他被他的罗斯属民抛弃了，永远失去了这片土地。可怜的是，抛弃他的不光是罗斯人，回家后，阿合马汗遭遇西伯利亚汗国的攻击，被杀。几年后，大帐汗国被克里木汗国所灭，罗斯终于彻底获得了独立。

乌格拉河对峙战，伊凡三世中途溜号，很没面子，然而胆子大不如运气好，总结伊凡三世的一生，你不能不感叹，他的确是个运气很好的人。

大约在1469年，伊凡三世的老婆死了。莫斯科大公要续弦，全罗斯的姑娘都可以选，让伊凡没想到的是，有个更尊贵的姑娘看中了他。

还记得拜占庭吗？1453年，奥斯曼土耳其的巨型大炮终于攻克了君士坦丁堡神话般的城墙，东罗马末代君主君士坦丁十一世力战殉国。君十一的弟弟带着两个儿子一个女儿跑到了罗马，此后的日子就在天主教廷的庇护下生活。弹指一算，拜占庭末代公主索菲亚，此时已经14岁了。

罗马灭亡了也是罗马，索菲亚公主再落魄也是罗马公主。当时很多西欧达官贵人公子骑士都向教皇要求娶索菲亚为妻。这些求婚，教皇没答应，公主自己也没答应，因为两人都知道，公主的婚事，一定要产生相应的政治价值。

听说伊凡三世成了鳏夫，教皇赶紧提议，让索菲亚嫁入莫斯科，成为大公夫人。

天主教皇怎么会这么关心一个东正教大公的婚事呢？当然有目的。奥斯曼土耳其打下拜占庭后，向整个欧洲露出了一丝邪魅的冷笑，天主教世界已经明显感受到了寒意。

拜占庭晚期，为了取得西方世界的军事援助，不得不低头同意了跟天主教的合并（《罗马帝国：霸主养成记》之四十），君士坦丁堡的东正教承认被罗马招安。罗斯的东正教却不买账，他们抵死不从，甚至不惜跟君士坦丁堡的教廷决裂，从那时起，罗斯的东正教廷就称自己才是东正教正统和领袖，而罗斯东正教的大本营，此时已由原来的基辅搬入了莫斯科。

教皇的意思是，伊凡三世既然是东正教的老大，娶回东正教的公主索菲亚，就是君士坦丁堡的继承人了，正应该报仇雪恨，替整个西欧阻挡奥斯曼土耳其的穆斯林大军。

经过蒙古 240 年的统治，西欧对罗斯的了解不过是冰天雪地中一个落后愚昧的穷国，不开化，不文明，整个一头粗笨北极熊。索菲亚公主生在君士坦丁堡长在罗马，她看惯的是高度文明，绚烂多彩的大都市，在她的想象中，莫斯科是个鸟不生蛋乌龟不上岸的地方。可是，对于教皇的提议，索菲亚公主居然就答应了，让西欧那些倜傥的贵族骑士们跌了一地的眼镜！

罗斯公国一直视拜占庭的公主如同天上的星辰，如今仙女下凡，岂有拒绝的？1472 年，索菲亚公主嫁进了莫斯科，随同她而来的，是大批希腊和罗马的学者工匠，携带着大量书籍、资料、艺术品，肯定都是罗斯人从来没见过的大世面。

其中最值钱的，是索菲亚公主一直随身携带的双头鹰徽，虽然亡了国，这个东罗马帝国的标志一直被索菲亚公主仔细地收藏，她想的是，她的男人，要继承这只双头鹰，再造一个辉煌的罗马帝国。

怀着复兴祖国的目的，索菲亚公主从洞房花烛夜起就不断地给伊凡三世洗脑、上课，终于把老公教化出来了。这个莫斯科的小王公每天就着烤土豆喝两口烧刀子，就突然感觉自己被罗马帝王附体，肩负罗马帝国的复兴大任，不能迷迷糊糊，应该积极要求进步。此后，双头鹰标记被结合进罗斯的标志里，罗斯国是罗马帝国的延续，是"第三罗马"，伊凡三世就是恺撒，"恺撒"这个词，被当地方言修饰了一下，罗斯大公以后就变成"沙皇"了。

一般认为，伊凡三世这么谨慎的人后来如此激进扩张，要一统江山，还跟蒙古人决裂，都是被索菲亚鼓动的。不过，找土耳其报仇这件事，伊凡三世只能对教皇说："想拿俺们当枪使，你当俺们北方人彪啊？"（"彪"在东北话里就是"傻"的意思。）

沙皇就沙皇吧，赶走了蒙古人，合并了罗斯的国土，伊凡三世叫什么都不过分，历史书上还叫他大帝呢，俄罗斯历史上第一位大帝。

大帝对罗斯的贡献很显著，240年的蒙古统治对俄罗斯有贡献吗？

总结蒙古对俄罗斯历史的影响啊，所有历史书一边倒，几乎都说，这240年，就是倒退和破坏。蒙古帝国在人类所有的扩张征伐中，是幅度最大的，也是破坏最大的。

破坏归破坏，其他的帝国在扩张中还连带推广自己的文明，蒙古是只管破坏，毫无建设可言，所以他们消失在历史尘烟中时，除了那些残酷霸道的战争场面，几乎没给人类留下特别值得纪念的文化和文明。

而对俄罗斯的影响，在研究这段历史的学说中，一派认为，蒙古人使完全西化的罗斯东方化，从一个纯粹的西方国家变成了一个东西方之间纠结的国家；另一派认为没那么严重，俄罗斯变成东西方国家的原因是受拜占庭的影响。两派争执不休，没有结论，反正历史学家就是干这个的，让他们吵去吧。

不过，俄国人对蒙古人有两件事值得感激：一、金帐汗国的国教是伊斯兰教，是从萨满教转过来，在统治罗斯公国时，他们并没有强制要求俄罗斯转信伊斯兰教。就是因为一直坚持信奉东正教，总算让这个被蒙古摧残，一直分崩离析的国度保持了点人文的连续性。所以啊，伏特加和东正教对俄罗斯是顶重要的东西。二、罗斯公国接受了东正教，在国家制度方面也努力向拜占庭学习，大体上还是西方的东西。可自从老板换了人，蒙古人带来的是东方的文化。因为东西的商道都被蒙古人掌握，所以这段时间，东西方是个互通的管道，东方的人文形态和社会制度伴随着越来越密集的东西贸易向东北欧输送过去。而罗斯国内，刚刚领略了西方文明的小皮毛，突然发现，原来在遥远的东方，还有更发达的国家，更高级的文明。蒙古人从元朝给俄罗斯人带来了中央集权这个东西，改良了他们的体制。因为蒙古的切断，西方刚刚萌芽的民主也没有渠道传到俄国，当俄国成为一个极端专制的中央集权国家后，其管理手法怎么看都有华夏民族的烙印，也正是这种高度集中的权力统治，伴随着莫斯科公国这么一个城堡大的国家一步步成为地球上最大的国家！

当然负面影响肯定是大部分的，13—15 世纪，西欧在干什么？文艺复兴、宗教改革、商业发展，许多新兴事物开始萌芽。在西欧最蓬勃的这两个世纪，罗斯人正忙着为基本生存而战，所以，当 1480 年俄罗斯终于独立后，对整个欧洲来说，它就是个三流的落后国家。不过好在这些都是可以慢慢赶上的，就是赶不上，还可以抢啊，罗斯被蒙古人训练过了，知道生存第一要事就是：扩张！而蒙古人打仗的本事只要学到三成，就够笑傲江湖了，以后来的战绩看，有罗斯这个徒弟，蒙古人不知道是该自豪还是该痛哭！

巨大的帝国伴随着扩张逐渐成形，一代又一代霸道无比的沙皇让西欧重新认识了这头北极熊。

八　雷帝之雷

伊凡三世死于 1505 年，索菲亚生的儿子瓦西里成为新的沙皇。本来瓦西里是没有继位权的，索菲亚不是个拜占庭女人吗？基因里就是会玩政治手段和宫廷斗争。伊凡三世晚年，为了争位，瓦西里甚至不惜投靠立陶宛。

虽然伊凡三世临终前对瓦西里这个儿子颇为怨恨，可必须说，这个儿子很给他长脸了。瓦西里继续了伊凡的扩张事业，经过 28 年的征战，1533 年，瓦西里三世去世时，整个罗斯的领土，从伊凡三世留下的 43 万平方公里扩张到 280 万平方公里，成为欧洲疆域最辽阔的国家！

1533 年，伊凡四世继位，只要稍懂历史的人，都认识这位，江湖人称"雷帝"！不是雷得你风中凌乱那种"雷"，而是会让你四分五裂内外俱焦的那种"雷"。只是，刚继位时，这位雷神并不雷，还很萌，因为他当时 3 岁。

非凡的蒙古女人

俄国幅员辽阔，物产丰富，精英辈出。但是研究他家的历史下来，发现这家人缺少一种非常重要的人才——心理治疗师。克里姆林宫那地方，特别不适合小孩生长，在宫里长大的历代沙皇，心理完全健康的几乎没有。

小伊凡在克里姆林宫成长，同龄的孩子在玩泥巴弹弹子，最离谱也就是小伙伴互相打个架，而小伊凡的娱乐是抓住一些小猫小狗，从高塔上丢下去，看着这些小动物肝脑涂地，伊凡露出了稚气天真的笑。

他没有别的东西玩啊，他从懂事就是莫斯科大公。瓦西里三世临死前，托孤指派了七位辅政大臣，可这些大臣们都没有伊凡的妈妈叶莲娜太后手段高，在伊凡 3 岁到 8 岁的这五年里，罗斯的朝政都被叶莲娜控制着。

叶莲娜是个蒙古血统的女人，回忆一下，1380 年，莫斯科大公国第一次跟金帐汗国动武，库里克沃旷野战役，这一战中，金帐汗国的老大，是当时的权臣马麦，号称是成吉思汗曲里拐弯的后裔。马麦兵败被杀，他的后裔辗转流亡立陶宛一带，后来又投降莫斯科大公，获得了领地，成为贵族，并改名为格林斯基。

瓦西里三世第一任老婆是他在千名美女中亲自遴选的，结婚20年都没有生育。在格林斯基家参加宴会，偶遇叶莲娜，老心大动，回家就休掉原配，迎娶叶莲娜，生下了伊凡。传说伊凡出生时电闪雷鸣的，分明是一个大魔头降生的排场。

辅佐伊凡四世的七位王公贵族中，有两位是瓦西里三世的弟弟，先王在世他们就不太忠诚，更别指望对侄子忠诚了。所以叶莲娜成为太后的头等大事就是废掉这两个小叔子。小叔子解决后，有关的贵族一并处理。

大家回忆一下西欧诸国的历史，这些国家在封建制度形成发展的过程中，土地不断被贵族领主们兼并控制，逐步形成割据，并向国王叫板，尾大不掉，让西欧的王室们十分无奈。罗斯此时也遭遇了同样的问题，贵族势力越来越大，控制的范围也越来越广。为了让自己的利益更多，权力更大，他们当然是希望大公的权力和能力越小越好。叶莲娜知道，不先清理掉这些大贵族，将来他们肯定组团欺负儿子。借着小叔子的忤逆事件，太后处理了不少连带的贵族，随后，叶莲娜就果断地解散摄政会议，自己大权独揽，成为女摄政。

皇帝的妈妈和平民的妈妈标准不同，平民的妈妈要慈祥仁爱，给孩子一个健康成长的环境；皇帝的妈妈不一样，她首先考虑的是，要给儿子一个登基的安全环境，慈祥和仁爱这些事，在宫廷斗争中绝对要不得。叶莲娜没时间教育孩子，就算她知道儿子以虐杀小动物为乐，也不用操心儿子将来成为反社会人格的连环杀手，因为最多就是成为一个杀人比较果断的暴君而已，对于一个正努力加强中央集权的王室来说，这样的皇帝，也不见得不好。

太后对内严酷，外交态度上就友善多了。国内的敌人将来有碍儿子的皇权，必须铲除；国外的敌人不容易铲除，所以要尽力平衡邻里关系，别得罪街坊，将来万一有人找儿子打架，最好有几个关系好的邻居能守望相助。

叶莲娜摄政期间，发行了新的货币，稳定了罗斯因为货币发行不合理，假币泛滥引发的金融混乱。

虽然只有短短五年，基本可以说，叶莲娜是负责而称职的摄政，她的工作不逊于后来的历代沙皇。1538 年，叶莲娜突然去世，死因成谜，怀疑是被政敌下毒。大家注意，以后的俄罗斯历史，"被毒死"是个流行死法，这个死法在整个克里姆林宫是防不胜防。

雷厉风行地亲政

父母早亡，伊凡其实是个挺可怜的小孩。虽然脾气坏点，可从来没耽误过学习，他博览群书，涉猎甚广，在俄罗斯的历代沙皇中，伊凡四世可以算得上文化程度最高的一位。会作曲，会唱歌，据说有非常好听的嗓音，而他在俄文方面的造诣，算得上是一流的学者和作家。

摄政太后突然死亡，伊凡才 8 岁，朝政立时大乱，被叶莲娜压制了五年的贵族们赶紧跳出来抢权，也都想控制小伊凡。伊凡在这些争夺中，看惯了尔虞我诈和你死我活，也许，这时，他的心理才真正变态了。

最后罗斯的大权落在代表贵族利益的舒伊斯基手里。舒伊斯基憎恨早年叶莲娜对自己的遏制，心理阴暗地发泄在小伊凡身上。他隔三岔五半夜三更跑到伊凡的卧室去吓唬小孩，还经常当众羞辱他。舒伊斯基可以说是雷帝形成的重要推手，而他也第一个尝到了雷帝的苦头。

伊凡 13 岁的时候，在舅舅格林斯基的支持帮助下，出其不意地逮捕了舒伊斯基，以最快的速度将这个坏蜀黍（叔叔）处决，伊凡选择的杀人方法是，放出恶犬将舒伊斯基活活咬死。

舒伊斯基死了，当然就是舅舅格林斯基辅政。四年后，伊凡突然说，他要亲政，而且，他需要一个盛大的加冕仪式来登基，昭告天下。

这个事可新鲜，之前的大公们加冕都是直接上班的，没搞排场啊。伊凡四世的表情一点不像开玩笑，东正教的大主教赶紧配合了他，1547 年 1 月 16 日，克里姆林宫内的大教堂里，主教为伊凡四世戴上了皇冠。加冕仪式虽然仓促，皇冠倒是现成的。主教给伊凡戴上的这顶，就是著名的莫诺玛赫王冠，中亚工匠的作品，上等的黑貂皮围上金丝，饰满各种名贵宝石。不用怀疑这顶王冠的价值，因为它来自拜占庭帝国，是由皇帝君士坦丁九世送给自己的外孙，当时的基辅大公弗拉基米尔的。

加冕后的伊凡四世宣布，以后他就不是大公了，他是沙皇，整个罗斯国以后就改名为俄罗斯帝国。虽然伊凡三世也戴过莫诺玛赫王冠，虽然他最早自称是沙皇，不过职称这东西，不能你自己说是就是了，历史上，伊凡四世才被认定为真正的第一任沙皇。

沙皇加冕这一年，出了两件大事，第一件，伊凡四世娶老婆了，娶的是一直支持自己的一个大贵族家的小姐；第二件，当年6月，莫斯科突然发生一场大火，造成1700多人死亡和8万多人无家可归。受灾群众听到一个流言，说起火是因为沙皇的外祖母玩巫术。民怨沸腾，他们组织了一场起义，冲进克里姆林宫，抓住了伊凡的舅舅格林斯基，并将其用乱石砸死。

刚加冕就遭遇起义，小伊凡运气貌似不好，谁知，他非常聪明地将这场危机转化为自己的机会，并由此实现了全面亲政。

民众的造反，起因是对大贵族们贪婪霸道的不满，伊凡四世对大贵族们也不满啊，所以借着平息民愤这个借口，组织了一个32人的重臣会议，由沙皇直接领导，裁夺国家大事。这32人中，除了权倾朝野的大贵族代表，还有伊凡一直想扶持的中小贵族。他倒是想把大贵族全开除出去，但以他现在的能力，他还做不到。

中小贵族进入高层，稀释了大贵族的权力，因此，1550年，伊凡四世开始启动他的改革大业。

首先，沙皇颁布了新的法典，1550年《俄罗斯法典》。这部法典最重要的内容都是限制贵族的：政治上，以前打官司申诉之类的事都被大贵族垄断，他们乱审判还乱收费，现在都回收中央了。军事上，取消大贵族的私人武装，交给沙皇统一指挥；取消按门第选拔军官的制度，大贵族在服役方面和中小贵族一视同仁，对逃避兵役的大贵族严惩不贷等。经济上，世袭的贵族免税证书被收回，以后跟其他人一样缴税；地方税收不准截留，一概交中央，中央再往下分配。

总而言之，以后大贵族不好过了，大家也看出来，这部法典旨在强化中央集权，也就是这部法典，终于让俄国的封建割据势力没有如愿形成气候，达到可以限制皇权的等级，使沙皇的独裁专制统治得以最终确立。

这部法典对俄国的军事力量有一个极大的提升，军事改革让俄罗斯在步兵和骑兵之外，还增加了专门的射击兵和炮兵，随后的战事将会检验这项军改的成果。

雷霆万钧地征伐

雷帝现在是"恺撒"，还是个拥有蒙古血统的"恺撒"，所以他要建立自己的王图霸业。王图应该是什么样的呢？应该有一条大河和一片大洋。

一条大河从莫斯科和圣彼得堡之间的丘陵湖泊中发源，蜿蜒3790公里注入里海。这是欧洲最长的一条河，也是世界上最长的内流河，拥有200多条支流，流域面积超过138万平方公里，滋养着现在俄罗斯联邦一半以上的人口，这就是伏尔加河，俄罗斯人的母亲河。

伊凡三世在位时，已经控制了伏尔加河上游河段，伏尔加河的中游和下游，对伊凡四世来说是志在必得。比较闹心的是，中游控制在喀山汗国手里，下游则被阿斯特拉汗国控制，都是原来蒙古人的金帐汗国分裂出来的小国。

俄罗斯已经脱离了蒙古的统治，当年罗斯内部分裂纷争，让蒙古人趁机攻破，如今形势逆转，俄罗斯大体统一，金帐汗国却完全分裂。谁分裂谁就挨打，雷帝决定，向这个曾经地球上最威武的族群发起进攻，以证明三十年河东、三十年河西这条普遍真理。

从1545年至1549年，伊凡四世三次对喀山汗国用兵，都无功而返。1550年，军改后的俄军，战力暴涨，正好喀山汗国内还出现了一股喜欢莫斯科的势力，于是，1552年，雷帝亲率15万俄军，携带150门大炮，进攻喀山。喀山守军人手少火力弱，拼着一腔热血抵抗俄军，四个月后失守。

这样殊死的抵抗让雷帝更暴躁，所以进入喀山城的俄军开始屠城，成年男子全部被杀，妇孺虽然保全了性命，身家财物却被掠夺干净。而跟蒙古人进入罗斯不同的是，雷帝下令推翻了喀山所有的清真寺，勒令所有的喀山人改信东正教。喀山人也犟，国亡了还不肯认输，到处发动起义继续跟俄国人捣乱，沙皇一直不能建立有效的统治，五年后才算正式平息收复该地区。

喀山汗国被并入俄罗斯的版图，表明俄罗斯已经开始清洗240年鞑靼人留在自己土地上的耻辱。为了庆祝这件大事，伊凡四世下令在克里姆林宫附近修建一处东正教大教堂，当时被命名为圣母教堂，后来因为有位叫瓦西里的修士在这里苦修终身，改名为瓦西里升天大教堂。

这个教堂算得上是现在莫斯科乃至俄罗斯的重要地标，九个石制的小教堂高低错落，顶着别致的洋葱头帽子，色彩鲜艳，造型灵动，非常标致。世界上著名的教堂建筑，大多数都以雄伟、恢宏、华丽、壮观著称，瓦西里升天大教堂在气派和格局上，显得有点小，但是它却拥有其他教堂都没有的美丽和生动，像极了卡通世界的城堡，算是世界上最养眼的几栋著名建筑之一。

喀山汗国灭亡，阿斯特拉汗国就知道自己也跑不掉了。小汗国因为地理优势，东西方贸易频繁，商业发达，是个挺富裕的地方。伊凡四世对这里还真没花什么工夫。打完喀山汗国就进攻了阿斯特拉汗国，刚开始只是扶持一个亲近莫斯科的大公，阿斯特拉汗国很听话地向俄罗斯纳贡，还欢迎俄罗斯人来伏尔加河下游打鱼，完全不用缴税。

对伊凡四世来说，态度再好也是外人，不如自己的领土统治得舒服。况且这个对自己很客气的大公，据说暗地里还跟克里木汗国勾勾搭搭，图谋不轨呢。1556年，随便找个借口，阿斯特拉汗国就被整个拿下，正式并入了俄罗斯的版图。这样一来，整条伏尔加河就在俄罗斯怀中了。

金帐汗国分裂后，有三大汗国围绕在俄罗斯周围，让雷帝难受。现在喀山汗国和阿斯特拉汗国都被兼并，就只剩下克里木汗国。这家人雷帝就不太敢动他，因为克里木汗国投靠了奥斯曼土耳其，现在是土耳其罩着的小弟，雷帝再雷，他也不敢挑衅土耳其。克里木汗国知道俄国人对土耳其的惧怕，于是狐假虎威地好几次杀进俄罗斯领土耍威风，俄罗斯也没辙。

其实当时俄罗斯内部也有对克里木汗国用兵的呼声，但雷帝的思路一直很清楚，已经拿下了大河，他觊觎的，是西边那一片大洋。

到现在为止，俄罗斯几乎还是个内陆国家，虽然北边他们濒临白海和巴伦支海，但那地方接近北极圈，一年九个月千里冰封万里雪飘，就算不结冰的时候，从巴伦支海绕出去，也是一条绝对不经济的漫漫长途。陆上的商道变数很多，贸易总伴随着战争风险。最完美最干净利落的商路，就是从波罗的海出去，而后进入北海，扬帆大西洋，全世界都可以展开美好的想象。

之前俄罗斯对波罗的海只有涅瓦河的河口一个小小的出海口。以现在伊凡四世的野心和俄罗斯的发展来说，已经不能适应需要，然而波罗的海周边的邻居们是不会凭空让一块出来的，所有需要的资源和地盘，都要靠打。

波罗的海东岸，俄罗斯出海的必经之地，也就是现在的爱沙尼亚和拉脱维亚地区，当时被称为"立沃尼亚"。前面提到过，早年这一带，活跃着著名的圣剑骑士团、条顿骑士团占据了普鲁士建国，立沃尼亚也成立了骑士团国。因为跟条顿骑士团是兄弟，所以这个小国承认神圣罗马帝国为宗主。大家知道，这段时间，神圣罗马帝国也是四分五裂，奥地利周边那点地方都看不住呢，更何况隔着这么远的小国。于是，所有邻居，瑞典、芬兰、丹麦、立陶宛、波兰，都对这片土地有点虎视眈眈，伊凡四世要下手是很冒险的，不留神就会陷入被这些国家结伙群殴的境地。

雷帝不信邪，他就真打过去了。1558 年，4 万俄军攻入立沃尼亚，战事很顺利，很快就占领了东部大部分地区。小骑士团国赶紧向周围邻居求救，结果这些邻居也没好人，一边"强烈谴责"俄罗斯，一边也浑水摸鱼跟着占了不少地盘。到 1563 年，小骑士团国终于被打碎了，领土分割在这几国手里，伊凡四世要抢夺出海口的目的没有完成，现在他面对的是瑞典、丹麦、波兰、立陶宛等所有国家。

这时，俄国国内很多人已经看出来了，这一仗，俄罗斯基本胜之无望，开始有人要求伊凡四世停手。雷帝当然不会停，因为到现在为止，他还占据着战场优势，甚至波兰和立陶宛答应，只要沙皇停手，之前占领的地区就归俄罗斯了。雷帝不干，他要求的是出海口，他要全取立沃尼亚地区。

进入 1564 年，战局开始对俄罗斯不利，雷帝杀掉了好几个国内要求停战的贵族。雷帝认为，战争的失利很可能是因为要求停战的贵族将军事情报透露给敌方了，而最招人怀疑的，就是俄军在前线的统帅库尔布斯基。

雷帝对付让他不爽的贵族，下手是非常恶毒的，诛全族，酷刑整死。库尔布斯基感觉到自己被怀疑，他了解领导的脾气，以最快的速度逃亡立陶宛。立陶宛赐给他大量土地奖励后，他再次成为统帅，带领立陶宛军队跟俄军作战。战事对俄罗斯越来越不利。

一场好戏

1564 年冬天，克里姆林宫外停了一排雪橇，装了金银财宝、生活用品等各种东西。伊凡四世带着家眷和自己的特别卫队，一路浩浩荡荡离开了莫斯科。莫斯科从主教到市民都一头雾水，不知道沙皇怎么在这个节骨眼上举家出去度假了。

离莫斯科一百多公里，有个叫亚历山大罗夫的村子，迎接了沙皇一家的下榻。伊凡四世行事出人意料，不论是莫斯科还是亚历山大罗夫的人都不知道，这个伙计想唱哪出。

莫斯科先感觉不对了，国家正在大战中，国事繁乱，之前大小事都是沙皇拍板定夺，他现在突然休假，也没跟任何人办理交接，整个俄罗斯陷入了没有主事人的状态，乱套了。

乱了一个月，伊凡四世写了两封信发回莫斯科，一封是写给大主教的，大意是说，俄罗斯的大贵族们，长期缺乏"道德血液"，强占国有土地、盗窃国库、贪婪无德，尤其是战时背叛国家，背叛君主，毫无忠诚，而教会还给大贵族做帮凶，伊凡的心被他们伤得拔凉拔凉的，预备退位让贤，辞职不干了；另一封信则是写给莫斯科的中下阶层，小贵族、商人和普通市民。大意是：沙皇对市民毫无埋怨，也希望市民能理解沙皇不得已的苦衷。

皇帝的"离家出走"，绝对是做戏，要真想退位，直接退就行了嘛。伊凡四世这出戏，是一场赌博，赌的是他在莫斯科的支持率。他赌赢了，虽然他跟大贵族不共戴天，可中下层贵族、商人、小市民更不喜欢大贵族啊，非常支持他对大贵族的清剿，而这些人毕竟是大多数，他们还曾经起义杀进过克里姆林宫呢。

莫斯科的百姓都要求请沙皇回来，主教们也怕局势不好收拾，说尽好话，要求皇上回家。沙皇可以回来，答应两个条件吧：第一，在俄罗斯的范围内，沙皇划定自己的特辖区，这些地区，沙皇全权治理，想怎么办就怎么办，配合特辖区，成立沙皇直接指挥的特辖军；第二，沙皇要惩罚作恶者和叛国者，可以处决他们并没收他们的财产。

伊凡四世是个文字专家，把一封信写得催人泪下，忽悠老百姓非常容易。莫斯科的人民不知道这两条会产生什么样的后果，听上去也没什么不妥，沙皇先回来吧。

回到莫斯科的沙皇，头发都掉光了，眼神也很暗淡，看得出，在亚历山大罗夫的这段时间是多么艰苦的煎熬，而对一个心理本来就有点疾病的人来说，这一轮折磨，是个触发点，他更狂躁了。

其实伊凡四世终极发作，经过了好几个触发点，1553 年，伊凡四世大病时，他要求大贵族向自己的幼子宣誓效忠，遭到拒绝；1560 年，伊凡的第一任妻子去世，这是雷帝一生最爱，也是对他影响最积极的女人，他怀疑是某个贵族下毒害死了皇后，引发对几个贵族的清洗，并直接导致了库尔布斯基叛逃立陶宛。所有这些事加在一起，雷帝真想变成一个巨雷劈死这些贵族。

如他所愿，特辖区成立了。当然是包括全莫斯科最好的地区，原来的贵族领主们，被沙皇强制移民，补偿的土地基本都在老少边穷地区。用这个办法，摧毁了大贵族们的经济和政治基础。有些地区，如果贵族根基太深，不好收编，伊凡就不介意发兵攻打，他不是组建了自己的特辖军嘛。

伊凡这一轮清洗到底有多残酷，杀掉了多少人呢？以诺夫哥罗德为例，这里原本是俄罗斯顶尖的商业大都会，雷帝突然在 1570 年对该地区用兵。说是攻打，因为没有遇到有效的防御，所以基本可以说是杀人抢劫。繁华的城市变成废墟，超过 3 万人被用各种办法处死，最有效率的杀人办法就是，赶他们下河，集体淹死，有部分会游泳的想逃命，则被特辖军用板斧或者长矛刺死。

从伊凡回到莫斯科惩罚"背叛者"，到 1572 年特辖区被废止，超过 4000 名大贵族大领主被处死，其他沾边连带的不计其数，其中很大一部分，是伊凡亲自动手杀的，行刑的办法自然也是五花八门，让雷帝很过了一把瘾。

特辖区让沙皇这么爽，为什么突然被废止了呢？1569 年，波兰和立陶宛正式合并了，合并后的波兰—立陶宛王国几乎是欧洲当时最大人口最多的国家。这样一个大敌出世，立刻成为波罗的海地区反抗俄军的中心。俄罗斯的立沃尼亚战争，更加乌云盖顶。

西征前，为了稳固后方，沙皇跟克里木汗国达成协议，对方答应中立。如今看到俄军被动，克里木汗国也毫不客气开始进攻俄罗斯，让局势雪上加霜。1571 年，克里木汗国攻击到莫斯科城下，虽然没有破城，但是周边遭到劫掠，还抓走了 10 万俘虏。

沙皇成立的特辖军，都是来自他最信任和喜爱的中小贵族，特辖军黑衣黑马，很酷很张扬，帮着沙皇镇压同胞时，出手狠辣。可是这 6000 名平时耀武扬威的御林军，却不能抵抗外敌，所以，莫斯科遭到攻击后，特辖军也被解散，特辖区跟着取消。对伊凡来说，特辖军和特辖区的原始目的都达到了，需要解决的人都已经被消灭，他犯不着让自己再树敌。

1576 年，波罗的海诸国结盟对抗俄罗斯，不久就将俄军赶出立沃尼亚，并打入俄罗斯境内。1582 年，沙皇不得不低头认输，签订不平等条约，不仅失去了占领的土地，还要把自家的几个城镇割出去求饶。25 年的立沃尼亚战争检验了俄罗斯帝国的成色，它并没有伊凡四世自己感觉的那样强大，而且，还在这场战争中被更加削弱。

伊凡四世出海的梦破碎了，俄罗斯需要等待更厉害的沙皇，找到梦中的出海口！

哥萨克骑兵

立沃尼亚战争将俄罗斯打垮，让它暂时失去了向西发展的力量，好在伊凡四世的统治晚期，俄罗斯向东部的扩张让雷帝找回了面子。

向东，越过乌拉尔山，进入亚洲，没有属于俄罗斯之前，这里是西伯利亚汗国。

介绍俄罗斯对西伯利亚的收编，要先介绍俄罗斯历史上很著名的一个族群，哥萨克。哥萨克在突厥语里可能是"自由人"的意思。哥萨克人基本还都是斯拉夫人，从莫斯科大公国崛起到伊凡四世统治期间，其农业政策主要内容就是农奴化。越来越禁锢农民离开自己的领主和土地，永远跟土地捆绑在一起，种一辈子地，不准随便进城打工。

人这东西不容易禁锢，有脚胆子大的，肯定跑。逃跑的农民到俄罗斯西南部的草原地带，集结成团，组建了零星的小政权。生活所迫，少不得也落草为寇，少不得要学些武功。受附近突厥游牧民族的影响，很快精通了骑射，哥萨克骑兵成为雇佣军的品牌，名震江湖。

在当时的俄罗斯乌拉尔地区，有位伊凡四世很喜欢的富商，叫斯塔罗加诺夫。俄国东北方面的业务，制盐、毛皮和捕鱼等，他家统统有份，巨富。而他家跟乌拉尔山脉东边的西伯利亚汗国做生意，也是日进斗金。

人心不足，斯塔罗加诺夫卖给西伯利亚的东西都是暴利，但他还是觉得不顺手，不方便，他就跟伊凡四世进言，干脆直接派兵过去占领算了。

伊凡四世对扩张没意见，可俄国大军都被牵制在波罗的海，无力再开辟新的战场，于是他就答应减免斯塔罗加诺夫的赋税，给他特许状，容许他自主征兵，组织一支军队杀过去。

这时，俄罗斯历史上一个著名的民间英雄走进了我们视线，他叫叶尔马克。叶尔马克是绰号，意思是磨石，真名不重要，像他这样的角色，我们一般都是叫绰号，比如香港著名的古惑仔。

叶尔马克比古惑仔高好几个等级，他是哥萨克骑兵的首领，是匪首级的干部。早年因为在伏尔加河一带抢劫，被判了死刑，莫斯科正通缉他呢。他带着人马跑到斯塔罗加诺夫的领地。这位商人法制意识淡薄，也不劝他自首或者亲自扭送公安机关，而是将其招至麾下，斯塔罗加诺夫知道，这样一个人，早晚用得上。

1581 年，叶尔马克带领不到 1000 人的队伍，其中包括 540 名哥萨克骑兵就进入了西伯利亚。以这么少的人马，经过八次大战，占领了首都。叶尔马克会做人啊，赶忙在当地组织了大批珍贵礼品，派人送上莫斯科，伊凡四世圣心大悦，当场赦免叶尔马克的死刑，还赐他勋章和盔甲。

暂时的胜利不代表永久占领，伊凡四世见有利可图，先后两次派援兵支援叶尔马克的行动。西伯利亚汗国人发动游击战对抗俄军，还在 1584 年，全歼了叶尔马克的主力部队，叶尔马克本人也在溃逃时落水身亡。

西伯利亚汗国坚持抗战近二十年，最后终于被俄罗斯吞并，沙皇在当地构筑了著名的秋明城，并设立主教区，强迫此地所有的穆斯林改信东正教。并以此为开端，拉开了俄罗斯向东部扩张的帷幕。

咱家对西伯利亚的认识是，那里专门生产冷空气，还喜欢千里奔袭到咱家来，不是刮风就是下雨的。其实那地方出产珍贵的动物皮毛和木材，后来还发现了储量巨大的各种油、气、矿等资源，再后来的一段时间，西伯利亚简直就是俄罗斯的摇钱树。

叶尔马克是被俄罗斯官方认证的民族英雄，俄罗斯的很多文学作品都有关于他的事迹，而西伯利亚地区最重要的行政中心——托博尔斯克城中，也有一座巨大的叶尔马克雕塑。俄罗斯博物馆内，还有一幅世界名画，出自俄国著名画家苏里可夫，叫作《叶尔马克征服西伯利亚》，很夸张地描绘了当时的情景。

雷帝终结

伊凡四世最后的故事，要从另一幅名画讲起。顶级的世界名画，俄国最著名的大画家列宾的作品，画的全名叫《1581 年 11 月 16 日恐怖的伊凡和他的儿子》。恐怖的伊凡就是伊凡四世，画面上，黑衣的伊凡沙皇跪在地上，抱着一个垂死的白衣男子，表情惊骇而忧伤，白衣男子的太阳穴上还有血。

1581 年 11 月 16 日发生了什么事？沙皇家事。白衣男子是伊凡四世的长子伊凡。伊凡父子俩脾气都不太好，伊凡沙皇大病期间，伊凡太子有点招摇，让沙皇对儿子很猜忌。太子不服气，也处处跟老爸作对，比如将老爸给自己选的媳妇送进修道院，自己选了叶莲娜为妻。

俄国人没有规矩，公公和儿媳妇也没个避讳。11 月 15 日那天，沙皇就走进了太子的寝宫。伊凡四世肯定不是对儿媳妇有企图，他更多地想的是，找儿媳妇的毛病，并趁机发飙。太子的寝宫点着炉子烧得很热，又没有开窗，所以叶莲娜穿了一件薄裙在寝室里活动。

根据规矩，太子妃最少要穿三件衣服，天晓得这是哪个神仙想出来的规矩。儿媳妇没按规定着装，公公一般是不太会过问的，会挑剔的都是婆婆，谁知，雷帝当时就发了雷霆之怒，对儿媳妇大声谩骂，骂不过瘾，居然还动手打人。叶莲娜身怀六甲，突然碰上这么变态的公公，受到惊吓，当天就流产了。

伊凡太子气急了，11 月 16 日，他找到伊凡四世理论，猜想应该是态度激烈，也偶尔出言不逊。雷帝这种性格，能容儿子这样跟自己闹吗？一气之下，他就挥舞手上的铁头权杖对着儿子打过去，大家切记，下雨天打孩子的时候，尤其是抄家伙打孩子一定要打屁股，不能打脑袋。沙皇这一击，正中太子的太阳穴，太子爷当场死去。

雷帝绝对没想过要杀掉自己的亲儿子，所以列宾这幅名画显示出沙皇的反应，应该是合理的。虽然他拒绝承认是自己杀子，俄国的很多历史书也说伊凡太子其实是病死，不过，太子死后，雷帝更反常了，跑教堂和祈祷的次数明显多了，精神状态也越来越差。

1584 年的一天夜里，沐浴后的伊凡四世找人下棋，突然倒地猝死。雷帝时年 53 岁，大部分时间神神道道的，神经和心理肯定有病，但身体硬件设施貌似一直保持良好，没有大病。这样的猝死，成了著名的谜案。根据后来苏联人对伊凡四世墓的考古研究，雷帝体内汞含量超标，现在基本就怀疑，他是被毒死的。雷帝的仇家很多，想毒死他的人要拿号排队，所以，寻找凶手更是大海捞针了。

伊凡四世是俄罗斯历史上最重要的君主之一，他有效地阻止了封建势力的割据，成功地在俄罗斯建立了强大的中央集权，让后来的俄国皇帝可以专制独裁地统治这个越来越大的国家。雷帝驾崩时，俄国领土面积 398 万平方公里，比他继位时多了将近一半。

可惜的是，雷帝失手打死了太子，让这个本来可以强大延续的留里克王朝进入了尾声。

九 "山寨"肆虐

前面说过，伊凡四世正式犯病发狂，应该是从第一个老婆死去开始。伊凡的第一个老婆名叫安娜斯塔西亚·罗曼诺夫娜。专门把这么长的名字列出来不是为了让读者们思维更混乱，而是这个姓氏将会是后来俄罗斯历史的主角。

安娜死后，伊凡四世又娶了六个老婆，有离婚的，有被他杀掉的，还有死得不明不白的，最后，只有第七个老婆玛丽亚活得比雷帝长点儿，后来的事证明，这个"小七"的精神状态不见得比雷帝健康。

七个老婆生了三个儿子，太子伊凡被雷帝打死，二儿子费多尔继位成为沙皇。费多尔从小看着就不太聪明，有点愚笨，雷帝早就安排好后事，四位大臣组成摄政会议，扶持费多尔一世。

费多尔一世在位五年，主要工作就是祷告，反正摄政会议那四大金刚什么事都帮着处理了。四大金刚中，费多尔最相信的，是自己的大舅子戈东诺夫，他自然就成为摄政会议中最有权力的人，渐渐就成了俄罗斯实际上的统治者。

费多尔在位大致平静，最大的一件事，是宗教上的。《罗马帝国：霸主养成记》中说过，虽然土耳其占领了君士坦丁堡，但是没有灭绝东正教，所以，东正教的中心，以及大牧首（相当于天主教教皇）都还在君士坦丁堡。

1598年，通过戈东诺夫的外交努力，在莫斯科设立了自己的东正教牧首，如此一来，莫斯科的东正教地位就和君士坦丁堡平列了，以后莫斯科的宗教事务也不用跟上级领导机关报备，莫斯科的牧首就是老大。大家不要小看这件事，在后来的动荡岁月，俄罗斯大位悬空时，多亏还有一位牧首，稳定了很多事。

跟莫斯科设立牧首比起来，别的事都算小事，比如伊凡四世留下的最小的儿子突然死了。戈东诺夫摄政后，第一时间放逐了"小七"——玛丽亚和她生的儿子季米特里。1591年的一天，9岁的季米特里突然被一把刀子割破了喉咙，当场死去。

肯定是谋杀！全莫斯科的人都这么猜想。四大摄政之一的舒伊斯基组成了一个官方调查委员会去查案。根据现场勘查，舒伊斯基给出的王子死因是：9岁的小公爵在院子里丢刀子玩，后来癫痫发作，摔在地上，脖子正好就撞在竖在地里的刀锋上！这种死法难度很高，而且一个9岁的孩子独自玩一把利刃也很离奇古怪。舒伊斯基代表官方给出了结论，不管你信不信，他自己是信的，所以大家也就不好说什么。小王子死了，当时所有人都觉得这是一件无足轻重的事，没想到事后会引发出各种各样的精彩。

1598年，费多尔一世驾崩。戈东诺夫在各种势力扶持下成为新沙皇。现在大家知道戈东诺夫为什么处心积虑要在莫斯科设立牧首，只有得到牧首的承认，他这个跟留里克王朝毫无血缘关系的人才能光明正大地成为沙皇啊。

戈东诺夫是个人物，工作出色，配得上沙皇的皇冠。不过，他名不正言不顺，一遇上大事就被当作罪魁祸首。

1601—1603年，俄罗斯遭遇了大饥荒。早年间伊凡四世的特辖区制度可能在一定程度上对农业有所破坏，但是根本原因还是天灾。真是大灾，光莫斯科就有10万多人饿死，草根树皮，动物尸体都不足以果腹，有的地方甚至还出现了吃人的。饥民们到处流浪，抢劫，时局混乱得难以想象。

戈东诺夫尽了最大的努力，在莫斯科开仓放粮，免费救济灾民。这样的大灾，以当时莫斯科的实力也实在没有办法解决。饿昏的老百姓头脑却空前清醒了，他们认为，就是戈东诺夫篡夺皇位，搞坏了风水，所以全国跟着遭天谴。

很自然的，各地出现了暴动起义，而又这么巧，突然，在西部边境上，出现了一位年轻人，自称自己是伊凡的幼子季米特里公爵！

很多资料显示，这个自称季米特里的人早年曾在某修道院做修士，家世血统全都可查，可俄国的老百姓就是愿意相信，他是真的，他是那个没有意外死亡的沙皇遗孤，应该是皇位最正统的继承人。

·九 "山寨"肆虐·

假季米特里受到了波兰政府的支持，还有波兰贵族愿意将女儿嫁给他，在波兰—立陶宛的支持下，山寨王子的实力越来越大。

面对假货的冲击，戈东诺夫只能抛出真王子已经死去的官方报告，可当年一手主持了案件稽查的舒伊斯基突然说，他的报告是有苦衷的，季米特里公爵其实并没死，而即将带兵打进来拯救百姓的这位，的确是真正的小王子。最高潮的戏码是，小王子的妈妈，"小七"玛丽亚也站出来作证，证明这的确是亲儿子！

亲妈作证，还能有假？甚至连上帝都来给假季米特里帮忙，不久后，戈东诺夫突然死掉了。估计是被活活气死的，因为莫斯科朝中所有贵族都说那个假货是天潢贵胄，戈东诺夫分明看到他们眼中奸计得逞的揶揄。

戈东诺夫一死，假季米特里顺利进入莫斯科成为新沙皇，就这么扯淡，就这么简单。不过登基容易，坐稳很难。

为什么波兰—立陶宛和莫斯科的贵族们会支持这个明显的山寨货呢？莫斯科的贵族当然是想通过假季米特里整倒戈东诺夫；波兰—立陶宛呢，因为假货答应他们，一旦取得大位，就割让一片土地给波兰，还让全俄国改信天主教！

莫斯科贵族的目的达到了，而波兰的目的就难了。割地暂时不说，让全俄国改信天主教，这个话说出来都显得脑袋进水。

波兰人感觉自己扶持有功，开始以俄国的大哥自居，经常过来发号施令。假季米特里的波兰未婚妻带着一个2000人的队伍进入莫斯科，更是张狂莫名，耀武扬威地经常欺负本地人。

大家注意，到现在为止，这出大戏演员众多，有个角色一直起到重要作用，他就是舒伊斯基。在这个承上启下的关键时间点，又是舒伊斯基跳出来。这伙计说话真不怕闪到舌头，这会儿他出场，抛出的言论是：假季米特里是个假货，真王子1591年的确是死掉了！舒伊斯基拉来的助演还是玛丽亚，"小七"证实：之前没看清楚，现在凑近看清楚了，这个不是自己的儿子！

正好假季米特里又弄丢了民心，俄军确认他是假货后，毫不留情将他杀掉了，还将其骨灰用大炮向波兰方向发射。

除害有功，舒伊斯基被大家推选为新沙皇。

这个时候，有必要给大家介绍一下当时俄国的社会结构。雷帝干掉了世袭大贵族，又培养出了一批新兴贵族。这些贵族都是沙皇喜欢的，原来的中下层贵族，他们追随效忠沙皇，为沙皇征战沙场，为表彰他们的功绩，沙皇赐土地给他们。给他们土地的条件是，一定要随时跟沙皇出征。这批贵族，被称为"服役贵族"，是这段时间莫斯科的中坚力量。

给了土地，还让人家随时出门打架，地要有人种啊。所以，沙皇给他们一个保障，就是制定法律，禁止农民离开自己的土地和领主，不准到处乱窜。这些被绑在土地上终老的农民，最后就沦为农奴，有时跟自己领主的土地一起被转让，毫无人身自由。不甘为农奴，成功逃脱的，就成为让社会很不安定的盲流组织"哥萨克"。还有其他不甘为农奴，又做不成"哥萨克"的，只要一有风吹草动，就跳出来起义暴乱。

舒伊斯基的胜利是这批服役贵族的胜利，他们得手取得权力，当然是更加压榨农奴。舒伊斯基在位，起义此起彼伏，还发生了前后持续一年多的大型起义。舒伊斯基那点精神，都用来平乱了。

民间一边暴乱不断，一边还批量生产山寨货，一会儿这边冒出来一个王子，一会儿那边冒出来一个亲王的，都说自己是雷帝后裔，都想复制假季米特里的成功模式。1607年，又一个季米特里冒出来了！他声称自己没有被舒伊斯基杀死，逃出来躲了一阵，现在重新要求皇位！

这个双料山寨的冒牌货，我们就叫他山寨二号吧。二号不管是长相和身材，跟山寨一号都毫无相似之处。可不知道为什么，他这么一张罗，又有一帮人信他。尤其是一号上位成功时，当时支持他的不少人都发了财，当初炒作一号踏空的人，现在就想投资二号以获得相同的收益。著名助演玛丽亚又冒出来了，她居然又说这个是亲儿子！而另一个新冒出来的助演是一号假货的遗孀，波兰小姐玛琳娜，她坚定地证实，二号是她丈夫！

二号显然比一号更有头脑，并不急于进军莫斯科，而是在莫斯科附近的一个村子图西诺成立了自己的政权，也征税、也赏赐土地、也分封百官，建起了个小朝廷，让俄国有两个沙皇两套政府。莫斯科的贵族们有乐子了，哪边有利，就往哪边倒，莫斯科和图西诺虽然是敌对的，人员来往还非常热闹，有的莫斯科贵族甚至宣布忠于两个老板！

既然来自波兰的玛琳娜会跳出来助演，说明二号假货背后还是拥有波兰的支持。两个朝廷力量相持，舒伊斯基万般无奈只好向瑞典求援。舒伊斯基承诺，俄国放弃对立沃尼亚的领土要求，还割让一块边境的土地，换取瑞典出兵。

瑞典的六千精兵真不含糊，一杀进来就将图西诺的小朝廷打散了，二号假货逃跑。但是图西诺这边支持二号假货的投机客不肯投降，他们换了个玩法，突然宣布，他们要求波兰国王西吉斯蒙德三世的儿子过来做沙皇！

峰回路转，波兰国王现在思路大开。之前瞎忙乎什么啊，趁火打劫有啥意思啊，为啥不趁这个机会，自己成为沙皇，波兰—立陶宛—俄罗斯合并，将是多么辉煌的霸业啊！

波兰有了新的追求，变换动作，号称反对俄罗斯和瑞典结盟，波兰大军杀进了俄罗斯。波兰军队节节逼近，二号假货看着形势有利，他又跑回图西诺，恢复了自己的小朝廷。

1610年，舒伊斯基实在支持不住了，他被社会各阶层联名罢黜，出家做了修士。莫斯科由七位贵族组成议会接手了政府，他们的主要工作，就是推举下一届沙皇。

8月，波兰军队终于进入了莫斯科，整个莫斯科同意向波兰的王子宣誓效忠，但是贵族议会提出的条件是：要登基，波兰王子必须皈依东正教。波兰国王当然不答应，而且他此时想的，不是扶持儿子登基，而是自己登基。双方意见无法达成一致，莫斯科派出一些德高望重的贵族代表去波兰谈判，谈判代表团让波兰国王很光火，他毫不留情地将其中几个态度强硬的代表逮捕，关起来了。记住这几个被囚禁在波兰的代表，他们将会是后来剧情的主要人物。

俄国大部分土地和莫斯科被波兰占领，国家生死存亡。二号假货在这段时间，因为私人恩怨，被部下杀掉。这样一来，不论真假的继承人都没有了，昏了十多年的俄国人终于清醒了，不能让波兰国王如愿，俄国会亡国！俄国人终于意识到，他们必须上下团结，一致对外了。

群龙无首，好在莫斯科现在有自己的大牧首，他号召所有俄国人、东正教徒为了国家为了信仰，打击外国侵略者。牧首这么着急，跟波兰即将要把全俄变成天主教国家有很大关系。

1612 年响应牧首的号召，下诺夫哥罗德市的一个税务官米宁站出来，鼓动同胞保家卫国，下诺夫哥罗德市民捐出了三分之一的财产，和其他城市联合组成了军队，找到一个久经沙场的老公爵做统帅，带着民族复兴的热情和宗教的狂热，开始对波兰军队发动反击。经过三个月的战斗，攻克克里姆林宫，莫斯科终于被解放。

一拿回首都，社会各阶层就开始选代表，教士、服役贵族、商人、市民组成一个"缙绅会议"，这个会议的当务之急就是赶紧选出新的沙皇，因为只要沙皇大位悬空，所有的敌人都会蠢蠢欲动。最后，米哈伊尔·罗曼诺夫高票当选，从此，罗曼诺夫王朝统治了俄国，一直到第一次世界大战结束的300 年。

十　开局三沙皇

米哈伊尔·罗曼诺夫是谁啊？一个16岁的身体孱弱、性格懦弱、学识平庸的小孩。大家注意，俄国人只是收复了莫斯科，大部分领土还在波兰手里，而原来的盟军瑞典改了主意，也找了个人出来要求沙皇之位，俄罗斯国内还此起彼伏各种动乱呢。这样的乱局，这样的危局，怎么就让一个16岁的孩子出来顶缸呢？

首先，莫斯科的"缙绅会议"看中的是米哈伊尔的家世。罗曼诺夫家族，很早就是莫斯科大公的亲信，一直深受历代大公及而后沙皇的器重和信任，伊凡四世最爱的原配老婆就是来自这个家族，而当时伊凡四世的大舅子，尼基塔·罗曼诺夫更是在朝野上下甚受拥护，他的子孙都以罗曼诺夫为姓，家族庞大，富甲天下，是留里克王朝时代最位高权重的皇亲国戚之一。

其次，米哈伊尔有个很出名的爹。戈东诺夫掌权后，忌惮罗曼诺夫家族的威望，就把家族族长放逐，让他出家成为修士，罗曼诺夫夫人也被迫成为修女，带着当时年幼的儿子，也就是米哈伊尔，在修道院过着凄惶的生活。

沙皇之位几经混乱，米哈伊尔的爹被放出来，成为一个主教，被称为菲拉列特长老，简称"菲长老"。菲长老在动荡时代上下协调，显示了强大的平衡能力。上篇说到，为了跟波兰谈判，俄罗斯派了个使团，被波兰国王抓住，扣为人质，这其中最大的人质，就是菲长老。

综上所述，缙绅会议推举米哈伊尔成为沙皇，显然是经过慎重考虑的。

米哈伊尔正跟老妈在修道院里无聊度日，突然有人过来传话，说米哈伊尔是下一任沙皇，这母子俩当时都吓傻了！这个时候的沙皇皇冠，比牛头马面还催命呢，在民间做个百姓，没饭吃饿死也要等七八天，坐上沙皇之位，生死可能就是一眨眼的工夫。

波兰和瑞典为了沙皇之位打破头，沙皇的皇冠送到米哈伊尔面前他都不受。缙绅会议的决议，也容不得这两个妇孺推却，不管是地雷阵还是万丈深渊，米哈伊尔只能到莫斯科加冕。这时沙皇如果想买个人身保险，恐怕没有任何一个保险公司会受理。

小沙皇除了惶惶终日，啥也干不成。好在缙绅会议还没有解散，贵族亲戚们都蜂拥着过来帮忙。拥立新沙皇是第一目标，第二目标就是，赶紧把太上皇找回来。太上皇就是被关在波兰的菲长老。

在对待新沙皇的态度上，瑞典人显得有风度一点儿，既然人家选出皇帝了，自己的人马争位就算成功了也不见得能坐稳，而且几次战役，瑞典也没占到大便宜，所以率先停手了。

波兰不干啊，看见小沙皇，更火大了，加强了攻势，菲长老继续关押，就是不放人。从 1613 年，米哈伊尔登基成为沙皇，直到 1619 年，波兰还在不屈不挠地攻打俄国，死乞白赖要求沙皇之位。打的时间长了，波兰自己也耗不起，1619 年，因为严寒，再次进攻莫斯科无果，波兰军队逐渐从这一线撤退。俄国俘虏了不少波兰军官，有了交换筹码，终于将菲长老换回来，老爷子在波兰被监禁了九年！

太上皇一临朝，气象立时不同了。清理国家机构，整顿税收体系，再次加强了动荡时期松散的中央集权。

菲长老治国是个熟手、好手，不过他被波兰人把脾气搞坏了，所以他的全部政策，都可以看作是积累力量，找波兰报仇！可惜的是，准备时间太短了，俄国的力量依然不足以赶走版图内的波兰军队。1634 年，被波兰战事日夜折磨的菲长老终于含恨离世，俄国不得不再次跟波兰签订丧权辱国的条约，波兰继续保持对俄罗斯西部的占领，俄国人赔偿 2 万卢布，唯一的好消息是，波兰答应，他家暂时放弃对沙皇之位的要求。

这就是罗曼诺夫王朝的开局，有点狼狈，有点凄惶，多亏菲长老在关键时刻扶住了俄国这辆摇摇欲坠的大车，让它继续磕磕绊绊向前走，当然也顺带手把手教会了罗曼诺夫王朝的"太祖皇帝"，如何做一个称职的"车夫"。

菲长老已经为统治建立了规范的次序，他死后，只要米哈伊尔沙皇不出格，一步步跟着走就能完成自己的工作，不过，有时他谨慎得过分。

1637年，顿河上的河盗哥萨克占领了亚速海边一个叫亚速夫的地方。这地方属于土耳其，是个要塞，所以土耳其水陆大军联发，要抢回来。神勇的哥萨克兄弟们，居然据守这个要塞四个多月，让土耳其无功而返！哥萨克头目偶尔也忠君爱国，知道这个要塞在自己手里也是个祸端，所以就主动要求送给沙皇。

回忆一下，波兰、瑞典这些邻居围殴俄国是怎么开始的，不就是雷帝需要出海口吗？亚速夫就是一个对亚速海的出海口，穿越亚速海就是黑海，再走出去就进入地中海了，如果放在雷帝面前，亚速夫简直是神赐的礼物啊。

米哈伊尔不一样，他没那么喜欢大海，他只知道，俄国一收下亚速夫，就是跟土耳其叫板了，会遭到这个横跨亚欧大帝国毫不留情的打击，此时的俄国，还是不要再惹事了吧。就这样，一个完美的出海机会跟俄国擦肩而过，地中海和大西洋的波光都只能在遥远的地方闪耀了，俄国能不能等来一个热爱大海的君主呢？

米哈伊尔1645年去世，48岁。独子阿列克谢继位，跟父皇一样，登基时，也不过16岁。

作为独子，米哈伊尔对阿列克谢的培养是不遗余力的，选择了最有学问的大贵族莫罗佐夫为太子师。阿列克谢5岁就识字，12岁时就算得上是知识渊博。少年就有才子之名，而且天文地理、音乐艺术、礼仪骑射无所不通。

书读得太多有时也不是好事，只听说书中有黄金屋和颜如玉，没人说书中有王权和霸业，所以，好皇帝是学不出来的，要看本人的悟性、野心和脾气。阿列克谢虽然偶尔也脾气火暴，但大多数时候，他有一个大知识分子的安静和内敛，登基后，继续研究学问，对西方的建筑和戏剧有兴趣，偶尔还写文章。

治国呢？有人帮忙啊，最有权势的肯定是帝师莫罗佐夫，其次就是国丈（沙皇的岳父）。这两人代表着莫斯科的利益集团，他们统治的办法，当然是为自己阶级谋福祉，少不得要损害老百姓的权益。在这个动荡还不曾完全平息的年代，权贵动作过激，立时就激起起义。

这是俄国历史上比较著名的一次大型农民起义。起义的首脑在俄国的历史上也是个颇为出彩的传奇人物，大名叫斯捷潘·拉辛。拉辛可不是普通农民，他是个哥萨克团伙的大哥，早年间就在伏尔加河下游及里海沿岸打劫。

1670 年，拉辛在犯罪道路上幡然悔悟，明白了"窃钩者诛，窃国者侯"的道理。想到自己不论是做海盗还是河盗，都是秋后的蚂蚱，蹦跶不了几天。不如北上，号令天下，将莫斯科的皇位抢来坐坐。

这样记录农民起义绝对是世界观出了问题，但是老杨实在不能昧着良心说拉辛起义的目的是"为万民谋福祉"。好在俄国的老百姓没有老杨刻薄，他们都认可拉辛的队伍，并愿意加入，最多的时候，队伍发展到 2 万人。

起义在 1671 年被镇压，拉辛被肢解而死。拉辛没说自己是王子或者亲王，怎么能随便就组织了这么多人手造反呢？因为老百姓的日子实在太苦了，除了莫斯科那些权益集团的苛捐杂税，还有就是俄国对波兰的局势再起硝烟。这一次，一个重要的地区出现在俄国的历史上，它，就是乌克兰。

之前老杨提到，古罗斯诸国割据时代，东斯拉夫人分化为三个族群，分别是俄罗斯、白俄罗斯和乌克兰。上面的历史都是俄罗斯的故事，白俄罗斯和乌克兰跑哪去了？

莫斯科取代基辅成为俄国中心，波兰—立陶宛成长壮大，在莫斯科自顾不暇的情况下，白俄罗斯和乌克兰这两个族群所在的地区都被波兰占领并控制了。

乌克兰是早先基辅罗斯的中心，最早接受东正教的地区，进入波兰后，因为宗教对立，矛盾重重。波兰人想尽各种手段让乌克兰人改宗成为天主教徒，乌克兰人一直抗拒不从，所以经常被波兰收拾或者迫害。

哥萨克兴起后，乌克兰草原是他们重要的据点，好些哥萨克的著名团伙、江湖帮派都在这一带活动，这些人也不太容易被收拾或者被迫害。

17 世纪初开始，乌克兰就连续发生农民或者哥萨克的起义。1648 年的起义最有规模，因为有个非常能干的领袖叫赫迈尔尼茨基 (简称"老赫")，老赫有效拉拢了克里木汗国帮忙，跟波兰打了几次胜仗。后来波兰人收买了克里木汗国倒戈，老赫落了下风，于是转而向莫斯科方面求助，如果乌克兰只能做小弟，当然是拜在东正教大哥的门下。

阿列克谢沙皇跟他爹一样，属于胆小过度的，面对乌克兰的回归要求，他竟然因为害怕波兰多次拒绝。直到1654年，俄国因为领土纷争不得不跟波兰一战了，这才答应了乌克兰回家的要求。

收回乌克兰的过程也是很辛苦的，跟波兰持续战斗，中间抽空还跟瑞典和土耳其各打了一场，在1667年左右，终于取得了对波兰战事的优势，双方规定了以第聂伯河为国界，左岸的乌克兰并入俄国版图，右岸继续留在波兰。但是，基辅还是由莫斯科统辖。

拿回乌克兰，真是天大的好事啊，俄国终于拥有了一个进入黑海的出海口，乌克兰虽然在宗教文化方面和莫斯科属于同宗一脉，可他们跟西欧联系得更紧密，通过乌克兰，西欧的先进文化和思想就有了一个进入俄国的流畅渠道，这个开放的窗口让后来某位开明的沙皇知道，要学习西方以图超越西方。

乌克兰回归的要求是，莫斯科授予其很大的自治权。俄国这么一个专制的集权国家，不会长时间容忍这种状况的，时间长了，乌克兰也感觉挺憋屈，终于开始对老大哥不满和怨怼，不过，这些是后话了。

阿列克谢在位期间，俄国国内闹过一阵宗教改革，有个叫尼康的大牧首突然兴起要按拜占庭帝国古老的规矩程序重建俄罗斯东正教的念头。因为沙皇本人很虔诚，最开始支持尼康的改革，结果让俄国的东正教分裂，支持改革和反对改革的分裂。后来，尼康冒险犯了个傻，他认为神权应该大于君权，牧首应该像教皇那样，凌驾于世俗君王之上，并掺和国政。大家知道，西欧那些王权不太霸道的国王都经常跟教皇争权，更何况是沙皇，从有沙皇这个概念开始，俄国的皇帝就不认为这个世界上还有人能比自己更大。阿列克谢沙皇后来疏远了尼康，东正教改革除了分裂教众，没产生什么结果。

阿列克谢沙皇一辈子结了两次婚，第一个妻子给他生了13个孩子，能活下来的不多，最后剩了一女二子，女儿叫索菲亚，儿子一个叫费多尔，一个叫伊凡。阴盛阳衰，费多尔和伊凡是两个病秧子，长期病歪歪的，性格还蔫巴，倒是索菲亚长公主比这两个弟弟彪悍多了，她有多彪悍，我们后面再说。

费多尔继位，在位六年，他管的事也不多，因为有其他人帮忙。这六年里，最大的工作业绩是废除了俄国官员的世袭制度，全方位迎接西方的文化和文明，学习西方的经验，为后来俄国历史上一次重要的变革奠定了基础。

以上三位，就是罗曼诺夫王朝开局的三位沙皇，这三位都不算太精彩太威武的君主，在位的事迹也都很平常，国家的进步貌似也不明显。但是，这三位的出现，仿佛是上帝的某种安排，他们每个人的工作，都或多或少为后面的巨星的出场留下了伏笔，奠下了根基，套用《功夫熊猫》里的经典台词，虽然罗曼诺夫王朝的故事没有美好的开始，但是即将到来的这位巨星，会让所有之前的努力结出硕果。

大明星出场前，还有一个事要交代一下，跟咱们有关的事，也就是这三个沙皇期间，哥萨克这股到处乱窜的不安定分子们，开始骚扰中国的北方边境了，大约是 17 世纪的四五十年代，哥萨克占领了咱们东北的雅克萨，巧了，当时咱们的大清也刚刚开局，也正预备迎接属于咱们的大明星，下一篇，东西两个大明星，将在金庸的《鹿鼎记》中碰撞出灿烂的火花。

十一　彼得大帝

老杨读书的时候就喜欢上课看小说，被抓住的时候少，但是被抓住并被收缴作案工具的几次，几乎都是因为看金庸的书，皆因太精彩，无法分神望风。据粗略统计，被没收至今没有归还的金庸作品，应该有好几部了，我疑心老师也是喜欢看的，没收了第一部，就惦记第二部呢，有时恨不得怂恿我看，他好顺利没收下一部。老杨再跟中小学师长呼吁一次，"小四"或者"韩少"写的，可能是杂书或者闲书，金庸写的，分明是历史书！

这一篇，我们的参考书，是金庸的旷世名著《鹿鼎记》！

放养记

故事从阿列克谢沙皇说起。前面说过，这位沙皇第一任老婆生了十几个孩子，最后留下的就是索菲亚公主和费多尔、伊凡两位王子，阿列克谢沙皇娶了第二任老婆，很快又有了一个儿子叫彼得，这是个优生产物，比哥哥姐姐都机灵健康。

费多尔成为沙皇后，根据莫斯科外戚帮忙的传统，大太后的家族成为显贵，控制朝政，其中，最强势说话最有用的，则是长公主索菲亚。

金大爷对索菲亚公主的描述："眼珠碧绿，骨溜溜地转动，皮色雪白，容貌甚是美丽"，而且还时不常地"露出雪白的一半酥胸，肤光晶莹"。金大爷擅长描写美女，笔下的女子风情各异，绝不雷同，大部分都明恋或暗恋男主角。而因为索菲亚公主后来跟韦爵爷"胡天胡地"有了一腿，所以必须也是个美女。

这里需要弱弱地质疑一下，根据老杨查阅的历史书籍，当然也都带有作者的主观情绪，形容索菲亚以"粗黑肥壮"的居多。看一些绘画作品，索菲亚公主是个标准欧巴桑，脱下身上的华服肯定可以去演一个脾气爆炸的俄罗斯厨娘，或者灰姑娘的后妈。

这个课题不纠结了吧，不论是金大爷还是俄国人写的历史，索菲亚有一个性格特点是公认的，这女人有极强的权力欲和性欲，生活放荡，大把小白脸，除韦小宝外，最受宠最得意的就是金大爷笔下的所谓雅克萨总督高里津，在正史中，大名叫瓦西里·戈里钦，是当时重要的权臣，有能力有知识，绝对不是《鹿鼎记》里那个窝囊废。

费多尔死后，莫斯科有点混乱，因为本朝有两个太后两伙外戚。伊凡王子天生有怪疾，要看清楚东西需要撑开眼皮，身体还局部瘫痪。莫斯科有点责任心的大臣们都认为，这种形象还是躺在床上的好，就不要坐在皇位上受罪了，他们都支持让更健康更体面的彼得王子登基。

彼得妈妈的家族也不是善茬，见此机会也跳出，莫斯科两大外戚家族争位。

之前索菲亚掌握大权，有足够的时间扶持自己的势力，尤其是她说服了莫斯科最有势力的"射击军"也就是火枪队效忠自己，于是，1682 年 5 月，索菲亚领导自己母亲的家族，发动政变，将小太后的家族势力一并剿灭。行动中，射击军当着小彼得的面儿，杀死了他的两个舅舅，让彼得受了刺激，后来留下了面部肌肉痉挛的毛病，还习惯性眨巴眼。

最后，莫斯科的贵族议会不得不同意，伊凡成为第一沙皇，彼得做第二沙皇，索菲亚成为摄政女皇。这次政变果断利落，干得漂亮，但到底是不是韦小宝教的，就不得而知了。

索菲亚取得权力，赶紧将彼得母子赶出莫斯科，让他们到距离莫斯科 10 公里的普利奥布拉任斯基皇村去居住，(伤不起啊，一个小破村子起这么长的名字！) 并明令禁止他们母子离开。

10 岁的彼得从宫里被发配到村里，找到了自由畅快的感觉。很多历史书都喜欢说，彼得是经历了索菲亚对自己舅舅的屠杀，幼小的心灵埋下复仇的种子，于是喜欢玩军事游戏。这个有点扯，10 岁的男孩，突然没有了高墙深院的束缚，广阔天地大有可为，不都喜欢玩"打仗游戏"吗？之前说过，克里姆林宫特别不适合儿童成长，所以老杨深信，是莫斯科郊外那些静谧清新的日子，让彼得成为一个优秀的君主。

11岁，彼得就学会了发射火炮，喜欢大家叫他"炮兵彼得"。随后，他又爱上了构筑城堡、攻城的游戏。这种大型游戏，人少了是不好玩的，于是彼得召集了村里的其他孩子，还有自己亲族内的小孩一起玩，为了对抗，当然是组成两个兵团，互相对打。

索菲亚做摄政很忙的，她的宠臣戈里钦有追求，组织了几次对克里米亚半岛的远征，劳民伤财无功而返。再忙，索菲亚也会盯住莫斯科郊外的彼得母子。她发现，彼得沉溺于跟一帮泥巴孩子玩打仗，玩得不亦乐乎，对莫斯科的政事似乎毫不关心。索菲亚对于彼得这种"玩物丧志"的生活很满意，所以，当彼得要求摄政大姐帮着找几个西方军事教官来上课时，索菲亚也非常友爱地配合了。小村里的泥巴兵团，就这样渐渐走上了正轨，越来越像两支正规的部队。

1689年，彼得17岁了，郊外的空气养人啊，这孩子身高2米零5。这么个傻大个，一天到晚带着一帮古惑仔在泥地里滚，好在有份沙皇的工作，不用发愁求学或者就业的前途。可这么混下去也不是个事吧，不长进，还晚熟，他老妈想，干脆给找个媳妇吧，说不定成了亲，就懂事了。

彼得就是很懂事，老妈苦口婆心地安排婚事，他想到母子俩这么多年提心吊胆相依为命不易，虽然对新娘子没有任何感情，还是答应了婚事。

根据规矩，沙皇大婚了，摄政女皇就该让彼得亲政了。索菲亚大姐没有交权的意思，她想的反而是，除掉彼得，让自己成为女沙皇，因为她越来越感觉到，村子里这个大个子的弟弟，和跟他一起混的那帮小破孩子，似乎很危险。

1689年8月，索菲亚再次召集了射击军，她预备突袭小村子，斩草除根了结小妈和弟弟。

彼得长大了，会交朋友了。莫斯科的射击军内部，很多人都崇拜这位年轻沙皇的风采。有几个射击军在行动之前赶到小村，提前向彼得预警。彼得半夜三更，衣服都没顾上穿就跑到了三圣修道院藏起来。天亮时，在修道院长的帮助下，跟彼得一起长大的两个兵团的兄弟们带着太后和皇后赶来，而莫斯科还闻讯赶来几个预备倒戈对付索菲亚的军团。

沙皇彼得下令，射击军没有命令，不得擅自行动，否则，杀无赦。索菲亚的计划就这样被粉碎了，彼得将大姐发送修道院出家，随后，带领自己的人马回到莫斯科，进入克里姆林宫，正式亲政成为真正的沙皇。

彼得很客气，没有取缔伊凡的"第一沙皇"之位，伊凡也识时务，顶着皇冠，每天就是祈祷修行养生，从来不找彼得的麻烦，我们就自动将其忽略不计了。

游学记

什么也赶不上从小一起玩泥巴的情谊，彼得深信，自己一手培养扶植的两个兵团是最忠诚最可信的，从此，这两个兵团就成为自己的近卫军。而这些发小中，有些能力很突出，智商情商都很高的，彼得毫不计较其出身，给予一定的官职。但是，他还不想被捆在皇座上，他还没玩够呢。

这时的彼得，迷上了造船和航海。其实在小村里，彼得就喜欢玩船，不过是条件不允许。当了沙皇后，彼得有空就找到过来贸易的荷兰人英国人，跟他们出海看热闹。彼得是放养的孩子，更广阔的天地才能让他自在，做一个内陆国家的君主，太憋屈了。他决定，要让以后的俄国人自由进出大洋。

1694 年，在彼得"游戏"之余帮着照看国务的太后死了，彼得不得不自己考虑问题了，所以，他决定，打下亚速夫，进而控制黑海。

亚速夫都还记得吧，1637 年，罗曼诺夫王朝第一个沙皇的时代，顿河上的哥萨克曾经打下这个要塞，想送给沙皇，米哈伊尔沙皇忌惮土耳其，居然不敢要，现在自己的小孙子还要费劲再去打一次。

亚速夫在顿河出亚速海的海口上，攻打这样的城池，一般都是陆海军联合作战。第一次攻击，俄军没有成功，伤亡惨重。

彼得很快就发现了症结所在，于是组织人马开工在顿河边造战舰，并因此组建了俄国自己的海军和舰队。

沙皇亲力亲为，还聘请了大量外国专家，不久，三十艘战舰和一千多艘补给船出现在亚速海上。亚速夫很快就被俄军拿下并控制。占领了亚速夫没用啊，土耳其的舰队还是控制着黑海，以现在俄国海军的实力，想冲出去还是不可能，这个出海口，基本无效。

这次对土耳其的战斗，让彼得意识到，国家太落后，不管请来多少外国专家，要赶上还是不容易，俄国的子弟必须走出去，到发达的西方去，直接学习他们先进的科学技术，回来从根本上改变俄国落后的状况。而在对土耳其战争毫无胜算之下，俄国也需要外交上的努力，给自己在西方找到帮手和同盟。

1697 年，一个 250 人的考察团出发了，其中有个叫彼得·米哈伊洛夫的下士很引人注目，因为不管他自己多么低调，那样的个头，到哪里都能鹤立鸡群，对，沙皇亲自参加了这一场盛大的西欧游学。

俄罗斯错过了西欧最珍贵的发展时期，跟整个西欧比起来，各方面都差得太远。西欧的科学家、思想家、艺术家已经泛滥如繁星的时候，俄罗斯还没有一所像样的学校。西边已经资本主义萌芽了，沙皇还在加强农奴制。落后一般都愚昧，俄国人自从认为自己是罗马帝国的继承人之后，总有种莫名的优越感，觉得全地球只有他家是上帝的子民，别家人都是劣等的，所以，当彼得预备屈尊到西欧跟那些"劣等民族"学习的时候，引起的朝野轰动还是相当大的。

游学的第一站，彼得来到了近邻的德意志勃兰登堡选帝侯家中。德国历史中介绍过，此时的霍亨索伦家族刚刚崛起，成为势力仅次于哈布斯堡家族的德意志大诸侯。

彼得和勃兰登堡的选帝侯相谈甚欢，沙皇希望选帝侯能成为自己对抗土耳其的盟友，勃兰登堡方面给了彼得一个新思路，没事找土耳其麻烦干吗啊，你可以打瑞典啊，那也是出海口，出于霍亨索伦家自己的利益，可以考虑跟沙皇一起行动。

勃兰登堡选帝侯的夫人带着女儿专门请沙皇吃了个饭，这两位欧洲贵妇对这个来自寒冷国度的神秘沙皇印象不错，认为他容颜漂亮，体型匀称，就是为人粗鲁，不懂礼数，如果能多受点教育，将来一定大有作为。

离开勃兰登堡，彼得就去了荷兰。这是他重要的目的地，他要学习造船技术。在阿姆斯特丹，他换上工人的衣服，自备了一套木工器具，就一头扎进了东印度公司，跟著名的荷兰技师学习造船。很快，沙皇和其他的留学生们亲手制造的巡洋舰下水，获得了荷兰技师发给的结业证书。

彼得不仅要学技术，他还想学航海或者海军的理论。荷兰这边最多就是个技校，只教手艺，教不出大道理，于是，彼得去了拥有最牛舰队和海军的国家——英格兰。

英国的生活真让彼得开眼了，伦敦的一切都让他新鲜，眼花缭乱。他去工厂偷学手艺，参加英国皇家海军的演习，拜访各种学者，学习天文学、数学之类跟航海有关的知识，当然还像普通游客一样参观景点。最让他印象深刻的，是某一天他爬到议会大厦的阁楼上，通过天窗参观了英国议会的开会情况，当时的盛况是：议会的宝座上坐着一个国王，屋顶上站着一个皇帝。

离开英国后，彼得再次来到荷兰，现在学技术的事可以先放一放，他想得到荷兰方面的支持，一起对付土耳其。荷兰方面婉言拒绝了，于是彼得又跑到维也纳，当然，奥地利闲着没事也不愿意陪着这个突如其来的北方大个子打架，彼得只好决定去找意大利。此时，国内的消息让他提前中止了游学计划。

莫斯科城内，射击军叛乱了！这是修道院里的索菲亚指使挑唆的。好在彼得在莫斯科也有自己的人马，在沙皇到达波兰时，叛乱平息。

彼得到波兰也没闲着，波兰没有早几年那么凶恶了，此时波兰的国王，是德意志萨克森选帝侯，奥古斯都二世，这位仁兄跟彼得同龄，一样地爱玩，不过奥古斯都玩得奢侈多了，他最出名的是酷爱中国瓷器，是欧洲最有名的中国瓷器收藏家。他为了得到普鲁士的一批青花瓷，用萨克森装备精良的六百近卫骑兵去换，这批青花瓷至今收藏在德国德累斯顿的一个博物馆里，是欧洲非常著名的一批珍宝。

沙皇和波兰国王居然难得地投契，虽然奥古斯都是个文明世界的花花公子，但彼得更像个乡下大户人家的土财主，抛开品位上的差别，两人在骨子里有很多相似地方。正好奥古斯都二世最近也看不顺眼瑞典，于是他俩口头彼此承诺，如果打瑞典，互相给搭把手。

变法记

彼得回到莫斯科，行程隐秘，他并没有直接回克里姆林宫，而是到他长大的小村子住了一夜。第二天，听到风声的满朝文武，赶紧过来见驾。皇上出门18个月了，世面见过不少，肯定有不少好东西给大家分享吧！

还真有，沙皇从西欧带回来的礼物是大剪刀一把，文武大臣正在错愕，大元帅一把长胡子就被剪掉了！

俄国人不知道什么时候开始的趣味，觉得男人要有过胸的长胡子才是美，最好再搭配肥胖臃肿的体形，圣诞老人范儿，自以为很萌很可爱，可能还觉得很威严。雷帝就说过，如果俄国的男人像西欧的男人那样剃胡子，简直是一种罪孽，是对上帝恩赐的亵渎！

俄国的老男人讲究啊，每次出门，化妆时间都超过女人，因为要仔细梳理长胡子，有的编上各种小辫子，有的则是加上各种装饰打个蝴蝶结别个发卡什么的。对俄国男人来说，被无端剪了胡子，其心理打击堪比受了宫刑，于是乎，被彼得突然剪掉胡子的元帅，枪林弹雨血雨腥风都经历过来了，被这一把剪刀，吓得差点哭出来！

这把剪刀开启了俄罗斯历史上最著名也是影响最大的彼得大帝改革。沙皇从西欧转一圈回来，深受刺激，看自己的国家，怎么看都是土老帽，土得掉渣，要想学习西方的先进科技，尽快靠拢并赶上西方国家，俄罗斯必须从生活习俗开始跟陈旧落后告别，生活习惯改良了，思想才有松动，才能实行其他的变革。

老男人们如丧考妣，"皇上，留着胡子行不，真不能剃啊，怎么出去见人啊，况且这个嘴和下巴都没见过世面啊，剃完了走出去，容易受风着凉！"

不剃行啊，交钱，交"胡子税"。交完钱，政府统一做一个"税讫"的牌子戴上，以备检查。还真有交的，彼得因此发了笔小财，而这些交了税的也郁闷，胡子虽然留下了，每天挂个不伦不类的牌子，什么事啊？

胡子完了就是衣着。俄国的着装风格延续拜占庭，长袍宽袖，拖拖拉拉。一次宴会，彼得又掏出那把带着寒光的剪刀，把一个贵族的大袖子当场给剪了。并要求以后所有人，按西欧主流时尚着装，短上衣和长裤，欧式皮鞋，最好戴顶法国礼帽。

随后，沙皇又颁布了一系列关于礼仪规范的法典，他在勃兰登堡受了歧视，认识到举止粗鲁会让西欧人看不起自己，所以要求俄国人以后吃喝拉撒都斯文点，礼节点，比如，学会用餐巾、吃饭不要发出声音，官员们议事时，最好不要"像个娘们儿"一样大喊大叫的，等等。

彼得沙皇游学了18个月，骨子里依然是个粗人，所以对于不按规定学习礼仪的王公大臣们，他要么谩骂，有的时候还亲自操家伙殴打，按马克思的话说：这是一种野蛮战胜另一种野蛮。

"精神文明"建设搞完了，该动真格的了。

改革这东西，是历史写作中最枯燥的内容，老杨写的是最八卦最休闲的历史，千万不要拿去当教科书或者工具书用，所以，彼得大帝的改革内容，就大致简单介绍一下吧。

对彼得来说，第一要紧的肯定是军事，他要按西方的标准建立一支强大的现代化军队，包括陆军和海军。建设军队首先需要军人，所以服役的办法最重要。以前是贵族亲自服兵役，彼得扩大了征兵范围，普遍征兵制，农奴也要参军。

皇上亲自主持制定了军事手册，并规定，任何一个服役者，不论是贵族还是农奴，都必须从最底层做起，靠着军功，都有机会获得提升。

陆军以自己的两个近卫军团为核心，组建各职能化部队。之前在莫斯科"大显神威"的射击军被解散，彼得亲自处理了他们的叛乱案件，千余人被杀，射击军退出了俄国历史舞台。

海军显然是皇上最重视的，毋庸置疑，他肯定是完全复制了英国海军的各种标准。彼得建立正规的俄国海军没几年，英国人突然就撤走了在俄国帮忙的英国技师，大家可以猜想，原因肯定是发现这个徒弟马上就赶上师傅了。

行政方面的改革，目的很明确。彼得要建立一个有效安全的政府班子，因为他肯定是要出门找人打架了，家里总要有人管事吧。

取消过去的贵族杜马，设立有9名参政人员的枢密院，直接听命于沙皇，帮助皇帝处理各种事务。枢密院的成员来路复杂，有的出身很低微，但几乎都是皇帝的亲信。

枢密院以下建立 12 个院，分管各种事务，就是各部委：外交部、国防部、司法部、商业部之类的。分清了职责，让之前混乱无章的行政部门提高了效率。

宗教方面，则是专门成立了宗教事务院，将宗教事务置于政府部门之下，政府监控；防止再出现教权大于王权这种危险的想法。

改革当然还有税收地方财政之类的，就略去不提了吧。全盘西化，跟西方学，重要的就是"重商主义"，所以彼得的改革也鼓励商业，连带当然鼓励俄国本土的初级工业，并用关税保护本国的产品。

这些改革中，最引人注目的其实是文化教育方面的，沙皇在莫斯科开办了学校，世俗的学校，跟之前的教会学校没关系，鼓励各阶层子弟入学。在莫斯科兴建图书馆，里面陈列的，都是沙皇游学西欧带回的大量各种书籍。彼得规定，只要进入图书馆读书，就能免费获得一杯咖啡或者一杯酒。这项开支很庞大，也很无奈，因为彼得知道，不用伏特加刺激，俄国人才懒得读书呢！

彼得沙皇的改革可以作为一个历史研究的独立课题，有兴趣的读者自己挖掘吧，再说这个事，读者真睡着了！清醒一下，要干仗了！

出海记

1700 年，欧洲大陆烽烟四起，三十年战争刚刚打完，西欧那几位大哥正预备西班牙王位争夺战。《德意志：铁与血的历史》中讲述过三十年战争那场混乱，不管多乱，最醒目抢眼的人物肯定是少年得志、英姿勃发的瑞典国王古斯塔夫。虽然这位北欧雄狮后来惨死疆场，可他和他的瑞典军队成为欧洲最闪亮的明星。三十年战争，瑞典是战胜国，获益良多，战后，它占据芬兰湾以及波罗的海沿岸等重要地区，成为北欧霸主。

欧洲的政治局势，第一要点是均衡，谁冒头谁就是坏蛋，所以，波罗的海周边的国家，波兰、丹麦、挪威、德意志北边的侯国，都看瑞典不顺眼，就大致组成了一个反瑞联盟，俄国当然也毫不含糊入伙。

瑞典小孩早熟啊，成名都趁早，18世纪开头这几年，瑞典又是一位少年国王，15岁登基，拒绝奢华、拒绝享乐，一辈子都在为夯实北欧霸主的地位而努力，甚至终身未婚，戎马一生。他是瑞典巅峰时代的国王，查理十二。

彼得打定主意，全力对付瑞典了，他害怕土耳其趁乱背后使坏，所以忙着跟土耳其和谈，先稳住南方的敌人。这边厢和谈刚有结果，那边波兰国王就向瑞典宣战，丹麦赶紧跟上。彼得心想，这俩哥们儿性子忒急，倒是等我一起开打啊。急忙忙也加入战团，这一战就是欧洲历史上著名的大北方战争。

俄军4万人马在沙皇亲自带领下，进攻纳尔瓦要塞。纳尔瓦是楚德湖对波罗的海的一个海口，对彼得来说，这是他梦寐以求的地方。纳尔瓦的瑞典守军并不多，可他们由着俄军连天炮击，死守不出，让俄军很无奈，只好围困。

查理十二忙啥呢？一开打，他就指挥军队杀进了丹麦，以最快的速度让丹麦投降。随后，在一个凛冽的冬天，瑞典几千人的军队，从后方偷袭了正在围攻纳尔瓦的俄军。4万俄军有3万溃逃，剩下没死的都被俘虏，其中包括多位将军。

这个胜利太轰动了，彼得沙皇此时已经28岁了，人家查理十二才18岁！年轻人就有点年轻人的脾气，瑞典举国欢腾，为庆祝胜利，瑞典人制作了一枚纪念章，正面是彼得沙皇在一个大炮边上摆POSE，注解的文字是：彼得正取暖。背面是俄军丢盔弃甲的溃逃画面，注解是"狼狈逃窜，哭爹喊娘"。

28岁的沙皇不能跟小孩子一般见识，输了就输了，被人恶搞也没话说。痛定思痛，卧薪尝胆，韬光养晦，以图再战。

恐怕参战的各方，谁也没想到，这场战争会延续二十多年，这期间，君主的意志力是一切。彼得胜在心理强大，而且不达目的不罢休。上篇说到的俄国改革，很多内容都是在大战中为了顺应战争形势而实施的，比如财政措施，主要是为了军费；征兵政策是为了重组军队等。彼得深切感受到俄国的装备落后，他必须承认，自家的大炮的确是取暖的功能更好用一点儿。于是下令到西欧征召技师，制造新大炮。没有原料？每三个教堂交一个铜钟出来。后来俄国铸造出了350门新型大炮，说明教堂真是不少。

查理十二怎么能容许彼得回家韬光养晦呢？对啊，这小孩觉得打俄国人太容易，没有成就感，所以纳尔瓦胜利后，他就将注意力全部放在波兰身上。波兰国王当时支持一个流亡贵族，号称要去瑞典争夺王位！

彼得一边在家积极备战，一边大力支持波兰对瑞典纠缠不休，为俄国赢得了宝贵的六年时间。

1706年，查理十二终于平定了波兰，奥古斯都二世投降，并放弃波兰王位，查理十二选了一个亲瑞典的贵族接班。

现在所谓的反瑞联盟只剩俄国一家了，1708年1月，查理十二世带领5万大军向莫斯科进发。彼得使用的防御办法也就是后来俄国人面对侵略最常用的招数，坚壁清野，焦土策略。瑞典军队孤军深入，长途行军，非常疲惫。于是，查理十二改变了作战计划，他更改路线进入了乌克兰，希望部队在这里得到补给和休养，并等待援兵。

查理十二考虑的是，乌克兰人对沙皇没什么忠诚度，而且哥萨克的著名首领马泽帕带着不少哥萨克骑兵归顺。查理十二以为在乌克兰休整会得到当地的帮助。谁知，乌克兰人虽然对莫斯科有不满，但是也不准备全体投靠瑞典。最要命的是，从瑞典赶来增援的部队遭到俄军伏击，人打散了，辎重还都被抢走了。

查理十二也是个不服输的，这么不利的局面，他还是挺过了严冬，第二年夏天，他包围了波尔塔瓦要塞，俄军赶来解围，双方再次正面交手。

距纳尔瓦的惨败过去九年了，瑞典人很快就发现，对手成长壮大了。当然，此时俄军超过4万人，瑞典军队只有2万多人，俄国主场作战，具备各种有利条件，不出意外地取得了胜利，查理十二无法回家，只好逃亡到了土耳其。

波尔塔瓦一战被认为是大北方战争的转折点，由此开始，彼得取得了战场的主动，并一步步实现自己的理想。

其实这一战之后，俄国立即受到了奥斯曼土耳其的攻击，挟波尔塔瓦大胜之威，沙皇有点儿托大，以至于再次败给这位南方恶邻。

现在输给土耳其是好事，对黑海没想头没指望了，彼得只好将全部的精力和赌注都押在北方。

1703年，彼得带着亲随，坐船沿涅瓦河而下，来到了波罗的海海边的一片沼泽地，他刚刚非常艰难地取得了这一地区。这里虽然到处都是烂泥，一片荒芜，可是波罗的海魅惑的波光就闪耀在面前，吸引着这位酷爱大海的沙皇久久不愿离去。他下令，在这里修建一座防御要塞，以永远将这块沼泽留住，他可以经常来看海。

防御城堡修好，被命名为圣彼得堡，倒不是沙皇的名字，既然前面有"圣"字，应该指的是东正教的使徒彼得。有了城堡，岛屿和沼泽都有了生气。彼得思路扩大了，干脆，在这里造一座城吧。

1704年3月1日沙皇下诏，大量农奴、艺术工匠、犯人和瑞典战俘被押送到这里，开工造城。从俄罗斯和国外广泛招募建筑师、工艺师参与设计。北欧的严冬苦寒，这里又是水网密集，气候恶劣，施工条件也恶劣。由于疾病、事故、劳累和寒冷，大约有20万人将自己的骸骨永久深埋在圣彼得堡的地基里。

随着城市逐渐成形，彼得突然决定，要将俄国的首都迁入这座新城！

彼得的这个计划让很多俄国人都蒙了，圣彼得堡扼住海口，是大小涅瓦河的交汇处，河网密布，是个威尼斯一样的水城（如果此时它算个城市的话），莫斯科人做了好几辈子内陆居民了，突然看见这么多水，容易犯晕，或者引发风湿。而且，哪有人把首都设在边境上的，瑞典国王如果闲着没事，可以做一把弹弓直接从自己的卧室打俄国人家的窗户！

沙皇铁了心了。对彼得来说，克里姆林宫毫无感情，那里给他留下的记忆恐怖黑暗，而他大部分的时间在波罗的海地区指挥战斗，对莫斯科有点鞭长莫及，万一首都有风吹草动的，容易后院起火。圣彼得堡是新城，油漆还没干呢，没有莫斯科那些阴魂不散的记忆；它面向西方，能更容易接受来自西方的新思想和新文化，也让俄国对西方敞开大门，让更多人了解这个封闭的国家。

迁都虽然困难重重，最后还是实现了，经过沙皇晓之以理动之以情和吓唬威逼利诱等手段，1713年，宫廷、枢密院和外交使团迁往圣彼得堡，而后，大规模的城建工作开动，每年有几百幢带着西欧各国风格的建筑拔地而起，到彼得逝世时，圣彼得堡已有4万人口，算个大城市了。

此时北方战争还没有结束啊，瑞典国王又跑回了瑞典，组织军队再战，可惜这位年轻君主跟他的前辈战神一样短寿，在进攻挪威的战斗中，他不知道被哪里飞来的流弹击中，年仅36岁。

查理十二在不在，对局势都没有什么影响了，首都迁到海边，最顺手的事就是全力建设海军。1703年第一艘炮舰下水，舰上挂着俄国的红白蓝三色海军旗，随后的几年，西方的国家惊恐地看见，波罗的海蔚蓝的水面上，带这种标志的船越来越多。英格兰反应快，他家下令让在圣彼得堡打工的英国技术人员全部回国。为了挽留这些外籍劳工，彼得花了大把银子。彼得大帝之后，他家在波罗的海游弋的各类舰艇已经不逊于任何海军强国，让西欧感到一个新的海上霸主隐隐露出了狰狞的身影！

海上力量的增加，使波罗的海周围战事容易多了，两次重大海战胜利后，俄军大举进发瑞典国土，并占领了芬兰，1721年，瑞典不得不议和，停止这场持续21年艰苦卓绝的战争。此后，瑞典这个北欧大国逐渐陨落，成为欧洲二等国家。

停战后签订的和约，基本实现了彼得的目的，以前立沃尼亚地区（爱沙尼亚＋拉脱维亚）都进入俄国版图，连带当然还有不少海边的城池和岛屿。俄罗斯终于拥有了自己的出海口，可以在未来进入大洋争霸了。

大北方战争的胜利，使彼得沙皇达到了大帝的标准，而枢密院更是授予他"祖国之父"的称号。

杀子记

彼得大帝的偶像是雷帝，榜样也不是什么都能学，比如，杀儿子这种事，就最好不要随便模仿。

这一篇是彼得大帝的家事。

还记得吧，彼得尊重老妈的决定，娶了他完全没有感情的皇后洛普金娜。结婚第二年，皇后就生下了阿列克谢王子。1698年，射击军趁着彼得在西欧游学，发动叛乱，彼得回家后，对射击军严惩不贷。他认为，皇后对射击军有同情态度，所以一并有罪，果断地离婚，把洛普金娜打发到修道院去了。

彼得大帝不是个慈祥的父亲，他战斗的一生也没工夫关心未来的王储。他也延请名师要求严格教育太子，奈何阿列克谢跟父亲完全不是一种人。

洛普金娜没有得宠过，长期做怨妇，怨妇的特征就是，在儿子身上寄托自己全部的幽怨的爱。阿列克谢小时候被老妈娇生惯养，溺爱得不像话，以至于洛普金娜被放逐，阿列克谢就开始憎恨老爸。

阿列克谢长大后是个无用的花花公子，懒惰没有上进心，学识平庸。彼得带着他出去历练了几次，就发现这个儿子基本就是个废材，毫无前途。

再废材也是太子爷，太子爷身边一定会有自动形成的"太子党"。阿列克谢的"太子党"人还不少，还都位高权重的，这是为什么呢？

因为彼得大帝的改革，莫斯科有些顽固分子不能接受，这些改革或多或少也触及了一些人的利益，所以他们抱团偷偷抵触沙皇的命令。而正好，发现太子爷对改革也是反对和批评的，于是就拥到他身边，希望他早日继位，停止这场全盘西化的运动。

彼得当然知道儿子结党跟自己作对，他二婚后又生出了儿子，而阿列克谢娶了位德国公主，也生了一名男婴。所以，此时此刻，沙皇不缺继承人，于是彼得大帝就给儿子下了个通牒：要么认可改革，并承诺在未来坚持深化改革，做一个合格的王位继承者；要么，放弃继承权。

阿列克谢不知道怎么想的，也许是俄国人的犟脾气，他居然很牛地宣布，他宁愿放弃王位也不屈服！

1716年，彼得出访法国，想争取法国的力量一起对付瑞典，虽然没达到目的，但在巴黎的浮光掠影中又长了见识。就在这期间，太子党唆使阿列克谢发动政变，篡位登基。

以彼得大帝对首都的控制，这种事很快就有人揭发出来。事败后，阿列克谢逃亡奥地利，向当时的查理六世要求政治避难。阿列克谢的亡妻（生产时死亡）是德意志公主，正好和查理六世是连襟。

俄国陈兵边境，并派特使斡旋，第二年，阿列克谢回了家。虎毒不食子，皇上说了，只要阿列克谢放弃继承权，并交代出同党，可以饶恕他。

阿列克谢可不是大无畏的革命党人，他被送回父亲身边，胆子都吓破了，立时将太子党内给自己出谋划策煽风点火的都供出来。这些人一被传，可真是扯出萝卜带出泥，藤藤络络、千丝万缕牵连甚众，还连带交代出很多让彼得暴怒的言论。随着审判越来越深入，太子党内互相揭发，互相指证，阿列克谢的言行被曝光，彼得大帝真没想到，儿子背着自己如此地无法无天。

最后，彼得认为，儿子不能饶恕，收回原来的条件，让特别法庭判儿子死刑。1718年夏天，阿列克谢没等到正式处决，就暴死在狱中。死因没有定论，不过很多人都说，整个审判，这位前太子遭受了多次严刑拷打。而一般人都猜想，当时沙俄还没有"王子犯法与庶民同罪"这样的觉悟，如果不是沙皇的命令，谁敢对一位皇子下这样的狠手呢？

彼得大帝再婚后生的儿子都夭折了，剩下的只有大帝的女儿或者是孙子。所以，阿列克谢死后，彼得的继承人还真成了问题。1722年，无奈的彼得大帝颁布了新的继承法，废除了长子继位的原则，在位的君主可以自由选定继位人。这个法律很科学，未来的沙皇可以择优上岗。彼得大帝没有第一个实施这项法律，晚年他忙于在黑海征战，长期艰苦的军旅生活搞坏了他的健康。

1724年秋天，他在芬兰湾看见几个士兵溺水，这位52岁的犯有尿毒症的老沙皇毫不犹豫跳进冰冷刺骨的水中救人，因此犯了大病，1725年1月28日驾崩。

性格决定命运，彼得大帝是个思维敏捷，有非常强烈求知欲的人。这样的人，生命不息，折腾不止。大病期间，他还命令丹麦的船长白令向东方冒险，重点勘察一下美洲和欧洲是不是连着的，如果骑马能过去，大帝病好了就去美洲玩。最后白令船长发现了亚洲和美洲的分界线，也就是白令海峡。幸好大帝死了，要不然美洲人民不知道会遭遇什么。

其实，到底彼得大帝对俄罗斯的历史意味着什么，不用过多地阐述，大部分的俄罗斯历史书，如果封面不是彼得大帝，扉页一定是他的画像。整个

18 世纪，全世界有两位伟大的君主，统治着幅员辽阔的国家，一位是彼得大帝，一位是大清国的康熙大帝。两人的交集，应该是签订于 1689 年（彼得放逐索菲亚亲政那一年）的《中俄尼布楚条约》，作为清政府第一份跟西方国家签订的条约，它难得地没有让我们感觉丢人现眼。也就是这份条约，暂时遏制了俄国向东方的扩张。

只是，彼得大帝改革开放之后的俄国，成为让西方国家认可并忧虑的俄罗斯大帝国，一步步争夺欧亚的霸权；而闭关锁国的康熙大帝之后，也就是乾隆爷神气了一把，而后我们就走向悲惨的深渊了。

十二　各种沙皇各种乱

彼得大帝临死没有指定继承人，子嗣方面也不太充裕，混乱中，1725—1741 年 16 年间轮换了四位沙皇，正好两男两女。

这四位沙皇的故事由一位精彩绝伦的女士开始，这恐怕是古往今来历史上最成功的女人，整个世界历史发展过程中，不管出了多少位卓越的女皇帝和女元首，这一位，肯定是佼佼者，因为她的起点是最低的。

1684 年，玛尔塔生于立陶宛一个农夫家庭。3 岁成为孤儿，被一个德国教士收留，做了一个洗衣女仆。主人家是路德派的教士，所以玛尔塔从小就皈依了基督教的路德宗。德国教士光让玛尔塔干活，也没让她学文化，玛尔塔不识字，干活是一把好手，吃苦耐劳，比男人还壮实强健。

可能是因为北欧生活条件的艰苦，健壮型美女代表生命力，比较受欢迎。北方战争期间，玛尔塔成了一个瑞典军官的情妇，军官战败被俘，玛尔塔被当时俄军的元帅占有，很快，又有一位俄国大人物看中了她。

如同康熙有个韦小宝，彼得大帝也有自己的发小，他最信任的朋友就是缅希科夫。缅希科夫真是生于微末，早年间在莫斯科街头卖馅饼，后来跟彼得大帝一见如故后，被编入大帝的两个近卫兵团。彼得在欧洲游学，缅希科夫也一直跟在身边，回国后，被委以重任。

缅希科夫是标准"凤凰男"，这样的人，千万别给他太大权力，因为小时候太穷了，所以总是控制不住对金钱的欲望，而且毫无止境。

彼得大帝对自己的发小够意思，他将整个圣彼得堡造城的工程交给了缅希科夫，所有的工程材料都是缅希科夫控制，没有人监控他，大家可以想象他能赚到多少钱。传闻这伙计当年不仅是俄罗斯首富，很可能在欧洲的富人榜上也是头几名。

沙俄政府不允许政府官员参与商业活动 (这种禁令在哪个国家都不容易

落实），朝野间对缅希科夫指控甚多，彼得大帝当然知道发小的行为，也恨他贪财，1714年，俄国专门成立了专案组调查缅希科夫的巨额财产。

不管缅希科夫有多么贪婪，他的工作能力和忠诚都是一流的，这点彼得大帝非常清楚，查归查，大不了查完了公示一个处理意见，过几天风头过去，换个地方继续当官呗。

就是这位缅希科夫，在北方战争的军营里看到了玛尔塔，他是俄罗斯最有权势的人之一，他看中的女人，肯定能顺利带走。

不久后的一天，彼得大帝巡视缅希科夫的军营，玛尔塔又获得了彼得大帝的青眼。恐怕世界上敢跟缅希科夫争女人的只有皇帝了吧，玛尔塔又升了一级，上了沙皇的床。玛尔塔功成名就后，留下不少画像，真没看出魅力何在。到底她是如何接连打动了元帅、权臣、沙皇的心，是个神奇的谜。

一见钟情看上玛尔塔让人迷惑，但是玛尔塔能一直牵住彼得大帝的心就一点不难理解。彼得大帝这种北方男人，绝对大男子主义，特别看重女人对自己的忠诚和崇拜。玛尔塔跟了沙皇不久，就改信了东正教，改名为叶卡捷琳娜。随后的日子里，不管彼得在哪里，条件多么艰苦，路途多么艰难，只要收到召唤，叶小姐就以最快的速度赶到皇帝身边，陪他行军作战，陪他运筹帷幄。

叶卡捷琳娜的出身决定了她的性格开放而豪爽，跟上下都能打成一片。军营生活艰苦，不娇气不惹事，什么日子都能过，什么苦都能吃，什么气都能受，这样的女人，真是一个沙场中殚精竭虑男人的最佳伴侣。彼得改革阻滞重重，叶小姐一直为他分担压力，而当彼得被抵触火冒三丈要杀人时，只有叶小姐的劝慰能让沙皇平息怒火，很多人因此保住了性命，感念叶小姐的恩德。

上篇说到，彼得大帝对瑞典大捷后，曾过度自信地跟土耳其打了一仗，大帝惨败，当时他只想带着叶小姐逃跑，让俄军要么投降要么全军灭亡。叶小姐非常淡定地安抚了沙皇的情绪，捐出了自己所有的金银首饰，以此为礼物，向土耳其买得了和谈的机会。基本可以说，从彼得带走玛尔塔那天起，沙皇就觉得自己离不开这个女人了。

1703年，叶卡捷琳娜生下了彼得大帝的第一个孩子，到1712年，大帝才正式地娶她为妻，1724年，大帝临终前一年，她才被正式加冕为皇后。

说叶卡捷琳娜是小三有点委屈，她跟沙皇认识时，彼得已经离婚了。不过当时彼得有个固定的女朋友，来自日耳曼的妖艳美女安娜蒙斯。彼得果断跟原配离婚，就是想跟安娜蒙斯结婚。谁知她居然在彼得出征期间给沙皇戴了顶绿帽子，失去了成为俄国皇后的机会。彼得一眼看中叶卡捷琳娜，跟他当时被戴绿帽子的心情也大有关系。

彼得大帝的晚年，曾两次下诏立叶卡捷琳娜为自己的继承人，后来又不了了之，传说是叶卡捷琳娜也跟其他男人有染，又给大帝戴绿帽了。

实际上，彼得大帝将王位传给叶卡捷琳娜，并不是头脑发昏的行为，他最看重的一点，是叶小姐可以凝聚改革派的力量，维持并延续彼得大帝的改革政策。这一点，彼得大帝的亲信缅希科夫当然也想明白了。

大帝走后，俄国分成两派，一派支持被杀太子阿列克谢的儿子，10岁的小彼得登基。这一派是守旧派，他们拥立彼得，不过是想把俄国带回从前。另一派则是以缅希科夫为首的，拥立皇后派。

最后起作用的，还是彼得大帝那两支忠诚的近卫军，他们站在皇后一边，终于让叶小姐顺利登上了皇位，成为俄罗斯第一位女性沙皇。

叶卡捷琳娜的成功之路，放在任何一个国家，都有点匪夷所思，也充分说明了彼得大帝是个离经叛道的人，俄罗斯是个有个性的国家。叶卡捷琳娜戴上皇冠登基，俄国城市乡间没见到特别的反应，貌似大家都觉得挺正常。

女皇在位只有两年，她也不太管事，缅希科夫会替她张罗打点。之前彼得大帝在位时，因为连年战争，百姓生活困苦，大家都以为女沙皇会仁慈点，没想到，日子更艰难。缅希科夫就是个财迷，他掌握大权，更加搜刮压榨百姓了。

叶卡捷琳娜死于肺炎，病重时，继位问题又乱套了。彼得大帝和女皇生的孩子，最后长大的只有两个女儿，后来长女又死了，只剩下小女儿伊丽莎白，被两人视如掌上明珠。女皇想让伊丽莎白接班，更多的人当然继续拥护小彼得。

这时，缅希科夫打起了自己的小算盘。虽然自己大权在握，可不是什么都能说了算，因为彼得大帝留下的近臣很多呢。而如果他将自己的女儿许配给小彼得，小彼得成为沙皇，自己作为国丈就有机会大权独揽了。于是，他这次选择支持彼得。

叶卡捷琳娜沙皇后期病糊涂了，缅希科夫毫不留情地欺负了自己的旧情人和旧主子，带着他人写好的沙皇遗诏走进女皇的寝宫，趁乱让女皇盖上了玉玺。遗诏上说：女皇指定彼得成为下任沙皇。

缅希科夫从来不把老牌贵族放在眼里，朝中树敌甚多。他有些行为让改革派的阵营看不上，叶卡捷琳娜临终时他耍了花样，近卫军团也不待见他。他如愿让自己的女儿跟彼得订婚，如愿让彼得成为沙皇，可他忘了，有一件大事，让他永远不可能得到新沙皇的信任，那就是，当年处决阿列克谢的判决书上，缅希科夫可是第一个签名的！

阿列克谢是小彼得的爸爸，这是杀父之仇，对一个 12 岁的孩子来说，很容易被挑唆起怒火。小彼得在老派贵族的支持下，将缅希科夫软禁，继而流放。最让缅希科夫绝望的是，流放之前，沙皇命令缅希科夫的女儿交出订婚戒指，取消了婚约。

最后，缅希科夫这位俄罗斯的三朝重臣、大元帅、第一富豪在流放地凄凉地终老。

彼得二世是代表保守势力的沙皇，他登基后的第二年，就在老牌贵族的煽动下，将首都从圣彼得堡迁回了莫斯科。

俄国不光缅希科夫一个聪明人，小沙皇年幼未婚，所以权臣们都希望将自己的女儿嫁为皇后，俄国的皇后现在含金量不一样了，搞不好可以成为女沙皇的，大家都打破头了。

谁都没机会，就在一个权势老贵族要给自己的女儿预备婚礼时，14 岁的彼得二世得了天花，在那个年代，这是绝症。

彼得之后是谁呢？彼得二世无嗣，按道理，皇位应该是伊丽莎白公主继承。可此时莫斯科的政治气氛已经变了，枢密院掌权的，都是保守派的老贵族，他们认为，伊丽莎白继位，肯定是延续父母的政策，又会让他们日子很难过。新的沙皇，最好是在俄罗斯没有政治背景和后台派系容易控制的，这样呢，枢密院就可以达到跟沙皇分权的目的，结束俄罗斯沙皇高度专制独裁的状况。

还真有一个符合枢密院条件的王室成员。希望大家还记得彼得大帝同父异母的哥哥伊凡五世，这个跟大帝并立而被无视的倒霉沙皇，在1696年无声无息地去世，留下三个女儿。次女安娜，由彼得大帝做主，嫁给了波罗的海岸边一个小公国——库尔兰的公爵，原来的骑士团国分离出来的。

安娜前半生堪称不幸，在圣彼得堡办完婚礼，回到库尔兰的路上，老公就挂掉了。彼得大帝将安娜嫁入库尔兰，本来就是为了盯死这个抢回来的地区，他不准安娜回来，让她留在库尔兰守寡，还派了个大臣过去监视她，并管理库尔兰事务。

库尔兰又小又穷，安娜在那里过着下放一般的日子。可毕竟是个小公国，也会吸引一些人过来投机。

安娜在库尔兰百无聊赖中，闹出些风流韵事。很多人都跟这位公爵夫人有染，后来最受她喜爱的，是一位叫比隆的德国人。比隆成为安娜的情夫后，库尔兰大小事，就交给他管理了，没想到，他在库尔兰的工作，竟然是为后来管理整个俄罗斯做的实习。

枢密院通知安娜成为继位人，条件是，签一个协议，内容很多，概括地说，根据这个协议，安娜即使戴上皇冠，她也没有沙皇的权力，像英国的国王一样，纯粹是个象征。

安娜毫不犹豫就签字了，顺利登基。别忘了，她有比隆呢，还有比隆帮她组织的一个以德国人为主的幕僚集团。

刚戴上皇冠，安娜就命令近卫军包围了枢密院，不仅宣布之前的协议无效，还直接撤销了这个机构。重新建立独裁统治后，安娜就开始净化首都的气氛，德国亲信们抓了大批疑似对女皇不忠的人，杀的杀，流放的流放，莫斯科的大贵族又遭遇了一场血洗。

这个事不能怪安娜，她维持她在库尔兰的生活状态，每天就是吃喝玩乐。所有事，都是比隆一手操办，所以这段时间被称为"比隆专政"。

胡吃海塞不注意养生，10年后，47岁的安娜女皇就死于痛风。她指定的是自己姐姐的孙子，三个月的伊凡继位，成为伊凡六世，比隆是摄政。

德国人比隆在莫斯科人缘太差，女皇一死，没人罩他，就成了落水狗。那谁给三个月大的孩子摄政啊，他妈妈呗，不过，莫斯科有更厉害的女人等着收拾她呢！

十三　华丽女沙皇

这段时期的俄国历史，就是女人政治。彼得大帝可能没想到，他一手改变的继位办法，让这么多俄罗斯女人走到了历史的前台。

16年了，四位沙皇，血统离罗曼诺夫王朝正统越来越远。大家都没忘记，在圣彼得堡，还有一位彼得大帝的嫡系后代呢。

伊丽莎白公主，生于1709年，那一年，彼得大帝赢得了波尔塔瓦战役，扭转了大北方战争的局势。他回到莫斯科看到自己刚出生的小公主，可以想象他的喜悦吗？

小公主美丽聪明，还活泼外向，作为彼得大帝和叶卡捷琳娜女皇的掌上明珠，伊丽莎白的成长受到很多关注。欧洲很多国家的使团访客拜访沙皇家庭后，都对小公主印象深刻。

到了公主婚嫁的年龄，沙皇夫妇肯定是想为女儿选出欧洲最好的夫婿。皇室选女婿，重点不是看人品相貌，最好的夫婿，就是指最有权势的男人。

当时整个欧洲的君主，年纪相当地位对等的，就是法国国王路易十五。沙皇看中了法王，法王却看不中伊丽莎白。在西欧诸国的规矩里，伊丽莎白是叶卡捷琳娜正式嫁给彼得大帝之前生的，是私生女，不够尊贵，配不上法兰西的国王。

有人居然敢嫌弃自己的宝贝女儿，让伊丽莎白的妈妈很光火。别人的妈妈碰上这种事，肯定是下定决心，招呼媒人务必找到比这个更好的，气死这个不识货的东西。伊丽莎白的妈妈是沙皇啊，她碰上这种事，采取的办法是：从此后，欧洲的事务，不管怎么站队结伙，俄国一定会选择法国的对面。

好在这次羞辱很快就过去了，因为伊丽莎白自己看中了一位帅哥。说到这位帅哥，就一定要讲到欧洲乱麻般的亲戚关系了。

还记得普鲁士的统一战争吧，他们首先是收复了北方跟丹麦接壤的石勒苏益格、荷尔斯泰因和劳恩堡三个地区 (见《德意志：铁与血的历史》之三十三)。而在德意志没有统一、诸侯林立的时代，荷尔斯泰因地区也有几个小公国，住着德意志的各种亲王爵爷之类的。

伊丽莎白的姐姐安娜就是嫁给了荷尔斯泰因哥道普公国的公爵，生了一个叫彼得的儿子。伊丽莎白看中的帅哥，是哥道普公爵的表弟查理·奥古斯特。

查理·奥古斯特是个英俊而有魅力的德国小伙，让伊丽莎白很满意很倾心。可定亲不久，查理就得了天花死去了。伊丽莎白痛失爱人，伤心欲绝。从此后，她就开始放浪形骸，只要是稍微顺眼的男人，不管是贵族还是大臣，军官还是近卫都被她拉进闺房。

这里要顺便提一句，算作后文的伏笔，查理·奥古斯特有个妹妹，嫁给一个小城堡的小亲王，郁闷失意中，生了一位小姑娘，名叫索菲亚。

话说伊凡六世成为婴儿沙皇，妈妈摄政。虽然驱逐了比隆，但沙皇母子俩也是德国来的，所以，还是德国人掌权。德国幕僚团一致认为，为了伊凡六世位置稳固，必须要将最危险的对手，也就是伊丽莎白公主放逐。

也许伊丽莎白从没有政治野心，可她关系网太给力了，人在圣彼得堡，莫斯科上下所有的事都有人通报她。因为这些人大多数都跟她上过床，俄国男人纯爷们儿，觉得这个女人既然跟自己滚过床单，就有责任保护她的安全，而且人家还是大帝的嫡系血脉呢。

政变嘛，就看谁动作快。朝廷里的"男朋友们"做好准备，近卫军团的军官也大都被伊丽莎白"关照"过，公主一声令下，1741 年 12 月 5 日的午夜，他们就帮着杀进了克里姆林宫，突然逮捕了小沙皇和摄政女王，立伊丽莎白为新的沙皇。

女皇一上台就宣布她将恢复彼得一世时期的政策。首先恢复了被解散的枢密院，还宣布废除死刑。

从伊丽莎白早期的生活看，她应该是对政治的兴趣不大，而她既然恢复了枢密院，这里面又都是她非常亲密的宠臣，她就只有充分享受生活了。伊丽莎白沙皇名留青史，不是因为她的政绩，而是因为她被称为整个罗曼诺夫王朝最荒淫奢侈的沙皇。

伊丽莎白在位最奢侈的一笔支出，就是修建了圣彼得堡那高大壮美的冬宫。作为俄罗斯巴洛克风格建筑的代表，冬宫被公认是俄罗斯最完美的房子。19世纪一场大火，将这座华美的宫殿烧毁，现在能看到的，是后来重建的，我们无法计算当时女沙皇到底花了多少银子。

18世纪的王室生活也可怜，男沙皇还能出去打猎溜达，女沙皇只好在家办舞会玩，顺带展示自己的新衣服新首饰。伊丽莎白在位，一周两次舞会雷打不动，女皇的衣服从来只穿一次，有的时候，一天要换三次。后来据估计，她应该有超过15000条裙子，宫里随便一场小火灾，就烧掉了皇上4000条裙子。

这位伊丽莎白一世跟大英帝国的伊丽莎白一世一样，终身未婚。英女王不婚的原因我们知道，女沙皇不婚的原因我们就猜不出了。英女王号称童贞女王，女沙皇却是面首遍天下。俄国官方认同的数据就超过300个，根据这个数字，莫斯科和圣彼得堡的适龄贵族、重臣、军官、各国公使应该是人人有份。

300多人中，肯定有沙皇专宠的，他就是著名乌克兰歌手拉祖莫夫斯基。小拉出身哥萨克，早年还放过羊，放羊容易出歌手啊，他一边赶羊一边唱"山丹丹的那个开花哟……"立即就被"星光大道"挖掘，并进入"央视"——进宫唱歌。第一次给沙皇演唱，伊丽莎白就将其留下，此后他就专门给女王"独唱"了。

小拉可以给全世界"面首"这个行业树立一个标杆，也可以给"小三"当一个榜样。作为一个出身娱乐圈没什么文化的小白脸，小拉出人意料地智商很高。女皇很宠爱他，经常给他财富爵位等各种赏赐，他的头衔大得吓人，可他洁身自好地不掺和任何政治事件和政治斗争，不拉帮结派，不阴谋诡计，不多嘴多舌，当然更不会发微博炫富。他利用自己的地位权势，私下为乌克兰做了不少好事，乌克兰人爱戴他，莫斯科的人也不烦他，他成功地一直守在沙皇身边，地位无人可比。而传说，沙皇私下跟他举行了婚礼，甚至可能还有私生子，当然，这些，以小拉的智商，他是绝对不会承认的。

女皇喜欢华服，也喜欢美食，虽然此时的莫斯科宫廷流行的是法国时尚，女皇自己的行头都是购自法国，可俄国女人从不认可西欧贵妇苗条的纤腰。一周跳两次舞的运动量显然不够，晚年的女皇是个庞大的胖子，必然是百病缠身。1762 年，才 51 岁的女皇就驾崩了，这位奢侈的女人走后，俄国的国库空空如也。

十四　下一盘很大的棋

伊丽莎白就算穷奢极欲，跳个舞买个衣服也不至于将这么大国家的国库搬空了吧。对，能让国库变成足球场的，肯定是战争。

从叶卡捷琳娜一世到伊丽莎白一世，37 年，5 次政变，宫中的日子，似乎过得很快。宫外的世界，更是天翻地覆，以俄国如今的国际地位，它根本不可能袖手欧洲的态势，所以，无奈或者有意，俄军的部队一直出没于各种战场。

所有的欧洲国家对着欧洲的版图，都感觉自家在下一盘很大的棋，沙俄面临的棋局是什么样的呢？

老杨之前已经写过三个欧洲国家的历史，每一个国家，都感觉是一个大拼图其中的一块，当俄罗斯这块完成时，欧洲历史这块拼图的轮廓就大体成形了。以下的内容在其他三国中都介绍过，让我们拼上俄罗斯这一块。

上篇说过，俄国跟法国闹别扭，所以，法国是俄国的敌人。敌人的朋友也是敌人，法国明显的朋友包括波兰和瑞典，暗通款曲的朋友是土耳其。(法国和土耳其的勾结来自法王弗朗索瓦一世，他为了对付德意志的查理五世，只好跟当时土耳其的苏莱曼大帝联手，两面夹击；法国后来的伪娘国王亨利三世曾经做过波兰的国王，所以波兰和法国是盟友；三十年战争时期，法国和瑞典是同伙。) 历史上，俄国本来跟土耳其、波兰、瑞典就打打杀杀的，因此都是敌人。

可能是因为有共同的敌人，俄国最喜欢的是奥地利哈布斯堡家族，俄奥的关系在 18 世纪是非常稳定而紧密的。

欧洲大陆的强国还有普鲁士。普鲁士的突然崛起，让俄国人感觉到自家在波罗的海的位置受到威胁。不过，眼下，普鲁士貌似对俄国还没有过多的敌意，双方暂时可以相安无事。

欧洲大陆之外还有英国，英俄没仇，唯一的隔阂就是怕对方过于强大。但是在贸易上，双方感觉都不错，俄国是英国非常重要的市场，既然是贸易伙伴，就互相客气点吧。

棋局就是这么个棋局，俄国人怎么下呢？第一次出面掺和进欧洲这一团乱麻，就是1733年，波兰的王位争夺战。

这场战争要回溯到彼得大帝的大北方战争。纳尔瓦失利后，彼得大帝回家韬光养晦，瑞典国王开进了波兰。波兰国王奥古斯特二世投降退位，瑞典国王扶持了一位亲瑞典的亲王斯坦尼斯瓦夫（简称斯坦尼）成为波兰国王。

上篇不是说过，伊丽莎白被法王路易十五嫌弃，没成为法国王后嘛。路易十五后来看上谁了呢？就是斯坦尼国王的女儿，虽然她的出身也不算太尊贵，可法国更看重波兰这个传统盟友的关系。

大北方战争，彼得大帝获胜，他马上将斯坦尼罢黜，又把奥古斯特二世找回来重新上岗。波兰的王位继承战就是发生在奥古斯特二世死后，法王路易十五兴兵，想支持他的岳父找回王位。俄国、奥地利、普鲁士谁都不答应，于是就打起来。俄国这方面打赢了，奥古斯特二世的儿子奥古斯特三世成为波兰国王，波兰跟俄国的关系密切了。

对俄国来说，最闹心最无奈的，还是土耳其。为了争夺黑海，俄国已经和土耳其打过三次，基本都输了。波兰王位继承战，俄国成为战胜国后，就感觉自己颇有能力再战土耳其，于是又打过去了。

这是安娜女沙皇统治时期，所以这场战争的俄国主谋应该是德国人比隆，他拉上了奥地利一起出手。这一战，俄军对土耳其取得几场像样的胜利，但最多能占点儿小便宜，想成为黑海之主还是无望。后来因为奥地利中途退赛，俄军只好议和，唯一的收获是收回了亚速夫。

伊丽莎白沙皇在位时，瑞典想收回大北方战争失去的领土，在法国支持下，兴兵复仇，被俄国联合奥地利打退，俄国扩大了在芬兰占领的面积。

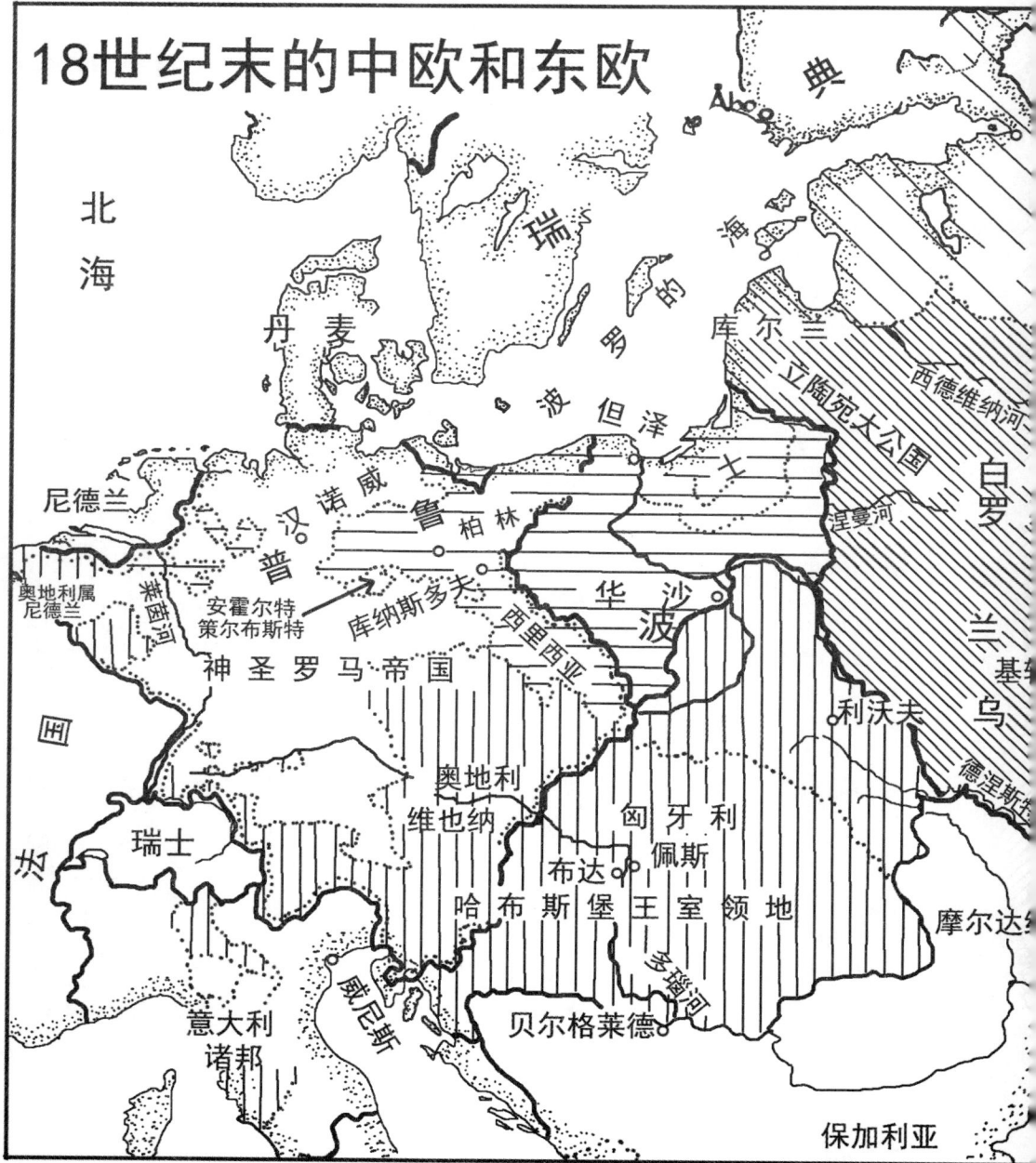

18世纪末的中欧和东欧

北海

典

瑞

的

波

罗

海

丹麦

尼德兰

奥地利属
尼德兰

莱茵河

汉诺威

普

柏林

库纳斯多夫

安霍尔特
策尔布斯特

神圣罗马帝国

瑞士

意大利
诸邦

威尼斯

奥地利

维也纳

布达

佩斯

库尔兰

立陶宛大公国

西德维纳河

白罗

涅曼河

华沙

波

西里西亚

但泽

士

利沃夫

匈牙利

哈布斯堡王室领地

贝尔格莱德

多瑙河

摩尔达维

基辅

乌

德涅斯特

保加利亚

彼得堡

诺夫哥罗德

- 1725年彼得大帝去世时的俄国版图
- 1725—1762年间吞并的地区
- 叶卡捷琳娜大帝时期（1762—1796）吞并的地区

喀山

巴什基尔人

莫斯科

萨马拉

乌拉尔地区的哥萨克

斯摩棱斯克

俄　　　罗

伏尔加河

斯

乌拉尔河

顿河

萨克

察里津

顿河流域的哥

乌克兰

第聂伯河

亚述夫

阿斯特拉罕

库班河流域的哥萨克

兹梅尔

克里米亚

库班河

捷列克

里海

塞瓦斯托波尔

刻赤

高加索山

黑海

这三场战争让俄国的国库匮乏,老百姓生活艰难,伊丽莎白王朝时,农奴的暴动和起义时有发生。但是这三次出征让俄国的高层感觉很好,因为明显俄国在欧洲的地位越来越高,影响力也越来越大了,所以,再碰上打群架的事,俄国人有没有关系都喜欢凑上去。

欧洲那地方,想打架绝对不会失望的。这不,1746年,奥地利王位继承战又开打了。作为传统盟友,奥地利的查理六世无嗣,要立自己的闺女特蕾莎为继承人,俄国人肯定没意见。所以在这场战争中,俄国、英国作为支持派跟反对派的普鲁士、法国为敌。也就是这一战,俄国终于跟自己的普鲁士邻居翻脸为敌了。奥地利王位继承战的结果在《德意志:铁与血的历史》中讲述过了,说不上哪边赢了,以至于欧洲这帮人预备发动一场更恶劣的斗殴决出高下。

1756年,七年战争开打。七年战争中,让欧洲这个棋盘有了点小变化,这次法国和奥地利这两个世仇居然合伙了,英国拉住了普鲁士。俄国站哪边呢?已经跟普鲁士闹翻了,俄国觉得,有必要遏制一个强敌在身边的成长,俄国和奥地利的关系总是很铁的,所以俄国加入了奥地利和法国这边,陷入了七年大战的战团。

七年战争,普鲁士被欧洲诸国群殴,生死攸关,而如果干掉普鲁士,英国也不见得会独立支撑,更何况他家在海上,没陷入欧战的泥潭,要抽身非常容易。眼看着,俄国将再次成为一个战胜国,而且有可能在战败的普鲁士分得大量的利益,前景灿烂。谁知,这个关键的当口,伊丽莎白沙皇死掉了!

十五　科学史上的彼得大帝

伊丽莎白沙皇死于 1762 年，18 世纪中晚期了，按其他国家历史的规矩，我们早就应该稍作停歇，瞻仰本地的人文风景：思想、文化、艺术或者科学。不过，对于俄罗斯来说，到这个时期，文化方面的特产，相对比较少，而且影响有限。

彼得大帝的改革，让俄罗斯全盘西化，尤其是进入伊丽莎白时期，法国的时尚席卷了整个俄罗斯的贵族阶层。伊丽莎白沙皇更是大量从法国购买奢侈品。只是，假发和香粉掩盖不住没有文化的浅薄，整个俄罗斯，从上到下，基本上没有人以无知或者粗俗为耻，包括女王自己。彼得大帝虽然开办了图书馆，鼓励国民读书，可是毕竟根基太差了，环境也太差了。你不能指望一个行政命令，就能从骨子里改良一群粗人。

好在不管多么困苦的条件，总是有天生爱读书的人。1711 年，在白海附近的一个渔村里，诞生了一个小男孩叫罗蒙诺索夫。白海的港口经常有英法商船来往，渔村的渔民生活虽不富裕，但还能维持。比其他地方那些毫无自由的农奴，应该说好多了。如果不出意外，罗蒙诺索夫会在父亲的培养下，成为一个生活平静的渔二代。

谁知，这个渔村出生的孩子，唯一的理想就是读书识字。他抓住一切机会阅读、学习，小渔村里能找到的书他都读过了，每天念叨的，就是去莫斯科求学 (罗蒙诺索夫的故事告诉我们，读书这件事，督促无用，喜欢读书也不是培养出来的，绝对是天生的)。

白海冰封后，村里的人会组织一个雪橇队，带上一点当地土产品，到莫斯科去贩卖。罗蒙诺索夫说服父亲答应自己，带上一些货物，加入雪橇队，去莫斯科寻找学习的机会。

19 岁的罗蒙诺索夫来到莫斯科，找到了一所学校。学校规定，只收贵族子弟。罗蒙诺索夫只好说，自己父亲是某位贵族，混入了学校。

冒充贵族的事很快就穿帮了，罗蒙诺索夫却没有被开除，因为他的好学上进和成绩，让学校的老师起了爱才之心，愿意将他留下继续培养。毕业后，他因为成绩优异，进入彼得大帝一手创办的圣彼得堡科学院。这在当时，算是俄罗斯最高的科学研究机构了，里面授课的，都是老外。

在科学院学习一年后，作为三个最优异的学生之一，罗蒙诺索夫被派往德国留学。

德国拥有那个时代最顶尖的科学家，在他们的启发引导下，科学向罗蒙诺索夫敞开了神秘的大门，迎接这位来自封闭落后国度的年轻人，向自然科学的巅峰探索，并在人类的发展史上，深刻地留下自己的足迹。

科学家要出名，要么是发明了电灯电话，要么是发现了造原子弹的材料，要么呢，是搞出来一堆需要在考试前使劲背的公式。罗蒙诺索夫是哪一类呢？

对于老杨这么个科学文盲来说，还真不知道怎么给罗蒙诺索夫分类。他留学回国后，就在圣彼得堡科学院烧东西玩。他找来一个玻璃瓶子，分别放入铅屑、铜屑和铁屑，将容器口封死，而后加热，观察这几个东西加热后，是不是有一种叫"燃素"的东西帮助燃烧。根据燃烧前和燃烧后的质量测量，罗蒙诺索夫得出一个结论：一个东西不管参加什么反应，反应后的物质的质量肯定就是所有参与反应的物质的质量，这是不会改变的。

这不废话吗？是啊，要不是罗蒙诺索夫发现，我们哪知道这是废话呢。对，这就是我们都知道的，大名鼎鼎的，号称是化学科学基石的质量守恒定律，俗名叫物质不灭定律。

十几年以后，法国有个叫拉瓦锡的科学家也做了同样的试验，证明了同样的理论，后来人们经常将物质不灭定律的发现者定为拉瓦锡，很不公平。

虽然俄罗斯没经历欧洲的文艺复兴，罗蒙诺索夫却是一个"文艺复兴"型的大学者，特点就是多学科的天才。在物理学方面，他创立了原子—分子学说，应用化学方面，研究制造了彩色玻璃，还最早提出，在金星上有大气存在。欧洲的科学家，同时兼有物理学家、化学家或者天文学家身份的不少，可罗蒙诺索夫最牛的是，他还是个俄文学家，著有专门的俄文语法书，有一个称号是"俄罗斯现代语言之父"！他同时还是历史学家和哲学家。俄国著名的诗人普希金的比喻最确切，他说，罗蒙诺索夫是俄罗斯的第一所大学。是啊，这样的渊博和全面，他自己就是一所大学啊。

俄罗斯多少年才出这么个文化人，怎么样才能发挥他最大的作用呢？好在伊丽莎白女皇虽然粗鄙，但她手下有爱学习有文化的权臣，他们为伊丽莎白统治时代，留下了最了不起的功绩，那就是，让罗蒙诺索夫主持成立俄罗斯的第一所大学——莫斯科大学。

1755 年，莫斯科大学成立。大学设三个系：法律系、医学系和哲学系。大家注意，这个学校没有神学系，这在当时欧洲所有的大学中算是独树一帜了，而俄罗斯实在又是个信仰很虔诚的宗教国家。

现在莫斯科大学全称国立莫斯科罗蒙诺索夫大学，在最近的全球高校排行榜上，它恐怕是前百不入，但是，在当时当地，那样一个落后封闭的农奴制国家里，这样的科学家，这样的一所大学，代表的正是那片冰冻的土地未来的希望。

18 世纪，在整个欧洲人的概念中，俄国这片冰天雪地的北方大陆是封闭守旧而落后的，因为罗蒙诺索夫的出现，让欧洲的科学界对俄国刮目相看，瑞典和意大利的科学院都选他为院士。如同英国的牛顿、法国的笛卡儿、意大利的伽利略和美国的富兰克林，有了自己的招牌科学家，俄国在自然科学发展的领域，没有被欧洲的发展抛离。如果说彼得大帝让俄罗斯成为欧洲主要强国之一，罗蒙诺索夫的工作则将俄罗斯的科学研究带入了强国之列，所以，有人说，罗蒙诺索夫是俄国科学界的彼得大帝。

罗蒙诺索夫作为一个教育家，没有等到桃李满天下的日子，1765 年，他就逝世了，他去世时，新成立的莫斯科大学还是很冷清的。原因很简单，俄国人识字的就不多，能上大学的更少，上了大学能听懂的更是凤毛麟角。

十六　叶卡捷琳娜大帝

1796 年 11 月，叶卡捷琳娜大帝双目紧闭，张着嘴，躺在圣彼得堡沙皇寝宫大床上，一动不动。身边忙碌着许多人，虽然他们都知道，女皇的生命已经走到了尽头，而大家此时才发现，这个欧洲最神武最骄傲的女人，其实已经如此苍老。

虽然不能说话也不能动，大帝却能清楚听见宫墙外雪花落地的声音，听着听着，大帝恍惚了，怎么有马车的声音，车轮轧过积雪，碾过泥泞，车上的小姑娘多年轻啊，那是 14 岁的索菲亚，她靠在妈妈身上，心里忐忑地向莫斯科赶来……

外地媳妇本地婆

伊丽莎白沙皇放纵了一辈子，也没见生出继承人来，她对储君的事是怎么考虑的呢？她有准备，她的姐姐，彼得大帝的大公主安娜曾经嫁到德意志的荷尔斯泰因公国，生下了一个儿子，名叫彼得。根据那个地区复杂的姻亲关系，彼得还可以继承瑞典的王位，伊丽莎白快人一步，将外甥弄到莫斯科去做了太子。

前面老杨曾提到，可能就是因为初恋情人的夭亡，被伤了心的伊丽莎白沙皇成为一个穷奢极欲的女人。而这个初恋情人，也是荷尔斯泰因公国的贵族——查理·奥古斯特。

奥古斯特这个家族是德意志皇亲国戚中的大家族，在德意志诸王公中，有点儿地位。查理·奥古斯特有个妹妹叫约翰娜，下嫁给了一个中等军官。这位军官虽然有德意志亲王的背景，在什切青 (现在波兰的城市) 有自己的城堡，但是，生活水平和社会地位却实在不算很高。

约翰娜一边感叹自己嫁得不好，一边生下了一个女儿和一个儿子。根据传统的重男轻女观念，约翰娜明显偏心，对女儿索菲亚不够重视。

7岁时，索菲亚突发了一场胸膜炎，经过救治后，总算捡回了一条性命，糟糕的是，人们发现，小姑娘彻底畸形了，脊柱扭曲，一肩高，一肩低，胸骨塌陷。所有人都想，真可惜，这么清秀聪颖的小姑娘，从此就是残疾人了。

有人推荐了一个号称会正骨的刽子手，约翰娜无奈之下，病急乱投医。刽子手要求索菲亚穿上他特制的紧身衣，除了洗澡绝对不能脱掉。据分析，这个应该是最早的"背背佳"。

四年之后，刽子手和"背背佳"创造了奇迹，她的脊柱被有效纠正了，她又是一个挺拔健康的小姑娘了。（"背背佳"的广告？）

几年残疾人的日子，让索菲亚有巨大的收获。因为她畸形有残疾，所以不敢到处跑出去玩，而正好约翰娜骨子里保留贵族做派，舍得给孩子们延请最好的家教。所谓优才就是一个好学的孩子碰上了一个循循善诱的老师。

索菲亚的家教是法国人，教育内容以法文和法国文化为主。索菲亚当时并不知道自己能恢复正常，她以为自己一辈子就是丑小鸭了，只能寄情于学习。索菲亚在18世纪就用行动教育后来的女孩子一个真理：如果外貌不够漂亮，就努力培养自己的内涵和头脑。

约翰娜自怨自艾嫁得不好，在什切青城堡里感觉憋屈，就带着孩子们旅游，因为她家族支系庞大，走到哪里都有人招待，花钱不多，却让孩子们长了不少见识。索菲亚待人接物落落大方，要感谢约翰娜带她见的世面。

索菲亚10岁那年，有一次出游，让约翰娜对女儿改变了看法，她感觉，女儿或许会比儿子更值钱，更奇货可居。那是在她娘家，荷尔斯泰因哥道普公国，她突然发现索菲亚跟表兄的儿子彼得玩得很投契，而很可能，彼得未来不是瑞典的国王就是俄罗斯的沙皇。

事情真是按照约翰娜的梦想发展了，彼得果然被伊丽莎白女皇接到了莫斯科，立为太子，并要走了索菲亚的画像。再过一阵子，约翰娜收到了沙皇送来的旅费，让她带着女儿去莫斯科相亲！

彼得既然是伊丽莎白的继承人，就跟她自己儿子一样了，婆婆选儿媳妇是很慎重的。从一开始，她就预备从德意志的王室中寻找候选人，最后索菲亚能被选到莫斯科参加面试，极其重要的原因，是沙皇的初恋情人是索菲亚的亲舅舅，女沙皇一直没有忘记那个与自己有缘无分的男人。

去俄罗斯面试前，普鲁士的腓特烈二世专门召见了索菲亚母女俩。索菲亚父亲的什切青小王国隶属普鲁士，腓特烈大王是索菲亚一家的大老板。腓特烈已经有要对哈布斯堡家族动手的心思，所以特别在意后方的安全，他需要跟俄罗斯保持友好。如果未来的沙皇皇后是自己国家的公主，则以后两家关系就融洽多了。腓特烈二世自己不好女人，但是乐于当婚介，后来，给俄罗斯的大公找老婆，都成了他重要的副业了。

腓特烈大王患得患失，生怕相亲失败，出发前他对索菲亚进行了第一轮面试，面试后他告诉约翰娜，她这个女儿肯定能母仪俄罗斯的天下。交代了注意事项后，他还特别跟约翰娜秘密协商了一阵，他们协商的内容，索菲亚后来才知道，让她吓得魂飞魄散。

在严冬天气驾着马车行驶在 18 世纪东欧泥泞的小路上，即使是奔着远大的前途，也绝不是让人感到幸福的事。母女俩都差点病倒在路上，足足 55 天的行程，吃尽苦头，总算到达莫斯科，见到了传说中的俄国女沙皇。

跟腓特烈二世一样，女皇很喜欢索菲亚，可太子选妃不是"非诚勿扰"，看一眼就要做决定，沙皇留下索菲亚母女在宫中居住，要观察一阵子。

沙皇看索菲亚不错，彼得看这个远房表妹也不错，毕竟是儿时的玩伴，有亲切感。不过，这可不是林黛玉初见贾宝玉，索菲亚从小就知道彼得是个长得歪瓜裂枣，又有点"二"的男孩，以为长大后能稍微好点儿，谁知一样的丑和二，毫无学识，毫无修养，毫无进步。

彼得生在德国长在德国，腓特烈大帝父亲的年代，普鲁士到处弥漫着军营的气氛。彼得从小没什么家庭温暖，又被丢进军营"历练"过几年，历练的结果，没变成赵子龙，天生一个阿斗。挺大一个小伙子，啥事都不想，只知道玩，痴迷于木偶兵，最崇拜的人是腓特烈大王。不长进还不算，还偏执，最让沙皇生气的是：彼得坚持自己的基督教路德宗信仰不改变，屡屡诋毁东正教，公开宣称自己厌恶俄罗斯，做梦都想成为普鲁士人。所有俄国人说到这位王储，都是一声叹息。

未来的丈夫是这么个货，索菲亚也郁闷啊。但她能转身就走吗？她不过是个中等身份的德国小公主，将来嫁人也不会有更显赫的门第，而腓特烈大王将普鲁士和俄罗斯的外交未来压在自己身上，责任重大。况且，亲戚朋友都知道约翰娜的闺女要做俄罗斯的未来皇后了，现在回去，怎么解释呢？最后，索菲亚下了决心，走了这么远的路来到这里，为了最终的结果努力吧。

伊丽莎白沙皇出于某种私心选中索菲亚，但在女皇的枢密大臣心中，索菲亚不是最佳人选，他们希望沙皇选择一位跟奥地利哈布斯堡家族同盟的公主，这样就能保障俄罗斯跟奥地利的传统盟友关系。看到沙皇留下了索菲亚，朝臣们很焦急，想变着法子让索菲亚过不了这个"实习期"。

索菲亚天生有这么种脾气，既然已经确定目标，就会倾尽全力为目标努力，中间不允许自己动摇。她感觉到了周遭的敌意，很清楚地制订了行动计划。

一、她果断地改变了宗教信仰。虽然作为一个传统的基督教路德宗家庭，索菲亚的爸爸多次提醒她不可改变信仰，而她未来的老公彼得也因为这件事鄙视她，可她知道，宗教信仰几乎可以决定她未来的命运。

果然，皈依东正教的行为，让伊丽莎白女皇龙颜大悦。特别为她改了自己母亲的名字，以后就叫叶卡捷琳娜了（之所以不让她叫索菲亚，是因为彼得大帝那个坏姐姐也叫索菲亚）。

二、努力学习俄语和俄国文化。为了学习俄语，叶卡捷琳娜几乎可以说是拼命。每天凌晨起床，为了保证自己头脑清醒，她光着脚在房间里背书。俄罗斯的凌晨，可由不得光脚丫。很快，她就感冒并引发肺炎，差点丢了性命。当人们知道她生病的原因时，很多俄国人都被这个小姑娘感动了。尤其是后来皈依仪式时，叶卡捷琳娜操着流畅的俄语朗诵长篇的东正教教义，更是让在场很多贵族潸然泪下。

叶卡捷琳娜这么努力地争取自己的未来，可带来的妈却不着调。眼看"试用期"就要过了即将转正，约翰娜被发现，一直充当着普鲁士的间谍，向腓特烈大王传递莫斯科的情报！

这件事本来是灭顶之灾，沙皇也是雷霆之怒，可因为索菲亚表现得太完美，女皇舍不得这么好的儿媳妇，居然容忍了。1745 年 8 月，克里姆林宫举行了盛大的婚礼，叶卡捷琳娜实现了她最初的理想，成为俄罗斯的太子妃，当时的她哪里知道，这仅仅是她辉煌人生的起步呢。

很多女孩子抱怨，说没结婚前，未来婆婆对自己挺好的，一旦办完手续共同生活，婆婆就横竖看自己不顺眼，不知道什么原因。

这个困扰，太子妃也有，叶卡捷琳娜的郁闷还是双倍的。本来一直对自己和善有加的婆婆，突然变得猜忌而刻薄，甚至给儿子儿媳妇的宫里配了专人监视他们的行动；丈夫彼得呢，他继续不着调，继续玩木偶兵，继续胡说八道，而且，即使跟媳妇睡一张床，他也绝对不越雷池一步。

伊丽莎白沙皇的心思容易理解，老太太年纪大了，对权位看得重，彼得大婚后，她就担心儿子儿媳妇组织一些潜在敌人抢夺自己的权力，以沙皇专制的程度，这纯粹是自寻烦恼；彼得的问题更容易解释，他犯有生理上的小毛病，其实一个简单的手术就能治疗，可他讳疾忌医，生怕被人知道。

宫闱内一家三口这些矛盾，都只能说是难言之隐，叶卡捷琳娜跟谁也不能说，可是，她是太子妃，她唯一的工作，最重要的职责，是为俄国王室诞下王储啊。

时间长了，沙皇看出端倪。为了俄国前途，女皇默许了叶卡捷琳娜的婚外情。让一个宫廷侍卫上了儿媳妇的床。相同的时间里，有人说服彼得大公接受了每个犹太男孩一出生就要面对的小手术，恢复了雄风。

1754 年，叶卡捷琳娜生下了一个男孩，被沙皇愉快地命名为保罗，然后愉快地抱走了。保罗是谁的孩子？正常的分析肯定是宫廷侍卫的，然而保罗成年后，出奇地酷似彼得大公，不论是外形还是性格还是为人处世的方式，这件事可能让所有的当事人都很困惑，可以当作一个基因学研究的重要案例。

叶卡捷琳娜没机会分析这孩子生下来时到底像谁，因为婆婆抱走了，要亲自教养。叶卡捷琳娜再次陷入了孤苦无依的生活状态，婆婆不理她，老公不管她，那个被送来"配种"的宫廷侍卫完成任务后，也离她而去。好在叶卡捷琳娜是个有追求有理想的女人，即使是这个环境，她也不允许自己松懈或者绝望，她继续读书，继续学习俄文，继续塑造一个完美的太子妃。她的所有努力渐渐让她发出光来，吸引了很多人对她的注意和尊敬，而且人们渐渐发现，太子妃有多么优秀，太子彼得大公就有多么猥琐，这两口子是让很多人叹息的奇怪组合。

叶卡捷琳娜的上进，让她引起了各国政客的注意。眼看着七年战争即将开始，各国使节都在走动交流，是友是敌都在这些勾兑中变幻莫测。

这场战争之前的欧洲，英法矛盾是其中最大的矛盾之一，两边既然决定要决战，两国的大使也跑得最忙。当时英国计划拉俄国成为同盟，就派了一个经验丰富的外交官威廉斯爵士跟伊丽莎白女皇套近乎。

不料威廉斯大使跟女皇话不投机，形成僵局，为了在俄罗斯的工作能顺利进行，他就想在莫斯科的高层找到一个能替自己美言给自己撑腰的人。当时的莫斯科朝野，名声最好最受爱戴的就是叶卡捷琳娜了，威廉斯将目标放在她身上。

英国人不学好啊，他们居然用色相贿赂。18世纪的欧洲人有点管不住嘴，八卦满天飞。那时候全欧洲都知道叶卡捷琳娜不被老公待见，又刚被情人甩了，非常饥渴。威廉斯大使自觉年纪大了，不能满足一枝出墙的红杏，所以他就物色了一个年轻的俊男。

英国的使团中有一位随员，名叫斯塔尼斯劳斯·波尼亚托夫斯基，年方二十三，俊朗潇洒，还博览群书，通晓几门语言，应对从容。这位帅哥在欧洲的沙龙界颇有美名，因为深受各国贵妇的垂青。要说威廉斯大使真是个天生会拉皮条的，他居然能一击即中地猜到，叶卡捷琳娜喜欢的男人，一定要内外兼修，色艺双绝。

波尼亚托夫斯基顺利成为叶卡捷琳娜的新男友，这段姐弟恋发展得很美好。不过叶卡捷琳娜对时局几乎是没有影响力的，七年战争开打时，俄国还是站到了英国的对立面，与法国和奥地利联手对付英国和普鲁士。

叶卡捷琳娜此时真不是受气小媳妇，她在宫中已经颇有耳目和自己的小集团了，而且她收到内线情报，沙皇有意将她和彼得大公共立，再次组织一个双沙皇的阵容接班。这个消息又为叶卡捷琳娜打开一片天空，她的理想升级了。

野心很快被扼杀在摇篮中，开战后，俄军在面对强悍的普鲁士军队时，刚开始就败退。德国卷里介绍过，腓特烈大王接手的军队，是他那个军曹老爸集全国之力打造出来的一柄军刀，锋利无匹。而俄国因为彼得大帝后的一片混乱，伊丽莎白沙皇的奢侈不思进取，装备落伍，军队素质落后，军人还长期领不到军饷。

这些硬伤，俄国人是不会反省的，俄军败退，他们分析的原因是包括太子妃在内的几个高层，里通英普，传递资料。

传闻引起了沙皇的警觉，在莫斯科组织了一场大清理，叶卡捷琳娜的亲信被捕。太子妃最后是在智囊团的授意下，以一哭二闹三要回娘家的撒泼方式，保全了自己。沙皇没有儿媳妇卖国的证据，而这个儿媳妇在自己面前一直孝顺谦恭，人人都夸赞。

有惊无险又逃过一劫，身边的小集团几乎土崩瓦解，波尼亚托夫斯基也为情势所逼回到了波兰，因为他的母亲家族是波兰的望族。

婚姻保卫战

1762 年 1 月，沙皇伊丽莎白一世驾崩，根据遗诏，彼得大公继位。叶卡捷琳娜没有等到共同登基的结果。

对这个结果，所有人都很诧异，很多人都以为，就算不让夫妇俩共掌朝政，也应该让保罗越过彼得直接登基，因为彼得实在是太不上路子了。

到底伊丽莎白临终怎么想的，我们无从知道了，我们知道的是，彼得对这一切并不感激。对于姨妈的死，他看不出一丝一毫的悲痛，甚至有一种被解放的畅快。居丧期间，他疯狂地举办宴会舞会，还禁止大家穿丧服。伊丽莎白一世棺椁前，只看到叶卡捷琳娜一袭黑衣，低声地为女皇祈祷、抽泣。

对姨妈的态度不算什么，对国家大事的态度才是真离谱。1762 年，正是七年战争的决胜时刻，普鲁士的军队在欧洲大陆面对四面八方的对手已经无力支持，腓特烈大王甚至已预备自杀殉国。彼得大公突然成为彼得三世沙皇，他接班的第一个诏令就是全体俄军停止对普鲁士的攻击，并与普鲁士结为同盟，转头与奥地利和法国作战！

全世界都蒙了！哪有人这么玩啊。彼得三世从小就视腓特烈大王为偶像，一辈子最大的梦想就是举起普鲁士的战旗，为腓特烈而战。他不仅成功地在悬崖边缘挽救了腓特烈和普鲁士，还非常义气地拒绝了后来腓特烈愿意支付的各种感谢。

彼得三世崇拜偶像毫无理性，让他在军队失去了支持；而他因为是个死硬的基督教路德宗教徒，一直诋毁东正教，随后他又拿东正教会开刀，没收土地财产，还逼东正教会采用路德宗的宗教仪式，让教会对他咬牙切齿。这个荒唐而愚蠢的家伙，本来只是在皇宫里名声恶劣，现在全俄罗斯甚至全欧洲都在传说他的各种笑话。

彼得不是酷爱玩木偶兵嘛，如今自己做了沙皇，就不想玩木偶了，他想玩一次真的。打谁呢？打丹麦。

腓特烈大王看着自己这个"傻帽粉丝"，哭笑不得。本来他很满意彼得三世这个智商，对腓特烈来说，彼得三世可以是自己手上的木偶兵。但是听说彼得急匆匆地要打丹麦，腓特烈大王还是跟着上火，他再三提醒彼得，你还没正式登基呢，先完成登基仪式再折腾啊，要不然你这样离开莫斯科太危险了。

彼得三世为什么不先举办登基大典呢？估计他是回避东正教牧首的加冕，以他的智商和魄力，他暂时想不出怎么解决这个矛盾，干脆出去找个乐子，打仗玩，玩爽了再考虑以后的事。

至于皇后叶卡捷琳娜，婚后不久，彼得夫妇的感情就基本破裂了，原因是道不同不相为谋，两个根本不搭调的人，被外力强行配在一起，时间长了，肯定是互相憎恨的。叶卡捷琳娜打心眼里看不上老公，彼得自己也非常清楚。彼得三世身边一直有自己的亲密伴侣，一个跟他一样丑陋猥琐的女人，他在她身上找到了自信，这个女人绝对不嫌弃彼得。伊丽莎白一世的丧礼办完不久，彼得三世就多次在公共场合羞辱老婆，甚至公开宣布，要废掉叶卡捷琳娜，立情人为后。

1762 年 6 月，预备出征的彼得三世带着情人去芬兰湾避暑，为了防备老婆，他命令叶卡捷琳娜搬到芬兰湾旁一个叫彼得霍夫的地方去住。如果不出意外，彼得三世忙完他手上的事，就会正式跟老婆离婚，说不定会将叶卡捷琳娜幽禁一辈子。

伊丽莎白一死，叶卡捷琳娜就已经知道自己的处境，她早就给自己预备了可以反扑的力量。

波尼亚托夫斯基离开不久，叶卡捷琳娜就为自己找到了新的男友——来自近卫军团的军官格里高利·奥尔洛夫。

奥尔洛夫是个花样美男，从存世的油画看，男生女相，所以后来能大富大贵。奥尔洛夫虽然是个低层军官，可他在军队里却很有人脉。奥尔洛夫共有兄弟五个，都在军中服役，还都能打敢拼，所以虽然出身门第不高，军阶也不高，可兄弟五个在俄罗斯的军界颇有势力。而最关键的是，兄弟同心，其利断金，听说二弟成了皇后的男人，其他兄弟自动站在叶卡捷琳娜身边，帮她在军队罗织了一张保护网。

奥尔洛夫五兄弟是丘八出身的粗人，要帮叶卡捷琳娜策划大事，还需要几个文化人。彼得不得人心又粗俗，有点文化的人都不愿意跟他混，自动团结在皇后身边了。基本可以说，彼得三世将老婆放逐彼得霍夫时，叶卡捷琳娜的大业，已经是万事俱备，只欠行动了。

1762 年 7 月 8 日，一位拥戴叶卡捷琳娜的军官被俘，为怕事情败露，7 月 9 日凌晨，奥尔洛夫兄弟家的老三阿列克谢叫醒了皇后，告诉她：是出发的时候了！

天亮时，叶卡捷琳娜回到圣彼得堡，之前已经有人印了大量的传单散发在城中，市民们对女皇的来临并不意外；喀山大教堂的主教一脸笑意，仿佛这一天他等待了很久。获得主教认可，叶卡捷琳娜进入冬宫，她受到了来自议会、贵族和教会各方面的欢迎，在所有人殷切的注视中，昭告天下，叶卡捷琳娜二世女皇是俄罗斯唯一的皇帝！

叶卡捷琳娜无惊无险从容不迫地取得了皇位，彼得三世还蒙在鼓里。他预备举办一个盛大的出征典礼，让人去叫皇后来露个脸。去找皇后的人扑了空，这位爷这才收到消息，老婆已经是女沙皇了！

但凡是个有点血性的男人，听说老婆政变了，还不第一时间组织军队镇压嘛，彼得三世的反应则是大哭，而后派人去跟老婆商量，能不能两口子一起当沙皇，结果他派去做说客的人直接投降了女皇的阵营。

叶卡捷琳娜的班子反应快多了，控制冬宫后，第一时间就是掌握芬兰湾的舰队。彼得三世见大势已去，只好签字退位，签字前可怜兮兮地要求带走自己的玩具和情妇，女皇非常仁慈地拒绝了他的要求，将他囚禁在离圣彼得堡不远的一个别墅里。

一个星期后，奥尔洛夫兄弟垂头丧气地禀告，说是彼得三世突然死掉了。怎么死的？说不清楚，稀里糊涂就死了。当然这个事，最大的可能是奥尔洛夫兄弟办事彻底，斩草除根，帮着女皇了却一个心头大患，不过很多历史书倾向于，这个事根本就是女皇授意的，叶卡捷琳娜二世是典型的弑夫篡位！

不能说女皇心里一点难受都没有，她肯定知道她将会背负最恶劣的骂名，事已至此，她只能宣布：前沙皇彼得三世痔疮发作，腹部剧痛，医生抢救无效而死。想不到，痔疮还是这样的绝症。这点小事就别追究了，时不我待，女皇有好多好多的大事要办呢。

女皇突击

一个成功的帝王，基本就是文治和武功两个方面，叶卡捷琳娜二世能够成就大帝的伟业，是因为她的工作包括四个方面，这四条，缺了任何一条，大帝的成色就不够了。按照叶卡捷琳娜投入的精力排列，四方面工作分别是：一、抢地盘；二、加强专制；三、包养小白脸；四、混西欧文化圈子。

这一篇先讲讲女皇的武功，和她带给俄罗斯巨大的领土扩张。

其实，德国公主叶卡捷琳娜成为沙皇，俄罗斯已经不算是罗曼诺夫王朝了，叶卡捷琳娜一直将彼得大帝视为自己的榜样和前辈，她不介意以彼得大帝的继承人自居，所以王朝就不用改名了。

仰慕彼得大帝的伟业，就要决心完成大帝当年未竟的事业，彼得大帝打通了波罗的海的海口，对黑海的出海口则死不瞑目，叶卡捷琳娜二世预备继续这件工作，再战土耳其，打通黑海。

俄国和土耳其的这场战事，其实是由波兰引发的。17世纪波兰日益没落，当时他家的领土还很不识趣地连接着波罗的海和黑海，地理位置让俄国人羡慕和觊觎。叶卡捷琳娜之前的沙皇，没有实力生吞波兰，只好退而求其次，先在政治上控制这个国家。之前说到，安娜沙皇时代，俄国人扶持的奥古斯特三世成为波兰国王，波兰被俄罗斯操控在掌心里。

1763 年，奥古斯特三世死亡，波兰议会要选举新的国王，这时叶卡捷琳娜沙皇派出军队进入波兰，迫使波兰人按俄国的需要选立了新的国王。新的国王是女皇的旧友——波尼亚托夫斯基。这哥们儿对这场富贵并没有欣喜，对他来说，他更希望重新得到女皇的爱情。

波尼亚托夫斯基成为国王，跟沙皇直接兼并了波兰没有不同，而这种兼并来的国家，最麻烦的事就是国民不服。1768 年，在靠近土耳其边境的波兰小镇上，突然有波兰人组织了爱国团体，号称要抵制俄国人，让俄国人从波兰的土地上滚出去。

女皇发兵 4 万开进该地区平乱。说是镇压波兰乱党，其实女皇打的是其他的主意。对女皇来说，波兰几个造反作乱的乡民，根本不值得动肝火，女皇希望的是，这个事件能引发跟南方恶邻、俄国宿敌土耳其的擦枪走火，而后双方就可以痛打一场。

事情还真是如女皇所愿，之前俄国的另一个敌人——法国已经多次跟土耳其煽风点火，希望两边打起来。如今俄国的军队，荷枪实弹贴着自家的边境动作粗鲁，土耳其人终于没忍住。俄国军队非常愉快地掉转方向，开进了土耳其。

虽然叶卡捷琳娜早有动手的心思，可战局就这样突然开始，还是让周边很震惊，腓特烈大王从一个军事专家的角度分析，说两边都准备不足，十足是"盲人打瘸子的战争"。

俄国方面不瞎也不瘸，俄土交锋的第一场战事，有海陆两个战场。七年战争，虽然俄国的结局很丢人，却不无收获，那就是训练和培养了一批盖世的名将。就是在这些著名将领的带领下，俄军南下的战斗非常顺利，占领了多瑙河畔若干小公国，还拿下了亚速夫，并占领了克里米亚。

克里米亚半岛上就是克里米亚汗国，作为蒙古帝国的遗族，他们早就没有草原帝国当年的凶猛了，面对俄罗斯崛起后的虎视眈眈，他们只能托庇于土耳其苏丹，都是穆斯林兄弟嘛。吃掉克里米亚，是这次俄国出兵的第一战略目标。

陆上战役的成功不如海上来得轰动，俄国的舰队在奥尔洛夫兄弟老三阿列克谢的率领下，从波罗的海进入北海，在英国人胆颤的注视下大摇大摆地穿越了英吉利海峡，雄赳赳气昂昂进入了地中海，并在爱琴海上迎战了土耳其的舰队。海上的战斗封锁了土耳其的海上交通，迫使土耳其在 1772 年提出和谈。因为俄国的要价太高，一直不能达成共识，直到 1774 年，俄国遭遇了更头痛的问题，和谈才算有了结果。

在这个和约中，克里米亚获得了独立，土耳其割地又赔款，黑海东岸的地区基本都属于俄国了，最痛快的是，俄国的商船此后可以自由进出博斯普鲁斯海峡和达达尼尔海峡，这就是说，彼得大帝想了一辈子的黑海出海口被打开了。

女皇不满足于此，让克里米亚独立，只是行动的第一步，让它独立的目的，就是为了最终占有它。1783 年，借助克里米亚内部的矛盾，俄罗斯就直接兼并了克里米亚，女皇派了自己最钟爱的男人波将金去做了总督。

波将金不负女皇重托，接手这片土地后，就安排俄罗斯人向南部移民，开发新收编的国土，几年之后，建设得有声有色，有模有样。他盛情邀女皇南巡，参观自己的劳动成果，女皇很高兴地带着自己的盟友奥地利的约瑟夫二世和波兰国王波尼亚托夫斯基加上几个重要欧洲国家的大使，3000 人的队伍，隆重奢侈地搞了一次巡游，其间雪橇、游船、马车各种交通工具轮番上阵，是欧洲历史上空前的热闹。而波将金的建设工作，也深受女皇的肯定，新收复的土地欣欣向荣，新收复的人民对女皇崇敬爱戴。

在靠近土耳其边境地区，波将金组织了一场大型演习，黑海舰队也表演了一场海战为女皇助兴，女皇圣心大悦，而很多人却非常不爽。

第一个被吵得睡不着觉的当然是土耳其，这场巨大的热闹就在他家门口，对土耳其苏丹来说，相当于上门羞辱他。另外两个睡不踏实的，一个是法国，一个是英国。

法国是传统敌人，一直认为，俄国跟土耳其一动手，肯定没有好结果，没想到俄国大胜，还取得了这么大的收益，羡慕嫉妒恨；英国呢？作为海上霸主，俄国的舰队从自家门口招摇而过，进入了爱琴海，还占领了好些岛屿，这就是说，北极熊毛茸茸的熊掌眼看要伸进地中海搅和了，这种事，绝对不能让它发生。

有英法撑腰，睡不着觉的苏丹决定再次对俄国宣战。

又中了女皇的下怀，第一次俄土战争的收益，对叶卡捷琳娜来说，最多是个零头，她刚给自己的二孙子起名为君士坦丁，还专门给配了希腊保姆。意思很明白，她要拿下土耳其，让自己的二孙子进入君士坦丁堡登基，恢复拜占庭帝国。

第二次俄土战争打了五年，俄国又赢了。女皇没有实现恢复君士坦丁堡的计划，但是她几乎已经将俄国的领土扩张到了南部的自然边界，土耳其承认了俄国对克里米亚的兼并，整个黑海北岸都进入俄国的版图。

英法挑唆土耳其上了战场，关键时刻也没说出手支援，倒是瑞典很够意思，眼看俄国陷入跟土耳其的苦战，就赶紧在北方动手，想收回被俄罗斯占据的芬兰一带。虽然瑞典的军队多次威胁到圣彼得堡的安全，可是，如今的瑞典实力实在不值得如此嘚瑟。俄国军队一边打着土耳其，一边就逼得瑞典求和，双方同意维持版图现状。女皇曾经在战时戏称瑞典国王是小丑，从这场战事看来，还真是小丑。

收拾了宿敌土耳其，彻底打开了黑海，俄国的版图向南方延伸了一大片，这一切，都没让女皇满足，对她来说，一定要彻底吃掉波兰，才算工作完美。于是，用了23年的时间，分三次，俄国和普鲁士、奥地利分掉了波兰。

女皇把自己的旧情人派去波兰做国王，这个活儿一点儿都不好玩。波兰国内波兰人、立陶宛人、白俄罗斯人、乌克兰人、犹太人花样繁多，自然宗教信仰也是五花八门。想让这帮人团结一致一条心，怎么可能呢？

吃掉波兰，是俄罗斯、普鲁士、奥地利三家共同的心思，这三家在波兰还都有自己的势力，俄国也知道，想独吞波兰是不可能的。第一次俄土战争，俄罗斯占领多瑙河流域不少地盘，有点逼近奥地利的意思，于是腓特烈二世就出主意，干脆就让俄国分掉一块波兰的国土，俄国说不定就不在南方继续深入了。而普鲁士不是占领了西里西亚吗，所以奥地利也拿一块，算是补偿；普鲁士自己当然也有一份。

就这样，1772 年，三家大军压境，波兰国王向旧情人女沙皇说尽了好话，也没有保全自己国家，眼睁睁地看着三分之一的国土和三分之一的人口失去了。俄国获得的，是德维纳河到第聂伯河之间，白俄罗斯人和拉脱维亚人居住的那部分。这次分割，为了照顾奥地利的心情，让他家分得最多，可如果看战略价值，腓特烈拿走的地盘虽然面积最小，却是价值最高，说明腓特烈才是真正的老狐狸。

第二次瓜分是 1793 年，起因是受法国大革命影响，波兰人组织了爱国党派，想通过改革挽救国家，收复故土。女皇当然不能让他们得逞，再次和普鲁士联手出击，镇压了波兰国内的运动，顺带又各分走一片土地。

两年后，只剩 20 万平方公里和 400 万人口的波兰不屈服，发动大规模的起义，跟俄军直接交火，一度甚至收复了被占领的华沙。俄国和普鲁士从东西两个方向进攻，奥地利终于有空加入行动，也从南部出兵，很快，起义军失败。三家人终于功德圆满地最后吃掉了波兰，那个屡次向沙皇求情无果的旧情人，被带回了俄国。

18 世纪，三个邻居如此胆大妄为地瓜分了一个曾经强大的主权国家，的确是够惊人的。但因为法国大革命更惊人，西欧诸国忙着组成反法同盟呢，所以俄、普、奥三家得手后，其他国家最多也就是谴责而已。

公平地说，俄国分得的乌克兰、白俄罗斯等区域，历史上曾经是古基辅罗斯国的领土，是被波兰抢去的，这几个地区信奉东正教，跟天主教的波兰人本来就格格不入。所以，这三次瓜分，俄罗斯感觉光明正大。从叶卡捷琳娜二世的角度考虑，是不是历史上的故土，是不是东正教徒都不是重点，重点是，俄国要扩张。

叶卡捷琳娜二世经过这六场大战，为俄国版图增加了六十多万平方公里领土，可是这个成绩远远没有达到她的终极目标，她临终前遗憾地说：如果我活到二百岁，我会让全欧洲匍匐在我脚下。她梦想中的俄罗斯帝国应该设六个都城，分别是：圣彼得堡、柏林、维也纳、巴黎、君士坦丁堡、阿斯特拉罕（里海边的城市）。我们也遗憾女皇没活到二百岁，如果能看到俄国女沙皇 VS 拿破仑皇帝，那将是何等的赏心乐事啊。

文化苦旅

打仗挺漂亮，国家统治得怎么样呢？一般来说，如果国家一直在扩充领土，则国内很多矛盾都可以化解，找人打架是公认处理国内危机最好的办法。

说到治国，就一定要说到沙皇跟西欧文化圈子的交流。叶卡捷琳娜二世在位期间，正是启蒙思想的黄金时代。女皇登基前百无聊赖的岁月里，接触最多的，就是启蒙思想家的作品和读物。作为一个有进步思想的文艺女青年，叶卡捷琳娜对书中的理论点头嘉许，对这些启蒙思想家最开始也心存崇敬。很多人当时就猜想，如果叶卡捷琳娜成为女皇，一定是最开明的君主。

等女皇真的登基后，她看问题的高度就完全不一样了。因为自己是政变上台的，有点名不正言不顺，所以，她必须获得俄国占主导地位的贵族支持。叶卡捷琳娜自己也是贵族出身，不管她如何赞同"开明思想"，让她从底层人民的方向考虑问题，也是几乎不可能的。

女皇从不小气抠门，上台伊始，为了奖励政变有功人员，赏赐了大量金银、土地包括土地上的农奴。这些拿到赏赐的"功臣"们，对自己的农奴，想干什么都可以，女皇绝对支持，为保障贵族的利益，还禁止农奴申诉自己的主人。

1772 年，正当第一次俄土战争取得胜利，土耳其求和，俄国人端着架子坐地起价时，被压迫得无路可退的农奴终于发动了大起义，逼得俄国人没时间拗造型，赶紧签了和约，军队拉回家平乱。

这次起义的发动者是顿河边的一名哥萨克，大名叫普加乔夫。不过他说他自己叫彼得三世，当初躲过了女皇的毒杀，现在回来报仇。这个小普早年参加过波兰战争和土耳其战争，后来怀疑是逃跑回家了，从军经历有据可查，他冒充彼得三世实在是忽悠得不负责任，要命的是，俄国的老百姓又信了！

女皇在莫斯科气得脑袋都痛了，她就想不明白了，每个假货，不管编得多离谱，多扯淡，俄罗斯的老百姓都会信，都会舍命追随。而且现在造反的胆子也越来越大了，冒充谁不好，冒充女皇的老公，这不公然吃女皇豆腐吗？

普加乔夫的起义持续了一年，因为小普曾在俄国军队里服役，所以对俄军的打法和作风还是比较了解，偶尔也能占点上风，战斗中还有不少俄军投靠了这支山寨沙皇的部队。在土耳其作战的俄军主力回来后，起义军就明显不支。1774年底，普加乔夫被手下出卖，女皇将其以极刑处死还不能平息心头之恨。

普加乔夫起义是俄国历史上最大规模的一次农民起义，如果一定要分析其意义或者产生的直接影响，那就是，彻底让女皇对俄罗斯的老百姓死了心。

这个事件让女皇坚定了一个想法，那就是，俄罗斯这样的国家，绝对不能让底层的老百姓太舒服太自由，因为他们愚昧愚蠢，一旦有宽松的环境，就更加不知道会闯出什么样的祸端来。"这些农民根本不需要自由，在当奴隶和牲口的时候，自我感觉依然很好！"这是女皇留下的名言。为了控制农民和农奴，更应该加强贵族的权力。

1785年，女皇颁布《御贵族特权诏书》，规定：贵族可以免除为国家服务的义务，可以享有自由管理地产、自由出国等权利。彼得大帝时代制定的对贵族的种种束缚和压在他们身上的若干义务，被女皇一手推翻，让贵族们获得了彻底的解放和特权，叶卡捷琳娜二世被称为"贵族女皇"，她所统治的时代是俄罗斯贵族最舒畅最安逸的年代。当然，也是俄罗斯农奴制最顶峰的时代。

叶卡捷琳娜二世在任期间进一步加强中央集权，让沙皇更加专制更加权威，在那个时代，她的形象应该是很狰狞的。可是，女沙皇的形象在启蒙思想当道的西欧偏偏非常好，这是怎么回事呢？

女皇阅人无数，人情通透。很多人和事，她看得很透彻，也用得很透彻。比如，启蒙思想家，她一直自诩为他们的粉丝。

最开始，因为女皇弑君篡位，西欧的学者经常刻薄她，她知道，如果想让西欧的舆论对自己有利，必须先堵上这些著名学者的嘴。当时法国禁止狄德罗印刷《百科全书》，叶卡捷琳娜就非常亲热地邀请狄德罗去俄罗斯印。狄德罗傲骨铮铮地拒绝，表达了自己不愿意跟一个独裁者为伍的高洁情操。

不久，狄德罗嫁女儿，凑不齐嫁妆，想把自己的藏书卖掉。叶卡捷琳娜二世拿出比狄德罗报价还高的价格买下这批书，条件是，这些书继续留在狄德罗家里，女皇聘用狄德罗管理这批图书，每年给 1000 卢布的酬劳，并一次支付了 50 年的薪水。

狄德罗不是中国的文人，没受过不为五斗米折腰的教育，这么慷慨的女人，让他无法拒绝。从此后，狄德罗就成了女皇在欧洲的御用吹鼓手，女皇的任何作为任何言行，经过狄德罗的包装宣传，立时光芒万丈了。

女皇当然知道，启蒙思想家的老大，还是伏尔泰。收服了伏尔泰，等于收服了大半法国文化界。伏尔泰有点老男人的恶习，被美女一吹捧，就严重找不到北。叶卡捷琳娜极尽情感地写信，向他求教，向他问候，诉说了自己的敬仰之情，并说自己阅读过伏老师所有著作。

伏老师当场晕菜了，威震欧洲的女皇啊，占有欧洲最多领土的皇帝啊，给自己写这样的信，折杀老朽了！于是，伏老师也沦陷，成为女皇的御用文人。女皇所有的决定都是对的，都是无上英明的，女皇是最有智慧最高贵的女人。结果，"整个欧洲的文学界都向陛下欢呼"。叶卡捷琳娜二世，这个沙俄历史上最集权的君主，居然受到了大量西欧反封建反专制的思想家的追捧，不能不说，这是沙皇另一种强大。

狄德罗晚年曾亲自上门，一是瞻仰拜访他深爱的女老板，二是想现场给女沙皇上一堂启蒙思想课，女皇客气了几天后，最后忍无可忍毫不留情地制止了狄德罗关于立宪制君主的说教。狄德罗被伤了老心回到法国，却不愿意让别人知道他被女皇冷遇，还到处吹牛说是受到了国宾般的招待等。狄德罗死后，女皇第一时间收回那些藏书，大家不要误会，女皇并不是喜欢这些书，而是法国大革命让女皇深恶痛绝，她发现大革命的根源就是这些害人的书籍，她要防止这些书害更多的人。

叶卡捷琳娜是专制，但她对俄国的贡献还是很多的。她重视教育，鼓励商业，开办了弃婴收容所和助产士学校，她甚至亲自带头注射了天花疫苗，让这种夺取无数人性命的疾病首先在俄国得到了控制。而俄罗斯人如今酷爱食用土豆，也是因为女皇带头食用并鼓励种植，才让这种见不得光的地下块茎成为俄国人主要粮食之一。

女皇秘史

上面我们已经介绍过了女皇的内政外战和与西欧文化圈的关系，剩下的内容，就是万众期待的女皇私生活了。

俄国女皇没有妇德指标这一项，伊丽莎白女皇找了三百多个面首，被认为有点荒淫，叶卡捷琳娜二世在位34年，平均每天工作12—13小时，大约混过二十来个面首，这个数字应该还是可以接受。

叶卡捷琳娜二世打仗都是赢家，还成功地镇压了起义，让整个欧洲文化界为自己倾倒，这些都不算什么，她能吸引无数男人更不算什么。老杨认为，叶卡捷琳娜最牛的就是，对她的每个面首，她都委以重任，授予大权，可这些小白脸，上了床尽心服侍，下了床则更加忠心不贰地替她办事，不管掌握多大的权力，都没想过要给女皇添乱或者造反，每一个都为女皇的生涯增光添彩，即使在她死后都不辱使命，这才是最难最难的啊！

女皇的第一个男人是帮她生下保罗大公的宫廷侍卫。这位老兄当时心仪太子妃，可发现自己成为配种工具后，就对叶卡捷琳娜非常冷淡。等到叶卡捷琳娜生了孩子，他更是第一时间躲得远远的。后来，女皇满足了他躲避的愿望，一直将其外放任职，不准他回到俄罗斯。这个教训警告男人们，抛弃旧爱时，一定要注意态度，因为你不知道这个旧爱将来会混到哪个高度，给你吃什么样的好果子。

第二个男人，就是可怜的波兰国王波尼亚托夫斯基。波尼亚托夫斯基曾经在叶卡捷琳娜的卧室被彼得大公逮个正着，不过大公毫不介意，因为自己也有情人，据说四个人还共进晚餐，表示了和平共处的美好愿望。这次情缘，叶卡捷琳娜又生了女儿，可惜后来夭折了。

波尼亚托夫斯基是女皇所有情人中最悲催的，他的遭遇甚至惨过曾经抛弃女王的第一任。作为波兰的国王，他一次次哀求女皇放过自己的国家，看到女皇坚毅而决绝的表情，回想当年叶卡捷琳娜的温柔和多情，让他情何以堪。国破家亡后，他被带回俄罗斯监禁，每天老泪纵横念叨着：人生若只如初见……

　　第三个男人，就是帮助叶卡捷琳娜政变登基的奥尔洛夫。说到奥尔洛夫，很多人自动想到一颗著名的钻石——奥尔洛夫钻。这是世界第三大著名的钻石，有 189 克拉，泛着淡淡的青蓝光。这颗出产于印度的华丽美钻，原本是印度一个神庙的神像眼睛，后被法国士兵盗走，辗转进入欧洲，被打磨成型后，由奥尔洛夫高价收购，送给女皇，镶在权杖上。因为他知道，女皇一辈子，最爱三件东西，帅哥、骏马和钻石。

　　政变成功后，奥尔洛夫获得了数不尽的赏赐，并获得了爵位。女皇知道他忠心可嘉，能力有限，虽然让他拥有很多财富，却不会让他染指国家大事。随着女皇在皇座上坐稳，身边的男人越来越多，奥尔洛夫就有点跟不上形势，女皇渐渐冷落了他。

　　奥尔洛夫是个武夫，被女皇抛弃了，却不哭不闹不打不跳，找到机会就为女皇效劳。1771 年，莫斯科遭遇一场瘟疫，当时女皇和朝廷都在圣彼得堡，莫斯科地方政府为了防止疾病扩散，颁布了很多硬性规定，反而让局势更恶化，直接引发了市民的暴乱。

　　女皇一筹莫展之际，奥尔洛夫主动请缨去处理此事。莫斯科市民没想到女皇的面首，居然是个办事雷厉风行、利落高效的纯爷们儿，他亲自上街指挥清理街道，处理尸体，控制疫情，很快平息了混乱，稳定了莫斯科的局势。

　　奥尔洛夫立了大功，莫斯科人甚至为他竖立了一尊半身像。女皇更是感激他的工作，为他建了一座凯旋门，金银土地等赏赐不计其数，然而，奥尔洛夫最想要的东西，女皇却再也没给过他，那就是让他进入寝宫，重上龙床。

　　叶卡捷琳娜是女皇，女皇就总有自己的脆弱，她也梦想着，能找到一个在国事上帮自己充分分担的爱人，既是情人，又是自己的重要幕僚和外脑，灵欲合一。

　　话说女皇政变成功的第二天，一身戎装检阅首都的近卫部队，女皇佩上一把宝剑，发现宝剑上没挂剑穗，正踌躇间，一位英俊的军官解下自己的剑穗温柔地帮女皇系上，并冲新女皇展颜一笑。女皇记下了这个笑容和这个年轻人，他叫格利戈里·波将金。

　　奥尔洛夫兄弟发现自家兄弟在女皇那里失宠，断定是有了新欢，奥尔洛夫兄弟如今权势熏天，想看哪个小子这么大胆敢撬奥尔洛夫家的墙脚。后来听说，女皇貌似对身边的侍从波将金很有好感，奥尔洛夫家的大哥找机会揍了他一顿，波将金被打瞎一只眼睛，成为独眼龙。

兄弟们不知道，波将金对女皇的吸引力，是超出色相之外的。波将金有学识有见识，多才多艺，知识丰富，思维敏锐，能跟女皇有思想上的交流。女皇和波将金在一起，可以娱乐工作两不误，波将金对时局的见解和分析，经常能帮助女皇开拓思路。女皇对波将金入了迷，人们发现，女皇从来没有这么沉沦过，而且从种种迹象显示，女皇可能是跟波将金私下结了婚。

跟之前的面首不一样，女皇鼓励波将金插手政务，给他政府中的实权地位，可以干预国家各种决策。其他国家的国王感觉到，波将金绝对是未来俄罗斯的权臣，纷纷给他各种勋章表示巴结，波将金很快上位成为俄罗斯最出名的人物。

波将金在俄罗斯的军史上可是大名鼎鼎，他后来成为陆军元帅，军队总指挥，外交家，政治家，叶卡捷琳娜朝廷的肱股之臣。女皇在位，纵横欧洲的大小战事基本都跟波将金有关，两人的确算是事业上的最佳搭档。

在女皇所有的面首中，波将金肯定是成就最高的，这个最高，也包括其智商和财商。波将金作为元帅，常年征战在外，让一个大元帅做一个面首的工作，精神和体力上双重压力太大了。波将金聪明啊，他想到了一个不用伺候女皇，还让女皇离不开他的法子，就是在征战欧洲，日理万机之余，他独家垄断为女皇提供各类面首。品种多样，花色齐全，包皇上满意。最离谱的是这伙计职业拉皮条，那些想一亲香泽的帅哥猛男，需要向波元帅交纳一定的报名费，元帅找专业人士验验成色，优中选优送到女皇的床上。这个操作流程跟买官一样，自认有条件做面首的兄弟，先花些钱打点波将金，这些钱肯定不白花，女皇出名的就是出手豪阔，从不抠门。只要她满意，十倍的钱都挣得回来，还有大量的农奴赠送，当时流行的段子就是："龙床一夜，农奴三千。"

波将金曾经将一个叫朗斯科耶的25岁青年介绍给女皇，深得宠爱，这个朗斯科耶有头脑，有思想，对54岁的女皇充满崇拜，两人最好的时候，他甚至可以影响皇上很多决定。一年以后，这个帅小伙突然死了，说法很多，有的说是死于春药，有的说是死于白喉，权威说法是被波将金毒死的，因为已经危及他自己的地位了。

此后波元帅再拉皮条，基本要求是四肢发达，头脑简单，俊美的草包是首选。后来还介绍了个出名的面首马莫诺夫（红衣先生），这时的女皇已经实实在在是个老祖母了，不管给多少钱，一般年轻男子也接不了这工作。马莫诺夫伺候了四年之后，发现呕吐是解决不了问题的，一定要找年轻女子平衡一下，他看上了女皇的宫女。

大家记得咱家的则天皇帝那个如莲花般漂亮的面首六郎吧，就因为上官婉儿在人群中多看了他一眼，再也没有忘记他的容貌，于是差点被则天皇上打破头。这一点，叶卡捷琳娜女皇大度多了，她也知道留不住红衣先生，索性给了一笔钱成全了这两个年轻人。在心胸上，武则天算是输了一截。

波元帅戎马一生，后来领了克里米亚总督一职，相当于女皇将南部的半壁江山交给他打理。安排移民，发展生产，促进贸易，努力壮大黑海舰队，波元帅功勋卓著。不过，让他名垂青史的，还不是工作业绩或者拉皮条的暴利。前面不是说到女皇奢华的南巡之旅吗？俄罗斯南部的建设让客人们叹为观止，都说波将金了不起。其实波元帅只是花巨资修葺了皇上要走的御道，并在路边临时赶建了豪华别墅，将破落的民宅和贫穷的百姓都藏在后面。此后"波将金村"成为一个成语，讽刺那些为讨好上级做表面功夫的事。

长江后浪推前浪，前浪死在沙滩上，波将金用尽手段伺候女皇，想保持在她心中的地位，但是面首这职业，青春活啊，保质期相当短。波将金这等权臣，朝中肯定有很多敌人。而敌人们都想，波将金这么张狂，不过是因为控制了女皇呗，只要找到另一个男人控制女皇，波将金就要自动下课了。

波元帅正指挥俄军与土耳其开仗，朝中的反对派马上行动起来，为女皇送上新的货色。22岁的朱波夫，比女皇小40岁，女皇看着长大，一直像自己孙子一样疼爱的小男孩。

萝莉能害死大叔，御姐经常会栽在正太手里，年轻是无敌的。朱波夫以最快的速度获得了皇上的宠爱，作为反对派，他当然是以扳倒波将金为己任，于是他开始经常弹劾波将金。女皇是个老太太了，孙子说什么，就是什么呗。朱波夫的野心和小动作让波将金感到了危机，急得放弃战场跑回来挽回地位。

回来后发现自己真的被甩了，只好回到自己的岗位去。俄罗斯的男人真爷们儿，以波将金此时此刻的权势，发现被甩，大可以起兵跟叶卡捷琳娜争天下，谁知他选择自暴自弃，在归途上活活把自己气死了。

波将金的死讯传到女皇耳中，女皇当场晕倒在地，看得出，这个男人在她心中的地位不一般。好在还有朱波夫，女皇挺住了。此后朱波夫完全取代了波将金的地位。这个小孩年纪小野心大，贪污敛财，挑唆着女皇做了不少不动脑筋的事。但他是女皇最后一个面首，他陪她到生命的最终。在她死后，还帮把手干掉了她的继承人，这个后面再说。

叶卡捷琳娜的情人太多了，挑几个出来写，给大家略略了解一下。她找小白脸出手大方，舍得花钱，有八卦的给她算过账，她一生送给面首的钱估计是：92820000卢布，天文数字吧，那时她家的农奴最贵的、最有用的卖300卢布一个。

叶卡捷琳娜一上台就宣称自己是彼得大帝的继承者，彼得大帝之后，俄罗斯的首都一直在莫斯科和圣彼得堡之间摇摆不定，圣彼得堡的建设也是时停时续。叶卡捷琳娜登基后，圣彼得堡成为此后俄罗斯帝国唯一的首都，并按女皇的喜好和标准继续圣彼得堡的建设。

这轮建设中，最耀眼的工程，还是冬宫，女皇并为它配置了一个博物馆和一个剧院。18世纪后期，欧洲被法国大革命搞得兵荒马乱，女皇一边跟着骂人，一边成为当时艺术品最大的收藏者，到处买东西，充实自己的博物馆。

叶卡捷琳娜跟彼得大帝最相似的两个地方，是都喜欢扩张，也都喜欢钻石。18世纪初，彼得大帝曾颁布一道专项命令，要求国人不得随便变卖家中的珍贵珠宝和首饰，一定重量以上的钻石和珠宝必须由皇家收购。俄罗斯王室收藏钻石宝石是天下之最，叶卡捷琳娜更是收藏钻石成痴，她登基时，特制了一顶皇冠，用了4836颗钻石镶嵌，重2858克拉，顶部那颗是世界上最大的红色尖晶石，购自中国，也是世界级瑰宝。

《德意志：铁与血的历史》中，记述过琥珀宫的故事，这座号称"天下第一珠宝盒"的宝石宫殿，就是由普鲁士国王送给彼得大帝，而后被两代大帝刻意装饰，成为世界上最令人惊艳的无价之宝，可惜被纳粹藏起来后，就再也寻不到它的踪迹。这样美绝的东西，藏在深山幽谷或者地下深渊中，无人欣赏，不免遗憾。

现在，冬宫不仅是圣彼得堡的象征，还跟法国卢浮宫、大英博物馆、美国大都会博物馆一起，并称为世界四大博物馆，其中的宝石宫最为引人注目，算是叶卡捷琳娜二世留给俄国人最华丽的遗产。

1782年，圣彼得堡的另一个标志——青铜骑士雕塑完工，法国著名雕塑家法尔科内为此花了12年工夫。基座的巨石则是女皇耗费巨资从芬兰湾沼泽中挖出来，几百农奴建专门的滑道，用了半年时间才拉到现在的位置。这是一尊彼得大帝的雕塑，是叶卡捷琳娜二世向前辈偶像的献礼，虽然没有血缘关系，叶卡捷琳娜无疑是彼得大帝事业最佳继承者，枢密院也非常懂事地授予女皇"大帝"的称号。这一男一女两个大帝，共同托举了一个巨大帝国的崛起。

十七 盟主——亚历山大一世

较劲的保罗一世

叶卡捷琳娜收藏了很多宝石，奥尔洛夫钻和她皇冠上的红宝石都是价值连城的顶级珍宝，这个级别的宝石，她还有一颗，被称为保罗一世钻石，130克拉的紫红色美钻，曾经镶在印度的皇冠上。

保罗一世钻石是叶卡捷琳娜的心头至宝，保罗一世却不是，虽然这还是她自己生出来的。

前面说到，叶卡捷琳娜第一个儿子保罗，一生下来就被伊丽莎白女皇带走。伊丽莎白不会教养孩子，她又教出来一个彼得二世的复制品。全世界都知道，保罗不是彼得亲生的，只有保罗自己拒绝承认，为了表明自己出身的清白，他处处模仿彼得的言行举止，包括讨人嫌。模仿得太成功了，当看到保罗穿着一身普鲁士军装组织一个普鲁士小军队玩打仗时，叶卡捷琳娜差点晕过去。

好在现在是女皇了，不愿意看见的东西可以不看，她打发了一块领地给保罗，让他远远地在自己视线里消失。女皇不喜欢儿子，儿子也不喜欢这个妈，保罗自己臆想中，彼得二世是个完美的父亲，而恶毒的母亲毒杀了他，篡夺了王位，还把自己远远地打发在外面。

叶卡捷琳娜怎么会把自己辛苦经营的江山交给一个翻版彼得二世呢？所以她的计划是，尽快安排保罗结婚，生下孙子，女皇带走亲自教养，而后，让孙子直接接班。

殷勤的婚介所所长——普鲁士的腓特烈大王高兴地接下了这个任务，女皇从自己的经历上得出结论，虽然腓特烈大王自己不喜欢女人，但是看女人眼光很靠谱。腓特烈果然给保罗大公找到了两个合适的老婆，干吗找两个啊？第一个生孩子死掉了，赶紧又给补了一个，婚介所就是靠服务质量生存的嘛。

大公夫人照例还是德国公主，人品相貌不说了，会生孩子，超生且优生，都挺漂亮强壮。女皇跟自己婆婆学习，孙子一面世，她就第一时间带走了，保罗三个著名的儿子分别是：亚历山大、君士坦丁、尼古拉。

皇孙亚历山大在祖母身边长大，寄托了叶卡捷琳娜所有的希望和理想，孩子挺争气，优秀上进，人见人爱，都叫他"天使"，快半个世纪了，俄国皇室总算看到了比较靠谱的男性继承人。女皇松了一口气，留下遗诏，死后亚历山大直接继位。

亚历山大知道有这么一份诏书，也非常清楚藏在哪里，可在叶卡捷琳娜弥留之际，他选择了缄默，任由欣喜若狂的父亲在老妈尚未断气时，进入宫中一通乱翻，终于找到诏书，丢进了壁炉。

孩子被教育得太好也不行，保罗毕竟是父亲，是一个被人挤对了一辈子，姥姥不疼舅舅不爱的父亲，怪可怜的，他想当沙皇过把瘾，就让他过把瘾吧。也许，此时的亚历山大心里就有谱，只要父亲不上路，淘气捣蛋，他随时可以修正错误，让老爸下课。

保罗一世终于登基了，他可算是翻身了。反正老妈做的，都是错的，尤其是那些贵族，绝对不能让他们太嘚瑟，太神气。保罗一世掌权后最重要的工作就是削弱贵族权力，为达到这个目的，他给予了农奴一点点的自由。

和彼得二世一样，不靠谱的人掌握了大权，只能更不靠谱。42岁登基前，保罗一直不招人待见，上台后对别人的尊重就有偏执的要求，比如，他规定，大街上，如果看到皇室的马车，乘坐其他马车的人必须下车静候，等皇室马车通过你再上车。碰上下雨，贵族小姐们提着曳地长裙站在俄罗斯泥泞的街道旁，场面实在不算和谐。

最搞笑的就是保罗沙皇喜欢跟帽子较劲。他最恨圆形礼帽，谁戴收拾谁。有一天，他在窗前看景，冬宫广场上，人来如梭，各种帽子款式各异。圣彼得堡冷啊，还在海边上，风大，不戴帽子，脑浆子都能直接冻成冰激凌。沙皇很不爽，他质疑，为什么这帮人经过皇宫不脱帽呢？不懂礼数啊？周围的人知道他的脾气，赶紧颁布诏令，从皇宫前的广场经过，不论刮风下雪秃头还是癞子，必须脱帽。有的车夫要驾驶马车，空不出手来拿帽子怎么办，用嘴叼着经过广场。过了一阵子，沙皇很纳闷：为什么所有人经过广场要脱帽呢？手下人赶紧说，是陛下您命令的！保罗大怒："朕何时下过这等蠢命令？"要求手下人赶紧修正。这下好了，警察又守在广场四周，要求所有人，经过广场千万不要脱帽。有几个人脾气不好，把警察按在地上揍了一顿，理由是：居然敢骗我们戴着帽子经过皇宫，教唆我们犯法？！

这么个人驾驭俄罗斯这么大的国家，真是有点危险。果然，跟他"父亲"一样，保罗在外交问题上也是一脑袋冰激凌（不戴帽子闹的）。

叶卡捷琳娜去世前，已经决定俄罗斯加入反法同盟了，保罗继位后，觉得应该和平稳定，避免战争。反正所有的事，对不对的，他就是要跟女皇反其道而行。

不参加就不参加，和平也不是坏事，可保罗他不是有点"精分"（精神分裂）吗？过几天，法国闹得不像话，他又跟着瞎生气，又决定入伙一起收拾法国了。于是他参加了第二次反法同盟，因为当时拿破仑被困埃及，所有人都以为这次能成功地制伏法兰西。第二次反法同盟的工作成果就是逼得拿破仑不得不直接登上大位，亲自组织对反法同盟的战斗，并迫使他们不得不再次解散求和。

二次反法同盟后，保罗因为俄国舰队进入地中海的事，跟英国人闹翻了，他就考虑跟法国结盟，跟奥地利断交，跟英国人打一场，他甚至派出顿河的哥萨克远征印度！

保罗虽然糊涂，叶卡捷琳娜的旧臣们却清醒，他们受命辅佐的是亚历山大不是保罗，如今眼看着保罗要把全欧洲都得罪光了，唯一能控制事态的办法就是让亚历山大按女皇的愿望登基。

知道自己招人恨，保罗一世在圣彼得堡修建了米哈伊洛夫城堡，壁垒森严，大炮环伺。他躲在里面，以为高枕无忧，谁知1801年3月11日夜里，有人穿过结冰的护城河进入沙皇的堡垒，逼他签字退位，争执中，保罗沙皇就神秘地死掉了。

这个事的主要执行者，就是叶卡捷琳娜最后一任面首朱波夫。而所有人都说，幕后的决定者和策划者是亚历山大。以亚历山大的秉性，要求父皇退位这种事可能做得出，但直接将老爸勒死，他应该没这么狠。倒是朱波夫深知政变的结果可大可小，既然动手，最好不要留下任何首尾，所以干脆就杀掉了保罗一世。

盟主是怎样炼成的

亚历山大一世号称史上最神秘的沙皇，外号甚多，有人叫他"两面神"，有人叫他"北方的司芬克斯"，这么多外号，跟他人品性格有关。他并没有大帝的头衔，所以在沙皇排行榜上，他无法超越彼得大帝和叶卡捷琳娜大帝的地位，然而，在亚历山大的时代，他的成功却是两位先辈大帝都没有达到的顶峰，因为，他成了欧洲公认的老大，联盟至尊，武林盟主。

亚历山大登基时24岁，算是刚成年，在哪里学到绝世武功成为盟主的呢？

新人出江湖，成名有两个方式，一种是安心练武，不断进步，从家门口的镖局开始挑起，一直踢馆踢到少林，如果真是人才，三十年内可做至尊。当然，没成至尊中途就被青城派或是威远镖局之类的用下作法子干掉的居多；另一种就容易了，不但可以少年成名，还杜绝了车轮战的时间风险，那就是，单挑当朝的天下第一，只要打赢了，你直接上位成为至尊，就算是输了，也会因为不知天高地厚而扬名江湖。当然，一般的武林至尊对这种无名小子的无聊挑衅不太会手下留情，要么直接干掉，要么废掉其武功，防止再来浪费大家的时间。

说起来，亚历山大在位期间好像也没干什么了不起的大事，他坐定欧洲盟主之位的原因是：干掉了武林至尊——拿破仑！

保罗沙皇就是因为外交事务上的脑子进水失去了王位和性命，当时的欧洲，非常明显，法国是公敌，谁跟法国结盟，谁就也变成公敌；俄国和奥地利有传统盟友关系，跟英国有传统贸易关系，这两家如无意外，最好能保持友好。所以亚历山大一接班，赶紧召回了开往印度的哥萨克，继续与奥地利和英国修好。而对一个保守专制国家的沙皇来说，拿破仑这样的人冒出来，对整个欧洲平衡的格局和各国的君主政治都是危险不利的，所以，亚历山大倾向于，尽快把科西嘉小个子打垮。

1805 年，第三次反法同盟建立了，俄国、奥地利、瑞典、英国联手对抗法国和西班牙。12 月 2 日，著名的三皇会战 (详情参看《法兰西：卢浮宫里的断头台》之二十四)，亚历山大初出茅庐、年少轻狂，虽然手下众将士都劝他不要贸然进攻，唯恐有诈，他还是和奥皇一起冲进了法国人的圈套。盟军死伤惨重，沙皇和奥皇趁着夜色，狼狈逃出战场，避免了更大的羞辱。

这一战终结了神圣罗马帝国，奥地利投降，宣布不再结伙反法。沙皇不服气，逃出性命后，以最快的速度拉上普鲁士组建第四次反法同盟，再次出击。

这次结伙挑衅的结果是，普鲁士成为法皇新的战利品，而拿破仑在柏林顾不上休整，义无反顾地进入了波兰，向急得手足无措的沙皇送去了问候。

亚历山大现在看拿破仑，是"科西嘉魔鬼"，他再不敢轻敌，调集了六十多万人的军队，强征了大量粮草武备，在波兰迎击法军。跟欧洲的其他战场一样，不管面对什么人种、什么民族、什么宗教的对手，拿破仑的军队总是能节节挺进。在俄国的边境提尔西特，亚历山大放弃了，休战求和。

拿破仑很清楚，想一战吃掉巨大的北极熊几乎是不可能的，而西欧还有英国这个让他一直束手的敌人没有清理干净，他不如留下俄国一起对付英格兰，等收拾了英格兰，俄国这个毛头小子自然手到擒来。

1807 年 6 月 25 日，在涅曼河河中心的一条木筏上，沙皇和法皇秘密会谈。谈判现场除了两位盛装的皇帝没有第三人，他们谈了什么说了什么无人可知，倒是 7 月 7 日两边订立的《提尔西特条约》似乎能看出一些端倪。

这恐怕是拿破仑对战败国最客气的条约了，他刚刚分解了普鲁士，还在波兰建立了华沙大公国。可是，对俄国，法国皇帝客气得过分：只要沙皇承认拿破仑现在对欧洲所有占领和疆域划分，并支持拿破仑对英国的大陆封锁令，俄国和法国以后就是盟友，拿破仑绝对不干涉俄国对土耳其和瑞典的任何军事行动，甚至，在刚被分解的普鲁士版图上，拿破仑还非常大度地分给沙皇一块。

失败对年轻人是好事，对拿破仑的失败，几乎是快速促成了亚历山大的成长。木筏上的和约，看起来俄国似乎并没有失去什么，然而亚历山大清楚，自己战败被迫签下的和书，肯定有对俄国不利的地方。所以，他要趁"科西嘉魔鬼"放自己一马这段时间，勤练武功，强身健体。

根据沙皇传统，俄国要在不断扩张中前进，不能因为西方出现了更厉害的敌人，就放弃对其他土地的野心。

亚历山大登基那年，俄罗斯兼并了格鲁吉亚的东部地区。格鲁吉亚在大高加索山脉的另一边，在地理划分上属于亚洲了，它周边有两个巨大的穆斯林邻居，一个是波斯（古伊朗），一个是土耳其。格鲁吉亚是信奉东正教的，两个穆斯林邻居是不会让他好过的，一被欺负，格鲁吉亚就找俄罗斯帮忙，所以从彼得大帝开始，就想把格鲁吉亚直接收纳进俄罗斯的版图。

跟法国休战后，俄国的势力继续深入格鲁吉亚，引发与波斯的战事。战胜波斯后，俄国就正式兼并格鲁吉亚。波斯服了，土耳其不干，于是又跟土耳其打了一架，这次出征土耳其的是俄国名将库图佐夫。从叶卡捷琳娜开始，土耳其对俄国就基本保持不胜，库图佐夫迫使土耳其又签订了割地的条约，俄国在多瑙河流域几个公国还取得了更多的权益。

根据和约，俄罗斯对土耳其和瑞典两个国家动手，拿破仑不管。亚历山大当然要抓住这难得的机遇，俄军又开进了瑞典。以前占据了芬兰的一部分，瑞典还天天闹着要拿回去，这一次，芬兰全部进入俄国的版图，成为俄罗斯辖下的大公国，亚历山大给自己戴上了一顶芬兰大公的帽子。

1812 年 6 月，拿破仑率 60 万大军入侵俄国。

不是盟友吗，怎么说打就打进来了？是啊，这五年的盟友时光，两边都憋屈，两边都不爽啊。

俄罗斯的势力已经深入多瑙河和巴尔干地区了，拿破仑可不愿意，所以明着暗着经常遏制俄国人。而拿破仑在波兰的华沙大公国，虽然是原来普鲁士分到的波兰土地，可波兰人现在是拿破仑的亲信，他们正积极要求皇帝陛下把波兰原来的土地都要回来呢，如果真到那一天，俄罗斯难道也要吐出原来分到的赃物吗？

1808 年，出于两国关系的考虑，拿破仑向亚历山大的大妹妹叶卡捷琳娜公主求婚，同盟变亲戚，以后联系更方便。谁知，亚历山大沙皇坚决不干。为了打消拿破仑染指叶卡捷琳娜公主的念头，亚历山大赶着把妹妹嫁给了一个条件非常平庸的公爵。拿破仑一片痴心不改，又转向亚历山大的小妹妹安娜公主，亚历山大再次拒绝了，说是自己妹妹年龄尚小，拿破仑 40 岁高龄还是个二婚，不合适。

两次求婚被拒绝，拿破仑陛下的老脸受到极大的羞辱。好在奥地利的玛丽公主嫁过来，全了法皇的脸面。而这场婚配事件的结局就是，拿破仑跟奥地利修好，预备跟亚历山大翻脸。

以上是累积的小怨念，爆发却是因为更大的矛盾。

之前说过，俄国和英国的贸易关系是很紧密的，英国和俄国一个工业大国一个农业大国，经济上互补，贸易上也相得益彰。英俄的贸易是两国经济发展中非常重要的内容。亚历山大被迫加入了拿破仑的大陆封锁令，沿海的贸易陷入困境，国内地主阶级农庄里生产的东西往哪里卖啊？俄国上下都不干，亚历山大只好认可所有人各凭本事走私。于是，被封锁的欧洲大陆向英国打开了一个巨大的缺口，当时正在西班牙平乱的拿破仑气急之下，发大军攻击俄国。

拿破仑对俄罗斯的战事，一个冷笑话就能讲清楚。问：如何能把大象放进冰箱？答：打开冰箱门，清空冰箱，让大象自己走进去，关上门。

哪有这么傻的"大象"啊？有啊，拿破仑和他 60 万大军就是。这支军队可不是普通的"大象"，它是"猛犸象"，因为士兵来自拿破仑征服的所有国家，军队中光语言就超过 10 种，跟这帮人一起行军一次，获得的经验可以去联合国找份工作。

俄罗斯迎战多国部队的只有区区 22 万人，其中还有几万需要在俄奥边境驻防，真动手的只有十来万。缺衣少食，武器匮乏，士气也不高，与法国一交战，俄国军队只有败退，法军在俄国大陆长驱直入。

军队后撤，眼看就要退守莫斯科，俄罗斯民族的生存在此一役。国内出现了不同的意见，俄国人的血性也不允许军队再后退，现在他们上下一心，要求同拿破仑血战一场，保家卫国。

在这样的逆境中，亚历山大做出了一生最英明果断的决定，他起用67岁的老将库图佐夫指挥这场结局难料的卫国战争。

库图佐夫不顾国内那些要求血战的鼓噪，一进入军营就清晰了战法。如果说，之前的撤退是无奈的败逃，现在的撤退则是诱敌深入的战术了。库图佐夫提出了焦土策略，并要求将拿破仑的军队引入莫斯科。"拿破仑的军队是一股洪流，不能轻易制伏他，但是莫斯科会像海绵一样吸干这股洪流。"

1812年9月14日，拿破仑进入了莫斯科。跟进入其他的城市看到的欢迎或者抵抗不一样，迎接拿破仑的，是一座清冷的死城。没有人烟、没有粮食、没有任何有用的东西，克里姆林宫巍然屹立，庄严而冷峻地注视着入侵者，要命的是，这座著名的皇宫里，也空空如也。

攻占了欧洲最大的国家，是值得骄傲，可惜骄傲吃不饱肚子。莫斯科倒是不缺西北风，法国军队经过证实，确定西北风也不能吃。莫斯科的拿破仑突然感到了一阵凄惶，随着西北风越刮越猛，天气越来越冷，他感觉到，自己被关在一个冰箱里了。拿破仑向不知道躲在哪里的沙皇发出邮件："和解吧小兄弟，出来谈谈呗。"

拿破仑好话说尽，亚历山大就是不出面，偶尔出来小打一场，偶尔派人去莫斯科放把火，一个连自己的家园都敢烧的人，拿破仑终于觉得怕了。

拿破仑比大象聪明啊，我自己能走进这个冰箱，我也能打开门走出来。进入莫斯科35天后，冻得哆哆嗦嗦的法国皇帝下令撤军。

撤军之路是残酷的屠杀之路。库图佐夫早就在沿路布下了埋伏，进入隆冬，雪原上那些进退神速的哥萨克骑兵是法军公认的死神。两个月后，入侵的军队全部被赶回法国边境，几乎所有的火炮和车队被俄军缴获。拿破仑皇帝最后不得不丢下军队，弄了一部雪橇，只身逃回了法国。

亚历山大一世赢了，不仅保卫了国家，也成就了自己的伟业。虽然库图佐夫进言，说是这一战，虽然赢了，但是军队已经身心俱疲，应该停战休养，可沙皇却要求俄军走出国门，随他追击拿破仑，将胜利进行到底。拿破仑已经来过莫斯科做客了，亚历山大想的是，他要到巴黎去回访。

改革与纠结

亚历山大功成名就，叶卡捷琳娜大帝泉下有知，当感欣慰，她更加感觉到，自己教育有方。要说叶卡捷琳娜这个祖母可一点儿不惯孩子。从产房里接走亚历山大，她就预备将孙儿打造成钢铁战士。

为培养孙子的适应能力，她经常叫一帮子人到亚历山大的床前高谈阔论，终于让亚历山大在打雷的日子都能安睡如山。稍微大一点，亚历山大每天早上起来必须洗一个冷水澡，而洗澡时，室内的温度不能高于 15 摄氏度。亚历山大几乎是在女皇的书房长大的，女皇在书桌前处理国事，接见大臣，亚历山大就在旁边的地毯上爬着玩，耳濡目染的没有灰太狼，没有喜羊羊，全是军国大事。

到了读书的年龄了，未来的沙皇的老师，太重要了。女皇的首选是大学者狄德罗，狄德罗当时没给女皇面子。后来，有人推荐了一个瑞士人，叫作拉阿尔普，女皇面试后，发现果然是博学有识，可堪帝师，于是，拉阿尔普就成了亚历山大的老师。

也许叶卡捷琳娜很懂得教育孩子，但是给孙子找的这位老师，就不能不让人怀疑，女皇考虑失当。18—19 世纪的欧洲，一流的学者一流的人才几乎都是自由主义派的，受启蒙思想影响至深。拉阿尔普更是瑞士著名的启蒙思想家。亚历山大未来是要做沙皇，统治一个守旧固执的农奴制国家的，叶卡捷琳娜自己说过，在俄国，农奴制是不能改变的，启蒙思想说的那一套，对俄国有害，她却给未来沙皇找了一个启蒙思想家做老师，她到底是想让孙子成为她的继承人，还是给俄罗斯带来翻天覆地的改革呢？

如此一来，亚历山大的成长环境就是这么个状况：家庭关系上，祖母和父亲不和，自己一边要讨好祖母，一边还不能忤逆父亲，两边赔小心说好话；接受的知识上，老师说的和祖母说的又是冲突的，他们都说自己那套是对的，亚历山大也不知道怎么分辨。

这么矛盾的环境，一个小孩不长成"两面神"就怪了，而一个人会有"两面"，有的时候，并不是出于某种伪装，而是他犹豫摇摆不定的性格。

从登基开始，亚历山大这种纠结的性格就表露无遗。他默许了对父皇保罗一世的政变逼宫，听说父亲被杀死，又惶恐不安，别人来通知他大事已成时，他居然号啕大哭。

而对于帮他弑父篡位的功臣，亚历山大又纠结了。这些人一般有两个下场，要么杀，要么赏。亚历山大不敢杀，怕引发报复；他又不想赏，他怕这些人恃功而骄，以后挟制他。后来干脆都打发得远远的，不准他们回到宫廷。

亚历山大受老师影响很深，有些浪漫的理想主义，登基后，他也想带给俄罗斯脱胎换骨的变化。于是，他召集跟他成长教育经历相同的朋友们，组织了一个"秘密委员会"，一星期三四天凑在一起喝咖啡，讨论国务。都是年轻人，都有点改天换地成就事业的理想，闭门造车地提出各种天真的想法。

启蒙思想家坑人啊。他们提出了构想，画出了美好蓝图，但是没人给出具体行动办法。亚历山大想改革，想让落后的俄罗斯跟上西欧的脚步，可他不知道应该怎么做。

其实，亚历山大这帮年轻人，非常清楚所有问题的症结，那就是禁锢俄罗斯进步的农奴制。可如果真要废除农奴制，大家都慌了，因为没人能教他们怎么面对后果和铁定导致的社会混乱，尤其是如何面对势力庞大的贵族阶层。亚历山大一上台就恢复了被他父亲取消的贵族特权，如今要取消农奴制，这些贵族们还不造反啊。

如果农奴制不能碰，其他的改革措施都是空谈。空谈中最有价值的事是兴办了教育。不解放农奴，多开几所学校是没人反对的，亚历山大是之前的俄国历史上对教育投入最大的沙皇，他任内，俄罗斯增加了4所大学和42所中学，还有大量的其他学校。

在行政方面，根据西欧诸国的模式，政府各单位，将彼得大帝设定的"院"，改为"部"，内务部、外交部等，每部有专门的部长大臣负责；农奴方面，沙皇规定，有些地主如果愿意，可以给农奴自由，分给土地，不过，会自愿给农奴自由的地主，应该是非常少的。

以上内容，就是亚历山大登基初期的改革，因为遭遇重重障碍，连连阻滞，亚历山大最初的理想越来越冷，外面的世界还不太平，随时要出门打架，算了吧，不改了，爱咋咋地吧。

1807 年，兵败提尔西特并咬牙签订条约后，亚历山大痛定思痛，又觉得法国人这么猛，就是因为人家国家更先进，更进步，俄罗斯还是要改革。

这次改革，亚历山大起用了专门人才，19 世纪最杰出的改革家——斯佩兰斯基。

斯佩兰斯基不是贵族出身，家里不过是乡村牧师，能一步步走进宫廷，走到沙皇身边，并被他器重，完全是靠自己的学识和见解。斯佩兰斯基饱读诗书，对西欧诸国的政治文献，了然于心，特别是对法国，精通了解。亚历山大一说要"Change"（改变），斯佩兰斯基就提交了非常详细彻底的宪政改革方案。

大致内容其实也不高端，就是君主立宪制那一套。限制皇权、三权分立、将国家行政区分为四级、乡、县、省、中央，每一级都设自己的立法议会（杜马），每一级杜马成员都由低一级的杜马选举产生；建立国务会议，取代沙皇总理国事等诸如此类。

这些东西抛出来，恐怕俄罗斯的贵族们还不太能听懂，但是斯佩兰斯基改革中有能让他们听懂的东西，听完就暴怒了。

根据叶卡捷琳娜对贵族的优待，只要是贵族，你就有个官衔，至于干什么不干什么，没人管你，反正国家发俸禄。斯佩兰斯基把这条改了，以后贵族，在其位必须谋其事，如果不能干，不要霸着位子。以后贵族只是荣誉称号，跟官衔没有链接关系了；更可怕的是，斯佩兰斯基把全国的官员分了十四级，现在国家不是有大学了吗？八级以上的官员，必须有大学文凭！这条把俄罗斯的贵族逼急了，他们当时也不知道有西太平洋大学可以买文凭这个事啊，别说大学，当时的俄罗斯贵族，大部分连小学都没上过呢。就这样，贵族们恨死了斯佩兰斯基。

斯佩兰斯基太超前了，他的这套政府框架，大概适用于 20 世纪的俄国。要知道，西欧各国能将君主驯服，那是因为资本主义的发展，培养了一批可以跟贵族皇室抗衡的资产阶级力量。而俄罗斯国家，除了贵族就是农奴，如果不能解放农奴，想削弱贵族的利益，怎么可能做到呢？

亚历山大一世当然知道，这套改革方案其实是不错的，然而也是不能实施的，就他本人来说，能不能放弃专制皇权，做一个立宪制的君主，他还真不能取舍。

又是障碍重重艰难重重的改革，这次比上次更糟，因为，法国人要打进来了。

斯佩兰斯基是亲法派，亲法并不代表卖国，但是恨他的贵族却咬死他就是法国人派来的特务，想从内部搞垮俄罗斯，而后让拿破仑占领俄国。

面对朝中大臣们的质疑，亚历山大又懦弱了，虽然他一直非常器重斯佩兰斯基。1812 年，斯佩兰斯基的改革中途夭折，他本人被沙皇流放。俄国在民主进步的大道上探了一次头，很快又缩了回去，而亚历山大就这样错过了让自己成为俄罗斯千古一帝的机会。

斯佩兰斯基走后，亚历山大开始宠信阿拉克切耶夫（简称阿拉克），并认同了他的改革方案。阿拉克成为重臣，充分反映了亚历山大内心的矛盾和纠结。阿拉克和斯佩兰斯基完全是两种人，阿拉克军爷出身，还是炮兵，标准兵做派，为人粗鲁，古板，但是对沙皇是无比忠诚。

阿拉克的改革方案是"军屯制"。搞一块地，农民全赶走，驻军。闲时耕种，战时出征，驻地的女人必须嫁给驻军，每年必须生一个孩子。军屯区生出来的孩子，8 岁就入军簿，上军校、穿军装，从小军事化教育，12 岁就正式成为军人，继续种地打仗生孩子，生生世世无穷尽。

军屯区又是生活区又是军营，所以住房和生活内容都是统一的，吃饭睡觉生孩子都有明确的规章制度，谁也别想跑，比坐牢还可怜呢。

军屯区的生活没有幸福感，这些"屯民"们多次抗议无效后，就经常发动起义，阿拉克的军阀脾气，一概残酷镇压。

亚历山大在位的最后几年，对国务完全失去了兴趣，阿拉克接下了所有的事，不仅在俄国广泛施行"军屯制"，还让全国各个领域都领略到一个军人政府的办事风格。禁锢文化思想，堵塞言路，控制言论，禁止讨论国事，禁止乱说乱动。

拿破仑兵败后，俄国军队跟着亚历山大到西欧游历过一圈，此时的俄国大兵，是开过眼看过新兴国家的人，他们的见识和觉悟已经和原来都不一样了，面对种种限制和拘束，他们一定会有自己的反抗了。

盟主的生涯

这一篇就从俄国的军队随沙皇游历西欧开始。

俄国军队将拿破仑赶回家，亚历山大让整个西欧精神为之振奋。沙皇立时成为明灯和战旗，他一声吆喝，1813年，第六次反法同盟又建立了。

1813年10月，莱比锡平原，民族大会战，西欧各种族在俄国卫国战争精神的激励下，跟"科西嘉魔鬼"展开殊死决战。联军经过四天苦战，取得决定性胜利，驱赶了所有德意志境内的法国军队，随后，联军进入法国，反法同盟经过21年的屡败屡战，终于反攻进入法国国境。

1814年3月30日，巴黎在塔列朗(见《法兰西：卢浮宫里的断头台》)的安排下，打开城门，迎接联军。第二天，亚历山大人生最辉煌的日子，这位37岁的英俊沙皇骑着一匹白马，神采飞扬地进入了巴黎——这座传说中欧洲最奢华最浪漫最流光溢彩的大都会，巴黎精致馨香的美女也第一次见到了来自遥远冰雪之国的北方儿郎，据说，巴黎美女和俄国帅哥相见甚欢。

亚历山大没时间看美女，他现在是联军老大，他要赶紧给出一个对拿破仑的处理办法。他宣布，不跟拿破仑谈判，只要他自动退位，宽大处理，还让他去桃花岛做岛主。

拿破仑接受了战败条件，上岛去了。巴黎该玩的玩了，该吃的吃了，换个地方继续开会。于是，俄、普、英几家转移到维也纳，继续一边旅游一边开会，讨论如何分赃，奖励自己。

1814年的维也纳会议谈了好几天都没有结果，会议焦点就是波兰—萨克森。还记得吧，拿破仑将普鲁士占领的波兰那块切出来，交给德意志的萨克森公爵，组成了一个华沙大公国。这个国家怎么分？亚历山大的意思是，华沙大公国并入俄国，萨克森并入普鲁士，普鲁士没意见啊，英国人不答应。奥英和法国想联手抵御普俄，正当他们纠缠不清都不肯让步的时候，岛主拿破仑回到了大陆，并组织人马报仇。

第七次反法联盟再次取得了胜利，在滑铁卢彻底了结了拿破仑。而亚历山大也因为拿破仑的突如其来，取得了谈判上的话语权，取得了他要求的波兰领土。

这时的亚历山大自我感觉是欧洲的救主，他觉得他有资格有义务为欧洲大陆建立新的秩序。所以他建议，俄国、普鲁士、奥地利组成一个"神圣同盟"，以后再有其他国家出现法国这样翻天的事，"神圣同盟"可以快速反应，并即时镇压。"神圣同盟"还真管用，先后镇压了意大利和西班牙反对专制统治的起义。

做了几天盟主，亚历山大老毛病又犯了，他又觉得没意思了。据说在巴黎和维也纳期间，也许是人生辉煌时刻，容易迷失，沙皇就经常出现一些对宗教的偏执和狂热。"神圣同盟"成立后，亚历山大就将欧洲的事务丢给了奥地利首相梅特涅，他自己跑回俄国，像是闭关修行一样，很少过问政务了。

神人的神秘

上篇说过，亚历山大有个"两面神"的绰号，他还有个花名叫"王座上的演员"，基本上就是说这家伙挺能装的，水有点深，一般人看不懂。

亚历山大性格的成因跟童年教育有关，而对他影响最大的是他爸爸的死，虽然他没有亲自动手，但他知道，父亲算是死在自己手上的，他祖母的皇位是"弑夫篡位"来的，他自己的皇位是"弑父篡位"来的，他从小肯定听说过不少对她祖母的议论，所以轮到他自己摊上这事，就一直不能释怀。

亚历山大成功后成了欧洲很多名媛的偶像，跟很多欧洲贵妇都有过绯闻，奇怪的是，这么多的桃色传闻居然没有让这个欧洲霸主产生出男性的继承人来，只是跟皇后有两个女儿。

亚历山大是历史学家最喜欢研究的人之一，他身上有很多的谜，第一个就是，这个威武的欧洲英雄难道某种功能不足？为什么生不出儿子？女人那么多，子女这么伶仃？好像不是，历史学家已经得出了结论，这个亚历山大虽然女人很多，却是个柳下惠，喜欢玩柏拉图，喜欢精神恋爱，不喜欢性生活。他是跟在叶卡捷琳娜大帝身边长大的，女皇那些眼花缭乱的宫闱秘事都发生在亚历山大眼皮底下，过犹不及，这么混乱的后宫生活，很容易让一个小男孩患上心理疾病，长大后要么成为一个狂热分子超级变态，要么就对床上的事完全免疫。

另一个谜就是，到底他和他大妹妹叶卡捷琳娜公主什么关系。根据俄国的史料记载，两个人天天通信，即使两个人都在宫里，天天见面还天天写信。两个人一见面就可以旁若无人说上半天，互相间还有些不合适的肢体动作。

"我像疯子一般爱你！……看到你，我高兴得如痴如狂，像个着魔的人，四处奔波，多希望能在你的怀里甜蜜地松懈下来。"这是他给他妹妹的信，这样的句子放在一般的情侣间都嫌肉麻，兄妹之间这样通信，哪怕世风开放到今天这个程度，我们读了还是会起鸡皮疙瘩。

拿破仑曾经向叶卡捷琳娜公主求婚，其实从政治上讲，这是个好事，可亚历山大果断拒绝了，他是不可能答应让妹妹嫁到法国那么远的地方，还委身给自己的仇家——"科西嘉魔鬼"。他物色了猥琐平庸的德国公爵给她妹妹做驸马，因为他知道，妹妹绝对不会爱上这样的一个男人。最有趣的是，婚后的公主还长期居住在圣彼得堡，兄妹俩经常见面。公爵死后，叶卡捷琳娜就搬回娘家，守在哥哥身边，兄妹俩又恢复了过去那种亲密无间的关系。

如果这件事是真的（多半是真的），原因也容易分析，叶卡捷琳娜大帝为了培养孙子的男子汉气概，在他6岁的时候就把他身边的保姆奶妈之类的全辞退了，伺候皇孙的，清一色老爷们儿。这孩子从小接触的异性除了亲祖母就是亲妹子，多少总要有点异性需要吧，所以全部的幻想就放在妹妹身上了。

亚历山大最大的历史之谜就是他的死亡。推翻拿破仑成为欧洲霸主后，他以欧洲警察的身份跑遍了各地帮着镇压资产阶级革命和民主思想的萌芽。在自己家里，强大的军队背后是贫穷的老百姓和越来越陈旧腐朽的国家机器。国内危机重重，国外受到各国反对，他越来越感到统治这么大的国家力不从心。不久，莫斯科发洪水了，死了不少人，恰恰在亚历山大出生那年，发生过一样的水灾，他突然想到，这说不定是上帝的惩罚，因为他杀掉自己的父亲。

47 岁那年，亚历山大不堪压力跑到海边度假，没几天就传来他的死讯。这样伟大的沙皇，葬礼上有许多不合理的事，让老百姓都怀疑，沙皇诈死！

10 年后，乌拉尔山区警察查户口时，一个陌生的老头，因为不能提供有效的身份证明被流放西伯利亚。这个老头自称费道尔·库兹米茨。到西伯利亚时穷困潦倒，当地一个小商人看他可怜，给了他一间小屋。这个老头虽然穷，可气度雍容，谈吐高雅，知识渊博。所有的政治事件如数家珍，尤其是俄军进入巴黎的盛况，他可以描述出许多细节，仿佛身临其境过。有种种事件表明，这个落魄的老头很可能就是沙皇亚历山大。

老头死于 1864 年 1 月 20 日，亚历山大曾经的御医突然在此后的某天向沙皇的亡灵祈祷，之前他从没这么干过，而且还自言自语地说：沙皇真的死了。后来的沙皇亚历山大二世的办公室里不知什么时候，还挂上了这个叫费道尔·库兹米茨的画像。如果这些事都属实，那也就是说，这个欧洲的新霸主在壮年突然退出江湖，归隐了！

根据叶卡捷琳娜的教育思想，亚历山大应该是一个盖世的大男人，纯爷们儿，可看起来，不论是对事业还是对女人，他好像都不算太男人，他的内心深处比他的祖母可是柔弱多了，在国家最危难的时候，这个卫国战争的领袖选择了逃跑，把他的子民和祖宗的事业抛在水深火热中，这样一个人物，这样一个结局，不能不说有点遗憾！亚历山大逃离帝王生涯的时候 47 岁，死的时候 84 岁，在西伯利亚还活了快 20 年，证明他奶奶是很有远见卓识的，从小给他洗冷水澡就为了让他到西伯利亚去养老！

十八 欧洲宪兵——尼古拉一世

第一代革命者——十二月党人

不论亚历山大沙皇是病死了还是归隐了，他都算是好死了。历史不好假设，实际上，如果亚历山大不病死或者不逃跑，他可能会死得很惨，而且这个"餐具"眼看就要发生，原因是，有一帮人预备暗杀沙皇。

谁要谋杀皇帝？十二月党人，俄国的第一代革命党，这都写到 19 世纪了，才终于看到了正式的革命团体，沙皇俄国同志们的政治觉悟够低的。

沙皇遭遇革命党，比其他国家碰上的都伤心，因为他家的革命党是他自己一手培养的，还都来自皇帝一直深为器重仰仗的贵族阶层。

俄国的贵族生活腐化，不思进取，但是随着西方思想的渗透和逐步发展的高等教育，终于改变了新生代贵族的"道德血液"和"三观"。这些受过西方启蒙思想教育的年轻人，开始思考祖国的现状和未来。1812 年将拿破仑的军队赶出俄国后，这些贵族青年们追随沙皇到西方进行了一场壮丽的远征，巴黎、维也纳西欧诸国对自由进步的追求让这些北方小子真开了眼，全身心领略了一片被革命思想充分洗礼过的土地是什么样的。

1816 年，大约三十名思想进步的贵族青年组织了"救国协会"，主张君主立宪，废除农奴制。因为人数太少，影响太小，很快就解散了。1818 年，又出现了一个秘密的团体——幸福协会，这次进步了，不空谈理想了，他们明确提出通过军事手段推翻现有的专制皇朝。

因为理念上不能同步，有的激进，有的保守，幸福协会形成了南北两支，南方跑得比较远，甚至通过了一部宪法——《俄罗斯法典》，主张建立共和国，废除农奴制和等级制；北方保守，他们接受君主立宪，保留沙皇，给予他可控的行政权力。

南北两边决定，到底是共和国还是君主立宪，都可以随后讨论，第一要紧的，是先推翻沙皇政府。他们计划，1826年春天发动起义，其时亚历山大一世将会去南方检阅部队，革命党预备到时动手，将其暗杀。

沙皇没给他们机会，1825年11月就突然"病死"，还导致沙皇之位出现了一段混乱悬空。

亚历山大无嗣，有两个弟弟。大弟弟君士坦丁常住华沙。维也纳会议，亚历山大全取了波兰的主要地区，兼任了波兰王国的国王。他给予波兰很大的自治权力，将自己的大弟弟君士坦丁任命为波兰武装部队总司令，相当于总督，替亚历山大总揽波兰国事。在华沙期间，君士坦丁与自己的原配离婚，娶了一位波兰的女伯爵。波兰女伯爵非皇家血统，君士坦丁大公的这场婚配有点违反皇室章程，貌似俄国人也没太当回事。但是君士坦丁大公却主动提出，他放弃皇位继承权。到底是为女人舍弃江山，还是预计到沙皇之位并不舒坦，不得而知。

亚历山大一世生前留有诏书，让二弟尼古拉成为自己的继承人。亚历山大突然死去，并没有公开颁布诏书，君士坦丁和尼古拉这兄弟俩还很恭让，大哥死去后，华沙的君士坦丁大公向自己的弟弟尼古拉宣誓效忠，而尼古拉则在圣彼得堡向自己的二哥宣誓效忠，两边一来一去地折腾，最后才终于明确，尼古拉一世成为新沙皇。这场混乱持续了十多天，俄罗斯人过了十几天没有皇帝的日子。

就在兄弟俩你推我让的时间里，北方协会的革命党决定起义。他们预备在尼古拉一世登基那天行动。

12月14日，北方协会挑唆近卫军，说是尼古拉篡位，让近卫军团到参政院广场，要求君士坦丁大公登基。近卫军不明真相，被忽悠着上了广场，还跟尼古拉派来和解的官员发生了冲突。尼古拉一世一边不断派人劝说，一边调集了军队和大炮，将广场团团围住。黄昏时，见军团还不肯散去，尼古拉下令开炮，现场留下了六十多具尸体。

随后，已经登基的尼古拉一世开始大规模清理"乱党"，南方协会收到消息，马上发动起义响应。不久，也被镇压。随着清理逮捕的深入，大批革命党纷纷落网。审判后，尼古拉一世决定高抬贵手，杀掉其中五个头目，其他三百多人流放或者拘役，算是平息了这场著名的"十二月党人起义"。

"败家子"沙皇

尼古拉一世跟亚历山大一世性格迥异，尼古拉目标清晰，性格果断。对亚历山大来说，一辈子最痛苦最纠结的就是，他是个有进步思想的保守派君主，他总想变革，可又不敢面对变革带来的变化。尼古拉没这些烦恼，他对所谓启蒙思想根本嗤之以鼻，他从小到大坚定的信念就是维护正统，维持专制统治的局势，最恨有人犯上作乱，最恨革命党。

登基当天就大炮轰响，血肉横飞，一般人多少会有些惶恐，尼古拉不存在这种脆弱，他从小就喜欢军事，喜欢军队，因为从没指望过成为沙皇，他也不需要接受君主课程的教育，只管按自己的个性成长为一个意志坚定的军人。

尼古拉最喜欢军事工程学，从小就喜欢筑堡垒砌要塞，做了沙皇后，专业发扬光大，就把俄罗斯打造成为攻不破的堡垒。可问题是，光是防守就算了，他还要出门管闲事啊。自从他大哥搞了个"神圣同盟"，俄国人就以帮着欧洲镇压革命为己任了。到尼古拉一世这任更热闹，明知道他是最恨革命的，偏偏此起彼伏到处都闹革命。

第一场革命，是亚历山大时代遗留下来的，希腊人的独立战争。

15 世纪开始，希腊就被土耳其统治着。随着 19 世纪希腊资本主义经济的发展，土耳其日渐羸弱，越来越多的希腊人产生了脱离土耳其独立的要求。1822 年，占领了大部分地区的希腊起义军宣布希腊独立。土耳其当然不能承认，又发重兵镇压。

这件事在亚历山大时代把他愁死了。希腊人是信东正教的，他们要独立，俄国应该大力支持吧；可"神圣同盟"当初成立是干什么的？就是镇压这种起义的嘛，如果东正教徒可以反抗自己的宗主要求独立，那其他种族为什么不可以。所以，亚历山大时代，沙俄对希腊独立运动的态度犹豫暧昧磨叽。

到尼古拉一世，这个事容易多了。虽然尼古拉憎恨革命，可从一个军人一个统帅的角度考虑，他认为更应该限制土耳其，而且这中间还有俄国在巴尔干的利益要求。两害相权，尼古拉决定对付土耳其，至于希腊独立，那完全是俄土战争的副产品，沙皇并没有公开支持希腊独立。

1828 年，俄国正式对土耳其开战，俄国依然保持不败，第二年，双方签订了《亚得里亚堡条约》。这个条约中，土耳其赔款，俄国增加了在黑海的权利；多瑙河流域的那几个小公国自治，以后就由俄国保护；土耳其割让多瑙河的入海口和高加索的大片土地。应该说，赢得非常漂亮。

尼古拉沙皇真没顾上庆祝胜利，1830 年，欧洲著名的革命之年，法国七月革命推翻了复辟的波旁王朝，随后，比利时、意大利、德意志又冒出来各种起义。沙皇在家组织了一支军队，预备开出去维持秩序呢，谁知，自家也出事了。

乱子出在波兰。波兰人从来没有屈从过俄国的占领，而君士坦丁大公虽然是波兰军队的总司令，对波兰的军队，并没有有效的控制，这支军队的主要军官都是些民族主义者，天天策划着让波兰独立呢。1830 年 11 月，借着欧洲此起彼伏的运动大潮，华沙的波兰军队也行动了。

沙皇派出十余万军队和三百多门大炮开进波兰平乱。经过大半年的战争，中间还经历一场霍乱的疫情，波兰的起义终于被镇压。因为二哥君士坦丁大公在霍乱中死去，尼古拉向波兰派驻了新的总督和大量的驻军。

尼古拉倒也不一味地蛮干，重新征服波兰后，他给予了这个地区少许怀柔政策，比如，在波兰废止了农奴制，有没有土地，都是自由民，不再是农奴；允许部分机构部门使用波兰语等。但是，根据 1832 年新颁布的《统一法》，波兰成为"俄罗斯帝国不可分割的一部分"。

因为希腊独立战争期间，欧洲诸国立场有点差异，使"神圣同盟"基本上就名存实亡了。1830 年的运动，又让中欧三国俄、普、奥感觉到了联手维持秩序的必要。三方又跑到柏林签了个和约，约定：任何一方遭遇内部暴乱或者外部威胁时，另外两国都要现身帮忙。

怕什么来什么。1830 年带给沙皇的胸闷还没恢复，1848 年又风风火火地赶来了。1848年2月，尼古拉一世正在宫里组织舞会，突然收到线报，法国又革命了，这次，他们整了个共和国出来。尼古拉一世当时就说："先生们，请上马，法国宣布共和了！"俄国军队又要出门去管闲事了。

俄国宣布跟法国断交，而后组织军队向西进发，还没等看到莱茵河呢，奥地利、普鲁士都革命了！尼古拉沙皇可算是找到工作了，到处救火，哪有革命的火苗，他就出现在哪里。

1849年，在奥地利的请求下，尼古拉一世的军队赶赴匈牙利，镇压这一轮最顽强的匈牙利解放运动。

没白忙乎，轰轰烈烈的1848年的革命运动，虽然危险，总算是都被平息了。尼古拉沙皇因为这一轮表现优异、反应迅速，为欧洲局势稳定做出了突出贡献，被授予"欧洲宪兵"的光荣称号。

老杨家里有个家训啊，说是对一个挺正常的家庭来说，如果后代野心大水平臭喜欢投资，就绝对不如养了个吸毒鬼。因为如果吸毒，一定金额之内就会送了性命不会再吸了。可如果是个喜欢投资的，那家里的钱就没救了，多少家产都会败光掉。

要把这个家训转送给尼古拉一世。可怜从彼得大帝到叶卡捷琳娜到亚历山大，这么多年的苦心积累，惨淡经营才让俄国拥有这霸主之位，虽然家里千疮百孔，危机四伏，但一时半会儿还是可以维持。尼古拉如果是个酒池肉林的昏庸皇帝，安享富贵是没什么问题的，要命的是，这伙计还有野心，野心大脑子小，这可要了亲命了。

话说1828年俄土战争虽然赢了，土耳其还签了丧权辱国的条约。可俄国并不满足，因为他跟土耳其较劲的目的，就是想全取巴尔干，把黑海变成自家的内湖。鉴于叶卡捷琳娜大帝以来，俄国每次对土耳其出兵都收益甚丰，所以有事没事，沙皇都很喜欢找土耳其打架。这次尼古拉一世挑起战事，用的是宗教理由。

土耳其占领了拜占庭帝国，治下有不少东正教徒，虽然土耳其号称是一视同仁，但是东正教徒还是觉得很受委屈。1850年，圣地耶路撒冷爆发了一场东正教和天主教的争论，1853年的一天，尼古拉一世派特使进入土耳其，耀武扬威地提出了几点要求：圣地的争端必须利于东正教徒，俄国代表土耳其国内的东正教徒，去圣地建造东正教堂等。

沙皇的要求遭到了拒绝，土耳其认为，本国的东正教徒的地位，那是土耳其内政，不关俄罗斯的事。尼古拉一世一气之下直接占领了多瑙河的两个小公国，土耳其宣战，两边又打起来。大概算一下，这是两边的第九次打架。

尼古拉一世错误估计了形势，他没想到，这次对土耳其用兵，犯了众怒。法国是土耳其的传统盟友，现在两家还是重要的贸易伙伴；英国一直防备北极熊的熊掌伸进地中海，如果俄国真是完全控制了黑海，他能放过地中海吗？于是，1854 年初，英法的舰队开进了黑海，给土耳其帮忙。因为俄国对巴尔干地区的咄咄逼人，几乎是引发了所有欧洲国家的不爽，既然英法都加入了，显然又是好几家打一家的局面，于是其他国家也纷纷赶来捧场，尼古拉一世扳着手指头数了半天，直接动手的国家包括：英国、法国、土耳其和来自意大利的撒丁王国，跟在后面喊加油，随时预备上场帮忙的有：瑞典、奥地利、西班牙。

这就是著名的克里米亚战争，因为主要的战场在黑海上的克里米亚半岛，历史上又称"东方战争"。战争打了三年，俄国战败。战后，交战双方签订《巴黎和约》，重新划分了欧洲各位大佬在中近东和巴尔干的势力范围，还规定，相互归还所占领的地区，共同保证土耳其的独立和领土完整；黑海中立化；俄国和土耳其都不得在黑海拥有舰队和基地；俄国拆除黑海的要塞；承认多瑙河在国际监督下的航行自由等。

克里米亚战争号称是世界上第一场现代化战争，蒸汽帆船和电报等出现在战场上，火车也被用来运送补给。但是，作为现代化战争，战场的环境可是够差的，战役规模不大，各方死亡超过 50 万人，大部分人死于饥饿、营养不良或者是卫生医疗条件恶劣。

挑起这场战事的俄国投入 70 万兵力，伤亡 50 多万，损失最惨重。罪魁祸首尼古拉一世没等到签订条约那一天，1855 年，他感觉到战事不利，认定了俄国会面对一场惨败时，做出了跟他大哥一样的选择——逃跑，尼古拉一世跑得比较远，直接服毒自杀，跑到另一个世界去了。

尼古拉一世在位期间，长期在外国管闲事，其实，他自己家里并不太平，连年战争，使得本来贫困的俄国百姓生活更是艰苦。十二月党人起义被镇压了，革命思潮没有被清理干净，为了防止自己在外镇压革命，家里再有人给自己捣乱，尼古拉决定从思想上控制俄国人，不让他们胡思乱想。既然十二月党人是在外国学坏的，那么所有人就不准出国了；严格新闻检查制度，删除书本中会引发遐想的各种敏感词；作家写了文章要交给专门的机构审查，一旦发现有影射或者暗喻之类的危险言论，作者立即被流放。思想和文化都被窒息，整个俄罗斯出现了一种爆发前的死寂。

俄国军队一直打胜仗，很少反省。克里米亚战败，对比英法的军队，俄国终于看到了自己的落后和腐朽，更多的人产生了对俄国国家制度的反思。

十九　唤醒一代人之一

黄金时代

"假如生活欺骗了你，不要悲伤，不要心急，忧郁的日子里需要镇静，相信吧，快乐的日子就会来临。心儿永远向往着未来，现在却常是忧郁，一切都是瞬息，一切都将会过去，而那过去了的，就会成为亲切的记忆。"

看到这段诗，就知道要写普希金了。这首诗在咱家算是家喻户晓了，按老杨的理解，这个诗的意思就是，假如生活欺骗了你，最好的解决办法，你就应该和生活一起骗自己。

写俄国的文学家是个大事，因为历史上咱家和苏联的关系，有一阵子，苏俄的文学作品在咱家非常流行，是文艺青年的重要指标。咱们的父母辈，谈恋爱处对象时，花前月下聊的可不是你家能不能付首付款买房子，或者裸婚等事，人家聊的，不是屠格涅夫就是托尔斯泰，那时，文艺青年还不是骂人的词，那时，白衣飘飘也不是装蒜，那时，山楂树能结出酸甜的果子。

前面一直说俄国腐朽落后没文化，那是因为封闭，文化是思想的展现，一个思想被禁锢的地方，根本不指望在文化上能产生像样的建树。在整个欧洲的文学乃至文化界，俄国是比较异类的，根据我们之前了解的西欧各国历史，从中世纪到文艺复兴到启蒙运动，文化伴随着社会形态和主流思想的进步而传承并发展，非常清晰活跃。可是，这几项惊天动地的大运动，几乎跟俄国都没什么关系，所以，当老杨其他几本书里提到过的文化巨擘闪耀文化的天空时，俄国是一片暗淡荒芜。

随着19世纪初的到来，俄国也出现了革命党，而且是从贵族阶层内部产生了对国家民族的思考，俄国人的思想体系就算被彻底激活了，出现了所谓

"被唤醒的一代人"。

可能是因为冰封得太久，一阵春风就能解冻，无数涓涓细流而后汇聚成波涛滚滚的江河，甚至激起惊涛骇浪。19 世纪的俄国文学界，是个巨星井喷的时代，这个时代的文化人物，对咱家来说，个个是大名如雷贯耳，历史上，这一段被称为俄国文学的黄金时代，而整个黄金时代的奠基者和引领者，就是普希金。

文化也是产业，也要为经济效益服务，就算是为人类思想服务，也要考虑能让最大多数人接受，所以，当一段时期，某种社会情绪影响最大，最多人感触的时候，适应这种气氛的文化作品也就应运而生，很容易成为当时最流行的作品。

比如，18 世纪末，伴随着法国大革命的起起伏伏，欧洲的思想界不可避免地开始忧郁纠结，当人面临看不懂的事解决不了的局面时，就容易感伤，于是乎，这一阵子，西欧文学流行感伤，进而就形成了所谓的"感伤主义"。感伤主义的特点就是自怨自艾，不痛快憋着自己瞎琢磨，琢磨得太多了，就不自觉地将自己的情绪和内心情感宣泄爆发在作品里。这种带着个人主观思想色彩和内心真情流露的做法，就是我们经常说到的浪漫主义。

这次俄国没有落伍，就在这个感伤主义到浪漫主义进化的时期，俄国贵族因为跟着沙皇去巴黎旅行开了眼，而开始将西欧的时尚做派各种时髦带进俄国，当然，其中最时髦的就是浪漫主义。

最早跟上了欧洲时尚，并让感伤主义到浪漫主义在俄国确立的人，叫茹科夫斯基。大家都知道，不论是东方还是西方，古代文学家，比较出名的都是诗人，因为不论何种语言，诗歌至少在韵律和意境方面是可以相通的。茹科夫斯基正好是个杰出的翻译家，而且还写诗，所以，他最早能领悟到西欧浪漫主义的精髓，并用俄语将其发扬光大。

俄国著名的文学评论家别林斯基曾说：茹科夫斯基让俄国的诗歌有了灵魂，还说，如果没有茹科夫斯基，我们也不会有普希金。

1814 年左右，茹科夫斯基主编的《欧洲导报》收到一个投稿，是一位圣彼得堡皇村学校的 15 岁学生的诗歌，茹科夫斯基非常慧眼地鉴定出，诗歌的作者将是罕见的天才，其成就会超过当时所有的文学家。他没看错。投稿的就是普希金。

皇村是贵族子弟学校，普希金很早就有神童之名。而在皇村求学期间，他接触到了启蒙思想并结识了不少十二月党人，年轻的文学青年终于走上了"以文乱法"的道路。

我们对普希金作品的了解，最多的是他的童话诗歌，比如著名的《渔夫和金鱼的故事》，渔夫抓到一条金鱼，这条金鱼答应满足渔夫老婆的所有愿望，这个贪婪的渔夫老婆因为要求太多，最后还是回归于一无所有。其实这个故事最早出现于格林童话，为什么被普希金一改写，拥有这么高的传播度呢？最难得的是，改良。

普希金贵族出身，欧洲贵族都有点假模假式，说话挺装，写文章更装，唯恐让人觉得你的文字通俗易懂。普希金幼时有个保姆，这个保姆算是普希金创作的启蒙老师，因为她经常用各种民间故事和民间传说来哄孩子，这些故事和保姆讲故事的方式，都给普希金留下深刻的印象。所以，进入文学创作后，他非常热衷总结改编这些民间故事和童话传说，他引入了通俗的语言，让故事更亲和更生动，普希金天才的文字功夫，又让这些通俗的诗句带着优美的韵律。

从《渔夫和金鱼的故事》已经可以感觉到普希金对于某些人和现象尤其是权贵阶层的讽刺。从 20 岁第一篇童话叙事诗《鲁斯兰与柳德米拉》引起轰动和争议开始，这位天才的作品就在俄国各地引发流行。刚出社会的普希金有点愤青姿态，诗句批评讽刺的居多，尤其是十二月党人摩拳擦掌预备行动时，普希金更是跟着着急，作品里居然有煽动的苗头，最后终于惊动了沙皇亚历山大一世，被流放克里米亚。

克里米亚在俄国南方，环境能比西伯利亚强点儿，本来不过是个激进愤青，一被流放又给镀金了，普希金自己都觉得自己应该有点悲壮范儿，所以作品开始更深刻更思考。

这段时间，普希金开始创作他一生最为重要的作品，诗体小说《叶甫盖尼·奥涅金》，就是在这首诗歌里，普希金塑造了一个"多余人"的形象，而这个形象，成为其后一段时间，俄国文学作品最喜欢的主人公。

叶甫盖尼·奥涅金是个贵族青年，从小衣食无忧生活无聊，读了些闲书就喜欢胡思乱想，对上流社会厌倦，对现实不满，有点抑郁有点纠结，但是什么也不想做什么也不会做。后来因为继承遗产，跑到乡下生活，他预备在自己的农庄搞一些革新，实现早年的胡思乱想。结果发现，他的新思路被整个环境抵制，奥涅金这样的公子哥，根本不可能真正从最底层的方向上考虑变革。于是，乡村生活又郁闷了。

实在百无聊赖就只能交朋友谈恋爱。交朋友也不好好交，因为一场误会，跟最好的朋友决斗，并将对方杀死。一个很不错的女孩子向他表达了爱慕之情，他因为对现实不满，连带对婚姻家庭也不看好，于是拒绝了对方。若干年后，再遇上这个女孩时，对方已经是位贵妇，奥涅金这时又转了性，疯狂地坠入爱河，不顾对方已经嫁为人妇，死乞白赖给人写情书追求。小说结束，贵妇还是拒绝了他。

为什么叫"多余人"，想的比做的多，在任何时候任何地方做任何事都有点不合时宜，对社会毫无贡献，自己还活得痛苦万状。每当面临社会的转型和变革，这样的人都不鲜见，尤其是在18—19世纪的俄国，奥涅金是一个阶层一个族群的代表。

当文学作品开始揭露批判抨击某种实在的社会现象时，我们就可以将其归入现实主义这个派别了。也许浪漫主义阶段，俄国一直跟在西欧比如法国文学身后，但因为普希金和《叶甫盖尼·奥涅金》的出现，俄国在现实主义这个程度上，终于可以跟法国文学一较高低了。

貌似批判现实主义的作家和作品，在整个文学发展史上，都显得地位特别高些，加上普希金这种用民间语言与文学语言相结合的写作方式，使之成为俄国文学的奠基人。有人说：直到普希金，俄国才有了真正的文学。而后来的高尔基更是说：普希金是一切开端的开端。

普希金作品不少，但还不能说他著作等身，倒不是他写不出来，而是因为死得太早，年仅38岁，好多才华还没有变成作品就随风而逝了。根据经验，私生活太单调的文人不是成功的文人，普希金几乎算得上是俄国历史上最成功的文人之一，他的私生活则更加惊天动地了。

普希金是个贵族出身的才子，所以他能配得一个佳人。娜塔莉娅，莫斯科罕见的美女，虽然出身于没落贵族，可她在16岁现身社交界时，就已经闪亮得让好多人都找不到北。时年29岁的普希金也在其中，一见钟情。

亚历山大一世将普希金流放，尼古拉一世又把他召回首都，在沙皇眼皮底下工作，所有的作品都要经过严格审查。这样一个被监控的异见分子，谁家也不愿意将女儿嫁给他。才子想追女孩，一般很少失手，最后终于让他抱得美人归。

据说婚礼仪式上，普希金失手掉落了戒指，礼堂的蜡烛还意外熄灭了，当时普希金就感觉这是凶兆。

诗人的直觉是灵验的，这个凶兆还真就发生了。娜塔莉娅这样的美女，放在哪里都藏不住。法国大革命后，许多法国的流亡贵族喜欢到俄国避难，某些法国军官被沙皇招进皇宫成为近卫，其中有位英俊潇洒、风流倜傥、能说会道的法国军官，他就是丹特斯。

丹特斯一点不给大才子面子，从看到娜塔莉娅那天起，就大献殷勤，赤裸裸地勾搭有夫之妇。19世纪的俄国，还有点旧思想旧习俗，大家都不按婚姻法办事，解决这种"恨不相逢未嫁时"的遗憾，有个快速有效的办法就是决斗，双方找个地方，签个生死状，拼一次命，活的就是老公，死的就是死鬼。

后世关于决斗的评论，大都是说丹特斯这个法国小流氓不地道，人家普希金还没准备好他就先下手了。客观分析一下，人家是个近卫军官，他要真想要一个诗人的命，恐怕不用搞坏规矩吧。

38岁的诗人就这样死了，文学作品都称之为"俄罗斯的文学太阳陨落"。为抢女人决斗而死，跟咱家李白想去水里捞月亮一样，应该属于浪漫主义的死法，普希金好歹混进了批判现实主义作家行列，没有被当局迫害致死，死得稍显轻佻。

不过，有些野史秘闻还真说普希金是被迫害的，丹特斯在前台做了执行者，真正想做掉普希金的，是沙皇尼古拉一世，原因是，尼古拉一世也是普希金老婆的裙下之臣，所以他挑唆丹特斯勾搭娜塔莉娅，刺激普希金决斗，达到了目的。而娜塔莉娅到底是跟丹特斯有一腿还是跟沙皇有一腿，还是都没有一腿，这就是历史之谜了。

一个天才就这样逝去了，后人并不吸取教训，决斗这个事，在俄国屡禁不止，貌似文人特别容易受挑唆，被决斗，不久，又有一代文豪因此而死。

普希金死后，有个叫莱蒙托夫的写了首诗悼念他，在这首《诗人之死》中，作者认为，害死普希金的是整个俄国的上流社会，而且对腐朽的社会提出了自己的批判。诗引发了震动，连沙皇都被惊动，并下达了拘捕令，将其流放高加索，莱蒙托夫马上红了，还自然就被当作了普希金的继承人。

莱蒙托夫的生涯跟普希金还有些相似，他出身于一个退役军官的家庭，也是早慧的天才，中学时就开始写诗。（这也不算啥天才，谁中学没写过两句诗啊！）

可能是因为一直在近卫军团服役，一个军官文人言辞更大胆激昂些，莱蒙托夫经常盛赞法国大革命，并预言陈腐的沙俄包括沙皇早晚要倒台，于是他经常被流放。

莱蒙托夫成就最高的作品应该是小说《当代英雄》，踩着普希金的足迹，他也塑造了一个"多余人"。

《当代英雄》由五个中篇构成，讲述了一个叫皮却林的俄国军官在高加索服役时的故事。皮却林出身名门显贵，跟奥涅金一样，他过花天酒地纸醉金迷的日子，时间长了也腻味，加上受点进步思想熏陶，于是也看着上流社会不顺眼。不顺眼他也不干什么，他选择到高加索去服役，离开首都和上流圈子去找乐子。

皮却林比奥涅金更"多余"，他精力充沛，智商很高，能言善道，所以，他找乐子，就能搞出好多事情来，先勾搭一个走私家族的小姐，搅黄了人家的生意；又在服役地点出尽花样泡妞，跟情敌决斗杀掉了情敌；因为杀人被放逐后，又诱拐了当地土司的女儿，最后导致这个女孩惨死；随后无聊的皮却林又成为一个宿命论者；出去游历后死掉了。

基本上，皮却林的人生可以用荒唐无聊来形容，他对社会的不满和对人生的彷徨表现出来就是游戏人间，在各种无意义的事情上消耗生命。按莱蒙托夫的说法，皮却林拥有一代人身上所有的缺点。而在莱蒙托夫看来，这一切的根源就是沙皇的专制统治和对人思想的禁锢，导致了年轻人不知道何去何从，除了犯浑不懂如何"好好活"。

小说情节跌宕，语言生动个性，从立意上看，显然是莱蒙托夫将批判现实主义更深化了一步。

批判现实主义这东西，应该是年纪越大，阅历越丰富，可以掌控得更自如，可惜莱蒙托夫没让我们看到他成为大师的那一天，28岁，他就因为决斗而死。

沙皇尼古拉一世对莱蒙托夫深恶痛绝，幸亏这些异见分子文学青年的师长——茹科夫斯基进了朝廷，经常替他们说话，帮他们周旋，尼古拉一世才没对这帮人下狠手。不好明动手，尼古拉一世找到了最高明的杀人办法，那就是挑唆决斗。

1841年，莱蒙托夫预备转业回到高加索，以后就全心写作。办理转业时，有个休假，莱蒙托夫遇上当年士官学校的同学，随便一句玩笑，对方就发飙，要求决斗。莱蒙托夫慷慨赴约，而他以一个玩笑的心态觉得，对方也是闹着玩的，结果，他在没准备拔枪的情况下，被对方先行击毙。

这个决斗比普希金那个还没有意义，死得比鸿毛还轻，所以很多人愿意相信，是尼古拉一世和被莱蒙托夫得罪的首都贵族，处心积虑安排了这场无端的决斗，了无痕迹取了作家的性命。

20世纪末，当俄罗斯和乌克兰这对兄弟终于分家后，好多事扯不清楚了。比如，乌克兰说，果戈理是乌克兰人，俄罗斯坚持说他是俄国人，因为他出生在乌克兰，可出生的时间，乌克兰是属于俄国的。这样的争执，说明了一个问题，大家都希望，果戈理是自家的骄傲。

老杨对果戈理要比普希金熟悉些，因为他有一部小说，是顶级的世界名著，叫《死魂灵》，相信大部分文学青年都读过；他还有一个剧本，至今被各剧场反复演出，尤其是各种小剧团、大学社团啥的，也就是著名的喜剧《钦差大臣》。

认识果戈理，是从鲁迅开始的，鲁迅显然是个果粉，所以，在果戈理写了一部《狂人日记》后，鲁迅也写了一部；1935年，在鲁迅先生因肺结核去世的前一年，他强撑着通过日译本将《死魂灵》翻译成中文，可能是因为鲁迅特有的辛辣凝练的笔法更适合这种批判作品，所以很多人都认为，鲁迅翻译的版本是迄今为止最好的。

死魂灵的主人公叫乞乞科夫，本是个公务员，因为贪污协助走私被降职，于是提前退休下海，还跟人学了一门快速发财的生意。

俄国农奴制社会时代，地主养一群农奴，需要为农奴缴纳人头税。人头税怎么收呢？国家搞人口普查，根据在册的人口征税。可人口普查不能天天搞啊，大约十年才有一次，根据俄国地主的剥削程度和俄国那种恶劣的天灾人祸，十年间能死不少人，于是就产生了一个群体，名字还在册，人已经去了天国。

这些农奴是属于地主的资产，你可以用手上的农奴去政府抵押，申请贷款之类的救济。乞乞科夫的生意就是，先到南方搞块荒地，然后跟政府说，要买一批农奴移民过去，每千个农奴大约可以跟政府抵押弄到20万卢布，而这些农奴其实是已经死了的。乞乞科夫于是找各种地主，跟他们收买花名册上死去农奴的名字，做成自己的名册，跟政府骗钱。

在俄语中魂灵和农奴是同一个词，所以《死魂灵》这个名字就有点双关的含义。小说讲的就是乞乞科夫到省城，凭着彬彬有礼的举止和谦卑懂事的态度打点了上下官员，然后通过官员认识当地的地主，再一一拜访他们，跟他们收购死去农奴的资料。

乞乞科夫前后拜见了五位地主，这五位大约是代表了农奴制时代俄国地主的全貌，有装蒜的，有贪得无厌的，有精得像鬼的，还有吝啬得有病的。其中最传神精彩的，就是第五个地主，叫泼留希金的。这家伙巨富，有农奴上千，家产不计其数，可他每天过着贫寒交加的日子，住得像猪窝，穿得像乞丐，闲来没事还上街捡破烂。他家仓库里的谷子和干草都腐烂了，粮食结成块，布匹都腐成碎片了。这家伙不仅克扣自己，当然更克扣农奴，连儿女也休想得到他任何东西。

整个欧洲的文学作品中，共有四个传神的吝啬鬼形象，分别是莎士比亚喜剧《威尼斯商人》中的夏洛克、莫里哀喜剧《吝啬鬼》里的阿巴贡、巴尔扎克小说《欧也妮·葛朗台》中的葛朗台，当然也包括《死魂灵》中的泼留希金。

《死魂灵》写成于 1841 年，因为其辛辣的讽刺，俄国不许其出版，果戈理找到别林斯基走了个后门，才终于得以面世，产生了巨大的轰动。这部小说在文学史上的地位，我想就不用多描述了，整个俄国文学的黄金时代，这部小说肯定是巅峰的成就。

果戈理的《钦差大臣》则是一部五幕喜剧，讲述一个小混混被某地的市长当作巡察地方的钦差大臣，极尽拍马奉承之能事，市里上下各级官员都赛着给这骗子送礼行贿，当市长预备将女儿嫁给他时，才听说真正的钦差大臣要来了。

《钦差大臣》是果戈理真正成就大名的作品，但是据他自己说，这个素材来源于普希金跟他说的一个故事，还有传闻说，连《死魂灵》的最初构思，也是普希金给他的，也有人说，普希金有的时候滔滔不绝讲故事，果戈理偶尔会趁机窃取其创意。其实，不管原始构思是什么，这两部伟大的作品肯定是果戈理自己写的。客观地说，普希金自己写这两个故事，也不见得能比果戈理更漂亮。

有人说，普希金是俄国诗歌之父，果戈理是俄国的散文之父，可看起来，果戈理的江湖地位总是比普希金低一点。老杨分析，应该是由于果戈理最后几年的走火入魔，行为怪异。

从果戈理的作品来看，他应该也是受进步思想影响，希望能改变俄国现状的，其实，比起普希金和莱蒙托夫，果戈理保守多了，他大约也认可俄国有需要改善的地方，但是他绝对想不出来应该怎么改，也看不到问题的本源，他甚至希望通过宗教规范所有人的行为，让一切向好。

1847 年，38 岁的果戈理陷入宗教狂热引发的抑郁症，他反思自己的作品，觉得自己对俄国社会的批判和讽刺是不对的，是罪恶的，他开始维护他之前一直讽刺挖苦的阶层。后来他甚至去到耶路撒冷朝圣，回家后，彻底混乱了，他烧掉了《死魂灵》第二部的书稿，并在其后病逝，终年 43 岁。

以上三位作家，都被认为是俄国批判现实主义文学的奠基人，就是因为这三位巨星的出现，俄国文学以最快的速度赶上西欧，在世界文学的顶级殿堂坐拥一席之地。最有趣的是，俄国的文学家大部分都会画画，不是玩票的，基本都能算作是画家，而其中成就最高的，就是茹科夫斯基。

东方还是西方

爱情、希望和平静的光荣
并不能长久地把我们欺诳，
就是青春的欢乐，
也已经像梦，像朝雾一样也消亡；
但我们的内心还燃烧着愿望，
在残暴的政权的重压之下，
我们正怀着焦急的心情
在倾听祖国的召唤。
我们忍受着期望的折磨
等候着那神圣的自由时光，
正像一个年轻的恋人
在等待那真诚的约会一样。
现在我们的内心还燃烧着自由之火，
现在我们为了荣誉献身的心还没有死亡，
我的朋友，我们要把我们心灵的
美好的激情，都呈现给我们的祖国！
同志，相信吧：迷人的幸福星辰
就要上升，射出光芒，
俄罗斯要从睡梦中苏醒，
在专制暴政的废墟上，
将会写上我们姓名的字样！

这首诗也是普希金的名篇，名字叫作《致恰达耶夫》。上篇说到，俄国人禁锢的思想被革命激活了，作家显然只是一个方面，这段时间最醒目最活跃出现也最多的应该是各种思想家，这些思想家将逐渐构造出属于俄国人自己的哲学体系。这一篇我们要向俄国历史上第一位真正的现代思想家敬礼，他就是恰达耶夫。

稍有阅读的读者都认识恰达耶夫和他的《哲学书简》。跟这一时期的所有精英一样，恰达耶夫也是贵族出身，参加沙皇的近卫军，并参与了对拿破仑的战争。战后离开了军队，跟十二月党人非常接近。1823—1826年，他游历了西欧各国，西欧和俄国的差距让他很受刺激。回到俄国，他开始幽居思考，想得最多的就是：俄国到底应该按西方的模式发展，还是继续维持东方国家的格局。

恰达耶夫很快就想清楚了，他觉得俄国应该彻底跟东方切割，沿着西方的发展道路前进。他开始出入各大沙龙，发表各种演说，传播自己的想法。跟东方切割，有一条是基本的，肯定要放弃专制的统治，所以，对沙皇来说，这家伙显然是在传播"歪理邪说"。

1828—1830年，以书信的形式，恰达耶夫写了八篇阐述自己论点和思想的文章，这八封信结集成册后，就是著名的《哲学书简》。恰达耶夫生前，只有第一封信得以公开发表，一面世就像冷水滴进滚油，顿时炸了锅，沙皇尼古拉一世直接斥之为疯子的胡言乱语，恰达耶夫被送进精神病院，政府非常友爱地每天派专门的医生去给"疯子"检查身体。

到底恰达耶夫有什么"类疯子"的言论呢？有一句最著名的，经常会被微博转用："对祖国的爱，是一种美好的感情，但是，还有一种比这更美好的感情，这就是对真理的爱……我比你们中的任何一个都更热爱自己的国家，我希望她获得光荣……我没有学会蒙着眼、低着头、封着嘴地爱自己的祖国。"恰达耶夫的意思是说，爱自己的祖国，并不需要天天唱赞歌，真正的爱国应该是发现祖国的问题，并思考解决的办法，达到让国家越来越美好的目的。

其实，恰达耶夫所想的问题，就是长久以来一直困惑俄国思想家的问题。俄国，这样一个夹在东西方之间的大国，到底应该何去何从，地域和文化归属都让人纠结，她到底应该是一个东方国家，还是一个西方国家呢？

恰达耶夫的思想，让这种纠结更明显了，于是俄国的思想界出现了两个派别，一派同意恰达耶夫紧跟西方的想法，被称为西方派。在西方派的眼中，俄国的历史和文化对整个世界一点进步意义都没有，也没从其他国家学到什么有用的东西，一无是处，俄国的前途就是要放弃传统及固守的东西，全盘复制西方文明；另一派当然是觉得西方派有失偏颇，斯拉夫文化的传统和历史是有价值的，斯拉夫人也并不比其他的民族更差劲、更低劣，而且完全可以从斯拉夫特有的文明和传统中探索出俄国自己的发展道路，这一派，被称为斯拉夫派。

其实这两派也不是泾渭分明的，两边存在许多共同点，比如，都想废除农奴制，都反对专制，两派最大的共同点就是反对革命，没事最好不要起义不要骚乱，国家的改良应该是自上而下的改革。这种温和派的改良方式，这两派内部也有很多人不同意，两派争来争去的，最后终于衍生出了第三派，也就是支持用革命实现民主那一派，这个派系有两位该时段最引人注目的人物，他们是别林斯基和赫尔岑。

上篇多次提到别林斯基，貌似普希金等几位大家的江湖地位都是由别林斯基的评论得到确立的。对，别林斯基就是俄国最早的文学评论家和批评家，不管评论家这个职业在其后的岁月多么不讨好，多么让人质疑，别林斯基做评论家的时候，他是很客观很有风骨的。

作为一个文学评论家，别林斯基是幸运的，因为他所处的时代，正是俄国文学最闪耀的时期，放眼望去，全是巨星。也可以说，就是这么一个全明星的阵容，成就了别林斯基。别林斯基是史上最伟大的文学评论家之一，其根本原因就是，他的文学评论已经不仅仅局限于文学，而是将文学置于社会和文化大的范畴内评级和考量，大约也就是从他开始，某些政治、意识形态或者社会学的标准成为评价文学作品的重要尺度。

大部分西方派的知识分子或者异见分子都是出身于贵族，而别林斯基仅仅是个贫困的医生家庭的子弟，所以，在对俄国未来的思考上，他有机会沉入底层并不被所谓的贵族思维所束缚。随着对俄国的专制制度越来越清楚地认识，别林斯基看到，不论是斯拉夫派还是西方派，他们想象中那些温和的自上而下的，指望统治高层良心发现的改良是不可能实现的，要想达到目的，恐怕是需要一场斗争，一场革命，推翻旧秩序，重建新秩序。

别林斯基死于 37 岁，他的作品中已经开始出现了民主革命的思路，但是，很多问题他自己想得也不是太明白，所以，需要其他人更强化这个想法。

跟别林斯基一样想到要革命的，是赫尔岑。这是位出身于富裕贵族家庭的革命家。大家都知道，有钱有势的富二代一旦决定成为革命党，玩忤逆，其信念是非常执着的。赫尔岑这位贵族子弟，年青时代就被十二月党人影响，长大后成为西方派的异见分子，22 岁大学一毕业就被捕并遭到流放，也算是少年有为。

年纪轻轻就成了政治犯，更容易在"忤逆"的道路上越走越远，而且沙皇的流放制度，就是给所有的异见分子继续深造的机会，在流放的过程中，赫尔岑大量阅读哲学著作和"反动书籍"，终于理顺了自己的思想，让一个愤青升华为革命家，并清晰地看到，俄国的前途，就在于推翻沙皇的专制统治。

赫尔岑为后来的俄国开创了一种异见分子的生存模式，那就是流亡。在西方派和斯拉夫派的争论中，赫尔岑和别林斯基是比较受瞩目的两位，包括被沙皇瞩目，所以，经常被当作出头鸟遭冷枪，加上俄国国内对思想和言论的禁锢，为了让自己说得痛快，赫尔岑跑去了欧洲，来到了法国，那是 1847 年，席卷全欧洲的革命之火正在酝酿。

赫尔岑比别林斯基思维更清晰，可能就是因为他经历了 1848 年的欧洲革命，随着这轰轰烈烈的一年以各种悲壮降下帷幕，赫尔岑想明白一件事，那就是，资本主义革命不靠谱，尤其是在俄国，资本主义还没完全确立的地方，想依靠这些资本家成事，更难。

因为游历欧洲，赫尔岑免不了认识马克思和恩格斯两位老师，跟他们一交流，赫尔岑对俄国的前途想明白了，那就是社会主义，俄国式的社会主义，一定可以在俄国得以实现。

赫尔岑一直被认为是革命家、思想家，其实，他的文学造诣一样很高，只不过因为他在俄国思想界这种大拿的地位，经常让大家忽视了他极高的文学才华。赫尔岑有一部世界名著，书名叫《谁之罪》，讲述了来自三个不同阶层的俄国青年的爱情故事。这个简单的三角恋故事中，赫尔岑也顺应潮流塑造了一位"多余人"的男主角，反映了农奴制的悲哀、知识分子的无能、多余人的多余等。

根据老杨的习惯，写任何国家的历史，该时段一定会让这个国家的书籍伴随左右，对苏俄的文学作品，老杨是不太感冒的，写作俄国史的这段，老杨阅读的是赫尔岑的《往事与随想》，这是赫尔岑晚年侨居伦敦时写下的回忆录，详细地记载了自己的一生和所处的这个大时代。赫尔岑的出身和经历让他有机会接触社会各方面、各层次，1848 年，又让他见证了波澜壮阔的各种运动，这本回忆录，说它是"19 世纪的百科全书"并不过分，难得的是文笔还非常抒情，颇有感染力。书比较厚，推荐读者们在实在清闲时阅读。

一有人说要革命，就肯定会有非常激进冲动的一群人。19 世纪 40 年代，有位叫彼得拉舍夫斯基的外交部翻译，成立了一个秘密团体，叫作彼得拉舍夫斯基小组。这个小组的思想就是我们熟悉的空想社会主义，想在俄国建立一个乌托邦的社会，受别林斯基和赫尔岑的启发，这个小组也认为，这个乌托邦必须通过革命的手段才能实现。

小组网罗了当时俄国社会各阶层很多人，但是以社会低级阶层的人员较多，好像往往是这个阶层，对乌托邦容易产生些遐想。很多知名人物都曾是小组成员或者跟小组走得比较密切。但是，地下组织和异见派别是不一样的，思想派系最多就是打打嘴仗，而既然秘密成立了小组，还周期活动，如果思想行为过激，就肯定会引发当局惶恐了。

彼得拉舍夫斯基小组活动了近四年，欧洲革命之后，被政府严厉镇压，有 63 人被捕，21 人就地枪决，组织发起人彼得拉舍夫斯基本来被判死刑，在即将行刑前几分钟，被改为苦役。

也就是这个秘密小组被镇压，沙皇政府加强了对异见分子的惩罚和教育，俄国国内开始了一场"恐怖检查"，有七年时间。政府禁止上述这几个刺头的文章和名字在报纸杂志上出现，很多文艺作品被禁，赫尔岑等一批人被迫流亡海外，俄国人的精神世界再次陷入一片黑暗，历史上，这七年被称为"昏暗七年"。

二十　悲剧改革者——亚历山大二世

就算没有俄国思想界的风起云涌，沙皇的日子也不好过。

从"欧洲宪兵"沦为"欧洲公敌"，在黑海被围殴惨败，将几代沙皇浴血奋战获得的黑海权益全部让出，这样的局面，换了谁是沙皇都会想自杀。尼古拉一世将一个自己都不能面对的烂摊子，就这样丢给了儿子。

尼古拉的大哥二哥都没有儿子，所以，亚历山大一世时，大家就把尼古拉一世的长子亚历山大当作未来储君了，给他最纯粹的帝王教化，专门配备的帝师，就是大学者茹科夫斯基。除了最全面最系统的沙皇功课，在尼古拉的要求下，这位太子曾游历了俄罗斯全国和欧洲大部分国家，虽然看到的几乎都是接待人员刻意营造的"波将金村"，但是，跟其他沙皇相比，亚历山大二世算是在登基之前，对国内外形势比较了解的一个沙皇了。

这个亚历山大和上一个亚历山大有相同的悲剧，他们都有个军阀专制父亲和一个民主派思想的老师。因为这个矛盾的教育环境，上一个亚历山大成为一个很纠结的人，这位亚历山大，一样地办事两头不到岸。

上篇说到，亚历山大一世纵马进入巴黎，代表着俄罗斯帝国最辉煌的时代，然而，他离俄罗斯的千古一帝就差一步，因为他看到了阻碍俄罗斯帝国持续强大的问题所在，却不敢解决。亚历山大一世没敢做的那件事，亚历山大二世居然做到了，并不是侄子的能力在大伯之上，而是他被逼到这个份儿上了。

克里木兵败，很多原因，根本原因肯定是落后。不论是军队素质还是武器装备，俄国和英法的差距不是一点点。经过19世纪俄国上下各种各样的思想运动，都知道症结所在，那就是，农奴制已经严重制约了国家的发展，甚至还威胁国家的安全。

首先，农奴的生产效率是很低下的，这个是自然规律。没有自由，没有选择，没有奖励机制，没有前途远景，谁有劲头干活啊。没有劲头干活当然也没有精力创新，农业科技和农业改良也无从谈起，种地越种越没劲，粮食产量眼看就跟不上人口发展的需要了。

俄国已经出现了资本主义工厂，工业资本主义需要大量的工厂工人，所有人都被绑在土地上，毫无自由，那些新兴的工厂用工荒，当然工业也发展不起来。

种地效率低，地主们就冒火，冒火了就更加压迫农奴，农奴也会反抗啊。19世纪，俄国没出普加乔夫这样的大起义家，但是密集的小起义也够头痛的了。亚历山大二世登基后的6年时间里，大小农民起义发生过474次，谁当沙皇不闹心啊？

亚历山大二世登基后，迫于压力，放宽了对舆论和媒体的限制，释放了当年被流放的大批十二月党人和波兰解放运动人物，这帮人一回家，民主自由的思想就铺天盖地席卷了俄罗斯，这其中要求改革的呼声最是响亮。

一直以来，农奴制和专制集权统治被认为是俄罗斯帝国的基石，抽掉任何一块，都有大厦将倾的危险。所以，以亚历山大一世那样的神武，他都不敢轻举妄动。而亚历山大二世被逼到不得不改革的时候，他就天真地认为，他能找到一种办法，让地主和农民都满意，继续维持帝国基业的平衡。

1861年3月，亚历山大二世的改革法令终于出台了。到底这个法令从酝酿到出台经过了多少艰难多少阻滞，是可想而知的。

法令的核心有两点：一是宣布废除农奴制，农奴全部获得人身自由，以后搬迁、结婚、换工作、订合同都是自己的事，不用麻烦地主出面了；二是规定全部土地还是地主的，农民要地需要花钱买，农民支付一部分，其余由政府以发国债的方式代付，农民必须在49年内还清本息。

除掉了农奴制这块最大的绊脚石，其他的配套改革政策就比较容易了。比如行政方面，给予了一定的地区自治；将司法部门从行政领域剥离并独立；允许大学自治，让学术渐渐自由，等等。其中效果最明显最有用的，就是军事领域的改革，尤其是征兵制的改革，改革后，所有的俄国人都有服役义务，服役期从原来的25年缩短到6年，对入伍军人进行初级教育，还建立了一支后备军。一言以蔽之，以前的俄军是屈从严格的军纪作战，改革后的俄军更重视士兵的素质培养。在所有的改革项目中，军事改革是收效最快的，因为不久，俄国军队就在战场上找回了当年的雄风。

让所有的农奴获得了自由，就凭这一项，亚历山大二世的改革就能算得上是人类历史上最伟大的改革之一，很多历史学家认为，其价值绝对超越法国大革命和美国的黑奴解放。

不管历史给了多高的评价，改革肯定是不彻底的。越是这种想两面讨好的政策，越是会两面得罪。保守派地主因为失去了农奴和土地而愤愤不平，农民虽然获得了人身自由，却没有土地，花钱赎买土地，等于是对农民新的掠夺，一开始对改革抱有的美好希望被无情的现实粉碎，农民们更是激愤不已，而进步的改革派都认为不痛不痒，革命尚未成功。

走到这一步，亚历山大二世貌似用完了所有的勇气，他突然开始惧怕了，不敢继续将改革深入进行了，这个被民主自由思想教育长大的沙皇，再次被专制的神秘流毒附体，面对改革派的鼓噪，他举起了大棒，预备谁冒头就打谁。

因为亚历山大二世最初的自由政策，波兰一直在俄罗斯辖下高度自治。波兰人想获得完全独立，找到机会就反抗起义。而此时，英国、法国和奥地利还都想私下支持波兰独立运动。1863年，波兰又发生大规模起义，亚历山大二世派出庞大的军队，用了一年多时间充分镇压。镇压之后，波兰许多自治条款被剥夺，俄国在该地区努力去波兰化，终于让波兰彻底沦为俄国的附庸。

亚历山大二世统治后期，对于日益高涨的各种革命运动一概杀无赦。他的矛盾做派给自己招致灾难。因为开始给予的自由和宽松，这段时间里，俄罗斯各种思潮帮派应运而生。俄罗斯人很两极，要么迂腐透顶，一旦被自由民主思想打中开化后，又变得非常激进。

不知道从什么时候开始，各种各样诉求不同的社团英雄所见相同了，他们一致认为，要改变俄国的现状，必须干掉沙皇。亚历山大二世荣膺被暗杀次数最多的沙皇之称号，先后遭遇了五次暗杀。大家猜，到底哪一次才要了沙皇的命呢？

1881 年 3 月 1 日，亚历山大二世的马车从冬宫出来拐到街角，一颗炸弹不知道从哪里丢过来，炸坏了马车，沙皇本人并没有受伤。这伙计总是被暗杀，面对这种事，有不正常的淡定，所有人都叫唤着，让沙皇不要出来，注意隐蔽，他还是非常勇敢非常鲁莽地要求下车查看伤者的情况。这样爱民如子的善行没有获得认可，他一下车，另一枚炸弹又飞过来，当场就炸断皇上两条龙腿，被紧急送回皇宫后，失血过多而死。

成功组织这次谋杀的"地下党"叫作民意党，有两个头目，一个是翻身的农奴，一个居然是圣彼得堡前市长的女儿，这说明，沙皇的敌人来自社会各个阶层！

在后人看来，亚历山大二世因为主持了俄罗斯这场翻天覆地的巨大变革，可以成为沙皇排行榜上仅次于两位大帝的沙皇；但在先人看来，要对得起罗曼诺夫王朝的列祖列宗，亚历山大二世应该洗刷克里木战争的战败之耻，维持俄罗斯疆域不断扩张的格局。

俄罗斯血统里的基因就是扩张，不让他家出去抢地盘，那憋得是相当难受。克里木战争后，俄国不太敢往西边去了，于是，他家就开始向东方打主意了。

在黑海的权益被取消了，出海口还有啊。向东去，大清帝国的东北角上，黑龙江一带，那也有海口，还是世界最大洋的入海口。《尼布楚条约》一直让俄国人耿耿于怀，一听说英法联军在咱家玩得热闹，赶紧组织军队侵入黑龙江下游建立侵略据点。

1858 年，随着英法军队攻占大沽，震惊了京师，俄国军队进逼瑷珲城下，抛出了《中俄瑷珲条约》逼清政府签字认可。面对沙俄咄咄逼人的武力，想到家里还有一众欧洲各地的长毛鬼，割就割了吧，买个消停。《中俄瑷珲条约》后，黑龙江以北，外兴安岭以南六十多万平方公里的土地就归俄国了。

1860 年，英法联军攻占了北京，既然清政府分别给了英法好处，俄罗斯也不能落下，《中俄北京条约》让乌苏里江以东的 40 万平方公里土地包括库页岛永远脱离了中华的版图。

1861 年，也就是亚历山大二世开始改革的那一年，咱家的咸丰皇帝呜呼哀哉了，留下一位史上最会败家的老婆——慈禧。而就是这段时间，咱家的"洋务运动"也在洋人的隆隆炮声中启动。亚历山大二世的改革和咱家的洋务运动孰优孰劣，不用我们评判了，都知道《中俄北京条约》不是最后一个中俄之间的领土条约，俄国在欧洲列强瓜分中国的那场狂欢中，非常得意地以取得最多的土地笑傲群雄。

除了跟英法伙分大清版图，亚历山大二世时期，还是俄国彻底征服中亚的开始。经过军事改革后的俄国军队面貌焕然一新，到沙皇被杀时，俄国基本占领了外高加索。

亚历山大二世忙着争取新的领土不亦乐乎，手里有的却不珍惜。大家还记得，彼得大帝曾派人去往北美一带勘察，看看俄罗斯有没有机会向那个方向扩张吧？丹麦的白令船长不辱使命，不仅发现了白令海和白令海峡，还越过海峡进入了北美大陆，发现了一片美丽的冰雪大陆，居住着很多因纽特人。

这片大陆就是美丽富饶的阿拉斯加。不过在当时的俄国人看来，这里除了能出点水獭、鲸鱼啥的，就剩冰块值点钱了。克里木战争战败后，沙俄政府手头挺紧，而且跟英国人闹翻了，对于他家全地球抢殖民地这个做派有点小忌惮，在另一片大陆上的领土不好控制，说不定什么时候就被不列颠看中，颠着颠着就过去占领了。正好美利坚对北美大地都有点企图，两下一勾搭，720万美元，俄国人将这片冰雪大陆卖给了美国。

720万美元在当时也是天文数字，沙皇对这个交易很满意，而美国方面力主交易的官员被认为是脑子被冻坏了，买这么个大冰箱回家有什么用啊？这是人类土地交易史上最大的一笔买卖，核算地价，每英亩大约值2美分。

说是720万美元，因为种种内幕，沙俄政府实际并没有收到这么多钱，而其后这片神奇的大陆被发现的资源恐怕远远不是这个地价可以核算的了。就算那些黄金和石油俄国人都看不上，阿拉斯加在北美大陆的战略价值也是非常明显的，相信后来的很多苏俄统治者，尤其是进入"冷战"后，想起这笔交易，就会躲起来使劲撞墙。

有些历史传闻，说是亚历山大二世最后几年，因为政府高层中思想进步的改革派越来越多，又说服沙皇深化改革，更进一步了，甚至还有人说，沙皇已经答应将政治改革也就是要不要君主立宪之类的事提交宫廷会议讨论。这样的突然死亡，让俄国似乎近在咫尺的立宪制改革戛然而止。

亚历山大二世后期私生活不检点，包养小三。48岁的沙皇看上了18岁的女学生，专门在冬宫附近盖了别院，将女学生金屋藏娇。小三整整包了14年，发妻在被抛弃冷落的郁闷中死去不到一个月，亚历山大就赶着娶小三进门。因为小三地位卑微，嫁给沙皇也不能成为皇后，生了四个孩子，也都没有继承权。小三也挺亏的，过门一年不到，亚历山大二世就被炸死了，小三和孩子们被送到法国尼斯终老。前几年，亚历山大和小三私通时的部分信件被拿出来拍卖，内容很是肉麻，现在俄罗斯政府也忙着从法国寻找收集遗失的沙皇情书，不知道算是宝贵的历史遗产还是怕丢人现眼。

二十一　隐形沙皇——亚历山大三世

亚历山大三世是亚历山大二世的次子，20 岁之前，他根本没想过要当皇帝，所以，给他安排的课程，也没有关于法律行政或者哲学思想之类的帝王功课。最近这一轮的沙皇特征挺明显，生下来就知道要继位，从小就遴选名师特别教育特别关照的沙皇，都犹豫反复，行为纠结；而从没想到要继位，突然成为沙皇的呢，都比较果断，意念清晰。前者比如亚历山大一世和二世，后者比如尼古拉一世和亚历山大三世。

亚历山大 20 岁时，大哥突然死了，临终前正预备大婚，迎娶丹麦的公主。大哥不仅将王储之位传给了亚历山大，还嘱咐他迎娶这位丹麦公主。亚历山大当时心有所属，他看中了一位宫廷女官，甚至想为这位女官放弃继承权。可真事到临头，沙皇的冠冕就在眼前时，亚历山大屈服了，他接受了准大嫂。

大家不要认为这是个八卦故事，亚历山大这次婚姻选择，直接影响了俄罗斯的外交关系格局，可能是后面很多大事的根源。1864 年，普鲁士启动了铁血的统一德意志战争，第一战就是找丹麦的麻烦，收服了北方一直由丹麦实际控制的地区。两边因此结仇，丹麦公主当然恨死了俾斯麦。

亚历山大三世虽然刚开始跟丹麦公主没什么感情，可是结婚后，感觉还挺好。皇后天天在沙皇耳边念叨，普鲁士是大灰狼，一定要防，而且眼看他们统一了德意志，成为沙俄一个强悍危险的邻居，所以，亚历山大三世在位期间，放弃了和普鲁士睦邻友好的一贯外交政策，跟法国、奥地利走得比较紧密。

俄罗斯政府高层的进步派，对于亚历山大二世突然被杀都很扼腕，因为眼看着，沙俄的改革会更进一步。亚历山大三世上台就省了这些麻烦了，从他父亲启动改革，他就打心眼里不赞成。如今自己能说了算了，除了不能恢复农奴制，他是想尽办法，要么遏制改革的进程，要么就尽量消除改革的影响。

一上台，亚历山大三世就宣布，他无意放弃不受掌控的个人权力，给了预备立宪的大臣们迎头一盆冷水，随后，这些浑身冷水还没恢复过来的进步派大臣们，就被挨个请出了政府班子。

所有的革命行动和进步思想一概要镇压和清除，而"反动思想"的滋生地就是大学，先皇给予大学自治，是危险而错误的，马上收回来；提高大学学费，净化大学生的阶级种类，贵族子弟偶尔有点小冲动还可以约束，都是被大学里来自底层的穷小子教坏的，以后没钱的，不准上大学；颁布新的出版法，所有激进的刊物全部取缔，即使是温和派的自由主义刊物也要受到当局的严密监控。行政上，沙皇取消了地区自治的有关法令。

亚历山大三世是标准斯拉夫派的沙皇，而且认为必须在一个宗教、一个民族、一种语言和一种制度下统治整个俄罗斯。俄罗斯西部边境被兼并过来的日耳曼人、芬兰人、波兰人都被要求学习俄语，如果天主教徒或者新教徒跟东正教徒结婚，则后代要无条件信仰东正教。

这时，老话题又来了，欧洲的每一个国家，每当搞宗教净化之类的动作，首当其冲受害的，肯定是犹太人。中世纪末，因为波兰的接纳，很多犹太人向东欧迁徙。在19世纪初期，巨多的犹太人定居在俄国西部。沙皇政府一直让他们在"犹太人定居区"内活动，强加给他们大量的限制。

1881年，亚历山大三世在俄国西南部对犹太人展开了一场疯狂屠杀，原因是，犹太人疑似参与刺杀先皇。当时俄国政府给出的处理犹太人的办法是：三分之一皈依基督教，三分之一驱逐出境，三分之一肉体消灭。

亚历山大三世在位13年，因为年轻时酗酒，49岁就死于肾病。虽然他在位时一直忙于修正先皇改革的"错误"，但是，他不得不承认，先皇的改革的确带给俄罗斯工业高速发展，俄国正以缓慢的速度逐步向资本主义过渡。

因为了解先皇被刺的惨状，亚历山大三世在位第一要事就是防备谋杀，大部分时间，沙皇都不在皇宫，甚至不在圣彼得堡，而是躲在郊外加特契纳的行宫一间低矮的小屋子里。实在迫不得已要出门，身边简直就是铁桶阵，不过，对"民意党"分子来说，沙皇提高了警惕，最多是增加了他们玩恐怖的难度，绝对不会打消他们的杀人之心。

这时，要给大家介绍一位明星级的恐怖分子，他叫亚历山大·乌里扬诺夫，是圣彼得堡大学物理系的优等生，还因为闲暇时对蚯蚓的研究获得过大学的奖励。就这么个书呆子，谁也想不到他是个激进的民意党人。

1887年初，几个圣彼得堡大学的学生策动刺杀沙皇，还是老办法，做些炸弹，远距离投掷到沙皇车队里。这次丢炸弹，技术上升级了，和炸药混合在一起的，有浸过士的宁（一种剧毒药物）的子弹。这么高科技的炸弹，就是书呆子亚历山大造出来的，整个行动的炸药，都是他准备的。化学药品用于恐怖袭击，貌似还没有先例，所以，亚历山大同学是个先驱。

作为主谋之一，亚历山大被绞死，死时年仅21岁。家人非常悲痛，尤其是他的弟弟，他说："这样不行，我们必须找另外一条路。"弟弟的名字简单多了，叫列宁。

列宁都出来了，罗曼诺夫王朝还能支持多久？亚历山大三世将末代沙皇的光荣留给了儿子，他夹在大变革沙皇和末代沙皇之间，不容易在历史书上找到，在位期间又经常躲在小黑屋子里，所以，叫他隐形沙皇。

二十二　末代沙皇之一

约伯日的倒霉蛋

先说个《圣经》故事，出自《旧约》的《约伯记》。说乌斯地有个叫约伯的人，为人正直良善，信仰虔诚，敬畏上帝。他有七个儿子三个女儿，个个健康成长，家产还有上千的牛羊骆驼，奴婢成群，身家显赫。上帝因为约伯的虔诚敬畏，对他很满意。

有一天，魔鬼撒旦跟上帝说，约伯这么虔诚侍奉你，不过是因为你给了他富庶安逸的生活，如果把这些都剥夺，他还能信你吗？

上帝说，那就试试呗。撒旦最喜欢干这种事，于是就开始对约伯施法。一天约伯的孩子们都去大儿子家吃饭，突然约伯收到仆人报告，天火烧死了牛羊、强盗抢走了骆驼、狂风吹倒了房子，约伯的儿女仆人们都压死了。猛然遭受这样的不幸，约伯还是很淡定，他说，既然这些都是上帝赐予我的，上帝要拿走也应该。

撒旦不服，他说，取走身外之物不足以考验约伯的诚心，要求对约伯本人施法。上帝同意了，结果，约伯全身上下都长满了毒疮，痛苦难当，生不如死。约伯每天坐在炉灰里，用瓦片刮自己的身体。基本上，约伯算是天地间最悲催最倒霉的家伙了。但是，他没有因为倒霉动摇信仰，还是保持对上帝的虔诚和敬畏，最后上帝给了他补偿，让他重新获得十个儿女，并双倍补偿了他损失的财产。

《约伯记》是《旧约》中著名的篇章，阐述了重要的基督教道理，老杨只是泛泛地介绍大概内容，请信徒们勿怪。

这个故事跟这一篇的内容有什么关系呢？因为沙皇俄国时代，使用的历法是俄历，5 月 18 日，在俄历中就是约伯日。我们这一篇的主角——末代沙皇尼古拉二世，就是这一天出生的，所以，对于自己悲剧的人生，尼古拉一直挺乐观向上的，因为他坚信，所有的苦难都是神的考验。

亚历山大三世是斯拉夫派的君主，他绝对不会为儿子找自由民主派的老师，尼古拉二世小时候的教化就是：君权神授，沙皇权力无限，东正教教义神圣不可侵犯。如无意外，尼古拉二世肯定成长为一个保守专制的民族主义者，跟之前所有的沙皇一样，沉迷军事、喜欢军队。尼古拉二世更喜欢戎装，总是绶带勋章全副军队的仪式挂在身上，仿佛是随时随地要去阅兵的造型。

沙俄太子文化教育后的实习课程就是周游列国。自从俄罗斯感觉西方不好混之后，俄国人就对东方产生了难以遏制的臆想。尤其是尼古拉，他不知道从哪里打听到日本很好玩，欧洲转一圈后，欢天喜地带着几个朋友就去了日本。

19 世纪末，日本人忙什么呢？正天翻地覆改革呢。明治维新，让这个小岛顷刻间就脱胎换骨。1891 年，沙俄的尼古拉太子登陆日本时，日本人正在崛起，还没有充分进化，而沙俄算得上是当时世界上最强的国家之一，面对上邦太子降临，日本接待规格很高。

为了保护俄国太子的安全，从长崎上岸开始，日本警察局就部署了严密的保安措施。尼古拉对日本感觉真不错，据说尤其吸引俄国人的，就是京都风情万种的艺伎。温柔乡又是英雄冢，很容易乐极生悲。

一天，尼古拉受到当地官员招待，预备赴宴，鉴于自己在京都出入风月场所的经历，太子感觉京都治安应该是不错，也没带很多人，毫无警惕就上了街。刚坐上人力车，尼古拉就遭到了袭击，头部右侧受伤后，又被人用日本刀追杀。幸而身边的人反应快，救了尼古拉的性命。

后来发现，刺杀者居然是日本政府为俄国太子专门配备的保安警察，疯狂的爱国者，仇视俄国，他认为俄国太子跑到日本来，就为打探情报以备将来欺负日本。尼古拉真冤，吸引他的明明是日本艺伎。

事发后，日本政府非常恐慌，根据保护太子来访安全的约定，如果有人要刺杀尼古拉，日本政府会按"谋杀皇室成员罪"处置。这项罪名的内容就是，只要是对皇室成员下手，不管成事还是未遂，一律死刑，只是，这个皇室成员，说的是日本天皇一家。

案子交到当地的法院，法官坚持按普通的谋杀未遂罪审理，判犯人无期徒刑。日本政府怕引发两国的纠纷，专门派人又送礼又行贿又说好话请求法官改判，可是，当地法官以三权分立，司法独立不受行政干涉为依据，坚持拒绝了日本政府的要求。

最后，俄国沙皇宽容为怀，没有不依不饶，了断了此案。这就是著名的"大津事件"。这个事件，让日本人很有面子，差点杀了大国的太子，沙皇居然不追究；而在欧美国家眼中，对宪法的尊重和维护是国家文明进步的重要标志，小日本对司法独立的坚持，让欧美人看到了这个小岛的软实力，一致认为这个国家不错，有前途。

沙皇怎么这么好说话呢？儿子差点送命，沙皇也心痛，可是，对于远东的局势，亚历山大三世还没有把握充分掌控，确切地说，还没做好战争准备，所以他先忍了。最难忍的是尼古拉太子，从此头上留下伤疤，心理留下伤痕，他暗暗发誓，得空他就扭断日本人的脖子。

1894 年，亚历山大三世眼看不行了，他下令安排太子大婚，预备登基。出于外交考虑，亚历山大三世曾给儿子安排过法国公主和普鲁士公主相亲，可尼古拉自由恋爱，看上了德国黑森公国的公主——阿丽克斯。阿丽克斯的母亲，是英国维多利亚女王的次女，据说是最受女王钟爱的女儿。虽然是英女王的外孙女，可一个小公国实在不具备联姻的价值，因为尼古拉的坚持，亚历山大三世又实在病入膏肓，勉强同意了婚事。

阿丽克斯在亚历山大驾崩后一个星期嫁入俄国，皈依东正教，改名亚历山德拉。所有人都说，她伴随着先帝的棺木进入俄国，本身就带着不祥，会为罗曼诺夫王朝招来灭顶之灾。

俄国人真没看错，亚历山德拉野心勃勃，一过门就开始插手政事，而尼古拉二世对老婆言听计从，几乎让皇后一起坐上朝堂。

服丧期间不能加冕，1896 年才正式履行了登基仪式，此时，皇后已经为尼古拉产下了一名公主。当年 5 月，盛大的加冕仪式在莫斯科举行，根据传统，加冕后，沙皇和皇后会走到广场，给观礼的百姓发放糖果之类的小礼物。

活动安排在霍登广场，这地方本来是给近卫军做训练校场的。赶上这么大的活动，也不事先整理一下环境，地面坑坑洼洼不是深沟就是堑壕。活动当天，霍登广场上聚集了几十万人，比鱼罐头还挤。有人摔倒掉进沟里，随后越来越多的人拥挤踩踏，终于导致了一场多人死伤的重大恶性群体事故。大概估计，当场死亡人数接近五千，还有万人受伤。

加冕流程是，霍登广场派发礼品后，当天夜里法国大使会安排盛大的晚宴招待沙皇。出于基本人性的考虑，这么大的死伤事故，沙皇应该取消其后所有的庆祝活动，可他没有，他带着皇后愉快地出席了法国大使豪华奢侈的宴会。

整个加冕礼大约用掉了 1 亿卢布，可给霍登广场死难者家属发放抚恤金时，沙皇却能省则省，最后这么大的事故，政府总共拿出 10 万卢布，了却了所有的抚恤费用和丧葬费用。

尼古拉二世的倒霉事还没完呢。亚历山德拉嫁过来后，接二连三地生孩子，产量很高，就是品种比较单一，一水的公主。直到 1904 年，千辛万苦第四次生育，终于生下了皇室望眼欲穿等候的太子，阿列克谢。

太子刚生出来时，看起来还挺正常的，满月后，问题来了：只要一个小伤口，太子就会流血不止。后来又发现，偶尔轻微撞伤，太子就会出现淤青的肿块，皮下出血不能凝固。来自维多利亚女王的血友病，终于通过外孙女进入了俄国皇室，让罗曼诺夫皇室也成为欧洲血友病高端俱乐部的会员了。

发现孩子有病，尼古拉二世夫妇的生活中心就全是儿子了，想尽办法求医问药。病急乱投医，不管是神仙还是妖怪，只要能减少儿子的痛苦，这夫妇俩都顶礼膜拜。

瓦良格号的前世

这篇开始，是老杨最不愿意说起，想起来就心痛的——中日甲午战争！1894—1895 年，经过洋务运动武装后的大清海军，在黄海上对阵明治维新后的日本海军。这群一直被我泱泱大国不齿，称之为"倭寇"的人，全歼了大清的北洋水师，逼清政府割地赔款投降，而日本拿着这笔天文数字的赔款，一跃成为亚洲强国，以后就以蹂躏邻居为乐。

1895年《马关条约》签字。大清政府何曾想过，跟欧洲列强签条约签到麻木，居然有一天还要向倭寇小东洋割地赔款。这个条约中，大清放弃了对朝鲜的宗主国地位；割辽东半岛、台湾岛和澎湖列岛；赔偿军费白银两亿……(闷热的天气写这样的历史，这是自虐！)

条约让日本人中了彩票般地得意，让中国人深入肌髓地伤痛，而俄国人也陪在一边捶胸顿足。他家可不是同情咱们啊，他恨的是：好肉给别人先咬住了！

之前说过，俄国的东进计划，咱家的东三省几乎是他的囊中物，从亚历山大三世开始修建的西伯利亚大铁路，横贯俄罗斯东西，东边的终点站落在海参崴，目的就是运送军队物资方便，以利于取得中国东北以及朝鲜，可能还有日本。如今，日本强大了，脱离了被殖民国家的序列，还实际控制了朝鲜，如果再把辽东半岛占住，俄国人以后还混不混了？这么长的铁路难道是白修了？

俄国人想出来的办法就是，说服或者恐吓日本，放弃辽东半岛。恐吓一般是人越多越好，俄国的盟友是法国，法国当时有点觊觎台湾，所以很痛快答应帮忙。亚历山大三世跟德意志关系不好，但此时德意志的皇帝威廉二世觉得自家也有必要在东亚局势中踩一脚，正好给俄国一个面子，屁颠颠地答应入伙。俄国、德国、法国三家要求日本交还辽东半岛，日本刚刚大国崛起，突然被三大家族联手吓唬，还是有点儿虚，所以就让了。也不白让，清政府花白银三千万两赎回了自家的辽东半岛。

真是要感谢俄国人啊，所以，尼古拉二世登基加冕，咱家的李鸿章大人被荣幸地邀请做了观礼嘉宾，好吃好喝还收了不少金银钱财。李鸿章给送的贺礼是什么呢？中堂大人快递了一份合同给光绪皇帝，请他赶紧签字，这份合同就是《中俄密约》，密约的核心内容就是，俄国在中国修筑中东铁路，满洲里到齐齐哈尔市到哈尔滨，也就是说，俄国的西伯利亚铁路在中国境内的这一段得手了。俄国人大方，事成之后，送给中堂300万卢布表示感谢。

随后的两年，清政府越来越好说话，中东铁路又冒出来一条支线，从哈尔滨经长春到旅顺港，顺便强行租借了大连和旅顺港，从此，俄国人拥有了太平洋的不冻港，组建了自己的太平洋舰队。

1900年，慈禧老大妈发现有一群叫义和团的组织，号称刀枪不入，说不定可以帮着抵制洋人。于是，义和团的各位大哥也感到匹夫有责，举起了扶清灭洋的大旗。灭洋这个口号一出来，在中国旅游的所有洋人都找到乐子了，组织了八国联军侵略。义和团是武林高手，然而不是功夫熊猫，学不会徒手接住炮弹那种太极功夫，没几下，就被镇压。

反正每一次微弱的反抗结果都是新的侮辱新的割肉，这次签约的国家有11个，条约就是《辛丑条约》，银子要赔4.5亿，因为当时中国有4.5亿人，每人罚1两，加上利息共9亿8千万两，允许分期付款，39年付清。这笔著名的"庚子赔款"给中国人最大的收益就是产生了一座叫清华大学的学堂，最近刚刚庆祝了自己的百年生日（从庚子赔款的角度说，这事还真不值得庆祝）。

俄国人最会占便宜，借着这一通乱，他全取了东三省。俄国人占领东三省，其他国家肯定不干，英国和日本强烈抗议后，俄国假承诺说是会陆续撤军，可是，谁都能看出来，要把他家从东三省赶出去，比弄掉鞋底的口香糖还难。

明治维新后，日本人上下一心，奋发图强，就是要壮大小岛，对他家来说，发展壮大最称手的办法，就是占领朝鲜和中国东北。虽然日本和俄国都有把中国全吞下的野心，但在此时，他俩看在眼里不可自拔的肥肉，就是东三省。

打吧，谁打赢就归谁。日本这个国家，一旦从小国变成侵略者，就突然迸发出神奇的战争天赋。他家认为，要打一定要尽快动手，趁着西伯利亚铁路和旅顺的要塞还没有完工，打俄国人一个出其不意。

1904年2月8日，日本联合舰队突袭了俄国驻扎在旅顺的太平洋第一舰队，重创了俄国三艘主要舰只，第二天，俄国宣战，日俄战争开始了。本来这两家打架我们可以搬小板凳看热闹，可是，这俩强盗无耻地选择了中国的大地作为他们的战场，这么大的国家，被人欺负到这个份儿上，还能说什么呢？

日本的战术思路很简单，灭了俄国的舰队，掌握制海权，而后登陆，将东三省的老毛子赶回家，从此东三省就是日本的了。

2月9日，日本人在仁川登陆，而仁川的外海港上，也有俄罗斯的军舰在驻防，可怜这两艘俄舰刚开始不知道日俄已经开火，还没来得及反应就被日舰堵在了仁川港，这两艘俄舰，一艘是炮舰，高丽人号，一艘是俄国从美国购买的轻巡洋舰——瓦良格号。那时的瓦良格号是个带着北美气质的帅小伙，年轻气盛，1901年才出道，是俄国海军中最新锐的战舰。

日本控制仁川港后，要求这两艘俄舰投降，俄舰拒绝，面对日本海军的6艘巡洋舰和8艘驱逐舰，高丽人号和瓦良格号选择了出港反击。俄舰的挣扎从清晨坚持到了黄昏，眼看着都失去了还击能力，俄军的指挥官决定，这两艘军舰自沉。当晚6点18分，瓦良格号带着累累的伤痕和舰上的官兵一起沉入海底。

1905年，日本打捞了瓦良格号，并编入日本海军服役，一次大战中，将之交还给俄国。瓦良格号一直被当作海上英雄受到后来苏联的大肆宣扬，于是，一有机会，苏联就让它复生了。

2011年的某个早晨，瓦良格号在晨曦中醒来，突然感觉这周遭的空气和环境如此熟悉，猛然间，前尘往事都浮上心头，107年前的那个早上，黄海海面也是这样的晨曦。瓦良格号看看自己，居然变得如此庞大如此威武了，那个帅小子又回来了，当年将他围在海上，逼他穷途末路不得不自沉的那些人，现在何处？

对于这场战争，日本比俄国准备充分多了，而且，经过改革更新后的日本，现代化程度更高，军事力量已经超越了俄国一筹，只不过，俄国人故步自封，意识不到这一点而已。况且，日本本土离战场近得多，西伯利亚铁路还有一段没有完工，从地利上来看，俄国也是弱势。在人和上，俄国人对这场战争的热情远远比不上日本人，比如1904年末，日本人攻占旅顺二龙山炮台，当时俄军军队还在，大炮和炮弹都不缺，可司令官居然就投降了，气得手下官兵亲手炸毁了自家的工事和弹药库。

进入1905年，局势对俄国更为不利，圣彼得堡举行了大罢工，闹得不可收拾。日军登陆后，基本将俄国军队压缩在北部地区。

最后一击发生在对马海峡，日军见到了传说中的俄国太平洋第二舰队。为什么说是传说中的呢？这支舰队来历不简单，它们是从波罗的海航行了近2万海里赶来的。一个舰队绕着地球走了大半圈招致了沿途不少围观，而最让它出名的是，进入北海多格海滩时，它们突然收到了被日舰包围袭击的讯号，以至于仓促还手，提前打了一场海战。

所谓包围了俄舰队的"日舰"实际上是一群英国的拖网渔船，正组团打鱼呢，没招谁没惹谁，突然就被炮弹击中。幸好英国的渔船性能好机动快，顿时鸟兽散了。俄国舰队当场击沉了一艘英国渔船，死了几个人，造成了国际纠纷。海洋盟主英吉利绝对没想到自己会冷不丁遭遇这种袭击，有种阴沟里翻船的屈辱感。

经过斡旋赔偿，海洋盟主放了俄国人一马。后来分析英国人放俄国舰队过去，就是自己不屑于动手，等着看日本人收拾他们呢。大家想啊，一支舰队，突然以为受到袭击，仓促间对一群渔船发动进攻，只打沉了一艘，这样的战斗力，神勇的英国海军真是抹不开面子打他们。据说经过英吉利海峡时，大英舰队在俄舰经过的沿途监视，趁机炫技抻造型，把俄国人吓得够呛。当面见到英国的舰队才感觉到，俄国舰队，绝对是破铜烂铁。后来漫长的旅途中，因为大洋几乎都被英国控制，俄舰每次停泊加煤补给都被对方刁难侮辱，这个舰队一时成为世界海军的笑柄。

对马海峡一战，这支丢人丢到家的波罗的海舰队几乎被全歼，俄国无力再战。而这两年打下来，日本也消耗甚大，在美国人主持下，双方和谈，俄国承认日本对朝鲜的控制；俄国将旅顺口、大连湾并其附近领土领水租借权和其他特权，长春至旅顺口铁路及一切支线，附属所有权利、财产和煤矿，都转给日本；库页岛南部及其附近一切岛屿永远让与日本。这两个强盗分咱们的土地分得这么兴奋，就好像跟咱们没有任何关系。不过，东三省在俄国人手里还是在日本人手里，又有什么区别呢？

十月革命大演习

日本人要打这一仗，是国家强大后实现扩张理想，奔着强国强兵的崇高目标；沙皇打这一仗，除了想保持住俄国在远东的地位和利益，还有一个更大的原因，就是转移国内的矛盾。

尼古拉二世接班的日子并不好过，农民获得了人身自由却生活困苦，天天闹；资本主义的发展，必然形成资产阶级和无产阶级的对立，资本家对工人不友善，俄罗斯国内的资本家还都是英法等国来的，更不会体恤俄国工人，所以工人也闹；各种革命党从来没有肃清过，头脑还越来越清楚，运动目的和运动方式也越来越明确，渐渐形成了各种各样的"反动"党派；作为一个横跨亚欧的大国，境内超过50%的人属于各种少数民族，宗教文化本来就充满隔阂，政府对他们又不宽容，所以他们也闹。也许尼古拉二世觉得儿子的血友病才是世界上最无解最绝望的事，实际上，整个国家，已经可以说是鸡飞狗跳。而尼古拉二世简单地认为，只要出去打一架，就能化解国内所有的矛盾。

用战争转移国内危机，要点就是不能输，输了民众更恨；然而后方不宁怎么能指望前线士气高昂。如果不是纯粹找抽，就千万不要轻易出去招惹邻居了。

两军一对接就分出高下，战场的失利让国内雪上加霜。1905年刚开始，日俄战争正激烈时，圣彼得堡爆发了工人罢工。大家都知道，工人运动最开始，都是罢工，诉求也全都一样：8小时工作制，不要强行安排加班和给予最低工资保障。要求不高，态度也不算激烈。当时圣彼得堡有个牧师叫加邦，在工人中颇有威信，愿意聆听底层呼声。他做和事佬，劝说大家该上班还是要上班，可以找个假期，大家写个请愿书，他带着大家面呈沙皇。

1月22日是个周日，圣彼得堡20万工人，带着老婆孩子，抬着圣像和沙皇像到冬宫广场聚集，递交请愿书。请愿的工人既然带着老婆孩子，就说明他们没准备要暴力，谁知，遭遇的却是残酷的暴力。

下午，圣彼得堡那两支近卫军团开始向游行人群开枪，不论老幼妇孺；

马队冲上大街，宪兵们挥舞军刀见人就砍；有些宪兵甚至专门对孩子开枪，头脑简单的加邦牧师也在混乱中失去了性命。当天冬宫广场，有一千多人殒命，五千多人受伤，这就是俄国历史上的"流血星期日"。

当时尼古拉二世并不在冬宫，是不是他下令屠杀已经不重要了，反正所有人都把这血海深仇算在他头上。俄罗斯政府中很多人都对屠杀表示了愤怒和不解，有人说：多少年的宣传都赶不上陛下本人这一天产生的效果。

是的，效果非常明显，让俄国人对沙皇失去了指望，1905年成为革命之年，罢工行动越来越密集，罢工人数也越来越多，甚至出现了几百个城市联动发起罢工。对日战争即将失败，国内的动乱一浪高过一浪，心烦意乱的尼古拉二世唯一能做的就是镇压，杀人，再激起更严重的暴乱，再继续杀人。

手无寸铁的工人农民好杀，如果碰上军人造反就有点麻烦。黑海舰队有一只叫"波将金"号的装甲舰，有一天，水手午餐时，发现煮汤的牛肉已经生蛆了，因而拒绝食用。舰上的军官居然下令要枪毙这些抗议的士兵。水手们被激怒了，打死军官，竖起红旗发动了起义。当时敖德萨正在进行罢工，起义的军舰开进了敖德萨的港口，获得了当地百姓的声援。

可惜的是，当时俄国的革命势力还比较分散，思想也不能统一，沙皇随后派来军队镇压，"波将金"号被迫驶入罗马尼亚。罗马尼亚不够义气，第二年根据引渡条例将起义的军舰交还俄国，大部分水手下场悲惨。

1925年，俄国著名导演爱森斯坦拍摄了电影《战舰波将金》纪念这次非凡的斗争，而因为出神入化的蒙太奇手法，这部电影被认为是有史以来最伟大的影片之一。

1905年10月，俄国著名的政治家维特回来了。他刚代表俄国与日本签订了停战协议，因为他娴熟老练的外交技巧，虽然战败，俄国人还是最大限度地减少了损失。作为当代头脑最清醒的政治家，维特一见到沙皇，就建议他妥协改革。

改革的核心就是君主立宪制的确定，给予公民自由权利。10月底，尼古拉二世不得不签署了维特起草的立宪宣言：人身自由不可侵犯；言论、结社、出版自由；成立立法的国家杜马；以后没有杜马同意，任何法律都无效等。

签是签了，尼古拉二世一肚子不情愿，一有机会他就想推翻这个宣言。1906年第一届国家杜马成立了，不管杜马要讨论什么，对沙皇来说，他希望杜马就是一个服从于自己的机构，他根本不能习惯俄罗斯国内居然有一个机构是完全独立的。

沙皇态度不正确，组成杜马的各种党派也无法达成共识，谈到俄罗斯最困难的土地问题时，矛盾终于激化，尼古拉二世解散了存在73天的第一届国家杜马。

国内形势再次陷入紧张，为了缓和矛盾，第二届杜马应运而生。可是，杜马和沙皇政府之间还是不能协调，结果一样，再次解散杜马。

沙皇俄国病入膏肓还不愿意吃药，维特纵有一肚子的才学和主意也无能为力，只能辞职，而沙皇之所以能顺利解散杜马并恢复旧观，是因为他得到了更厉害的帮手，叫斯托雷平。

斯托雷平出身贵族，在1906年成为大臣会议的主席，相当于沙皇的首相。面对国内此起彼伏的起义和罢工动乱，维特的办法是舒缓对峙，让沙皇尽量释放善意和放弃专制权力；斯托雷平正好相反，他的手法干净利落，那就是：杀。从他一上台，整个俄罗斯绞架林立，他说：国家危机之时，必须制定最严酷、最极端的法律来保护它自己免遭瓦解。因为绞架成为斯托雷平执政的特色，有人称绞索为"斯托雷平的领带"。

就是因为斯托雷平的铁腕，沙皇才很得意地解散了第二届杜马，恢复了往日的威风。而从1905年蔓延到1907年的零散革命，也被有效抑制和控制。这两年的各种革命，让俄国的革命党也得到了不少经验教训，所以，基本可以说，这两年是后来十月革命的大预演。

光靠杀人肯定是不能稳定的，斯托雷平是两手都要抓，两手都很硬，一边毫不犹豫镇压革命党，一边就开始利落果断地解决最困扰俄国的农民土地问题。斯托雷平是强硬派，他认为，改革没有什么按部就班的，俄罗斯最怕什么？农民起义！让农民稳定了富裕了，日子能过了，谁起义啊？

农奴解放时，有很多无钱赎买土地的农民组成农社。斯托雷平就是要摧毁农社，让有能力的农民发展成为富农，有自己的私产和田庄；那些基础比较好的农民，通过农民银行扶持也逐步建立自己的私有田产和农庄；规定凡进行土地规划的地方，村社份地都自动变为私产，鼓励并强制没有地的农民向西伯利亚一带移民，开发荒地。

这些改革措施是不错的，至少让一部分农民日子好过了，在地主和农民之间扶持了一个富农阶层，稀释了部分怨气，间接还促进了资本主义的发展。可是，这个改革措施最多是缓解了局势，根源的问题依然存在，从1905年的革命态势表明，单纯的经济改革，尤其是这种温和改良的经济改革，根本不能满足需要并挽救罗曼诺夫王朝的颓势。

斯托雷平因为自己强硬手段招人仇视，他也一直很淡定地表示，谁想杀他，放马过来，没有一个人可以活着回去啊。1911年，革命党成全了他，在基辅送给他两颗子弹。虽然斯托雷平没有为沙俄的命运带来逆转，可是他的铁腕毕竟还是能大致控制局势，而且以他的能力，也许会在未来为这个千疮百孔的国家带来新的改良，他这一死，俄国的局面就彻底失控了。而倒霉的沙皇尼古拉二世在遭遇大革命之前，先被卷进了第一次世界大战。

二十三 唤醒一代人之二

前面说到，因为彼得拉舍夫斯基小组被端掉，俄国的文化进入了"昏暗的七年"，总是黎明前最昏暗，因为在 1861 年，也就是秘密小组被摧毁后的 12 年，亚历山大二世终于下旨废除了农奴制，俄国历史进入了崭新的一页。

虽然历史书都高度评价俄国废除农奴制解放农奴这项运动，但在俄国内部，被唤醒的一代依然觉得不够，亚历山大二世的改革又有点摇摆不定，左右不着，让俄国的各种思想斗争更加活跃。在彼得拉舍夫斯基小组前后，俄国国内虚无主义、无政府主义都流行过一阵子，但总的来说，越来越多人看重人性的解放和民众的力量，于是，慢慢形成了一个叫"民粹主义"的新派系。

"民粹主义"最近见得比较多了，它在俄国最早出现的时候，主要思想就是：强调普通民众的力量，时代和社会的进步应该是由民众开始的，而国家的职能应该是为这些民众谋福祉，人民群众是可以改变社会发展轨迹的决定性力量，等等。而"民粹主义"的反面就是所谓的"精英主义"，认为人类社会的发展应该是由精英主导的。

既然民众是最大的力量，那这股力量就应该被有效引导，人民在起到决定性作用前，也应该受到相应的教育，所以，民粹主义就搞了一个"上山下乡"的运动，号称要"到农村去"，接触底层人民，在他们中找到纯洁和正义。

"民粹主义"真的下乡了，这些出身不错，受过西方教育的青年男女，带着些浪漫绮丽的理想，下到了民间，成为乡村教师、乡村兽医、乡村干部等，他们希望在底层传播"民粹"思想，鼓励老百姓为自己的权益抗争。

虽然历史上，俄国的农民经常被各种山寨货煽动作乱造反，可真有人苦口婆心教他们认清自身的价值，并力求提升这一价值时，他们反而迷茫了，加上沙皇的宣传力度貌似更大，有很多地区的农民将这些来路不明、说话奇怪的城里人扭送公安机关。沙皇的警察机构当然也跟着"深入民间"，抓了不少人，经过约二百次的密集审判，民粹主义的运动终于宣布失败。

革命党人总是不甘失败而思维活跃的，"上山下乡"没取得效果，看来是俄国的农民不开化有奴性，那就不指望他们了。革命党人自己不能退缩，不能大规模革命，就小规模行动呗。

1876 年，又有一个秘密的革命团体成立了，名叫"土地和自由社"，他们希望能渐进式地实现自己的主张，内部有些急性子不喜欢渐进，于是"民意党"就应运而生。这个组织的行动干净利落，他们的主张就是，如果自己的诉求不能被采纳，就杀掉那些不采纳的人嘛，一个不够多杀几个，反对派死光了，自然就没有反对派了，所以，民意党的重要工作就是杀人，最重要的目标就是杀沙皇，亚历山大二世之死就是民意党最成功的案例。

思想界乱了套是挺可怕的，左一个主义右一个思潮的，要厘清这么混乱的思路非常难，但是人类就是在无数思想的碰撞纠结中上升，所以，意识形态领域越热闹，越反映社会的某种觉醒和觉悟，而比较具象的表现就是各种文艺作品。说 19 世纪俄国文学是"黄金时代"，进入 20 世纪，这些思想的纠结没有平息，俄国的文学界又迎来了史上的"白银时代"，让我们再来回顾黄金时代到白银时代期间各路跟黄金白银一样珍贵的巨星吧。

多余人的思考

俄国所有的作家都可以从普希金说起，普希金决斗而死的前一年，他当然不知道此时已到了生命的尽头，他还是挺有干一番事业的雄心壮志的，跟现在的当红作家一样，到底你在文坛有多牛，有一个鉴别办法，办一份杂志试试。普希金"晚年"办的杂志，叫《现代人》，如果非要划分种类，《现代人》应该是接近《独唱团》，肯定不像《最小说》。

《现代人》比《独唱团》运气好，它有幸出现在黄金时代，有幸让当时所有的名家留下了印记，甚至，通过这本杂志，还培养出了不少名家。比如，在刚创办之初，杂志找不到合适的稿子有点抓瞎。1847 年，即将出版的杂志还少一个短篇小说，之前有个文学青年曾在《现代人》发表过诗歌，居然让别林斯基很推崇，在当时当地，被别林斯基推崇的作家，立时身价暴涨。于是，主编便向这位叫屠格涅夫的年轻人约稿。

屠格涅夫真交出一个短篇小说给主编，小说名叫《霍尔和卡里内奇》，讲述一个猎人去某地打猎认识了某个地主的两个佃农，这两个佃农各有特点，给猎人留下深刻印象的故事。依老杨狭隘的见解，总觉得短篇小说最重要的是生动紧凑的故事，比如《聊斋志异》那些妖魔鬼怪就很好看，而屠格涅夫写的这两个佃农，有点像随笔，适合发在博客里，看着是挺没劲的。可就是这篇小故事让主编很满意，而且主编本着培养新进作家的目的，为这篇小说加了一个"选自猎人笔记"的副标题，并鼓励屠格涅夫按这个思路，从这个猎人的视角，连续写同类的故事。最后，屠格涅夫总共写了25篇短篇小说在《现代人》的某个栏目中连载，并引发了轰动，后来结集成书，就是大名鼎鼎的《猎人笔记》了。

老杨认为这书没劲，不耽误它的价值，按别林斯基的标准，文学作品一定要有社会性和进步性，屠格涅夫是第一个在文学作品中详尽描写农奴生活的，这25篇作品不仅描述了农奴生活的各方面，当然也对地主表示了批评，最值得称道的是，对俄国中部农村自然景色风土人情的描写。

《猎人笔记》是屠格涅夫的成名作，大部分作家的第一部作品都是自己很熟悉的生活，屠格涅夫为什么会对农村和农民的生活这么了解呢？

屠格涅夫出身显赫，他妈妈是个世袭贵族，也是大地主，身家丰厚，吸引了一位英俊的军官入赘。这种婚姻虽然是各取所需，也很难不吵架，屠妈是个跋扈的人，对儿子非常严厉，对自己农庄上的农奴就更加刻薄，因为被同一个人欺负，所以屠格涅夫自动跟家里的农奴非常亲密。也许是从小受了刺激，也许是对严厉老妈的怨怼，成人懂事后，再受点启蒙主义之类的熏陶，则开始对农奴制度发动攻击了。

被翻译成中文的屠格涅夫作品非常多，他几乎所有的作品都有中译本，其中大部分都可归入名著的范畴，有一阵非常流行，比如我们都知道的《罗亭》《前夜》《父与子》等。

跟随这一阵主流意识，屠格涅夫也在《罗亭》中塑造了一个多余人的形象，其实，屠格涅夫自己就是个多余人。他对农奴制开炮，他希望俄国社会有所改变，可他自己就是贵族，他母亲死后，他成为大地主，他断不会无端希望有人革自己的命，当然他自己也不会革命，他也是渐进式改革派的。异见分子如果不赞成革命，进入19世纪后期，就明显跟不上形势了，国内的进步革命党比如《现代人》杂志就不待见他，当然沙皇更不待见他，于是，屠格涅夫的晚年一直生活在法国，跟法国作家交流，并向他们推荐俄国的作品，屠格涅夫不仅在中国是最让人熟悉的俄国作家之一，在西欧，他也是比较流行的。

让我们回到彼得拉舍夫斯基小组被摧毁的那段时间，创始人彼得拉舍夫斯基被判死刑，突然在行刑前改为流刑，把人吓得半死。吓得半死还有做伴的，跟彼得拉舍夫斯基同一遭遇，大难不死的，还有一个名字很长的革命党人，叫陀思妥耶夫斯基（简称"陀哥"）。

在对待俄国的发展问题上，陀哥提出，俄国不做第一也不做第二，要做独一无二的。他的预言不错，俄罗斯就是独一无二的国家，而陀哥本人，也是个独一无二的人物，而且，跟他自己的祖国一样，陀哥的人生也透着精分（精神分裂）。

陀哥是位酷哥，cool 到了 cold 的程度，引用一段陀哥的文字来说明吧："再不能错过这一刹那的时间了。他把斧头完全拿了出来，双手抡起斧头，几乎不知不觉，几乎毫不费力，几乎不由自主地用斧背打到她的头上。这时他似乎根本没有力气。但是他刚一把斧头打下去，身上立刻有了力气……这时他使出浑身的力气又打了一下，两下，一直是用斧背，而且都在头顶上。血恰似从翻倒的杯子里迸涌出来，身子仰面倒了下去……他拿着斧头向她扑了过去：她的嘴唇抽搐，扭歪了，样子那么悲哀，就像很小的小孩子叫什么给吓着了，直盯着让他们感到害怕的那个东西……斧头正对准她的脸高高举了起来。她只是稍稍抬起空着的左手，不过离脸还很远，慢慢地向他伸过去，仿佛是要推开他。斧刃正劈到她的颅骨上，立刻把前额的上半部，几乎到头顶，都劈作两半。"

这段细腻的杀人描写就出自陀哥的旷世名著《罪与罚》，老杨对翻译作品一向不感冒，文字上的疏离感让我永远无法沉浸于作品中。但是陀哥这段杀人场景的描写，一直让老杨在阅读时感觉很胸闷，写一位年轻的大学生用斧子劈死两个老太太，居然可以写得这么从容淡定，作者本人的心理应该也不算太阳光。

陀哥出生于 1821 年的光棍节，是一个医生家庭诸多孩子中的一个。医生的孩子也不都健康，陀哥患有癫痫，并在 9 岁时开始发作。1846 年，陀哥的书信体短篇小说《穷人》发表，还是让别林斯基来评价一下陀哥的处女作吧，他看完小说后说，陀哥是俄罗斯文学的天才。

《穷人》让 24 岁的陀哥成为名作家，也就是同时，他沉溺于空想社会主义，并加入了彼得拉舍夫斯基小组，差点被枪毙。生死之间走一圈又经历了十年的流放，心理容易遭受剧变，而天才这东西，不在折磨中爆发就在折磨中枯萎，也许陀哥的才能还在，可是心性却大不同了。现在他认为，要改变俄国的面貌，靠底层人民的革命是没用的，贵族更指望不上，唯有忍耐坚守，并笃信宗教，有一天上帝会给予正确的安排。

19 世纪 60 年代是陀哥的创作黄金期，伟大的《罪与罚》就出自这一时期。这可以被认为是最早的犯罪心理小说，讲述的是圣彼得堡有一个年轻的大学生拉斯科里尼科夫（小拉），因为贫困从大学法律系辍学，生活无着，靠着拮据的妈妈和妹妹提供生活费，妹妹因此必须嫁给一个她不爱的人。

小拉过着窘迫的日子，每天要躲着房东追债，偶尔要去典当些东西维持生活。典当行的老板娘是个放高利贷的，为人刻薄贪婪，小拉很仇视她。小拉认识一个小公务员叫马儿美拉陀夫，这家伙也穷得叮当响，他还酗酒，为了维持一家五口的生活，小公务员的女儿索菲亚甚至去当了妓女。

小公务员的生活状态给小拉触动很大，他开始思考自己的人生道路，他觉得，这个世界上有两种人，强人和怂人，怂人就是马儿美拉陀夫这种，面对生活的重重压迫，毫无反抗，越活越贱；而强人不一样，比如拿破仑，他也出身寒微，经历过贫困，可他就是出人头地了，而他的成功是建立在死了很多人的基础上。

小拉因此建立了一个理论，有些人注定是非凡的，他们可以取得一切包括他人的生命，还可以通过取得坏人的性命，让世界更美好。于是，就出现了上面引用的那段，小拉用斧子劈死了典当行的老板娘，行凶过程中，老板娘的妹妹误入犯罪现场，也被小拉毫不犹豫地劈死。杀掉老板娘姐妹，小拉抢了她们的钱袋，他也不是劫财害命或者杀富济贫，因为他藏起了赃款，到最后也没有用过。

小拉不是反人类的变态，杀掉两个人后，他因为恐惧被吓病了，他见到了小公务员那位为家庭做皮肉生意的女儿索菲亚。索菲亚是虔诚的教徒，面对所有生活的打击，她以一个教徒的坚忍全部接受，并一直保持着平和善良的心。杀人后的小拉活在巨大的恐惧和压力中，索菲亚这种默默忍耐的力量让他释放了自己，索菲亚和小拉一起念《圣经》，并劝他投案自首。最后，受到感召的小拉在警察无法破案的情况下投案，被判八年苦役，而索菲亚陪在他的身边。

这部小说如果出现在某些文学网站上，它不过是一个杀人犯和妓女有点扯的爱情故事而已。但是陀哥写的，就不一样了。它探讨的是一个关于当时的社会背景下，贫困、犯罪和人性的高端论题，更不用说，陀哥强大的技巧，刻画人物心理丝丝入扣，整个作品一直保持着高度的紧张感和压抑感，可以让人读得透不过气来。所以很多人都说，《罪与罚》是俄罗斯小说的巅峰。

《罪与罚》是俄罗斯小说的巅峰，但还不是陀哥的巅峰，他在生命的最后几年，写出了《卡拉马佐夫兄弟》。讲述的是卡拉马佐夫和他四个儿子之间的一个弑父惨案，当然也是个阴暗的故事。

卡拉马佐夫是个贪财好色的老地主，有两次婚姻和一次鬼混，生了三个儿子和一个私生子。长子跟老地主一样贪婪好色，有未婚妻还看上了一位声名狼藉的浪女，悲剧的起因居然是，老地主和大儿子看中同一个女人，大儿子还一直跟父亲索要亡母的一笔遗产；二儿子是个大知识分子，无神论者，过于理性，对现实看得太清楚，他认为既然无辜的人和孩子都会受到伤害，而上帝毫不作为，只能说明，没有上帝，既然没有上帝，那大家干什么都可以；三儿子是个修士，更是作者笔下的天使，他纯净明亮，温暖善良，笃信上帝，也笃信虔诚的信仰可以改良一切；私生子是家里的一个厨子，他兼有大儿子的贪婪和二儿子的信仰缺失。

大儿子跟父亲水火不容，抢女人和抢财产都会引发人的恶念甚至是杀念，有一天父亲就真的被杀了，大儿子自然是第一嫌疑人，可实际上，真正的凶手是私生子，他弑父的目的是劫财，而他之所以会这么做，原因是他一直崇拜二儿子，和他那个"没有上帝，做什么都可以"的信条。

最后私生子畏罪自杀，大儿子被流放西伯利亚，二儿子因为自己被定性是弑父的主犯而崩溃，剩下的唯有天使般的三儿子，他将走向尘世，开始他的新生活。

看起来，这又是个犯罪小说，可是陀哥当然不会仅仅写一个惨烈的家族悲剧，作为陀哥人生的最后一部作品，他将自己一生的思考困惑都融入其中，他所要探讨的问题非常庞大，那就是：到底上帝是否存在？

《卡拉马佐夫兄弟》一书中，陀哥强大的心理描写和准确的人物定位得到了登峰造极的展示，作品的气质延续陀哥一向的风格，带着幽暗冰冷的气场，紧紧将读者压抑束缚在其中。这本书中有一篇被很多大家高度推崇，《卡拉马佐夫兄弟》已经是小说界的峰顶，而其中的这一篇，无疑是全书的灵魂，这篇就是著名的《宗教大法官》。在老杨看来，能写出这样一篇文字，基本可以说：地球人都拦不住陀哥了！

这是老地主的二儿子写的一篇寓言诗，他讲给自己的三弟听，把这个纯良而虔诚的天使差点听傻。二儿子写的故事发生在 15 世纪的西班牙，在红衣主教火刑处决异教徒的现场，耶稣出现了，他回到了人间，并再次显示了神迹。可红衣主教下令逮捕了耶稣，并质问了他，耶稣没有回答，甚至可以说无言以对。红衣主教的这些长篇大论大意就是：耶稣你为什么要回来呢？你回来是妨碍大家啊，很多事你可以做，可你不做，你给了人类自由，可人类又不能负荷这些自由，现在教会把你没做到的事都做到了，帮你统治了世界，你就不要再回来碍事了吧！

上帝没有做成哪些事呢？上帝可以把石头变成面包，可他不肯，他认为，人类不能因为他可以给予面包而追随他，而实际上，人类铁定是追寻给他们面包的人，如果没有温饱，谈什么道德呢？上帝可以创造奇迹，可他不愿意，因为他认为人类不能因为奇迹而追随他，可是人类就是需要奇迹，有奇迹就有神秘就有权威，这样才能让人信服并顺从。

最后的结论，上帝应该回到他自己的地方去，永远不要再出现了，人类信仰上帝，可并不真的需要一位这样的上帝！

"你只要把石头变成面包，人类就会像羊群一样跟着你跑，感激而且驯服……可是你拒绝了这个提议，因为你想，假使驯顺是面包换来的，还有什么自由可言呢？你认为人不能光靠面包，但是你可知道，地上的精灵就会借尘世的面包为名，跟你交战，并战胜你……人类用智慧和科学的嘴宣告，根本没有犯罪，无所谓罪孽，只有饥饿的人群……'先给食物，再问道德'……"

这一篇，在整部作品中是显得很突兀的，它基本可以完全独立于整个故事存在。而就是这突然出现的一篇文字，点亮了整部小说，让作品的意境和思想提升到一个新的境界。当然，陀哥是宗师，他这么写当然是剑走偏锋地惊才绝艳，别人也冷不丁来这么一个长篇大论的跑题，肯定被认为是胡搅蛮缠。

前面说过，流放后的陀哥在宗教方面有点偏执，他坚持俄国的未来和前途在于宗教和信仰。他特别设定的三个儿子，分别代表着俄国的过去、现在和未来，天使一般洁净虔诚的三儿子就是俄国的未来。而在小说中，他这么赤裸裸地质疑上帝，也多少反映出陀哥自己的纠结和彷徨，所以说，陀哥的潜意识，是有点儿精分的。陀哥是个东正教徒，红衣主教是天主教徒，陀哥自己有困惑，借着红衣主教提出些"大不敬"的说法，万一真有上帝，自己还不担"罪孽"，挺聪明的。

陀哥是老杨最崇拜的作家之一，而且老杨一直认为，陀哥在整个俄国文学史上，可稳坐头把交椅。可惜，主流的文学评论貌似不这么认为，陀哥偶尔还是被低估，皆因作为一个现实主义作家，到后期，他不是鼓舞所有人有所行动"敢教日月换新天"，而是提倡宗教信仰这种无力而保守的办法，在思想意识上，陀哥算是相当不进步了，貌似当一个文学家又是革命家时，身价能凭空高出许多。

《卡拉马佐夫兄弟》写完，陀哥意犹未尽，他本来预备为小说写出第二部，主要内容是三儿子入世后的生活和爱情。1881年，在写作时，陀哥的笔筒掉在桌子下面，他为了搬桌子，用力过猛，脑血管爆裂而死。陀哥也太节俭，一个笔筒嘛，买新的不就完了，至于把命赔上吗？

终于轮到托尔斯泰了。虽说文无第一武无第二，但在主流标准中，托尔斯泰（简称"老托"）肯定是俄国文坛的大哥大，作品数量最多，质量最高，影响最大，被认为是大师中的大师。

老托更是出身显赫，据说还跟沙皇家族沾点儿远亲关系，因为继承了庄园和家业，当时当地，我们见到老托，要尊敬地称呼他：伯爵。

老托早年生活有点儿放浪形骸，不喜读书，但对哲学有点兴趣，老杨一直觉得古代的欧洲公子哥是有点品的，不作兴炫富之类的玩法，他们再有钱再有地位，都会学点哲学艺术之类的花哨功课傍身，以保障自己在社交圈不要显得太土鳖并能拥有一定的被关注度。在中国日渐富裕的今天，老杨特别想倡议，有钱人也组成类似当年的欧洲上流社会社交圈，经常就人文艺术时政组织讨论，让富二代们有个去处，别没事上街飙车，拼爹！

上了三年喀山大学，因为挂科、赌博等劣迹昭彰被学校留级，后来他干脆退学回家了。在这里要提醒所有的老师注意，对退学的孩子客气点儿，因为他们有可能是盖茨是乔布斯或者托尔斯泰。

老托是小儿子，根据欧洲的规矩，他可以继承母系的遗产，于是托尔斯泰成为一个大庄园主。又是被启蒙教育"教坏"的小孩，想法很简单很天真，一接手庄园，他就着手改善农奴的生活。俄国的农奴，早就被剥削麻木了，冷不丁碰上一个满脸善意的老爷，完全不敢接受，都想这地主老财说不定憋着什么坏呢。

以老托的出身和地位，他也是纠结的，他知道农奴制不好，应该被废除，可到底应该怎么废除，他也没个思路，用革命的办法自然是绝对不行的。对农奴的同情，和想改善他们生活条件的善意都没有得到充分有效的释放，加上对上流社会生活的厌恶，老托参军去了高加索。大家看出来了，老托也是个"多余人"，他的人生轨迹跟之前介绍的几位文人都有些类似，显然，当时的俄国，上流社会的公子哥，大多数都是"多余人"。

托尔斯泰在 34 岁结婚，娶了一位 17 岁的大家闺秀索菲亚。老托做了他人生最愚蠢的一件事，给后世留下了惨痛的教训：老托是个文艺青年，在没有博客和微博的时代，他们用日记记录自己的生活点滴和心声。面对即将进门的年轻的新娘，老托无法表达爱意，就觉得应该对她充分坦白自己，于是，他将日记献给了未婚妻。日记一般都是比较写实的，又没有监管当局控制尺度，内容可让17岁的新娘开了眼了，原来自己要嫁的这个男人，吃喝嫖赌无所不为，还染过性病，有过私生子！

索菲亚带着震惊失望和伤心成为托太，日记在她心中留下的记忆永远挥之不去，所有的女人都希望老公对自己坦白过去的情史，可一旦真坦白了，就成为其一辈子的说辞和把柄，并认为只要有前科，必定还会再犯。

托太很能干，那真是上得厅堂下得厨房进得书房，结婚后，老托就开始专心著书写作，偌大的庄园事务全部交给托太，除了公家的事，还有私事，托太从进门开始生孩子，一刻不休地生了13个孩子，这两件大事，就让托太白天晚上都不闲着了，老托又给老婆整出了一件新业务。

19世纪六七十年代，老托写出了两部巨著，分别是家喻户晓的《战争与和平》和《安娜·卡列尼娜》，俄国作家动辄就能写出巨长的小说，这两部书的厚度用来当板砖使相当称手，其中《战争与和平》翻译过来后，四册一百三十多万字（草婴翻译的版本），一口气读完，真有头昏眼花之感。

《战争与和平》讲述的是以俄国1805年到1820年间为背景的故事，所谓战争就是指的俄国对拿破仑的战争，小说最著名的就是气势恢宏，场面浩大，人物众多，涉及了政治、社会、文化、宗教、心理、情爱等各个方面的内容，在小说覆盖的广度方面，《战争与和平》无疑已经是史上最登峰造极的作品了，它被称为描绘俄法战争的一幅珍贵壮美的历史画卷。

小说围绕着莫斯科上流圈子的四个贵族家庭的子女们展开，这四大家族分别是贾家、薛家、王家和史家，故事开头就是一个怪和尚和一个臭道士到处乱跑……打住，又穿越了！忒容易穿越了，每次读《战争与和平》，老杨总是能走神想到《红楼梦》，并喜欢将两者做对比，这两部小说应该说分别代表俄文和中文小说的最高境界，而且两部书都胜在人物多场面大，中心内容都是描述一群年轻人的生活和爱情。只是，因为老托的作品依托于伟大的俄国卫国战争，看起来浩瀚而壮丽，战争背景下的爱情，总是容易写得荡气回肠一些；《红楼梦》用一个大院子里发生的琐碎家务事构成了这么强大的一个故事，更显得难能可贵。

莫斯科那四大家族共有十多个适龄年轻人，因为俄国对拿破仑的战争，让他们的生活都有了改变，有的毅然参加战争，并在战争中调整自己的三观；有的则是继续在上流社会堕落颓靡，也通过时局的变化改变了自己；当然有的就变成了"多余人"，对现实有了自己的困惑，在困惑中又不断修正自己的位置。因为老托自己的思考，小说少不得还讨论了关于农奴改革和信仰之类的问题。

至于《安娜·卡列尼娜》则更是读者众多了，老杨家也不算好读书的书香世家，记忆中家里很早就有这本书，而其开篇的那句名言，大约是识字时就接触过了：幸福的家庭都是相似的，不幸的家庭各有各的不幸。

幸福的家庭怎么幸福呢？没人出轨，或者出轨也不出事；不幸的家庭大部分是因为有人出轨，出轨还出事。《安娜·卡列尼娜》不管在文学界有多高的地位，不用解构它隐含或者隐射或者隐喻的内容，它讲的，不过就是个出轨的故事。

年轻的美女嫁给了比自己年长很多有地位有身份有财富的老男人，锦衣玉食之际还渴望爱情，于是由私通发展到私奔，后来发现这段关系为上流社会不齿，还被社交圈子排挤；小白脸的爱情随着时间的流逝逐渐衰退，美女绝望之下为了终极惩罚情人，跳下铁轨自尽。

要在现实生活中认识一个安娜这样的女人，谁不骂她道德败坏品质恶劣啊，可她在老托笔下，几百年来就是成为了追求爱情追求自由的女性先驱的代表。鉴于老托自己早年私生活也不太检点，他写一个已婚女人偷情的故事，怎么看都不具备积极的教育意义。安娜背叛丈夫，与情人通奸，遭到全莫斯科的鄙视，就有不着调的人因此总结，这是封建社会对人的自由的压制和迫害，这也太离谱了吧，难道现代社会没有封建迫害的时候，我们就能公开接受通奸和背叛了？！真要将安娜树为女性榜样，以后的世界还不乱套了吗？

显然是老托自己也觉得，单独写一个通奸的故事，还被炒成世界名著，对不起广大观众，所以《安娜·卡列尼娜》还有另一条线，讲述了一个叫列文的农场主，他天真单纯地在自己的领地上企图对农奴做出改革。跟安娜自由追求爱情遭受惨败一样，列文对农奴的一系列措施也没取得他想要的成果，很明显，这个列文，是托尔斯泰自己的写照。

因为上面介绍的这两部巨著，老托得以不朽，这份功劳一定要分一半给老托可怜的妻子。在没有电脑的时代，作品的修改和誊写是巨大的体力劳动，尤其是老托这种写起来文思如滔滔江水连绵不绝，动辄几百万字的作品。根据老托留下的文稿，这家伙的字迹相当潦草，显然也没好好练过字，看原稿非常费神吃力，因为老托家所有的体力活都是老婆干，所以这个琐碎而劳累的工作又被安排给托太，索菲亚在管家、生育、奶妈等工作之外，还要当老托的助理和秘书。

老婆很帮忙，吃喝都不愁，老托只管使劲写，晚年时，又一部巨著《复活》问世了。《复活》讲述一个贵族公子哥，在自己姑妈的庄园诱奸了一个女仆，始乱终弃。若干年后，他做陪审团成员出现在一个案件的审理现场时，发现被控毒杀富商的妓女，就是他当年抛弃的女仆，而且女仆之所以沦为娼妓，就是由于当年和公子哥的一夜情而后怀孕，被主人家驱赶，后流离颠沛为生活所迫成为"失足妇女"。

公子哥懊悔自己的错误开始为女仆奔走，想替她洗刷罪名，在奔走的过程中，意外帮助了很多犯人，并深刻认识到了沙俄社会监狱、法律、国家机器对老百姓的迫害和欺压。女仆被判流放，公子哥预备陪伴她服刑，并要求跟她结婚。女仆从最初的怨恨到最后被他感动，再次爱上了他，但是她认为结婚是不可能的，这对公子哥不好，于是她嫁给了一个服刑的政治犯，而公子哥也在这一轮的救赎中，找到了真正的自己和未来的方向，开始了一段新生活。特别需要说明的是，虽然女主角最后选择了革命党，但不意味着老托为公子哥指引的方向是走上革命道路，因为小说的最后一篇，男主角在研究福音书，所以，遗憾的是，对老托来说，抗争和改变也要寄希望于宗教信仰。

老托不可避免要变成一个有点儿古怪的老头，像托尔斯泰这样的人，不能指望他老了带孙子消遣，他肯定是继续偏执地胡思乱想，并认定现实中的一切都让他不满意。好在他没有变成一个刻薄的地主，而是努力想抛弃贵族生活，跟农民或农奴为伍。老托八十大寿后，所有人看他就真老糊涂了，他好日子过久了，突然想要放弃一切，做普通百姓。

怪老头要散家产，老伴是绝对不能答应的，在老托看来，老婆总是跟不上自己的意识和思想，还总给自己添乱。而托太也苦闷，自从嫁给老托，活没少干，苦没少吃，可就是得不到认同，加上自从新婚的日记事件后，托太就落下病根，总怀疑老托背着自己干了不少花花草草的事，而老托居然不再坦白交代了，托太百忙之中还给自己增加了一项工作：随时翻找老托的新日记。

1910年10月28日，82岁的老托决定，离家出走，他要到南方去，自食其力自力更生自说自话。对于一个82岁的老头来说，玩离家出走最好仅仅是口头吓唬小辈，来真的就有点冒险，十天后，在旅途中的一个寒冷的小车站里，因为肺炎，老托病逝。很多人都说，老托的离家出走和逝世，罪魁是家里那个不懂事的老婆，因为和老婆的争执口角，直接导致了一代文豪的离去，为俄国乃至世界文坛造成了巨大损失。公平地说一句，一个82岁的固执老头的折腾，真不能怪任何人。

老托的三部名著可以被称为文学界的丰碑，任何人能写出其中的一部都可以算得上是大家，老托的名字后面，经常有文豪、巨匠、宗师之类的后缀，在文学界，至少在俄国的文学界，他肯定可以稳坐头把交椅，笑傲江湖。不过，老托自己说过，如果仅仅是比较小说的技巧，他自觉比不上契诃夫。

肯定是比不过的，稍懂文学的人都知道，写小说，越短越艰难，要写好短篇小说，远比写一部砖头厚的长篇难得多，有些人就说中国最好的小说应该是《聊斋志异》。而我们即将要介绍的契诃夫，就是选择了这条最难的路，他是短篇小说的大师。

契诃夫家里是开杂货铺的，后来杂货铺还开倒闭了，他靠当家庭教师才完成自己的学业，他学的是医科。大家都知道，医生不能随便转行，一转就容易转出大事，以咱家为例，有两个当医生的不专心本职工作，就天翻地覆了，一个叫孙文，一个叫鲁迅。

是不是因为医生的思维跟常人有异，他们一跳槽到文学界，就带着不一样的气象，他们观察生活更仔细，对细节看得更清晰，更能抛开表象看到最深刻最腐坏的内在。最重要的是，作为医生，他们都比较狠，文章看似幽默实则刻薄，喜欢夹枪带棒地嘲讽。而因为一个医师的思维习惯，他们的作品都很凝练而且紧凑。

大家注意，契诃夫出身普通，成为小说作家后，也不可能进入上流社会去憎恨上流社会，所以，在上面介绍了一堆"多余人"作家后，难得地出现了一个不是"多余人"。没有多余人的矛盾和纠结，没有他们那些说不清楚的桎梏，契诃夫反而可以把周遭看得明明白白真真切切，作为一个执业的医生，在行医的过程中，他零距离接触社会各类人群，所以，契诃夫的大部分作品，素材都是在日常生活中随手拈来，朴素实在，紧贴现实。

契诃夫我们不陌生，中学时代都学过他的作品，随便屈指一算，《变色龙》《凡卡》《套子里的人》都是我们耳熟能详的。在写作方面，契诃夫曾总结出一条秘诀："天才的姊妹是简练"，要求作品尽量废话少说。这条秘诀虽然大多数作者都认同，不过都不喜欢照着做，因为好多地方是按字数算稿费的，作家也要吃饭吧，看老托，那样有钱的伯爵老爷，他写东西也绝对不精练，生怕作品印刷出来后，垫桌子高度不够。

在老托离家出走的六年前，契诃夫也因为肺炎病逝在德国，人类文化史上的文学家浩如繁星，可写短篇小说成了气候的，不过就是美国的欧·亨利、法国的莫泊桑和俄国的契诃夫，当然，老杨认为，蒲松龄也可以放在其中，不能因为人家写妖魔鬼怪就矮化人家的才能。

伏特加、纸牌、烤鸭与狗

老杨每启动一个国家的旅程时，都会选择让自己第一时间想到的该国特产来开头，比如德国的音乐家、法国的卢浮宫、英国的魔法师、罗马的上古神话。而一说到俄国，相信很多人跟老杨一样，第一个入脑的，肯定是伏特加，因为这东西容易上头。

开篇介绍了"生命之水"的酿造方法，酿酒是个很容易的活，但是要酿出好酒却殊为不易，酒是艺术品，酿造的过程要讲点天赋和灵感，纯技术肯定不能达到化境。不过有人认为，酒不过是一种勾兑艺术，只要能精确算出配方，就能调和出一流的好酒，于是他就给伏特加研究出了标准配方，而根据这个配方，俄国推出了自家的招牌好酒，标准伏特加，这个给酒写秘方的人叫门捷列夫。

门捷列夫出生于西伯利亚，那种地方长大的人，估计对伏特加之类的东西有深刻的感情。门捷列夫（简称"老门"）是师范生，毕业后就成为中学化学老师，后来成为彼得堡大学化学系的教授。

老门一生有两大嗜好，玩牌和喝酒。要不怎么说玩物丧志也要看人呢，老门，好酒之余为俄国的伏特加制定出了标准，而玩牌呢，更玩出了巨大的成就。

却说老门早年教授基础化学，基础化学要研究自然界的元素，到底这个地球有多少种元素？中国人最简单了，五大元素，金木水火土，什么都能联系上，包括人品。比如老杨是个暴脾气，则是火性；没主见还喜欢招惹桃花的人，我们说他水性。西方人较真啊，五个元素肯定不够，要细分再细分，于是，到19世纪六七十年代左右，科学家已经发现了构成这个世界的63种元素。

这63种元素要记住还是挺难的，而且，元素间会不会有什么内在联系呢？比如金生水、水生木、木生火这种。正好英国有个叫道尔顿的，提出了原子学说：物质是由原子构成的，元素是由同一种类的原子构成的……因为原子是有质量的，所以不同的元素有不同的原子量。当时的科学家都认定，通过原子量，可以找到这63种元素的某种内在联系。

作为基础化学的教授，老门觉得研究出这63种元素的规律责无旁贷，至少要给学生一个简单的背诵方法吧，全挂科了不是显得教授无能吗？

老门喜欢玩牌，于是把这63种元素做成了63张纸牌大小的卡片，天天在桌上排来排去的，不知道内情的同事都说：门教授真悲催，犯了牌瘾，还天天一缺三。

纸牌终于启发出了老门的灵感，他发现元素的性质是随着原子序数的增加呈规律变化的。至于怎么个规律变化，读者们自己复习初中的化学吧，老杨到现在还没学明白呢。

只要发现了规律，就容易整理了，于是，元素周期表就出现在全世界所有的化学书上了，这是老门用扑克牌推演出来的天才图表。

老门的元素周期表绝对是人类科学发展史的一块里程碑，自从这个周期表出现，人类发现新元素的进度明显加快了。比如，两个元素在周期表上是邻居，可原子量又相差比较大，那就说明，这两个元素之间，一定存在着新的不为人类所知的元素，可以按这个线索去寻找。而老门自己在做元素周期表的过程中，已经有意识地留下空位，他留下的位置，陆陆续续被新发现的元素填满。现在这个周期表已经拥有一百多种元素，如果老门再想做成卡片，只能做成麻将来研究了。

在老杨看来，这张表格最大的作用还是帮助我们背诵记忆应付考试，老杨化学学得焦头烂额，只有元素周期表至今能流畅背诵，也算对得起门教授了。

这个时期的俄国，有钱人家的少爷都研究文学哲学以图在上流社交圈里磨嘴皮子，能沉下心来研究科学的，都是贫寒人家的子弟。只有科学研究是实打实要看成果的，不需要拼爹也能出人头地。俄国虽然一直落后保守，但家里一直不缺少世界顶级的科学家，19世纪中期这一段，除了门捷列夫，俄国人还拥有巴甫洛夫。

全世界知道巴甫洛夫，是因为他欺负虐待狗，每次喂狗之前都摇响铃铛，狗会自动分泌唾液配合，几次以后，就算摇铃不给狗进食，它也分泌大量的唾液。一只可怜的牧羊犬被巴甫洛夫整得神经兮兮的，但因此帮助他建立了强大的条件反射理论。

网络上的神仙们根据这个条件反射定律发明了一种泡妞秘籍：如果你看上了办公室某位美女，每天早上你就默默地匿名买好早餐放她桌上，时间长了，她吃成习惯，突然你就停止不送早餐了，美女马上就郁闷了，会全力寻找这个送早餐的，并对你流口水。

巴甫洛夫泡妞法为广大80后、90后熟悉，而巴甫洛夫这个名字在中国老一辈人中更是著名，倒不是因为中国人对高级神经学的兴趣，要感谢一位相声演员牛群，他相声生涯的巅峰名作就是著名的"领导，冒号"，说的就是为纪念巴甫洛夫诞辰139周年，一个科室成员预备用公款吃一顿烤鸭的故事。作为世界顶级的心理学和神经学大师，巴甫洛夫真是给中国的娱乐事业做出了不少贡献。

巴甫洛夫是世界上第一个获得诺贝尔奖的生理学家，在获奖时，他特别感谢了帮他完成各种试验的牧羊犬，其实，巴甫洛夫要感谢的动物很多，在研究消化道之类的问题时，被他折磨并搞乱了神经的动物真不少，动物保护协会的也不说去包围他的实验室。

在面对死亡时，巴甫洛夫更是表现出一位超级科学家的强大心理，有一篇文章被收录在小学课本里，叫作《巴甫洛夫很忙》。在预感自己时日无多时，作为一个医学工作者，没有急得到处找偏方找熟人不计成本延长生命，而是淡定地接受，并口授自己身体和生理的各种变化，让助手记录下生命走向终结的过程，在"等死"的这段时间里，他不许任何人去打扰他，并因此留下人类历史上最牛的临终遗言：巴甫洛夫很忙，巴甫洛夫正在死亡。(中国的教育喜欢培养"冷血超人"，喜欢宣扬为工作父母生病都不回家这种可悲"事迹"，巴甫洛夫一生钻研科学，对家庭颇为冷漠，生命的最后也不说好好补偿一下家人，这个故事进入小学课本，感觉对小孩产生不了特别有爱的教育作用。)

悲怆和大笑

俄国的文学家是世界一流的，科学家是世界顶级的，而真正让俄国文化被全世界高度认可，其最强大的软实力，肯定是来自柴可夫斯基。据不科学数据，说老柴是最受欢迎人气最高的古典音乐家，应该是毫不过分的。

要追溯俄国的音乐发展史，最先被提到的应该是格林卡，作为一个小庄园主，他也幸好没有沦为"多余人"，一门心思想着解放农奴，他在农奴身上汲取的，是俄罗斯民间音乐的营养。他舅舅有一支由农奴组成的乐队，格林卡参与其中成为一员，最让他沉迷的，就是那些来自俄罗斯乡间的民歌。

格林卡成为职业音乐家后，将俄罗斯的民间音乐与西欧的创作技巧结合，创作出了俄国历史上第一部有世界影响力而且是带有俄罗斯民族风格的歌剧《伊万·苏萨宁》，随后他又根据普希金的同名长诗创作了《鲁斯兰和柳德米拉》，为俄国的民族音乐奠定了基础。格林卡在晚年写了一部交响乐《卡玛林斯卡亚》，这是一部以俄国民歌为基础的交响乐，为后来的俄国作曲家开辟了道路。柴可夫斯基说:《卡玛林斯卡亚》孕育了整个俄罗斯的交响音乐。

格林卡之后,俄国音乐家迎来了一个小高峰,出现了著名的"强力集团"。这是一个由进步的俄国作曲家组成的团体,成员共有五人,"组织头目"是格林卡的学生,巴拉基列夫。这五个人中,只有巴拉基列夫算是受过学院派的音乐训练,其他四个都是业余工作者。沿着格林卡的道路,继续将俄罗斯的民间音乐发扬光大,他们主张利用俄国民间音乐中独特的因素,创作出具有鲜明的俄罗斯风格的音乐作品。

五人集团作品丰厚,最被我们熟知的就是五人中年龄最小的科萨科夫为歌剧《萨尔旦沙皇》谱写的曲子——《野蜂飞舞》。《萨尔旦沙皇》是普希金写的一部童话故事,故事讲述了三个不友爱的姐妹。最小的妹妹成为皇后,让两个姐姐很嫉妒,于是用阴谋诡计将妹妹和刚出生的王子放逐荒岛,后来王子在一位被施了魔法的公主帮助下,变成大黄蜂找回了正义,全家大团圆。野蜂飞舞这一幕描写了王子变身大黄蜂(不是博派那个机器人啊),向两个坏姨妈报仇的情景。现在最火的跨界钢琴家马克西姆就是以神乎其技眼花缭乱的指法弹奏这支曲子而一举成名,后来这首乐曲就经常被各种演奏家用来炫技,快速流畅,激情滚滚,马克西姆在演奏时几乎达到了人琴合一的境界,闭上眼睛,真能感觉到一群大黄蜂的急速飞行。

经过格林卡和五人集团,俄国的音乐界找到了明确的方向和定位,陆续开始出现影响世界的超级音乐家。

柴可夫斯基(简称"柴哥")出生于1840年,一个富裕的知识分子之家,10岁那年,柴爸成为圣彼得堡国立大学的校长,所以柴哥一直能受到正规而且良好的教育,从5岁学钢琴开始,就表现出了艺术天赋。柴爸虽然支持儿子学音乐,可从传统教育的理念上考虑,音乐作为一生的事业,道路比较狭窄,饿肚子的概率极高,柴爸一直给儿子施压,让他学习法律。

柴哥性格敏感而脆弱,有点小孤僻,是个天才却不敢叛逆,他屈从了柴爸的安排,进入法学院,并在毕业后到司法部工作。22岁时,柴哥在司法界实在看不到任何前途和乐趣了,于是说服柴爸,进入圣彼得堡音乐学院学习,师从安东·鲁宾斯坦。

安东·鲁宾斯坦（注意区分 20 世纪美国著名的波兰裔钢琴大师）在俄国音乐发展史上有非常尊崇的地位，他不但是俄国数得着的音乐家，最大的成就是音乐教育，他一手创办了圣彼得堡音乐学院，柴哥是他的首批学生。毕业后，安东·鲁宾斯坦的弟弟尼古拉·鲁宾斯坦邀请柴哥到莫斯科音乐学院去执教，当时柴爸已经过世，柴哥要吃饭，所以就接受了音乐史教师的工作。

吃不饱饿不死的工作是挺有空的，柴哥开始了自己的音乐创作之路。跟其他天才一样，柴哥的作品刚问世的时候，收到的全是冷遇，比如在莫斯科音乐学院任教期间，他写了一部叫《降 B 调钢琴协奏曲》的曲子，就被同事同行菲薄，甚至连尼古拉·鲁宾斯坦也觉得这个孩子想在音乐道路上实现成就恐怕是天赋有限。这首曲子后来名震全球的时候，都叫它《第一钢琴协奏曲》，读者们可以去百度一下，就会知道这是一首多么著名多么熟悉的曲子了。

柴哥一生作品很多，《第一钢琴协奏曲》是他的金字招牌，而最奠定他江湖地位的，则是芭蕾舞剧。在老杨成为文艺青年之前，一直以为世界上只有三部芭蕾舞剧，分别是《天鹅湖》《胡桃夹子》和《睡美人》，而这三部都是柴哥的作品。

芭蕾舞剧发源于意大利兴起于法国，19 世纪，俄国流行法国时尚，所有法国的东西都被俄国尤其是上流社会追捧，作为法国艺术标志的芭蕾舞也进入了俄国。原本的芭蕾舞注重舞台效果，肢体动作，对配乐不是太重视，就是跟柴哥的经典乐曲结合后，这门艺术才上升到一个新的阶段，并使俄国成为世界芭蕾舞的顶级殿堂。

天才总是寂寞的，柴哥的落寞来自他的"疾病"，至少在当时的环境下，他被认为"有病"——柴哥疑似同性恋。对一个东正教国家来说，这个事招人嫌弃。前面说过，柴哥不是那种敢于抗争的人，他生怕他这"毛病"给人知道。不知道从哪里搞来偏方，柴哥认为，找个女人结婚能"治病"，正好他有个女学生，要死要活地崇拜他，甚至威胁说，柴老师不要她，她就去死！

柴哥当时正为普希金的《叶甫盖尼·奥涅金》写歌剧，这个故事不是讲述男主人公拒绝一个追求自己的女人后来肠子悔青的故事嘛，柴哥一时感动，就答应了女学生的求婚。还没过完蜜月，柴哥就崩溃了，差点自杀，他逃到了圣彼得堡，跟自己哥哥生活在一起，虽然一直没离婚，可再也没跟老婆见面。

婚姻破裂又失去了工作，柴哥的生活和创作还在继续，因为另一个女人救了他。有钱的寡妇梅克尔夫人，酷爱音乐，崇拜柴哥，主动为其提供资助，两人约好，只写信，不见面，搞网恋。这种"虚拟世界"的关系维持了14年，除了有一次因为没安排好，两驾马车意外错车，让彼此对看了一眼，再没见过面。

也是这个女人导致了柴哥再次崩溃，因为突然有一天，梅克尔夫人就中断了资助，还失去了所有的消息。柴哥敏感，喜欢瞎想，他不知道梅克尔夫人是因为破产，他就感觉是被抛弃了，此后的岁月一直为这事痛苦。

1893年10月，柴哥的第六交响乐公演，他的哥哥听完这个曲子后，忧伤得难以自持，所以为之命名为《悲怆》。这首旷世的名曲由四个乐章构成，第一部分应该是柴哥大致回忆了自己的一生，虽然敏感而忧伤，可没有放弃梦想和渴望；第二部分，柴哥想到了梅克尔夫人和自己的爱情，这是一种明媚的忧伤；第三部分，明媚转入绝望，浪漫的梦想总是遭遇现实的高墙，甚至连梅克尔夫人都消失无踪了；第四部分，不管什么样的生命都归于虚无，最好的音乐，也不过是自己的安魂曲。

《悲怆》之悲怆，不仅浸满了柴哥一生的感伤和凄凉，它更是柴哥的绝唱，公演八天后，柴哥死去了。

柴哥之死是历史之谜，官方说法是他不知道在哪个不卫生的小店喝了一杯水，染上霍乱病逝，而更多的说法是柴哥死于自杀，还是因为他的性取向，悲催的是，他还爱上了自己的外甥。柴哥晚年一直享受沙皇发给的俸禄，一个御用音乐人的私生活影响皇室的脸面，沙皇"赐死"柴哥，并答应为其死因保密，柴哥其实是死于砒霜。

现在有些人想给柴哥洗刷名声，找出各种证据证明柴哥性取向正常。这纯粹是没事找事的行为，不管基督教教义怎么说，也不管即使是现在还有些假模假式的人动辄抨击同性恋，有一个事实不可否认，很多同性恋者，都有惊人的艺术天赋，并为艺术领域做出过革命性的贡献，他们是一群特殊却绝对正常的人，他们取得的成就同样应该受到尊重。

整个欧洲的主流地区的文化，随着19世纪动荡起伏的政治形势和思想界的变迁，都走出了大致相同的轨迹，古典主义日渐没落，代表内心释放的浪漫主义兴起，又随着现实生活给人的打击和思考，诞生出现实主义。之前说过的俄国文学就是这样一个发展顺序，音乐和绘画艺术的风格也是这样地变迁，而在俄罗斯，因为其特别落后和农奴制产生的社会撕裂，则让其现实主义的艺术显得特别深刻。

音乐对于现实的感悟和批评，总是要隐晦一些，而作为俄国音乐代表人物的柴可夫斯基，他因为是莫扎特的粉丝，音乐表现更贴近西欧，所以，要说最能代表这个时期俄国风貌的艺术家，应该是画家列宾。

俄国是宗教国家，所以19世纪中期以前，他家的绘画内容不过就是圣经故事或者神话。1863年，有几个美术学院的学生为了抗议学校只准他们绘画宗教题材，集体退学，组织了一个"自由画家协会"，开始用画笔描绘我们日常可见的现实主义内容。俄国规定，画展只在圣彼得堡和莫斯科举办。这个协会成立后，组织成员在俄国各省办展览，形成了俄国艺术史上著名的"巡回画派"。

"巡回画派"在社会生活的各方面寻找素材，跟音乐界的"五人强力集团"一样，他们也认为，俄国的艺术应该遵循自家的传统，减少对西欧艺术的模仿依赖，逐步建立起属于俄罗斯民族自己的创作风格。

列宾就是这个画派的代表人物，他的《伏尔加河上的纤夫》为我们每个人所熟悉。其实，要说列宾数量巨大的名画中最牛的一幅，应该是现藏于俄罗斯特列恰柯夫美术馆的《查波罗什人写信给土耳其苏丹》。

查波罗什人是一伙流落在乌克兰的哥萨克，武装草莽，骁勇无匹。土耳其苏丹知道后，有意拉拢，就写信想将他们招至麾下，帮自己打工。谁知查波罗什人虽然天天跟俄国的地主老财们干仗，可他们还是深爱自己的祖国和故土的，所以写信拒绝了土耳其苏丹的招安。这幅画描述的就是这群哥萨克给土耳其苏丹回信的情景，哥萨克首领想在信中加上一句对土耳其苏丹的调侃，引发了这群粗犷而豪迈的哥萨克爷们儿的大笑。笑容各具情态，反映了画家在刻画不同人物时高超的技法，而这群人物中不同的衣饰、发型、表情每个细节都处理得非常精细，人物性格特征也非常清晰，尤其是画面左侧那个红衣白胡的胖子，仰天大笑的表情格外传神。史上由诸多人物构成的画作中，列宾的这幅作品算得上是顶级之作了。

列宾用了13年的时间才完成这幅画，其间他多次到乌克兰采风，对底层人民的性格和作风有了自己的见解。哥萨克都是逃跑的农奴，他们的地位是卑微的，可画中的每个人物脸上都有无畏、勇敢、自豪、乐观的光芒，在列宾心里，这可能就是俄国底层百姓的精神，最俄罗斯的精神。

列宾一直生活在圣彼得堡郊区，圣彼得堡这个城市有个尴尬，它实在是离边境太近了，俄国人又喜欢跟邻居纠缠不清，所以，"一战"后，列宾住的那个地方，就被划给芬兰了。艺术家可以用艺术反映时政，表达思想，可他们对政局的变化是一点办法也没有的，说到"一战"，让文人们都藏起来吧，又要打仗了！

二十四 "一战"

一说到世界大战，都要阐述两个问题：一、为什么卷入战争，二、加入哪个阵营。

俄国为什么卷入"一战"，不，俄国不是被卷入"一战"，它几乎是这场大战的主要肇事者之一。根据之前西欧三国的历史，大家已经知道，"一战"最大的矛盾焦点，就是巴尔干半岛的问题。可巴尔干问题是怎么来的呢？就是因为俄国人一直想肢解土耳其，将巴尔干半岛上所有的斯拉夫人统一到自己麾下，而欧洲其他国家不能坐视俄国这样张狂的扩张。

克里米亚战争，俄国遭到西欧列强的围殴，南下黑海控制海峡之类的计划被打黄了。最可气的是 1878 年，在普鲁士的俾斯麦主持下，召开了一个柏林会议，这次大会让俄国人感觉非常受挤对。俄国人的想法，就是以保加利亚为中心，在巴尔干半岛上，所有信仰东正教的斯拉夫人建立一个泛斯拉夫的独立国家，当然是由俄罗斯控制的。这个想法西欧诸国都不会答应，尤其是俄国的传统盟友奥地利，毫不给面子，咬住了波黑和塞尔维亚地区，坚决不松口。大会主持人俾斯麦出于德意志在土耳其的利益考虑，站在奥匈帝国一边。柏林会议让俄国人感觉丢了人吃了亏，在巴尔干一带也不好轻举妄动，所以后来将全副精力放在了远东地区，结果又被日本人揍了一顿。

却说俄国在农奴制改革后，资本主义迅速发展，要感谢法国。《法兰西：卢浮宫里的断头台》中提到，19 世纪，法国国内产生了大量金融寡头，他们最喜欢对国外放高利贷，俄国恰恰是法国最大的主顾，法国人特别喜欢买俄国公债。因为这种金钱上的互相需要，19 世纪到 20 世纪间，俄国和法国的关系那是相当不错。

虽然英国对俄国觊觎黑海不满，但因为军备竞赛和德意志的崛起，英国感觉到德意志才是眼下大敌，法国人牵线，英俄结为盟国。如此一来，德国、奥地利还有跟着打酱油的意大利组成同盟国，俄国、法国、英国就对应成立了协约国，"一战"在奥匈帝国的太子殒命塞尔维亚后，正式开打。

　　"一战"开打之前，虽然俄罗斯帝国还号称自己是世界上最强的国家之一，可从克里米亚战争到日俄战争的惨败，所有人都发现北极熊大而无当，非常肾虚。跟经过了两次工业革命的欧洲列强相比，俄国工业技术科技文化都算落后，落后显示在军事上，就非常明显，尤其是他们即将面对的，是几乎可以号称陆上最强军队的德意志。

　　1914年夏天一宣战，德军就将全部精力投入西线面对法国，东线面对俄罗斯只有少量兵力。俄国见此情形，组织了西北方面军对德国东部发动进攻，效果还不错，居然直接打进了德国腹地。这时德军不得不从西线调集军力反击，很快，战场又转入了波兰境内，俄军开始败退。

　　协约国有几个国家，可东线战场的俄国人几乎是得不到任何支援的，因为德军控制了波罗的海，而土耳其参战后，控制了黑海，两头一堵上，德意志、奥匈、土耳其几乎是将俄国围在中间打。

　　好在德军两线作战，不敢深入追击俄军，于是，俄军此时的动作就只有不断地补充兵源，送上前线让德军屠杀，以达到将德军牵制在东线的目的。可怜俄国军队，装备和弹药都严重不足，很多俄国士兵被送上战场前，都不能配给枪支，军官们告诉他们，冲上战场，去捡阵亡的前辈留下的枪支。

　　1915年，德国人被两线作战折腾腻歪了，他们也发现，整个协约国阵营，俄国是最弱的一环，干脆就集合力量，一举消灭俄军主力，而后解套的大军就可以调到西线，继续收拾法国和英国。

　　德国一将注意力转到东线，残破不堪的俄国军队就更是溃不成军，不得不撤出了波兰、立陶宛、拉脱维亚等地区，巨多的士兵伤亡或者被俘。虽然一次次战役，德国人都胜得漂亮，可也付出了巨大的代价，最无奈的是，即使被打得支离破碎，俄国人就是不投降，那些破衣烂衫武器简陋的俄国军队总还能死缠住德军不放。德国的计划失败，东线继续存在。

　　有感于俄国被德奥围殴不屈不挠，缓解了西线巨大的压力，英国和法国这两兄弟，格外开恩，应允了俄国对黑海海峡及附近临海地区的占领，还说，只要俄国人有本事，冲进君士坦丁堡也没意见。克里米亚战争后，英法迫使俄国的军事势力退出黑海，如今能同意他们回来，算是对东线战场死伤无数的俄国一种补偿了，也可以说，这是罗曼诺夫王朝"一战"中最大的胜利吧。

被卷入"一战"和前两场抢夺殖民地的战争不同，俄国人有血性，每次面对国家遭遇大敌进袭，基本都还能上下一心配合沙皇保家卫国。"一战"刚开始，虽然国内乱七八糟，可是尼古拉二世不管是征兵还是调集资源都算顺利，没有后方的配合，他也不可能将骁悍的德意志军队牵制这么长时间。

这次大战，其实是上帝赐予尼古拉二世翻身的机会，他如果运用得当，完全有可能收复民心力挽狂澜，逆转王朝的命运。可是，他被大战弄昏了头，跟前几任沙皇一样，他们都酷爱战场和战争，遇上这样规模的战事，丢下国家就冲到前线去看热闹。俄罗斯国内的大事，尼古拉二世最相信的是自己的老婆，亚历山德拉皇后几乎是摄政。

皇后是个野心勃勃的女人，刚嫁入俄国时，也有万丈雄心，可自从生出王储阿列克谢，这个妈妈就把全部心思放在儿子身上了，发现儿子有病后，更是觉得人生都灰暗了。从太子第一次发病开始，对沙皇和皇后来说，谁能治疗儿子的病，谁就是上帝派来的天使。而就在罗曼诺夫王朝最后的这个阶段，上帝还真给派来了"天使"。

二十五　天下第一神棍

到底世界上有没有神，众说纷纭，但是古今中外，无论哪一个国家，从来不缺神棍。神棍这个物种，对中国人来说尤其不陌生，不说古代，就是改革开放这三十年里，一代代的神棍大忽悠从来没有绝迹过。因为中国没有特别主流的宗教信仰，所以咱们家出的神棍基本都能与时俱进，每代都以不同的面目出现。早年间是各种气功大师，自称有通天彻地之能，排山倒海之功。最近几年流行养生专家，都说自己掌握了延年益寿长命百岁的法门，生病不用吃药不用去医院。

一般认为，会出现神棍，肯定是因为群众愚昧，容易受忽悠。分析一下深层次的原因，如果不是看病难看病贵，中国的老百姓真会傻到吃生茄子喝绿豆水治疗糖尿病吗？大部分的时候，盲目地相信，是出于一种死马当活马医或者寻找精神支持的无奈。

这一篇，老杨给大家介绍一位混得很成功的俄国神棍，最辉煌的时候，这位神棍左右俄罗斯帝国的所有政事，几乎能控制沙皇，他叫拉斯普京。

1869 年 1 月，拉斯普京出生于西伯利亚的一个小山村。西伯利亚广袤而辽阔，除了盛产冷空气，还有茂密的森林和丰富的矿产。不过一直以来，俄国的政治经济中心都在西部，西伯利亚地区除了被流放来的犯罪分子，就是政治斗争政治运动被迫害逃亡而来的落魄贵族政客，还有就是改革之前逃亡的农奴。这种地方鱼龙混杂，特别容易出现牛人或者神人。

从拉斯普京在西伯利亚时的表现看，他不是牛人也不是神人，是个标准流氓。打架闹事、偷鸡摸狗，偶尔还诱奸妇女。"拉斯普京"不是他本名，这四个字的意思翻译成中文就是"淫棍"。他劣迹昭彰，严重影响村民的正常生活，所以当地政府和教会就一起将他赶出了村子。

拉斯普京穿上僧袍，自称是一名苦修的僧人，开始混迹于江湖。这样的混混有"小强"一样的生命力，怎么都能活下来。以后的几年，这位苦行僧走遍了巴尔干半岛，最远甚至去到了耶路撒冷。他的这段行走经历，尤其进入圣地的过程，是他最大的人生财富。

不管哪种神棍，有个共同特点就是舌灿莲花，口才极好。拉斯普京蓬头垢面衣衫褴褛回到俄国一家修道院。虽然身上带着风尘和寒酸，可他的湛蓝的眼睛里却闪烁着神秘变幻的光芒，他跟牧师修士们讲述了一个浪子作恶多端而后通过苦修得悟大道，最后去到耶路撒冷被开了天眼，有了神通之类的故事。当时就魅惑了很多人。

拉斯普京到底有没有神通？有，他在行走江湖中，学了些类似催眠的法术，偶尔可以控制人的情绪。传说有几次预言很准，还治好了某个贵族的狗。（神棍的神通大家可以参考早年间中国那几个著名的"特异功能者"，能用意念弯曲勺柄或者药丸穿过玻璃瓶那些。）

1905年的革命，让沙皇两口子很慌乱。第一届国家杜马成立后，尼古拉二世组建了一个"黑色百人团"到各地去镇压乱党，或寻找对皇上无限忠诚的人加入杜马，以增加沙皇对杜马的控制。而皇后本来就是个神神道道的迷信女人，自从生出了血友病的儿子，更加变得歇斯底里不可理喻，最热衷的事就是寻找神仙或者妖怪来帮儿子减轻痛苦。所以她要求"黑色百人团"遇上有神通的大师，赶紧带回来。

不久，"黑色百人团"就将拉斯普京带到了皇宫。这位西伯利亚乡下人言行粗野，毫无教养，可他淡蓝色的眼睛和低沉的声线确实能让焦虑的皇后镇定平静下来。而对于阿列克谢太子，拉斯普京更有办法，他经常坐在太子身边，给他讲故事，讲各种见闻，不久，太子平静地进入梦乡。

1912年的一天，太子因为淘气，碰伤了腿，又开始严重内出血。御医们都束手无策，眼看王朝的继承人生命垂危。当时的拉斯普京正在外云游，突然拍了张电报回来，说是上帝听见了皇后的祷告，太子马上会好起来。收到电报的当天，太子真就停止了出血，渐渐恢复了。

如此一来，沙皇和皇后认定了拉斯普京是儿子的守护神，儿子的性命和罗曼诺夫王朝的未来都掌控在拉斯普京手里。

拉斯普京真是神仙？当然不是，他会忽悠，尤其对女人。他早就买通了皇后宫里的侍女，太子受伤时，给偷偷下了出血的药物，加剧了病情。等估摸着拉斯普京要发电报，就停止下药，出血自然就少了。用相同的办法，拉斯普京在宫里玩了好多神迹，皇上和皇后深信不疑，从此，拉斯普京任意进出宫廷，沙皇夫妇大小事都喜欢找神仙商量。

拉斯普京本来就是个流氓，现在成了皇室的红人，著名的神仙，对女人更好下手。被拉斯普京"度过"的贵妇不计其数，"大师"的床上功夫都被传成神话了。因为过于放纵，有些人就觉得不太对劲，尤其是拉斯普京将太子的保姆弄上床后，皇后听到了很多关于神仙不利的言论，皇后一概拒绝相信，在她看来，拉斯普京是个"圣人"。拉斯普京不是正人君子，皇后也算不得三贞九烈（传说她有情夫），所有人都认为，皇后对拉斯普京病态的信任，肯定是跟拉斯普京有奸情。不过，俄罗斯的史料里，找不到确切证据。

1914年8月德国对俄宣战，俄国进入"一战"。第二年，尼古拉二世慷慨激昂，御驾亲征，将国事留给了皇后，也留给了拉斯普京。

战争如此辛苦，国家如此混乱，国家还被操控在神棍手里。这神棍真把自己当神，凭个人好恶和感觉决定国家大事。他主持朝政时，大臣们被他随意任免升降，一年多的时间里，首相就换了四个，内务大臣换了六个，陆军大臣换了四个等，有的时候，拉斯普京提拔某人仅仅是因为爱吃那人家里的土豆！

1916年，随着局势越来越糟，保皇派的贵族们觉得，这个神棍早晚会搞垮王朝，鉴于不管是谁说拉斯普京不好，皇后都一概不信，唯一能挽救局面的办法就是杀掉神棍。

策划这件事的是尤苏波夫亲王，他是俄国最富有的贵族，还是个著名的同性恋，所以他不介意用他的漂亮老婆当诱饵。对拉斯普京来说，一个亲王夫人请他到闺房一叙是常事，于是就大方赴约了（也有传说是尤苏波夫亲王拿自己当诱饵，貌似拉斯普京也是男女通吃）。

接下来的故事可以用骇人听闻来形容，杀人者动用了他们能想到的所有谋杀手法：拉斯普京先在亲王夫人的引诱下吃了三块混了氰化钾的蛋糕，喝了一瓶氰化钾葡萄酒，淡定无压力，还谈笑风生的；尤苏波夫急了，跳出来开了一枪，子弹穿过肺叶直达肝脏，神棍顿时倒地；亲王正预备过来验尸，

"尸体"突然跳起来卡住亲王的脖子，还大声诅咒他！亲王的帮手五六个人过来按住神棍，这神棍竟然脱身而去，跑出门外；参加谋杀的某位议员连开了三枪，其中一枪正中头部。当这群杀手将倒地的神棍拖回来，他居然又醒过来，大骂不止；尤苏波夫亲王锲而不舍地操起哑铃在神棍脑袋上猛砸，打到神棍完全不动弹才停手；杀人集团气喘吁吁将神棍丢进结了冰的涅瓦河。第二天捞出来一查，发现这家伙居然是淹死的，也就是说，前面那些手法都没让他死绝，他在冰水下还存活了好几分钟！他的尸体是后来被苏维埃政府主持烧掉的，铅和锌的棺木都烧化了，尸体还没成灰，足足烧了十个钟头，才搞定。当地很多人把骨灰抢回去当神物供奉。(关于谋杀这段，野史正史都描述得神乎其神，老杨一直半信半疑，当热闹看吧。)

神棍死后也很风光，命根子被割下来，放在圣彼得堡一个博物馆里供人参观，长度为 28.5 厘米。

拉斯普京最邪门的，绝对没坑爹的预言是，他曾经说过他死后三个月，罗曼诺夫王朝将覆灭，1916 年 12 月他被杀死，1917 年 3 月，尼古拉二世被"二月革命"赶下台，王朝终结！

二十六　列宁在1917

列宁

拉斯普京的出现，可以说是"国之将亡，必降妖孽"。也有古语说是"乱世出英雄"，妖孽已死，英雄何在？

列宁是每个中国人从小就很熟悉的人，我们每个人都能准确描述他的样子，要说外国人在中国深入人心的人物，列宁同志肯定排前几。

1870年4月22日，这是列宁出生的日子，金牛座的，这个星座的外表特征是有茂密的头发和粗壮的脖子，我们从未见过列宁同志茂密的头发是什么样子。

小时候不用说了，最著名的故事是打碎了姑妈家的花瓶，当时没承认，后来写信认错。所有成为伟人的都有类似的故事，让父母老师们在教育我们的时候既有论点又有论据。

上篇说到，列宁的哥哥是革命党，被当局绞死。哥哥死的当年，列宁进入了喀山大学法律系。眼看亲哥哥被绞死，这要换了一般人，从此就不碰政治这种会掉脑袋的东西了。但列宁不是一般人，受到刺激让他转换了思考方式，确定了一个道理，那就是：杀死一两个沙皇是没用的，只有推翻整个制度才是正道。

因为他哥哥的事，列宁的求学生涯过得很不平静，但不论什么样的环境，他都坚持学习坚持理想。在喀山大学期间，他开始接触马克思主义，革命党的职业生涯都是相同的，结社，组团，演讲，散布革命言论，被捕，坐牢，流放。后来列宁靠自修完成大学课程，1891年，作为旁听生，获得了彼得堡大学法律系的文凭，考了律师执照，在律师所打工。

1895年，列宁移居圣彼得堡，创立了"圣彼得堡工人解放协会"，年底再次被捕，被判 14 个月监禁，关押在圣彼得堡监狱中。刑满释放后，列宁被流放到东西伯利亚的偏僻村庄。根据我们前面的了解，西伯利亚那是个牛人如云的地方，所有有名的好人和坏蛋都往那里送，在革命年代，没到西伯利亚吹过冷风的，都不敢说自己是正牌革命党。就是在这里，列宁结识了将马克思主义引入俄国的著名学者普列汉诺夫和其他一些知名人物。

列宁同志坐牢期间也没闲着，咱们都听说过他用面包做墨水瓶，牛奶当墨水，在书籍的空白处写文章的事。他用牛奶写的这本书就是《俄国资本主义发展》，这本书在俄国估计相当于咱家的《湖南农民运动考察报告》，都有纲领级的地位。为了逃避抓捕，以列宁为笔名发表文章，这名字来源于西伯利亚的勒拿河。

这里特别要提到一个八卦，既然能用牛奶写书，说明牛奶管够，有牛奶有面包，在当时物质条件很差的俄国，不能不说是对政治犯的优待，据说列宁从牢里出来还长胖了。而流放生涯就更离谱了，根据列宁自己的回忆录，他流放的小村子属于西伯利亚气候最好的地方，静谧和暖，空气新鲜，列宁每天散步钓鱼打猎如同度假，有人帮他浆洗衣物打扫屋子，基本上每天有肉吃，不是羊肉就是牛肉。这么度假虽然安逸，一个人总是孤独，列宁写了个申请，他的女朋友居然带着大量的"反动"书籍过来一起流放了，两个人就在流放地结了婚。列宁的夫人克鲁普卡娅的回忆录说，流放的生涯确实不错。

这段内容经常让老杨纠结，根据我们被灌输的历史，革命党成事之前，受迫害是受得水深火热，白色恐怖更是令人窒息，可从列宁的遭遇看，在俄国做一个革命党还真是难度不高，而且，把所有的革命党流放到同一个地方，这不就是给他们机会组团结党吗？

牢坐过了，流放结束了。

1900 年，自由后的列宁去了欧洲，在慕尼黑跟另一位同志马尔托夫创建了马克思主义的报纸《火星报》。

世纪之交的俄国，对体制不满的各种精英们张罗各类政治运动，组团党派也就应运而生。主张君主立宪制的那一派成立了立宪民主党，之前的民粹派组建了社会革命党，马克思的追随者们成立了社会民主工党。列宁所属的社会民主工党在 1898 年想开个全国代表大会，他们因为没有嘉兴南湖那样安全的会议地点，所以与会者大多被抓捕，第一届大会流产。

1903 年，社会民主工党在布鲁塞尔和伦敦开了第二届大会，这才正式确立了党的成立。俄国人有效率，成立大会就成了分裂大会，这些马克思主义的信徒们，因为各自理解不同，分成了两派。列宁同志是哪派呢？布尔什维克派的。

所谓布尔什维克就是指多数派。而列宁代表的这个多数派就认为，不能纯粹依赖工人运动，因为工人运动有软肋，上街闹腾半天，资本家只要愿意加薪给假期，运动就可能终结。所以，必须有职业政治家，领导工人运动争取更高的目标，党应该建成无产阶级革命的先锋队，由政治精英组成，制定严密的章程和纪律；绝不应该是一个松散群众性组织，应该是中央集权、半军事化的组织，各层级的领导人和党员都严格遵守党的纪律，党做出的决策，就必须无条件接受并严格执行。

不同意列宁这一派的人是少数派，他们叫孟什维克，孟什维克的领导就是马尔托夫。

1905 年，俄国革命爆发，列宁领导召开俄国社会民主工党第三次代表大会，这次大会只有布尔什维克参加，制定了布尔什维克在这次革命中的策略。

11 月上旬，列宁回国到圣彼得堡，1906 年被选入俄国社会民主工党主席团。1907 年 12 月，革命失败后，列宁再次流亡到西欧的巴黎等地，生活颇为贫困，不过他坚持政治写作和参加欧洲各地的社会主义集会活动。

1912 年 1 月，由列宁领导的党的第六次代表会议在布拉格举行，这次会议决定将孟什维克驱逐出党。从此布尔什维克成为一个独立的无产阶级革命政党。

第一次世界大战爆发，列宁提出了"变帝国主义战争为国内战争"的口号。

"一战"最胶着最艰苦阶段，列宁在瑞士的苏黎世，继续号召工人阶级趁机发动起义，夺取政权。

二月到十月

"一战"开始后，因为"圣"这个词来源于德国，为了表示和敌人划清界限，首都圣彼得堡改名为"彼得格勒"，"格勒"就是俄语中城市的意思。

战场失利战事绵长，俄国从上到下心力交瘁。整个俄罗斯，物资燃料生活必需品空前地匮乏，还价格飞涨。即使是在首都彼得格勒，因为面包和煤炭的短缺，工人工资跟不上物价高涨，骚乱和暴动一直没有间断过。

1917 年 3 月 8 日，纺织女工上街庆祝三八妇女节 (妇女节来自 1903 年的美国芝加哥)。一般庆祝三八节都是给妇女放半天假回家给老爷们儿做饭洗衣服，可是鉴于买不到面包无法做饭，买不起煤炭无法烧水洗衣服，妇女们只好走上了街头抗议。

女人们上街了，男人们能坐着看吗？在布尔什维克的领导下，第二天，彼得格勒的罢工人数超过 30 万。先开始还是罢工，等沙皇召集军队一镇压，布尔什维克就号召大家起义，抢夺枪支，筑起街垒跟军警对抗，不少镇压的军警还现场倒戈，直接加入了起义军。尼古拉二世不得不逃离战场，并从前线征调军队回来镇压。前线回来的军队更不可靠，他们一回来就直接变成新的起义军了，而且发现，对付沙皇实在比对付德国人爽。

这是俄历的二月，所以历史上，我们称之为"二月革命"。3 月 15 日，尼古拉二世淡定地接受了他的结局，一边看莎士比亚，一边签署了退位诏书，将沙皇之位传给自己的弟弟。皇弟更识时务，第二天也宣布放弃皇位，这样一来，罗曼诺夫王朝就彻底歇菜了。304 年跌宕起伏的王朝，18 位沙皇的荣光，就这样黯然地转身远去了。

二月革命取得领导地位的是立宪民主党，他们之前就分布于各权力集团，沙皇倒台的混乱中，他们很容易就接住了从天而降的政权，尼古拉二世退位前，任命了李沃夫公爵为新政府的总理，主持这个乱糟糟的临时政府。

李沃夫是原来沙皇政府的地区自治和城镇联盟主席，他召集立宪民主党成立了代表资产阶级利益的政府，对广大还在坚持斗争的工人农民来说，实在没什么权威性。

除了各种党派，1905 年的革命，罢工的工人和暴动的士兵也组建了自己的地方性组织，叫苏维埃。1917 年 6 月，第一届全俄苏维埃的代表大会在彼得格勒召开，成员主要来自社会革命党和社会民主工党，后者包括大部分孟什维克和少部分的布尔什维克。这次大会选了执行委员会，这样一来，社会主义和资本主义，俄国有两重政府。

罢工和起义这些体力活都是工人农民干的，多劳多得，最后获取胜利果实的应该是工农苏维埃，可是为什么由着资本主义的政党攫取了政权呢？因为布尔什维克的领导人此时还都在国外呢，国内的社会主义派别中，占主导地位的是孟什维克。孟什维克理解马克思主义比较教条，马克思说过，资本主义发展到一定阶段，必将激化矛盾，那时，无产阶级可以取得政权，社会主义才好取代资本主义。如今俄国资本主义才算个初级阶段，所以，无产阶级取得政权的条件不成熟，就由着资本主义再折腾几年，将马克思说的那个矛盾激发出来。

1917 年，一列装甲火车穿越了德国的战场，到达俄罗斯边境，车上下来的，都是布尔什维克党流落在瑞士等地的骨干，其中包括列宁。

1917 年 4 月，列宁回到彼得格勒。临时政府根本不能控制局面，所有末代沙皇遗留的问题都还存在，依然没有面包没有煤炭。当年 7 月，部分水兵、士兵、工农又发起了一场暴乱，苏维埃和列宁显然对这次所谓的"七月事件"没有准备充分，临时政府镇压了这次行动，并决定借这个事，痛打布尔什维克党。知道自己又危险了，列宁逃亡到了芬兰，远距离遥控俄国的布尔什维克继续斗争。

七月事件后，临时政府的内阁也产生变化，一名叫克伦斯基的律师成为新的政府总理，他是早期的民粹派，如今是社会革命党人。一上台，他就联合各派，组建了一个临时政府。克伦斯基任命了科尔尼洛夫成为俄军的总司令，作为一个军人，老科恨死了在大战中给国家"添乱"的乱党，所以他上台第一件大事就是找布尔什维克算账。

老科将前线军队调入首都，说是为了恢复军队和国家的秩序，要成立一个军管政府取代临时政府。首都老百姓和士兵的反抗，让老科没有得逞，克伦斯基赶紧下令逮捕了老科。

这个事也是个历史之谜，因为认识老科的都说，他虽然哥萨克出身，可骨子里是个民主派的军人，突然想搞政变独裁，这个事肯定有猫腻。根据隐约的证据，想搞独裁的其实是克伦斯基，启动后发现搞不定，赶紧把老科抛出来当替死鬼，揽下所有的责任。

克伦斯基算是俄国革命的恩人，如果不是他昏头玩了一次政变，革命还没这么顺利。彼得格勒的工农士兵由此看穿了临时政府的本性，更加坚定地围绕在布尔什维克周围，9 月，托洛茨基成为彼得格勒苏维埃的主席。

一声炮响

哪里冒出来的托洛茨基呢？我们从小学的功课，是列宁一手领导了十月革命。上面我们介绍过，他老人家避祸芬兰，到 10 月 23 日才偷渡回国。十月革命发生时，列宁同志正在主持更重要的工作。身处起义现场的领导者，就是托洛茨基，确切地说，托洛茨基是十月革命军事上的总指挥。

托洛茨基生于乌克兰的犹太富农家庭。因为俄国人的民族宗教政策，革命党人很多都是来自这些少数民族。托洛茨基也是笔名，源于他投身革命后给《火星报》撰稿。

列宁一直非常信赖和器重托洛茨基，但是没想到，二大开会的时候，托洛茨基成为反对列宁的主力，他说列宁是俄国的"罗伯斯庇尔"，权力欲过分，有独裁倾向。

1906 年，因为总是撰写"反动文章"，号召所有人坚持不断地革命，直到推翻沙皇，托洛茨基被判终身流放。虽然号召百姓起义推翻沙皇，"一战"爆发后，托洛茨基也反战，但是，他并不认同列宁关于变帝国主义战争为国内战争这个思想。

1916 年，辗转流浪到美国的托洛茨基遇上了另一个俄国老革命，布哈林，他当时流落在美国编写一份俄语的报纸《新世界报》，托洛茨基就加入了编辑部。

收到二月革命的消息，托洛茨基回到了俄国，参加了"区联派"。区联派是当时的一个政治联合的派系，什么人都有，刚开始大部分都比较中立，有点"观望派"的意思，随着布尔什维克在大众心目中地位越来越高，区联派开始向布尔什维克靠拢，托洛茨基也开始以列宁的亲信和助手身份出现。

托洛茨基属于老牌革命党，有威望，又有个人魅力，他被彼得格勒的群众推举为首都苏维埃的主席，随后又成为军事委员会主席，列宁认为，起义的时机已经成熟，托洛茨基责无旁贷。

1917 年 11 月 7 日上午 10 时，列宁以革命军事委员会的名义，起草了《告俄国公民书》，在停泊在涅瓦河的"阿芙乐尔号"巡洋舰上向全国广播了这份檄文，此时这艘战舰已经沿涅瓦河逼近了冬宫。当晚 9 时 45 分，"阿芙乐尔号"一声炮响，宣告向临时政府所在的冬宫发动攻击。四周事先布置好的大炮马上响应，冬宫成为一片火海。早就包围了冬宫的士兵和工人赤卫队高喊着"乌拉"向冬宫扑去。进攻的难度不大，只遭遇了部分微弱的零星抵抗，到第二日凌晨，除了克伦斯基逃走外，其他所有临时政府成员都被擒获，起义军占领了冬宫和首都所有战略要点，"十月革命"取得成功。

而就在攻打冬宫的同时，11 月 7 日 10 时 40 分，全俄苏维埃第二次代表大会在斯莫尔尼宫开幕。列宁同志效率很高，那边临时政府还没被正式推翻，这边新的政府就组成了。所以说他在忙更重要的事，无法分身关照起义现场。第一届苏维埃政府成立，列宁当选为人民委员会主席。因为其他的党派不愿意参与，这是纯粹由布尔什维克构建的政府。

二十七　末代沙皇之二

俄罗斯的历史进入了列宁和苏维埃时代，罗曼诺夫王朝还有一家老少不尴不尬地活着呢，如何对待末代沙皇一家呢？

刚被推翻那阵子，尼古拉一家被安置在郊外皇村里，一切供给照旧，有人伺候，日子还不错。沙皇两口子都认为，这个状况是暂时的，早晚还要请他们回去主持大局。后来时局动荡，临时政府不得不将他们转移到了西伯利亚，藏在一个潮湿阴冷的森林沼泽地带。

1918 年，随着苏维埃政权在全国的确立，国内的反动分子和国外的反共势力都想营救尼古拉一家，让他们成为反对苏俄的先锋。苏维埃政府只好又将他们转移到乌拉尔山中的叶卡捷琳娜堡。

帝国主义武装干涉，国内地主资产阶级不断作乱，新政权越来越感觉，末代沙皇一家的存在，给新政府带来很多不可预知可大可小的危机，算了，这种祸水，还是赶紧清除吧。

1918 年 7 月 17 日，乌拉尔工兵代表苏维埃枪决了尼古拉二世一家，尸体经过焚烧后，被丢进了一口矿井里。

历史之谜又来了。沙皇两口子有 4 个女儿 1 个儿子，加 4 个侍卫，应该有 11 具尸体，可清点下来，遗骸只有 9 具，有两具不见了！各类传说喧嚣起来，一致的说法是，王储和小公主没有死，逃走了。王储就不用考虑了，遗传的血友病，就算没被枪杀也活不了几年。小公主的下落呢？这个小姑娘叫安娜塔西娅，在皇宫里都叫她"小淘气"，很可爱的姑娘，她的故事困扰了历史学界好多年。

沙皇死时，他的财产被确认的有 2 万亿美元，因为没有继承人，至今散落在欧洲各大银行。于是，整个 20 世纪，有三十多个女子自称是逃出的末代公主，后来都被证明是假货。但其中有三个取得了不少人的相信。

1920 年，德国警察救下一个欲投河的年轻女子，她自称是安娜塔西娅公主，并编了个逃生的完美故事，皇室成员轮流见她也莫衷一是，有的说是，有的说不是。直到 20 世纪 70 年代，她的身份既不能被肯定也不能被否定，是可信度最高的一个。直到后来有了 DNA 技术，才宣布她是冒充的。

1995 年，还有个老太太也自称是公主，她最清楚的是沙皇财产的去向，还专门成立了基金会，想追回散落在世界各地的沙皇财产。

第三个演得更像，她能详细说出很多沙皇的宫廷秘闻，那些事，一般人是不可能知道的，根据她编的故事，好莱坞专门弄了部叫《真假公主》的电影出来，由完美的好莱坞女神英格利·褒曼饰演，大家可以找来看看；如果不喜欢黑白片，还可以看 1997 年福克斯拍的动画片《安娜塔西娅》，也是说这个故事。第三个自称公主的人也没通过后来的 DNA 检测。

这种生不见人死不见尸的事最让考古学家亢奋。后来有当时杀人的特工撰文说，他们的确是把两具尸体埋在别处了，根据这个线索，考古学家真的在西伯利亚的某个地方挖了两具骨头出来，然后就宣布这是末代沙皇的王储和公主。

真的假的，到如今都是浮云，就算公主当时没死，现在也该死了，不会有人出来冒充了，在欧洲银行的那些沙皇遗产该怎么分就怎么分吧，欧洲银行这种找不到主人的钱太多了，他们肯定有"科学"的解决办法。其实 2 万亿只是银行存款，还有几百吨的黄金在运输途中蒸发了，至今成谜。

直到 1997 年，末代沙皇和其他人一共 9 具尸骨才正式回到圣彼得堡，按东正教仪式下葬，1998 年安放在彼得和保罗大教堂。本以为沙皇灭门案就算是安静了，结果有人发现，根据尸骨的牙齿特征，这具被隆而重之安葬的骨头根本就不是尼古拉二世的！沙俄王朝真厉害，倒台这么多年，该死的都死了还在折磨世界。

2008 年 10 月 1 日，俄罗斯联邦最高法院主席团做出最终决定，给予俄罗斯末代沙皇尼古拉二世和他的家庭成员平反。

二十八　生命力强大的婴儿

写了三年多的世界各国历史，进入这部"俄罗斯卷"时是压力最大的。之前很多读者都对老杨表达了期望，期望老杨能交出一部客观而真实的俄国尤其是苏联历史。可是，有的时候，客观和真实是又不可望又不可即的奢侈品，老杨并没有比其他人高明或者更牛×，之前写过苏联史的前辈们不敢触碰的东西，老杨也不敢碰。我只能承诺读者，尽自己最大的努力，若实在达不到读者们的要求，希望理解。

呱呱坠地的痛

布尔什维克领导苏维埃取得政权，虽然炮声连天，看着挺热闹的，但依然可以称为"不流血的革命"，彼得格勒临时政府防不胜防，几乎没有有效抵抗。在莫斯科，他们反应过来了，苏维埃进行了一个星期的战斗，才最终取得了莫斯科，彼得格勒和莫斯科都被苏维埃掌握，对他们站稳脚跟是非常有利的。

列宁同志是暴力革命的倡导者，成为苏俄最高领导人后，他要求将暴力进行到底，他说的暴力，也就是无产阶级对资产阶级的斗争。为了配合暴力，当然要先成立特别法庭，"全俄镇压反革命和罢工特别委员会"诞生了，这个组织另一个名字比较威风，叫"契卡"，经过几十年的进化修炼，它后来的名字叫"克格勃"。

契卡从诞生起，办事就特立独行，绕过法庭，私刑处理嫌犯，司法效率极高。此时的苏维埃是个刚出生的婴儿，不管用什么手段都要保证他的存活和成长。

新政府的第一件工作就是分地，取消等级，没收东正教会的财产。贵族和地主们被要求做各种苦力，这个画面对咱们来说不陌生。当时的俄国，谁穷谁革命，谁富谁反动，上街不要穿得太干净，也不要修剪指甲，否则会被人当作贵族地主资本家，稀里糊涂就丢了性命。

此时共产党（1918年布尔什维克改名为共产党）指挥的全俄工人赤卫队超过20万人，还有大量的革命士兵和海军，这支军队虽然人不少，可毫无建制，很不正规。列宁知道即将面对什么，于是在1918年1月下令组建苏维埃政府正式的红军，包括陆军和海军，以原来的赤卫队为骨干，劳动者中有觉悟有进步要求的，都可以加入红军队伍。

红军要打谁呢？敌人太多了，不过眼前不得不首先解决的是德国人，因为"一战"还没结束呢。苏维埃政权跟跟跄跄，列宁坚持，不论如何，先停止被德国、奥地利等围殴的局面，以便空出手来解决国内的麻烦。

知道俄国人想停战，德国人立时漫天要价，要求割地和赔款。如果签了德国人的合同，苏俄将至少失去包括26%的人口，27%的耕地，75%的煤炭在内的大笔资源，另外还有巨额的战争赔款。托洛茨基作为苏俄的谈判代表，坚拒了这个条约，而当时的制宪会议也很硬朗地认为，头可断血可流，屈辱条约不能签。德国人成全了俄国人的英雄气概，向苏俄发动大举进攻。

托洛茨基这个同志比较灵活，看着德国人来势汹汹，他又觉得不妥协不行，赶紧签字得了。这次德军差点攻陷彼得格勒，苏维埃政府认为这地方做首都太不安全了，于是，重新将首都定在莫斯科。有两个首都的国家真方便。

对德国条约的签字，为政权赢得宝贵的休养时间。好在上帝垂怜，德国战败，那些条约都不用兑现，时间换空间，让苏俄伤痕累累的身体终于缓了一口气。

红白交织的世界

根据1918年的《苏俄宪法》，1922年正式将国家的名字定为苏维埃社会主义共和国联盟，简称苏联，成立之初是由俄罗斯、乌克兰、白俄罗斯和外高加索四个部分构成的联盟，到20年代晚期，又有中亚三个国家成为加盟共和国。

苏维埃政权最大的支持者是工人，还有底层士兵。但是，旧俄国的剩余势力中，除了贵族地主之外，俄军的军官、哥萨克、知识分子，他们对苏维埃的政权也不认同。列宁解散制宪会议后，其他的党派比如社会革命党也成为反对派。所有反对布尔什维克的人，早先都是旧俄国的社会中坚，手里有大量的资源，相比于红军，他们有装备精良的正规部队。共产党组建了红军，这些反对派武装就只能叫白军了，红白对决，苏俄进入了内战。

内战也不单纯，苏维埃一跟德国"媾和"，协约国集团就抓狂了。东线消失了，德国人自在了，最麻烦的是，当初为了支持俄国抵抗德军，协约国还冲破重重险阻，给发来不少战备物资呢。

抛开战争不说，欧洲大陆突然出现了一个庞大的社会主义国家真挺吓人，这就是那个传说中一定会取代资本主义的"妖魔鬼怪"，它居然真的出现了！老牌的资本主义国家不敢赌马克思的那个宿命论，所以，他们一定要联手，将苏维埃绞杀在摇篮里。

协约国绞杀苏维埃的诚意绝对要大于当年支持俄国抵抗德意志，《俄德条约》签订的第二天，英国舰队就出动了，"一战"还没结束就开辟了新的战场，可见他们心里多么焦急。

好在不久后，"一战"打完了，协约国的成员，英国、法国、美国等，有了充足的时间精力对付苏俄。表现最积极的是日本，1918年末，他家发了近7万人，浩浩荡荡登上了海参崴，预备向西伯利亚挺进。

老杨一向不惮以最坏的恶意来揣测日本人，虽然这次参与干涉苏维埃的国家有14个，但想想他们对社会主义国家出现的惊恐，似乎可以理解。日本人，他们的脑袋里应该是没有意识形态之类的思考，对他家来说，有占领别人家土地的机会是绝对不会放过的，甚至，没有机会创造机会也要霸占，他们太想离开那个成天地震海啸的小岛子了。

1919年10月到1920年1月间，协约国甚至完全封锁了苏俄的海岸。协约国包围在外，白军征战在内，协约国还经常地为白军提供支援和帮助。

声势浩大的白军在国内对苏维埃形成一个大包围，苏维埃红军要面向东、南、北等方向四条战线的70万白军作战，伏尔加河流域大部分、乌克兰、高加索、中亚、乌拉尔、西伯利亚和远东，大约 3/4 的国土都先后落在白军或者外国军队手中。煤炭、钢铁、石油等主要工业被白军占领，而最致命的，是他们还占据着南方的粮食产区。

除了白军和协约国，1920 年，波兰也向苏俄宣战了。"一战"开始后，德军对俄军的节节推进迫使俄国人放弃了波兰，为了让波兰支持同盟国的战斗，德奥承诺让波兰独立。根据其后德国和俄国的停战条约，俄、德、奥退出之前瓜分的波兰土地，波兰获得了独立。

大家还记得，整个俄国史，不是俄国人吃掉波兰就是波兰人挖俄国人的墙脚，没有消停的时候。刚刚独立的波兰决定将这个局面保持发扬，眼看着苏俄内忧外患，赶紧趁火打劫，要求拿回他家的"历史遗产"，也就是西乌克兰和白俄罗斯等地区。

实际上，整个"一战"，俄国早先扩张强行征服的很多地区都获得了独立，比如芬兰、拉脱维亚、爱沙尼亚、立陶宛等。看到这些地区都获得了自由，其他的地区当然也跟着蠢蠢欲动，乌克兰也要求独立，投身到各种各样的反苏维埃武装中，局势乱得够呛。

能不能算清楚，到底苏维埃政府面对多少敌人？在这样的情况下，越简单的指挥系统越容易发挥最大的效应。托洛茨基被任命为红军总司令，支持前线战斗，列宁同志在莫斯科启动了"战时共产主义政策"。主要内容是：

一、征粮。农民的富余的农产品全部上交，一开始苏维埃政府还是拿钱收购，后来通货膨胀失控，那些粮款形同废纸，付不付钱意义都不大。二、所有工业，不论大小全部收归国有。苏维埃政府刚建立时，只是收回了大型的基础性命脉性的工业，现在要求小企业也要交出来。三、取消私人商业，所有物资都由国家统一分配，也就容不得小卖部杂货店之类的存了。大家都知道，这种"共产主义"的分配方式，到后来肯定是人多东西少，大部分东西要凭票供应。四、共产主义，共同劳动共同分享，没有劳动不准分享，既然什么都是国家配给的，大家就别计较工资加班费了，出来义务劳动吧，轰轰烈烈如火如荼产生了大量优秀感人事迹，经常见诸各类教科书的"星期六义务劳动"就开始了。

不管合理不合理，都是为了战争，为了应对四面八方各种来路的敌人。

因为疆域辽阔，角色众多，关于这场红白之战的过程就不复赘述了。新兴的苏维埃政权在 1920 年底战胜了所有主要的敌人，只是对波兰的战事失利，让他家拿走了要求的大面积国土。协约国陆续退出，日本混赖，舰着脸到 1922 年才答应离开，彻底完全退出干净则是到了 1925 年。

这样的艰难，这样的困苦，苏维埃政权为什么能获得最后的胜利？标准答案是坚持共产党的领导。不过，苏共能在 1918—1920 年取得胜利，还是可以从其他方面客观地分析一下。

历史无数次证明，打架是个科学的系统工程，有效的配合调动才是王道。看起来似乎白军漫山遍野哪里都有，实际上他们很混乱，品种流杂，其中有社会革命党人，有哥萨克军官，有保皇党，还有流寇，虽然在反对布尔什维克的问题上是一致的，可他们就没想过要联手结为同党；各外国干涉军队也心怀鬼胎，目的各异，更不可能团结协调行动；白军一度控制了大部分国土，但是核心区域尤其是两个核心城市，彼得格勒和莫斯科都在苏维埃手中，核心区域都是交通枢纽，不管白军占了多大的地盘，铁路交通还被苏维埃把持，调运补给和军队，部队间的战术配合都更有利；也许此时的布尔什维克并不完美，但是他们的纲领是明确的，那就是无产阶级要当家做主，白俄天天吵着要推翻布尔什维克，可一直也没提出可以说服大众的纲领，仗打得是不明不白。

不管上面的原因起了多大的作用，布尔什维克最强悍的一点是，它一直被广大的工人阶层拥护和支持。占俄国最大多数的农民，虽然对苏维埃政府强行征粮颇为不满，但在红军和白军之间，他们还是倾向于红军，毕竟苏维埃政府分给他们土地了。因为有底层百姓的支持，红军有源源不断的兵源补充，将战斗持续到了最后。

共产主义到新经济

不能光看到伟大胜利和光辉战绩。普通老百姓刚开始可能会被某个政党的言辞吸引，但能让老百姓永远顺服的还是实际行动。

俄国农民不知道什么是共产主义，只知道虽然分了地，可政府会派人来强征余粮，考虑到当时的战争形势，我们也相信，有的时候征走的不见得是余粮，而是农民的口粮。为了抵抗政府征粮，有些地区的农民组织起来暴动，跟红军对抗。他们虽然跟红军翻脸，却更加不认同白军，于是，他们是碰上红军打红军，碰上白军打白军，遇神杀神，遇佛杀佛，不红又不白，他们被称为"绿军"。

跟政府军作对又不加入反政府，那就是梁山好汉的性质了。而且，以他们的装备和人员素质，也只能发扬农民兄弟比较擅长的功夫，爬山涉水打游击，所谓"绿军"就是绿林军队。

战时共产主义可能在战争中挽救了苏维埃政权，它明显的弊端也大有可能在战后毁灭国家。

内战结束后，征粮制继续实行，不仅是粮食，还扩大到了毛皮、棉花等农产品；私人企业和贸易被严格限制，国家又生产不出这么多东西满足各方面需要。这样导致的结果是：1921 年，苏俄的矿山工厂产量只有"一战"前的 20%，耕地面积只有战前的 65%，而收成只有战前的 37%。不难理解，面对政府的强征余粮，哪个农民愿意全心全力地耕种呢？哪有生产积极性呢？

内战结束后，此起彼伏的罢工和暴乱又开始了。其中最大规模的，就是喀琅施塔得水兵的起义。

喀琅施塔得港是俄国海军最重要的波罗的海海军基地，苏共最忠实的支持者，十月革命那一声炮响，就是来自这个军港的舰只。

1921 年一群喀琅施塔得的水手、士兵及其平民发动起义，面对自己最忠诚的追随者的反抗，红军总指挥托洛茨基与起义者短期谈判后，没有达成共识，只好派军进入喀琅施塔得镇压。

人的反抗可以镇压，老天爷的情绪可不受控制。战争必然导致饥荒，1920—1921 年，苏俄遭遇了连续两年的大旱，如此一来，大面积饿死人的状况，就不能避免了。

值得庆幸的是，1920 年的苏俄，还没有完全自闭隔绝跟西方世界的联系。这样大规模的饥荒，引起了人道组织的注意。著名作家高尔基出面，向西方世界求援。

美国最早回应。1921 年 7 月 26 日，美国救济署署长胡佛回复高尔基，表示可以向苏俄饥民提供必要的援助，条件是苏联政府必须释放被关押在苏俄监狱中的美国人。1921 年 8 月两国达成协议，美国救济署派员到苏俄境内实施援助，在苏俄境内的 16 个区开展救济，从美国购买粮食运抵苏俄境内。除了粮食，美国还向饥民提供医疗帮助，并帮助苏俄政府在国际市场代购粮食，好在苏俄政府手里还有买粮食的钱。

整个援助工作大约在 1923 年结束，救济署人员年中离开苏俄，高尔基专门写了感谢信给胡佛："你们从死神那里夺回了 350 万名儿童和 550 万名成年人，在我所了解的人类受难史上没有任何行动就其规模和慷慨能够与这次援助相提并论。"

外部救援拯救了不少生命，可要真正从根源解决饥荒，必须重新考量当时的经济政策，列宁同志醒悟到，实现共产主义的条件还不成熟，苏俄必须慢慢来。

1921 年 3 月，俄共开始施行新经济政策。这个政策最紧要的一点就是：用农业税来取代强行征粮，政府允许某些私人进行生产或者贸易的活动。

允许私人企业家和个体商人的出现，这不是资本主义吗？苏俄都已经共产主义过了，现在又搞资本主义，这简直是严重倒退，是极其荒谬的！这是新经济政策施行后，苏共许多党员的想法。

新经济政策实行了 7 年，应该说，在经济上的成功是有目共睹的。到 1928 年，苏联的耕作水平终于超越了战前，而工业水平也基本可与战前持平。

日子慢慢好过了，有一部分人先富起来了。党内的争执却越来越激烈了，列宁同志说了，新经济政策不是倒退，是苏俄特色的社会主义，而且已经收到了很好的效果。可他无法说服所有的人，因为 1922 年开始，列宁就一病不起，不能理事。

二十九　钢铁汉炼成记

列宁在组建布尔什维克时就提出，党应该是一批政治精英的组织。实际上，跟列宁共同革命并最后进入苏共高层的同志，大部分是出身良好、受教育程度很高的精英分子。可是，病中的列宁也发现了一个问题，作为一个通过暴力革命成功的政党，它必然的结果就是培养强势人物，然而，这些强势人物却能战胜所谓的精英，操控大局。所以，这一篇，我们要从头认识斯大林。

斯大林1879年生于沙皇俄国的第比利斯省的哥里城，在格鲁吉亚境内。跟其他革命党一样，斯大林是化名，本名叫约瑟夫·维萨里昂诺维奇·朱加施维里，太啰唆的名字了，所以，他妈妈给他起了个很萌的小名，叫"索索"。

斯大林的爸爸是个格鲁吉亚鞋匠，早年间据说还有自己的产业，后来不知道怎么落魄成鞋匠，一股子抑郁全部发泄在老婆孩子身上。斯大林本来有两个大哥，都夭折了，斯大林作为唯一的孩子，跟母亲一起，承受了一个酒鬼鞋匠父亲所有的家庭暴力。从小遭受家暴的孩子长大后成为"强人"的概率并不低。

斯大林妈是农奴出身，是个虔诚的东正教徒，虔诚的标准定义就是逆来顺受。脾气暴躁的酒鬼老公死于一场斗殴后，她靠着做缝纫独立抚养索索长大，失去父亲那年，斯大林11岁。

作为一个教徒，斯大林妈理想中有出息的儿子，就是成为一个神父。索索被送进哥里的东正教的学校。教会学校给斯大林最大的教育是学会了俄语，就是学得不正宗，斯大林后来的俄语总带着格鲁吉亚的口音。

斯大林这样的小孩，让他潜心研究神学是不靠谱的，让他老实在学校里待着，更不靠谱。古往今来的年轻人，叛逆期都是一样的，那就是家长老师反对什么，什么就是最酷最炫的事。斯大林在中学会成为一个激进的准革命党，肯定是叛逆让他觉得很爽。

达到目的了，因为"思想反动"，斯大林被开除出校（又一个被退学的），他在一个气象站找到一份工作，看着天气，知道潮流风向，斯大林选择了自己的革命方向。25 岁时，斯大林加入了列宁的布尔什维克，成为高加索地区的领导者。虽然斯大林妈经常跟儿子说，希望他回到上帝身边，可她也发现，儿子的生活貌似离她的期望越来越远，或者，是不是可以说，离上帝越来越远。

作为一个出身地位和教育程度都不高的革命党，斯大林没机会跟列宁等人到西欧去学习熏陶闹革命，但是斯大林对革命的贡献可能更直接。

1913 年开始，斯大林开始在圣彼得堡为《真理报》撰稿。斯大林这个名字起得好，它在俄文中，就是"钢铁"的意思。

革命的方式变了，遭遇也没什么不同。当年，斯大林再次被捕流放，这次流放地点是西伯利亚北极圈附近的地方，地广人稀，气候恶劣。斯大林在一个农民房中栖身，按他的性格，此时应该考虑再次逃跑之道。不过这次他还真不跑，他找到了这冰天雪地中的一线春光。

此时的斯大林 34 岁，27 岁那年，他结了婚。妻子温柔美丽，并为他生了个儿子，雅可夫。一年后，这个女人就因为伤寒去世，斯大林将襁褓中的儿子留给亲戚，继续投身革命运动。

在西伯利亚渔猎的日子里，斯大林被一个 14 岁的姑娘吸引了。孤儿少女遇上年长 20 岁的异乡人，心里也起了涟漪。

这段流放因为"一战"中止。"一战"俄国玩人海战术，即使斯大林 37 岁了，也要被征召入伍。后来体检，发现斯大林左臂是不能弯曲的，这怎么开枪呢？算了，放他一马吧。

从现有的图像资料看斯大林，威武有型，大胡子还颇为英俊性感。不过，真实的斯大林是这样的：身高大约 167 厘米（此数据不详，为苏联高级机密），瘦弱，麻脸（天花后果），左手残疾，眼睛棕黄色。

被征召而又没上战场的斯大林幸运地离开了西伯利亚的小村庄，他女朋友并不幸运，因为第二年，她生下了斯大林的儿子，亚历山大。没等到斯大林回来，她只好带着孩子嫁给一个农夫，生了其他一堆孩子。亚历山大一直没机会见到自己的亲生父亲。

二月革命后，斯大林回到彼得格勒，成为《真理报》的编辑，另外两位编辑，一位叫加米涅夫，一位叫莫洛托夫，这两位老兄还将在后文中出场。

到苏联解体之前，《真理报》都一直是苏共的中央委员会机关报，在十月革命前，《真理报》是反动报纸，不能在俄国印刷。所以，即使是《真理报》的编辑，也算不得什么很有地位的人物，对当时的国内国外来说，列宁、托洛茨基、布哈林都是成名英雄，斯大林，应该还是默默无闻的，好在，列宁发现了他。

十月革命那场大型演出中，列宁和托洛茨基是当之无愧的男主角，斯大林的戏份并不多，斯大林渐渐出名是在红白内战中，名声大了，他开始跟红军的创始人、总司令托洛茨基叫板。

内战时期，托洛茨基的地位可以说是如日中天，作为战争的总指挥，他将一辆火车当作流动指挥部，一身黑衣，穿行于各大战区，气度威严，指挥有度，加上他善于演讲、喜欢演讲，所以，整个内战，托洛茨基是明星统帅。

斯大林呢？他被派到北高加索征粮，列宁知人善用，知道斯大林这种脾气的人，领导征粮队事半功倍。斯大林果然能很好地完成任务。

斯大林被派到北高加索，不过是征粮官，但他很快发现，他大有机会在军界发挥。托洛茨基没有受过正规的军事训练，作为统帅，他的办法就是，只要是投诚的旧俄军官，都给予重用。斯大林出发来到南方，是立过军令状的，要发大量的粮食回莫斯科的，可他发现，如果没有当地的军政大权，这个任务似乎很难。

不管出于何种目的，斯大林开始向托洛茨基要求对当地军队的指挥权，托洛茨基觉得这个要求很荒谬，一直不予受理，斯大林因此产生了对托洛茨基的怨恨并逐日增加。要跟托洛茨基作对，斯大林显然是地位太低，所以他努力争取列宁的支持，他的说辞是：旧俄的军官毫无忠诚，即将来犯的白军是他们过去的同袍，谁知道打起来会发生什么事呢？列宁居然就被他说服了，在托洛茨基来不及反应的情况下，斯大林收押了军区的旧军官们，并将他们集体枪决。北高加索军事委员会成立，斯大林成为主席，并用自己的亲信组建了新的军队。托洛茨基只差没气死。

好在斯大林自己组建的军队争气，1918年，白军大举进攻察里津，察里津是伏尔加河重要港口和铁路枢纽，白军必争的要地，斯大林和嫡系军队组织了一场漂亮的保卫战，杀退了白军，保住了南方。斯大林执政后，察里津这块龙兴之地被改名为斯大林格勒，如今，它叫伏尔加格勒。

斯大林的战场辉煌也很短暂，苏波战争爆发，他被派往波兰，又跟托洛茨基的战略思路产生冲突，而拒绝执行有关命令。波兰战争失败后，斯大林遭到列宁和托洛茨基的批评，他辞去了军职，更恨托洛茨基了。

内战成就了托洛茨基的辉煌，在一段时间里，苏联的党政机关办公室内，列宁和托洛茨基的画像是并挂的。托洛茨基是犹太人，出身富裕，有点旧知识分子的做派，自视甚高，恃才傲物。有才的人很少低调内敛，尤其是革命年代，有点"嘚瑟"的人，很容易出人头地，托洛茨基好表现，为人张扬，可以想象，周围的革命同志，对他多少会有些微词。

苏维埃政府成立后，列宁和托洛茨基偶尔也会有意见分歧，而在列宁心目中，斯大林总是跟自己一条心的，所以，他当时就想扶持斯大林抗衡托洛茨基。拉拢斯大林对付托洛茨基的想法，另两个苏共的大员也有，他们一位叫季诺维也夫，一位就是加米涅夫。对这两位来说，斯大林没什么了不起的经历和背景，不算个狠角，但是他处处敢和托洛茨基对着干，正是"无害有用"的武器。于是，不知道什么时候开始，斯大林和老季、老加异常紧密。

苏维埃政府成立后，有三个中央机关，政治局、组织局和书记处。政治局和组织局都是处理国家大事，书记处则是重点处理党务。政治局的任务是解决最重要的政治、经济和党内问题，相当于军机处；组织局委员主管相应部门的工作，调配党的干部；苏共中央书记处成立于1919年，主要任务是日常党务工作，中央委员们通过书记处同地方党组织保持联系，书记处组织党的情报信息系统，调节党员干部的分配，从事中央委员会的通信联络工作，统计和监督党的资金等。

在这三个部门中，斯大林的身份最特殊，因为他都有份儿，政治局委员、组织局委员，后来还当上了书记处书记。1922年，俄共十一次代表大会上，斯大林在他那两个老兄弟的支持下，成为"总书记"。这是本届大会新出现的职位，可能大部分人当时对这个"总书记"还没有明确的概念。实际上，斯大林成为"总书记"，他的对头托洛茨基颇不以为然，因为他认为，这个书记处，不过是个办杂事的机关，没什么特别的政治地位，斯大林喜欢给自己搞个大头衔，就给他好了。

托洛茨基太书呆子了，总书记之位，落在胸有大志的人手里，是会迸发出神奇力量的。斯大林担任总书记后，开始不断为书记处增加工作人员，相应地，下属部门也不断扩大，分管的工作范围当然也越来越大，渐渐地，书记处除了日常党务工作、技术性工作外，开始插手政治性工作。

其他干部都喜欢参照西方政府思路考量苏联政府，都觉得军事大权或者财务大权是最吸引人的，而斯大林最早发现，掌握了党员，就掌握了一切。书记处掌握着高级干部名册，有调动和任命党和政府中高级干部的权力，还能把控国内大大小小事件的信息。所以没多久，总书记就控制了党代表大会和代表会议代表的选举工作。

三十　列宁之死

斯大林权力很大，列宁同志看在眼里，急在心上，他想控制斯大林，可惜，他无能为力了。

有部曾经在咱家非常风行的电影，叫作《列宁在1918》。老杨不喜欢黑白电影，因为观影过程中很容易经常怀疑自己是不是突然色盲了。而且，对于早期进口电影中那些老派配音演员学院腔说话方式，也很受不了。不过我知道《列宁在1918》中有句经典台词，后来经常被我们引用。这句话是"让列宁同志先走"。

这句台词应该是出现在列宁被刺杀的现场，1918年8月30日，列宁在莫斯科某个工厂演讲，遭遇暗杀，身中两发子弹，刺客当时就被抓住。非常酷的女人，刚刺杀完了"伟大领袖"，不但不跑，还靠在树上抽烟，场面像香港的黑帮电影，令人叫绝。

刺客名叫卡普兰，社会革命党人，早先也是玩恐怖主义那一派的，对于暗杀有病态的热衷，遗憾的是不够训练有素。

卡普兰被捕后第三天就被枪决，这个刺杀事件又是历史谜案。卡普兰因为常年眼疾，几乎是个半盲，如果她没学过中国功夫里关于"听风辨穴"之类的高深武功，出来做一个刺客未免严重对不起客户和受害者。这么严重的案子，三天就审结处决，没有拉出一大片幕后黑手，也略显轻率。

后来英国人跳出来承担责任了，他们说当年这起暗杀，是英国人策划的，目的是想推翻列宁，扶植一个愿意继续跟德国人打仗的俄国政府。

列宁没死，子弹留在体内，尤其是右颈的那颗，过于接近动脉，医生不敢手术，成为列宁重要的健康隐患。

1922年5月，列宁彻底病倒了，不能理事。但此时，他头脑还很清楚，他的妻子、妹妹、秘书守在身边，随时向他汇报一线的情况。

1924 年 1 月 21 日莫斯科时间 18 时 50 分，列宁在戈尔基村去世，享年 54 岁。苏联人认为应该保留列宁的遗体。于是，列宁的遗体被送进了红场的列宁墓，永久保存。

三十一 战胜对手

五年计划

"市场经济规律"是一只看不见的手，自发地调节供需和价格，所以大部分经济学者就认为，健康的国家经济，就是尽量少地干预这只手的工作，它是最公平公正的调节器。

俄国从古时在欧洲就是比较落后的国家，在经济发展尤其是工业生产上处于很低的水平；农业的耕作方式也依然停留在古代，有头牛估计就算机械化了。苏联立国后就面临内战和外国干涉，而后又被左邻右舍孤立，对外贸易活动非常低迷，让经济状况进一步恶化。

进入 20 世纪 30 年代，西边的德国及东边的日本这两个曾经的大敌都在擦拭盔甲，磨砺宝剑，对苏联的表情都不算太亲切，而英法美三国显然对苏联更没有好感。斯大林经营自己的地位很果断，经营国家的地位也很铁腕，他知道，只有国家变强大，才能在这个危机四伏的环境中站稳脚跟："我们比先进国家落后 50 或 100 年。必须在十年内赶上这个差距。我们必须要做到这一点，否则我们会被摧毁！"

1927 年，国家计划委员会提交了一份计划，由此诞生了我们最熟悉不过的地球上第一个"五年计划"。1928—1932 年，苏联第一个五年计划施行。

一句话就可以概括第一个五年计划：用最短的时间让苏联实现工业化。都知道苏联是老牌的农业大国，要工业化，最需突破的瓶颈就是大量的资金。兴建工厂、投资设备、购买原料、聘请工程师、组织工人生产，钱从哪里来啊？不是农业大国吗？销售农产品啊。

因为之前的新经济政策，有些勤劳精明的农民慢慢攒下了不少家底，成为农村里的富农。斯大林就认为，这些富农是农村政策中最不安稳的因素，如今抗拒卖粮，他们肯定是领头的，对这些富农，一定要没收财产并放逐。而剩下不是富农的农民呢？大家把牲口、工具、所有家当交出来，组织成集体农庄。

1933 年，斯大林宣布第一个五年计划提前完成，而且，苏联的的确确成为了一个工业大国。根据苏联人自己的数据，第一个五年计划后，苏联的工业产值在全球应该仅次于美国。尤其是投资最大的重工业，大约超过 1500 家工厂拔地而起，荒野上，一座座新兴的工业城市陆续出现，大型的工业部门从无到有发展起来。

第一个五年计划期间，资本主义世界正好遭遇了 1929 年全球经济危机，而这片萧条中，苏联经济却是个亮点。在美国找不到工作了，苏联人挥舞着钞票邀请大家共襄盛举，于是西方大量的资金、技术、设备、人才都趁这段时间进入苏联，直接提升了苏联的工业水平，也可以说，体现了全球经济危机下，社会主义国家巨大的优势。

苏联的工业化神速发展，但它是跛脚不平衡的工业化，重工业创造了奇迹，人民日常生活相关的消费品就奇缺，食物需要定量配给，即使没有饿死的，生活得也异常贫穷窘迫。

从斯大林的角度看，第一个五年计划是成功的，所以，马上启动第二、第三个五年计划。大家都知道，1929 年全球经济危机到二次世界大战之前的时期，世界上大部分国家都是不太景气的，而苏联这辆大车，开足马力向前冲，不能不说是取得了惊人的成就。

三十二　黑色闪电高傲飞翔

高尔基出生在伏尔加河畔的下诺夫哥罗德城里一个贫寒的木工家庭，4岁就失去了父亲，在外祖父家长大。11岁就不得不走向社会讨生活，自己养活自己，在社会最底层艰难地生活，尝尽了城市对一个低级打工者的嘲弄和折磨。他当时肯定没有想到，他朝不保夕谋生的这座城市，有一天会用他的名字命名，叫高尔基城。

成年之前，高尔基为了讨生活，他流浪了俄国各地，对社会人情有了最直观的了解。虽然说行万里路胜读十年书，高尔基如果仅仅是到处乱跑，他也就成不了高尔基了，虽然生活困难，高尔基一直没有放弃过学习。实际上，高尔基受到的正统教育只有两年，他是真正被社会大学培养出来的。

高尔基整个童年和走向社会的经历，分别记录在他最著名的三部自传作品里，《童年》《在人间》《我的大学》。而从这三部自传体小说来看，高尔基在写传记方面是个高手，也许就是这个技能导致了他的悲惨结局。

高尔基在19世纪90年代初投身革命了，也就是参与罢工游行之类的事，他是作家，他的高度不一样，1901年一次罢工失败后，他写出了《海燕之歌》，从此，这首诗歌就成为了革命号角，经常在各种运动场合被高声朗读，由此，高尔基就成为了第一个真正意义上的无产阶级革命作家。

跟其他革命党一样，被捕流放，然后找到组织。高尔基不可避免地遇上了列宁，并惺惺相惜。列宁力挺高尔基的作品，尤其是20世纪初，高尔基以彼得格勒工人运动为背景创作的小说《母亲》让列宁高度赞赏，因为这部作品很契合当时布尔什维克的斗争理念，所以被推崇到极高的位置，成为社会主义现实作品的奠基之作。

高尔基虽然是个革命党，可他跟列宁是有极大不同的，作为一个文人，他不自觉地会懦弱，对于列宁的理念，他有点排斥，而且，即使是十月革命胜利，他还是认为，俄国人和俄国的现状不足以支持这个伟大变革和传说中的社会主义。

1920年上半年，高尔基和列宁彻底闹翻了。好在列宁同志颇有些胸襟，对于这个处处跟自己发难的刺头，他保持了高度谅解，他仅仅是要求高尔基跟之前很多的苏俄文人一样，不要在国内犯禁，流亡到西欧去。

从1921年到1928年，高尔基一直在西欧各地溜达，大部分时间落户于意大利的索伦托。这段时间是高尔基创作的黄金岁月，自传体三部曲也出在这个时期。特别需要说明的是，虽然他和列宁不和，出走欧洲，可他在文章中对列宁的评价依然很高，称列宁是他最爱戴的人。

1928年，高尔基迎来了他人生的巅峰，他遇上了最好的"知音"——斯大林。斯大林让高尔基回家，客气得不像话，而且承诺，高尔基如果在俄国待着不舒服，随时可以回到索伦托。

斯大林给予高尔基一个文人所能获得的最优渥的待遇，当时斯大林号召社会各界包括少年儿童给高尔基写信，让他回国帮助提高全苏联人民的文化水平，对于一个60岁的老爷子来说，这样的追捧，真的很容易犯晕。高尔基带着巨大的声望回到苏联，接受了盛大的欢迎仪式，斯大林给他安排了一幢花园洋房和两幢独家别墅居住，所有的吃用供给都相当于中央政治局委员，伺候高尔基的各种工作人员，保姆司机警卫多达几十人。为了庆祝老爷子六十大寿，还特地举办了盛大的庆祝活动。

1936年6月18日，高尔基逝世。

三十三 "二战"苏联

老杨写历史时，经常会用一种穿越的状态，站在这些历史人物面前感觉他们的气质和气场，笔下的人物经常会带着老杨的主观态度。当我站在斯大林面前时，心情有点矛盾。可是，在随后即将到来的第二次世界大战里，如果没有斯大林，苏联能表现得这么团结坚韧，并最终取得胜利，让西方世界从此不敢蔑视这个社会主义国家吗？

这一篇让我们重新认识一位意志坚定的卫国战争英雄。

战前

每次大战前，我们都要分析各国的敌我态势和成因，这基本都取决于该国的外交政策。

1922 年之前，在地球上，苏联是一座"红色孤岛"，很孤立，小朋友们都不跟他玩。转机发生在当年春季的意大利热那亚。就"一战"后欧洲贸易和经济等问题，几个大国在热那亚开了个大会，苏联第一次派了个代表团来出差。

别以为欧洲几个大佬叫苏联出来是和解的，他们是来要债的。英、法等国要求苏俄偿还沙皇政府、临时政府和地方当局所借的一切外债；归还已被收归国有的外国企业和财产，或给予相当的赔偿；取消对外贸易垄断制等。

还记得吧，"一战"前，西欧各国尤其是法国是放了很多钱给沙皇俄国的，但是苏维埃政府认为沙皇政府的事跟新政府无关，法国应该找沙皇去要账。况且，沙俄明明是协约国集团的，应该参与分享胜利的果实，怎么还遭遇集体批斗呢？战后协约国还联手对苏联用兵，让苏联蒙受巨大损失，所以，协约国应该赔偿苏联才对！

两边都坚持对方欠了自己的钱，这会开得所有人都胸闷，其他国家看苏联更是一脸嫌弃。在这个四面楚歌的环境里，苏联人突然发现一个跟自己处境类似的难兄难弟，他家更惨，全欧洲人都想从他家切点什么下来，这个可怜的家伙当然就是德意志。

穷不帮穷谁照应啊，苏联和德意志抱头痛哭了一会儿，签订了《拉帕洛条约》。条约里说，苏德之间就不存在谁欠谁钱，谁要还谁债的问题了，以后建立友好的贸易关系。

这个条约让英法等国都有点傻眼，因为本指望用德意志牵制苏联的，而这个条约相当于欧洲诸国对苏联的遏制和封闭被打开了一个缺口，借着这口新鲜空气，苏联就能安全地成长壮大了。

其他国家反应极快，苏联这么大的国家和市场，如果被德意志一家占据了，还不撑死啊，赶紧过去分着吃吧。1924年后，英国、法国、意大利包括中国等国家都承认了苏维埃政权的存在，并强烈要求改善发展贸易关系。

进入30年代，世界风云又让苏联有点傻眼了。这时，我们要先介绍苏联一个很强势的组织，叫共产国际。

19世纪50年代，随着工人运动在欧洲的兴起，1864年，在英国伦敦成立了一个国际性的工人协会，我们称之为第一国际，它的重要作用就是广泛宣传马克思主义。第一国际掺和巴黎公社运动，随着巴黎公社的失败，第一国际也销声匿迹了；19世纪80年代，欧洲很多国家都建立了社会主义政党，大家又觉得应该搞个联盟，所以趁着法国纪念"攻陷巴士底狱100周年"，巴黎成立了社会党的国际协会，也就是我们说的第二国际，第二国际的章程比较温和，号召工人阶级以罢工等形式完成社会的逐步改良；1914年，列宁同志看到第二国际的发展和行动似乎都不能产生有效的作用，就发出宣告"第二国际已死，第三国际万岁"，1919年，第三国际在莫斯科成立，我们称之为共产国际，列宁给这个组织的任务非常明确，推行世界革命，在全世界范围内以暴力手段推翻资本主义政权。

欧洲所有国家都有工人阶级，都有自己的社会主义政党，共产国际的工作就是扶持他们武装斗争，复制一个"十月革命"。苏维埃俄国自己还步履跟跄，要搞这么大的动作比较吃力。上篇说到，他们想在波兰扶持革命，结果波兰在法国的支持下，吃掉了不少苏俄的领土。

1936 年，德国和日本签订了一个《反共产国际协定》，第二年，意大利也加入了。苏联人痛苦地意识到，整个世界最坏的两个坏蛋，德意志和日本，恰好是自己的左邻右舍！

德意志要反共，我们当然知道是纳粹党魁希特勒深恨共产党，日本人要反共，还是那句话，他们并没有进化到会分析意识形态，他不过是预备以咱家东三省为根据地开始扩张而已，苏联西伯利亚方向，应该也是他预备延伸国土的目标。

其实进入 20 世纪 30 年代，看到左右邻居的造型，斯大林也知道苏联有点危险，所以他努力跟所有人修好，只要有机会，就贴上去希望能结盟，比如法国，比如新成立的捷克都跟他家成为盟友。然而有些事就是躲不开。

意识形态对立造成的战争首先在西班牙打响。1936—1939 年，西班牙爆发内战。在这场二次大战的预演中，场内有西班牙共和政府军和弗朗哥国民军的两派对垒，场外则诞生了三派。英法选择观望，他们将这个绥靖的态度保持到火烧眉毛；苏联作为共产国际的引领者，再不愿意惹事，也不能坐视西班牙同志不管，所以苏联站在政府军一边给他们支援，当然，他也没说直接派军队过去帮忙；而德意志和意大利就在这一仗，立场鲜明，行动利落地帮助弗朗哥的国民军取得了最后的胜利。

西班牙内战中，弗朗哥的军队明明只有四个纵队，可当有记者问他，哪个纵队会先进入马德里时，弗朗哥得意地回答：第五纵队。所谓第五纵队，就是隐藏在西班牙共和政府内部的反动派、内奸、间谍等。

"第五纵队"这个事，给了斯大林很大的刺激，30 年代，在明明知道左邻右舍会对自己不利的情况下，他痛下杀手，清理自己的政党和军队，就是为了防止在莫斯科出现一个里应外合最后颠覆了政权的"第五纵队"。

1938 年的慕尼黑，让斯大林感觉到，危机已经逼近门口。这一年，希特勒和墨索里尼在慕尼黑招呼英法开会，通知他们，德意志预备将捷克的苏台德地区"收回来"（参看《德意志：铁与血的历史》之四十五），英法两国非常客气地答应了希特勒的要求。大家注意，这次会议并没有邀请苏联方面参加，而苏联作为捷克的盟友，刚开始还真想过要帮着捷克抵御德国人呢。慕尼黑会议让斯大林看清楚了，联手英法抵抗德国，可能性不大，那两家胆子都被吓破了。

进入 1939 年，希特勒全取捷克后向波兰提出领土要求时，英法终于知道，绥靖没有用了。这时，他们反应过来，要赶紧拉住斯大林跟苏联夹击德意志。斯大林正在找帮手，有人需要他，哪有不高兴的。可英法态度太差了，他们派出的，是一个级别很低的代表团。

英法看不起自己，不算灭顶之灾，因为要想解决边境的危机，最好的办法就是让敌人不要打过来。正好，这个敌人最近表示了态度，他的目标是西方，想跟苏联继续睦邻友好，不打架。当年 8 月，一份让英法等国五雷轰顶的协定出炉了，《苏德互不侵犯协定》，有了这份东线保障，希特勒酣畅淋漓地进攻了波兰，出于客气，还邀请苏联从另一个方向进入波兰，两家可以会师，再次将波兰分而食之。而据说苏联人进入波兰时，有一阵子没有遭遇抵抗，因为苏联军队告诉波兰人，他们是过来帮忙打德国人的。

占领波兰东部后，苏联军队继续发展，将爱沙尼亚、拉脱维亚、立陶宛占领，随后，这几个国家以加盟共和国的形式并入苏联。

1939 年 11 月，苏联对芬兰动手了，理由是，芬兰的国境线离列宁格勒太近，影响苏联人喘气，让芬兰往后退退。芬兰拒绝这种无理要求，红军就冲过去了。虽然最后还是迫使芬兰屈服了，但苏联也打得异常辛苦，可能就是对芬兰这个小国的战争中显出的疲态，让希特勒认为，苏联红军真不够他帝国军队几脚踹的。

除了上述这些地区，苏联还取得了罗马尼亚的两个地区。

说到"二战"特别不能遗漏的是让波兰人忧愤难平的"卡廷事件"。1939年苏联进攻波兰，大量的波兰战俘落在苏联人手里，这些战俘的数量初步估计超过 25 万，经过清点，有的释放有的转移，最后将 9000 多名波兰军官和15000 名战俘留在卡廷森林（俄罗斯斯摩棱斯克以西约 19 公里）附近新建的战俘营。

波兰的兵役法规定，只要是大学毕业生，一辈子肯定要服一次兵役，所以波兰军队里，知识分子是很多的，医生、律师、工程师、科学家都有。而之所以留下这两万多人，显然也是经过筛选，应该都是波兰国家和部队的精英。1940 年，苏联著名的魔头，内务部部长贝利亚就建议，这帮人养在战俘营，又费粮食又占地方，还时不时地制造骚乱影响战俘营秩序，干脆杀了得了。

1941 年，德国人占领了卡廷森林，发现了惨不忍睹的万人坑，千具尸体层叠在一起，胡乱埋在大坑中，后脑都有明显的弹孔。后来，德国人公布了这个发现，全世界都震惊了，波兰人自然更甚。

卡廷森林的 8 个万人坑里有一万多具尸体，波兰既然知道了这件事，肯定要彻查。最后他们得出的数据，除了卡廷森林这个处决地点，还有其他几个处决地，大约有 22000 名波兰将士死于苏联的屠杀。

苏联跟德国翻脸后，流亡的波兰政府跟苏联签订协议，共同抗德。波兰政府要组建军队啊，跟斯大林要这些战俘，斯大林淡定地告诉他们，都被释放了，不知道跑到哪里去了；到德国人揭发这个事时，苏联人抵死不认，说是德国人自己杀的，栽赃苏联人。1990 年苏联解体，俄罗斯政府终于公布了真相。

战中的欧洲

1940 年纳粹德国大军压境。

1941 年 6 月 22 日，虽然因为巴尔干地区的战斗让最开始拟订的进攻计划推迟了一段时间，希特勒依然毫无压力，指挥德军加其他盟国组成的 190 个师的大军，从波罗的海到黑海拉开一线，杂和着天上战机的嘶吼和地面装甲部队的轰鸣声，乌云滚滚，杀奔苏联而去。

德军对苏联的进攻，面向三个方向，北方的目标当然是列宁格勒，中部则长驱直入挺进莫斯科，南部的目标则是基辅和顿河边的罗斯托夫，这里盛产粮食、煤炭和石油。

希特勒是闪电战的高手，比赛长期抢跑，还没等裁判鸣枪，他就大军开进了苏联，让对手防不胜防。之前德国不断地往东线调兵，希特勒释放各种谎言蒙蔽苏联人，都到了6月21日，有人给斯大林发消息说德国人要杀进来了，他还坚决不信德国人会这么快动手。大兵压境，斯大林同志大梦还没觉醒，懵懂不知道如何反应，他失踪了几天，当时所有人都猜想，他是崩溃了。7月3日，斯大林总算找回状态，发表了一篇激昂的广播讲话，号召苏联人民团结抗战。

德军进攻开始那一个月，不管斯大林是清醒还是迷糊，对战局都毫无影响，德军攻伐速度之快，难以想象，第一天，他们就推进了60公里，半个月以后，苏联西部大面积国土被德军占领，被俘虏的苏联红军超过30万！好在苏联国土辽阔人口众多，在这种地方长期打架，变数甚多，如果稍遇阻滞，倔强又顽强的斯拉夫人就会凝聚出强大的反抗力量。

第一个让希特勒头痛的地方就是列宁格勒。希特勒打仗带有强烈的个人情绪，他痛恨共产党，连带恨透了列宁格勒这个十月革命的诞生地。

此时的列宁格勒，是苏联最大的工业中心，也是苏联第二大运输枢纽，大约有十条铁路线经过，连接列宁格勒与莫斯科以及苏联的其他地区，显然它在军事上是战略要地。希特勒认为，只有在保证占领列宁格勒之后，"才能继而打好这场占领莫斯科这个重要交通枢纽和国防工业中心的进攻战"。所以他说，占领列宁格勒是一项"刻不容缓的任务"。

纳粹这一路北方集团军有70万人，飞机大炮都管够，元首的命令是，6月22日出发，7月21日，拿下列宁格勒。

7月初，德军按计划步步推进，果然进入了列宁格勒周边，德军的盟友芬兰也加入战团，从北方和东方向列宁格勒合围。

出乎德军意料，之前一直溃败的红军在列宁格勒城下恢复了神勇，战斗进行到9月，虽然中间老希派兵多次增援，列宁格勒还是没有拿下，最近的时候，德军已经可以看见冬宫的屋顶，距离中心广场不到20公里。

列宁格勒的300万居民，在红军西北方面军司令的领导下，一边积极开工生产，一边修筑防线，让德军的攻城战代价惨痛，不得不在9月底转入防御。城池虽然暂时攻不破，德军基本完成了包围，切断了列宁格勒跟苏联其他地区的联系，只要围困，总会使之屈服。老希因为军队迟迟没有拿下列宁格勒，很冒火，他下令，将列宁格勒围死，投降也不接受，要把这个城市"从地球上抹去"！

最惨的围城战开始了，列宁格勒城内工厂不少，可粮食一定要从城外运进来。补给线被切断后，城内只好实行粮食配给，在 9 月后，连续几次降低配给标准，最低的时候，每人每天只有 25 克的食物，越来越多的人因为饥饿而死。面对这样的局面，城内外的苏联人都没有绝望，他们知道，列宁格勒因为地理位置的特点，是没有办法被完全围死的。

看地图，列宁格勒东北毗邻一个湖泊，叫拉多加湖，湖中间大约 60 多里宽的水域，德军的炮火够不着，而这条水域，就成了向列宁格勒运送给养的生命线。

炮火打不着，飞机能打到，而且，湖面，它是会结冰的。进入 11 月，湖面开始封冻，船只无法运输，只能寄望于雪橇之类的低等运输工具。要向一个 300 万人口的城市运送补给，雪橇马车比杯水车薪还少。

万般无奈之下，列宁格勒军事委员会决定，在冰上建一条军用公路来运送粮食。冰面上跑重型卡车，不是不行，条件是冰面必须冻得厚实。可拉多加湖不都这么冻，不仅结冰的时间有早晚，结冰的厚度也不一样，很多地方，看起来很瓷实，下面的冰层其实很薄。

这是生命线，无论如何都要试试。冰上军用公路就这样强行通车了。开车的都是经验丰富的老司机，2 吨卡车只敢装几百斤，行驶缓慢而小心，司机们开着车门，以备车辆陷入冰凌时，人可以快速逃离。据说十天运输的粮食还不够列宁格勒两天的需要，可是，有四十多名司机连人带车栽进冰水里。

给列宁格勒输送粮食的运输队，是列宁格勒保卫战最感人的风景，除了掉进冰水里，有时遭遇大风，车辆会在冰面上花样滑冰，很快就失去了踪影；天上，德军飞机鬼魅般时隐时现。跑这样的运输，必须把脑袋别在裤腰带上。可就是这么惊险的工作，苏联人没有退避，司机们还展开竞赛，每天连续不断，昼夜不休地奔跑往来，也许他们送出的物资远远不能满足需要，可是他们带来的这团希望之火一直在列宁格勒人民的心里燃烧到了最后。

从 1941 年 9 月 8 日被围到 1944 年 1 月 27 日，列宁格勒神奇地坚守了

872天，创下了世界历史上守城战的奇迹。而为了围死列宁格勒，纳粹的北方集团军重兵和芬兰军队都被牵制在这里，减轻了其他地区的压力。列宁格勒死战不降，也一直振奋着苏联所有人的精神，要知道，苏联的卫国战争，最无敌的，就是精神。

巴巴罗萨计划一启动就是摧枯拉朽，6月22日开工，6月28日，就占领了明斯克，7月16日又拿下了斯摩棱斯克，从地图上看，再跑快点儿，德军就可以直接开进莫斯科了。可就在这时，希特勒踌躇了。

老杨原来说过，希特勒其实挺磨叽的，越是行情好他越是焦虑。此时，他手下古德里安等将领都建议，别浪费时间，直接扑向莫斯科，可希特勒却坚持，大军掉头南下，他要吃掉基辅。按老希的想法，古德里安这帮人脑子太简单，打仗嘛，第一保障就是物资，军事经济那是大学问。趁纳粹军团手气好，火头旺，正应该南下，把俄国西南那些资源粮食产地抓在手里。

纳粹军团接到老大这个命令真挺头痛，因为他们知道，苏联红军西南方面军就在基辅一带，近百万人，是红军序列中最有势力的集团军，这样硬碰上去，就算能赢，也不知道要折损多少兵马，最关键的是，耽误了时间，什么时候才能对莫斯科动手啊？

德军这边，老大和手下发生了意见争拗，苏联那边，红军总参谋长朱可夫也提出了质疑。

面对德军的南下，对基辅步步逼近，朱可夫向斯大林进言，放弃基辅，军队撤到第聂伯河对岸。这种逃跑的主意，说出来就是找骂的。斯大林坚决不同意，朱可夫一再坚持无效，发飙说自己这个参谋长干不了啦，斯大林成全他，让他降职为预备队司令。

9月16日，苏联的西南方面军被德军切割包围，被围困在中间的苏联军队，拼死突围，可不管怎么跑，都还在德军的包围圈里，天晓得德国人围了多大的一个圈子。

真没人知道，因为基辅战役是人类历史上规模最大的围歼战。战役维持了两个月，苏德联手演绎了一幕战场神话，苏联军队损失70万人，其中66万被俘虏！

希特勒太高兴了，他说，这是史上最大的战役。战役的结果他也很满意，因为苏联的西南集团军经此一战，可以说损失殆尽；占领基辅，苏联南方石油煤炭等重要产地就在眼前。然而，他不知道，基辅战役的大胜，可以说奠定了他失败的开始。在基辅，德军也损失了十万兵力，最重要的是，失去了进攻莫斯科的大好时机。也就是在基辅包围圈热火朝天的时候，莫斯科重组了城防，预备卫国战争的第一场胜利。

有军事专家评价基辅战争是：德军赢得了战争史上最大的围歼战，却失去了战争史上最大的战争。

希特勒的思维是跳跃的，拿下明斯克后，他就说应该先取得北方战线和南方战线的胜利，以莫斯科战役为压轴，结束这场壮丽的大戏。基辅战役结束后，列宁格勒久攻不下，他又改主意了，又说1941年的工作重点是拿下莫斯科。被他分到北方和南方的中央集团军部分军队赶紧拉回来，预备莫斯科战役。

此时已经是1941年9月底，希特勒虽然没见过，但他也了解过苏联冬季的严寒，而且，如今德军进入苏联这么深，后勤补给线拉得很长，冬战装备一时也送不到前线。老希不怕，他认为，只要速战速决，最冷的冬季到来前完工，一切都不是问题。

对莫斯科的进攻于9月30日开始，代号是"台风"，德军的总指挥是他们中央集团军的司令，博克元帅，他制订的计划就是"钳形攻势"，从南北两个方向卡住莫斯科，攻破并占领它。

计划一开始不错，进入10月，德军又展开了几个包围圈，俘虏了几十万红军，到现在为止，德军俘获的苏军战俘超过百万，要不是他们对战俘很不好，变着法子让他们死得很快，这百万人还真是负担。

莫斯科岌岌可危，斯大林决定动用王牌，基辅战役失败后，他无数次后悔没有听取这张王牌的建议。王牌就是朱可夫，而此时，他已经被调到列宁格勒，组织那里的防御。

10月10日，朱可夫回到莫斯科，如此一来，战争史上最风光的一场大战的两位主角，分别站好了自己的位置。

即使是朱可夫，回到莫斯科，看到北边、西边、南边咄咄逼人的德军，他也不知道莫斯科能不能守得住。这样实力悬殊的抵抗，守军的意志是取胜的关键，而能激励莫斯科市民守军的，还是斯大林的态度。斯大林虽然将政府主要部门撤离到另一个城市，但他自己和苏军的总指挥部坚持留在莫斯科。这段时间里，他经常出现在广场对市民喊话，激励所有人保家卫国，他说他本人一定会留在莫斯科，"直到流尽最后一滴血"。平时懒懒散散的俄国人，这时一点不颓废了，整个"二战"，苏联最牛的，就是永远打不绝、源源不断的军队，男人们一腔热血就想上战场，而女人们也毫不服输，接下了挖战壕等辛苦的工作，"二战"时期，东线的战斗口号嘹亮入云霄："为祖国和斯大林战斗！"

1941 年 11 月 7 日，十月革命胜利 24 周年，斯大林宣布，每年十月例行的红场阅兵照常进行。当天，斯大林好整以暇地出现在红场，表情坚毅而镇定地检阅了部队，这些部队中，有来自远东的军队，他们本来是防御日本人的，为保卫首都，他们也只能被拉回来。苏联红军荷枪实弹全副武装从红场穿过，带着斯大林的坚定信念和苏联老百姓的真诚祈祷直接冲上抗德前线。

来自远东的军队最大的长处就是冬战，他们长期驻在西伯利亚一带，过冬的装备齐全。这段时间，英法两国为了支援东线，还想尽办法发来了不少过冬的物资。反观那些英俊飒爽的纳粹军人们，还都没换上冬装呢，更不要说其他冬战装备了。

11 月 27 日，冻得瑟瑟发抖的德军没有丧失希望，因为这一天，他们突进到了距莫斯科 20 公里的位置，从望远镜里，几乎可以看到克里姆林宫的塔尖。就是在这个位置，德军又遭遇了苏军的殊死抵抗，德军再次蒙受了巨大的损失，没有取得预想的结果。

进入 12 月，莫斯科附近零下 20℃，枪械装甲全都冻成废物，趁着德军没有完全被冻死，苏军开始反攻。1942 年初，德军不得不败退，后撤了二百多公里。莫斯科保卫战胜利了，首都保住了，整个苏联保住了。

分析德军莫斯科战役的失败，一般都会先提到苏军的两个重要帮手，一个是雨，一个是雪。10 月，德军最气势如虹的时候，遭遇大雨，苏联人不好好修路，一下雨到处成为泥潭，德国的坦克根本无法前进。博克元帅一边咒骂这破天，这破路，一边希望早日霜降，让泥泞的道路冻结；可他没想到，道路被冻结实了，油箱也冻结实了，坦克还是跑不动。如果仅仅将莫斯科战役的功绩归结于老天爷，是不公平的，战役4个月，70多万苏军伤亡，不是斯拉夫子弟们前仆后继的牺牲，以纳粹的军事素质，顶风冒雪一样能攻无不克。

进攻莫斯科失败，希特勒心情很恶劣。好在德军的优势还在，隆美尔刚刚在北非战果辉煌，帝国的潜艇让英国的舰艇很慌张，德意志依然掌控一切。既然莫斯科打不下来，元首就继续他的军事经济思路，将主攻方向回归到西南部，他看到了那个叫斯大林格勒的城市。

斯大林格勒原名察里津，是斯大林在苏俄内战时的龙兴之地。它位于伏尔加河下游西岸，伏尔加河是苏联最重要的内河航线，斯大林格勒不仅是这条重要河道的重要港口，还是南方的铁路交通枢纽，更重要的，它是重要的工业城市，拥有大型的军工厂。斯大林格勒以西、以南是广阔富饶的顿河下游流域和高加索地区，是苏联粮食、石油和煤炭的重要产区。

在即将发动攻势之前，希特勒曾对第六集团军司令保卢斯将军说："如果我拿不到迈科普和格罗兹尼的石油，那么我就必须结束这场战争。"应该说，不论对斯大林还是希特勒，这片宝地都是战争能否持续的重要保障。

德军已经占领乌克兰，集合大军南下很顺利，1942年夏天，大军抵近了斯大林格勒，导致整个"二战"局面逆转的斯大林格勒保卫战开幕了。

斯大林格勒这座城市呈带状，一长条沿伏尔加河右岸排开，基本没有有利的防御地形和防御工事。这样的城市一看就是很容易被攻破，德军还隆重地派出了40个师，1000多架战机，向这个长条地带投掷了超过100万枚炸弹，整个城市几乎夷为平地。

希特勒志在必得，斯大林死不放手，7月28日，斯大林颁布了最著名的国防委员会227号命令，中心思想只有一句话："不许后退一步。"要求斯大林格勒的守军，不要想撤退，更不能想投降，不管发生什么事，要跟德国人死磕到底。

军令如山，苏军真的就没有退，即使德军已经陆续攻入城内。苏军化整为零，构筑街垒，以街道建筑为工事，与德军展开了大规模的巷战。虽然此前大部分平民已经被转移，但留在城内的平民也都选择了跟士兵们共同战斗。

如今要是去伏尔加格勒，那是红色旅游，因为城区内有许多留有当时印记和纪念这场伟大巷战的遗址，最著名的就是巴甫洛夫大楼。这栋大楼作为当时一个很重要的火力点被苏军死守，叫巴甫洛夫的中士带着 24 名来自苏联各种族的士兵们，还有 30 多名留下帮助他们的老百姓，面对数倍于己方的德军以及对方强大的重型火力，将这栋大楼守了整整 58 天。战后，为了纪念这位伟大的战士，苏联重建了这幢六层高的建筑，命名为"巴甫洛夫大楼"。

德军已经进入了斯大林格勒，街道和建筑都能看得见摸得着，可就是不能实现占领，每次看到苏军不论消耗多少性命都要争夺一条街道或者一幢房屋，德国人不得不承认，这座城池，既在眼前，又在天边。

战役持续了半年，在这让人绝望而胶着的战场上，苏德两军的士兵偶尔抬头，会在废墟、残骸、硝烟之外看到一簇白色的百合怒放在空中。不过，这朵百合能让苏联士兵更振奋，让德国士兵更绝望。

上面说到，苏联的妇女很多也加入军队参战了。进入 1941 年，斯大林要求没有孩子的女人们跟男人一样负起责任。别的国家的女人，参加战争也就是做做后勤保障，最神勇也就是前线医疗队。而苏联的女人进入军队可是分布在各种单位，挖战壕能看见她们，开货车能看见她们，操作大炮也能看见她们，她们还组建了纯娘子军的战斗机编队。

1942 年 9 月，两架德国战斗机被一架苏联战机击落，这架苏联战机的两翼画着白色的百合，通过机舱玻璃看去，操纵战机的居然是一位大眼睛的金发女郎。她叫莉莉娅，苏联空军的女王牌，因为她的名字在俄语中类似"百合花"，所以她将自己的战机画上了两簇百合。德国人分不清花的种类，况且在天上相遇，哪里有时间研究人家战机的装潢呢，所以他们就认定那是白玫瑰，莉莉娅因此有个外号叫"斯大林格勒上空的白玫瑰"。

莉莉娅是史上第一个击落了敌机的女飞行员，到 1943 年，这位漂亮的女飞行员共起飞参战 168 次，单独击落敌机 12 架。其中有一次，她击落了德军的一个王牌，有 35 次空战胜利纪录的德国人被俘虏后，强烈要求知道自己是败在哪位高人手里。当他看到一个娇小玲珑的姑娘向他娓娓诉说当时击落他的经过时，德国人很傻眼。

1943 年 8 月 1 日，莉莉娅在空中遭遇 8 架德军战机的围堵，此时的她已经在德国空军挂了号了，都认识这架战机，而且，还看到她插在飞机侧翼的一束野花。德国战机没对这个小姑娘客气，莉莉娅在击落一架敌机后，被打中，白玫瑰凋零在空中，这时距她 22 岁生日，还有 17 天。根据她的战友回忆，看到 8 架战机冲她飞来，莉莉娅果断地选择了掉转方向，和德国人正面交锋。

一个 20 出头的小姑娘，爱美爱笑还有很多对未来生活的憧憬，可她毅然投入这场残酷的战争，并付出年轻的生命。从莉莉娅和巴甫洛夫这些军人身上，我们了解了当时当地苏联人是一种什么样的精神和士气，对德国人来说，看到这样的苏军，心理上恐怕多少总有些压力吧。

从开战以来，一直是苏联人被德军切割包围，在斯大林格勒战役进入到 11 月后，因为德国第六集团军过于突前，终于被苏军包围在斯大林格勒的市区里。攻防逆转，德军是客场，据守城池的难度更高，因为没有人给送给养。被围困几个月后，万般无奈的德国元帅保卢斯带着 23 名将官和 91000 多名饥寒交迫的德国士兵投降 (详见《德意志：铁与血的历史》第四十五)。

斯大林格勒战役是人类史上最惨烈的战役之一，199 天的鏖战，到底死了多少人，根本无法明确统计，大致估计，德国连死带伤损失了 150 万人，整个东线战场，纳粹失去了四分之一的军事力量。苏联呢？更不好估计，因为他们的秘密太多了。后来有行家计算，也有 100 万以上的伤亡，而德军入城后，杀死的平民人数就更不能统计了。

这场战役的意义不用说了，所有人都知道，此战之后，德军永远失去了东线战场的主动权。

跟"一战"一样，德国人在东线不管怎么杀人都杀不干净，苏联这种奢侈的人海战术再次将德军拖垮。这几年仗打下来，精锐的纳粹战士越打越少，渐渐地，帝国军队里越来越多是各盟国各小弟国家的士兵，像罗马尼亚这样的军团，根本不能指望他们在战场上有纳粹军队的风采。苏联不一样，虽然军队的素质一茬茬没有质的提高，可指挥官成长了。有丰富经验的指挥官战前被斯大林清洗，新成长的指挥官几乎是在战争中学会了打仗，尤其是碰上德国人这么好的老师。所以，战争后期，苏德的军队在质量上的差距越来越小。

到底孰强孰弱，还是要决战一场才知道，地点就定在库尔斯克，别再拼人命了，飞机坦克都亮出来，打一场机械化大会战，赢家，就是最后的胜者。

这一仗是机械会战，机械的能力，全靠人的大脑。所以，苏德双方都出动了最强的大脑，德军方面的指挥官是曼斯坦因元帅，而苏联方面当然是派出朱可夫应战。

斯大林格勒战役胜利后，苏军乘胜推进。而对德军来说，他们欢迎苏军推进，将战线拉长，找到地方，德军会反手一击报了斯大林格勒的仇。当苏军进入库尔斯克的突出部分时，曼斯坦因感觉，时机到了。

库尔斯克是一片平整的草原，是打装甲战得天独厚的舞台，曼斯坦因本人更是一个闪电战的宗师，所以，看到这样的战场，曼斯坦因自信满满。

曼斯坦因是悲剧英雄，虽然公认他是古往今来人类战史上最优秀的将领之一，可是他没有赶上好时候。曼斯坦因出身普鲁士贵族，这个出身使其一直得不到希特勒的充分信任。实际上，希特勒这位老大除了他自己，谁也不信。

曼斯坦因自信没用，希特勒老大没自信，他听说苏联 T-34 坦克很厉害，所以他认为，如果德国没有更好更牛的坦克，就不要随便动手。更好的坦克德国真有，大炮改装的，一种叫 88 的防空炮，德国人发现，这种炮如果不用来打飞机，而是降低高度打阵地，可以打到 2000 米外。炮是好用，可是它很重，装卸运输都非常麻烦。德国人一想，这好办，给加个装甲再安上履带，方便多了。不过，整容之后，它已经不是 88 炮了，它是一种新型坦克，叫虎式坦克，不论是装甲强度还是火力程度都是战场上的顶级杀手。

闪电战的要点是快，根据之前的莫斯科战役和斯大林格勒战役的教训，被苏联人缠住打消耗战就是地狱了，而且曼斯坦因早就知道，对面那个叫朱可夫的苏联人，打仗从来不吝惜生命和装备，如果被他粘上，德国人真耗不起。

让曼斯坦因郁闷的是，希特勒对此很不以为然，少安毋躁，等新坦克上了战场才准开始。这一等，就是三个月。这三个月朱可夫可不闲着，他在周遭挖出八条战壕，将平整的土地挖得乱七八糟，还埋下了大量的反坦克地雷。

即使是朱可夫准备充分，德军基本还是一开打就攻破了对手的第一道防线。经过一周的艰苦战斗，互有损失。7月13日，史上最大的坦克对决在普罗霍罗夫卡爆发。两边的装甲主力正面纠结在一起，进行坦克的肉搏战：几百甚至上千辆坦克挤在一起对射，中间夹杂着冲锋的步兵，随时有坦克剧烈地爆炸，侥幸从坦克中爬出来的坦克手，拿起枪加入步兵的战斗。这是真正的炼狱，不过，坦克带起的漫天尘埃会让这种被炸得血肉横飞或者被烧得皮焦肉烂的画面稍微掩饰一点儿。

不管是T-34还是虎式，坦克这样绞在一起，科技的高下已经不起作用，基本上都是些同归于尽的打法。而苏联更胜一筹的是，他们不仅人多，坦克也多，这就是朱可夫最希望看到的消耗战。

曼斯坦因不会这样消耗德军，经过一轮混战后，他预备发起一轮猛攻，终结苏联人的车轮战。然而，他这个猛攻的计划永远没机会知道是否会奏效了，因为他主子又露怯了。

盟军于这个夏天成功地在西西里岛登陆，意大利危殆。希特勒的老心更加脆弱不堪，回想东线战场这几场硬仗，他忍不住肝颤了。他不想再跟苏联人纠结了，这帮人太狠了，太倔了，太不要命了。现在他想的，就是尽快从东线战场脱身，全力防备来自帝国下腹部的威胁。

希特勒撤走了部分库尔斯克的装甲部队，本来就势均力敌，德军撤走部分军力，这仗也就不用打了。苏联人开始反攻，再次取得了胜利。

苏联人说自己取得库尔斯克会战的胜利，其实不算名正言顺，实际上，如果仔细核算战损，不论是人员还是装备，德军的损失最多也就是苏军的四分之一。可是苏联损失得起，除了全国上下一心开足马力军工生产，盟军的支援也一直源源不绝。

库尔斯克的胜利让大局确定，德军在东线再无像样的进攻，现在轮到苏联发力了，1944年，苏军组织了连续十次进攻，不仅收复全部国土，还反攻进入了德国的境内。

1945 年 1 月，苏军进入了德国境内，4 月，进军中的苏军和美国大兵在莱比锡附近会师，5 月 2 日，苏军攻克柏林，5 月 9 日，第三帝国向盟军投降，"二战"的欧洲战场落幕，苏联取得了卫国战争的伟大胜利。

战中的亚洲

欧洲战场结束了，亚洲战场，日本人还在负隅顽抗呢。大家还记得，莫斯科保卫战后期，苏联获得了一支生力军，也就是来自远东防范日本人的军队。有人会问了，为什么整个"二战"，日本人打中国这么专心，还偷闲炸过美国的珍珠港，他们怎么不对苏联动手呢？盟国知道东西两线夹击德国，日本完全可以和德国联手，两线夹击苏联嘛。

说到"二战"时苏联和日本的关系，老杨又不能回避一个让人心痛的话题了，那就是，蒙古的独立！好多 80 后、90 后的孩子都不太知道，我们祖国这张地图，早先是不像公鸡的，我们也不愿意让它像公鸡，原本我们脊梁上，并不是凹陷的曲线！不到 100 年前，那个叫蒙古人民共和国的国家，它是属于中国的领土。

16 世纪，沙俄入侵西伯利亚，根据这家人长期喜欢拿别人家土地的恶习，蒙古这片土地又被他们看在眼里，记在心里，找到机会，他们就对蒙古渗透。自从清政府开始跟各种洋人签订卖国条约，几乎所有的对俄条约，都有跟蒙古相关的内容。沙俄的工作没白做，到 19 世纪，很多蒙古的贵族都待见俄国人，而且给了自己一个未来保障，万一中原有变，蒙古可以顺势独立，沙俄绝对会支持和保护他们。

20 世纪初，辛亥革命推翻清政府，好些省份宣布脱离清朝统治，蒙古趁机就宣布"自治"。而后，中原大地进入军阀割据的状态，谁说了也不算，蒙古看着既然没人管，索性就考虑独立吧。

不久中华民国终于有了个大总统，他叫袁世凯。老袁再坏再滥，他也不能眼看着这么大一片国土说没就没了，于是跟沙皇艰苦谈判。此时光谈判不够，因为"大蒙古国"已经自称建立了，不仅驱逐了当地的中国官员，还侵入到了内蒙古。老袁派出军队，总算将蒙古军队赶出了内蒙古，但是，他没有力量将沙俄的势力赶出蒙古。老袁费了老大劲，终于让蒙古承认中华民国还是宗主国，但是蒙古保持自治。

1918 年，十月革命让沙俄倒台，蒙古的王公们不知道将要面临什么样的命运，赶紧又倒向旧主，向中华民国求救，说是要回到祖国的怀抱。当时中华民国设在蒙古的军事首脑是库伦镇服使陈毅将军（不是后来那个陈毅将军），他一直采用怀柔政策，在蒙古的王公、贵族、活佛、高僧中联络感情，让他们感觉，还是回到祖国好。

谁知，到了 1919 年，咱们那个段祺瑞政府认为，对于这种动不动就要独立的地方，就是要铁腕压服，不能让他们太嘚瑟，派出一位名将徐树铮带兵进入蒙古，连打带骂用非常不友好的手段让蒙古人暂时屈从了，但是蒙古的高层们心里都不服。

十月革命的一声炮响，让蒙古的下层百姓也学着组织了一个共产党，也就是蒙古人民党，这下他们和苏联红军又是一家了，在红军的帮助下，蒙古人民军打走中华民国的驻军。1921 年 7 月 11 日，蒙古建立亲苏的君主立宪政府。

到 1924 年，中苏要建交，双方谈了谈，估计苏俄也觉得这样分裂别人家国土很不地道，所以他们又承认蒙古是中国的一部分，尊重主权，还答应从蒙古撤军。不到半年，蒙古国国君突然死了，苏俄就又改主意了，当年年底，蒙古政府宣布废除君主立宪制，成立了"蒙古人民共和国"，定都库伦，改城名为乌兰巴托，并允许苏联驻军。

蒙古正式分家独立，一大片国土血淋淋被剥离母体，咱们国内在军阀混战的空隙里都表示了无比的愤慨，几位著名的大爷曹锟、吴佩孚、张作霖都义愤填膺大骂老毛子不是东西，蒙古人更不是东西。骂归骂，他们谁也不说出兵去把蒙古抢回来，因为他们担心出兵时，背后会被其他的军阀下黑手。

蒙古没了算什么呢，因为不久，我们富饶的东三省也被日本人占了。1931 年"九一八"事变后，日本人就扶持咱们的末代皇帝溥仪建立了伪满洲国。

现在有好戏看了，蒙古国是苏联罩着，伪满洲国是日本人罩着，这两片地区还紧紧挨着，对苏联和日本来说，既然是白来的地盘，当然找到机会就要扩大，加上双方本来就有仇，在满蒙交界地带，经常有苏日的擦枪走火。

日本人的扩张有两个方向，要么北进，要么南进。北进当然是冲苏联去的，蒙古国首当其冲，南进则是全取中国大地。

1939 年日本人的北进之旅遭到阻滞，在满蒙交界地带一个叫诺门坎的地方，苏联加蒙古联军跟日本军队打了一架。战争没经过正式宣战，规模说大不大，说小也不小，日本人不是有个 731 部队吗，所以细菌战也小试牛刀，没操作好，还害死了不少日本人。

诺门坎战役打了四个月，朱可夫指挥的苏联红军取得了大捷，日本史学家称之为"日本陆军史上最大的败仗"。日本军队居然放弃了，以后就专心侵犯中国，尽量不招惹苏联人。为了表示诚意，日本和苏联签订了一份《苏日中立条约》，条约约定，五年之内，两边绝对不再打架。条约中最无耻的一段就是：苏联承认"满洲国"，日本承认蒙古国！

日本人说话算数，不像希特勒，签了条约当废纸用，后来"二战"中，日本人就真没向北方招呼，痴心不改兢兢业业地坚持"南进"。

"二战"期间，美国人多次要求苏联对日宣战，斯大林就是不松口，还将此事当作筹码跟盟国要条件。1945 年 2 月，雅尔塔会议，在美国的罗斯福总统再次提出苏联向日本宣战时，斯大林却坚持总要给俺一个借口向俺家老百姓交代吧，俺们这么山长水远到远东去打架，图个啥啊？

罗斯福心里着急，也管不了江湖规矩了，行，你要的，我给你，我们两家秘密商议定就行了，别给其他人知道。让我们看看这份《雅尔塔协议》的内容吧：一、蒙古（蒙古人民共和国）之现状须予维持；二、日本 1904 年背信弃义进攻所破坏的俄国以前的权益须予恢复：1. 萨哈林岛南部及邻近一些岛屿须交还苏联；2. 大连商港须国际化，苏联在该港的优越权益须予保证，苏联之租用旅顺港为海军基地也须予恢复；3. 对沟通大连与外界联系的中东铁路和南满铁路，应设立一中苏合办的公司以共同经营之，经谅解，苏联的优越权益须予保证，而中国须保持在满洲的全部主权；三、千岛群岛须交予苏联。

看明白了吧，斯大林说了，他出兵赶走日本人，东三省以后就在苏联的势力范围内！当时的国民政府虽然望穿双眼等着苏军来帮忙，但得知《雅尔塔协议》对中国主权的严重损害后，甚为愤懑。尽管心有不甘，却又无可奈何。因为在国际政治舞台上，是靠实力说话的。

1945 年 8 月 8 日，在美国刚刚向日本投下一颗原子弹后，苏联向日本宣战。借着西伯利亚铁路的巨大优势，8 月 9 日，150 万红军和大量军备暴风般越过中苏边境逼近日本的皇军之花"关东军"。关东军此时真是明日黄花，面对来势汹汹的苏联红军，他们的顽强抵抗坚持了 10 天，8 月 19 日，向苏联红军缴械投降。9 月 2 日，日本人在美国的密苏里号军舰上正式向盟军投降，第二次世界大战，这才算正式结束了。

咱家人厚道，写历史书的也厚道。苏联进入东北，十天之内击溃了罪大恶极的关东军，极大地推进了咱们抗日战争胜利的速度。虽然美国人扔了两颗原子弹，但以日军当时的态度来看，苏联人不参战，只怕他们还要负隅顽抗一阵子，咱们还要多死更多人，所以，在这件事上，我们的历史书对苏联红军一直是充满感激的。

可是，日本投降了，苏联红军没有回家啊。日本人一直把伪满洲国当自己的家园建设，将之打造成大日本帝国扩张的基地，所以，他们在东三省留下了大量的工厂工业设备。这笔财产应该是不少的，因为战争中，伪满洲国的工业生产总量已经超过了日本本土。

还是那句话，东三省落在日本手里或者是老毛子手里，哪样更糟糕？虽然国民政府当时已经说了，中国人被日本人欺负了 14 年，苏联人打日本人 14 天都不到，如果要拿日本人留下的"赔偿"，国民政府应该优先。斯大林口头表示了对中国的同情，从 1945 年 9 月开始，他就马不停蹄地将东三省的工业设施和工业设备拆到苏联去了，据后来的计算，苏联人在东三省驻扎到 1946 年 3 月，掠走的财富大约可值 13 亿美元，相当于日本 14 年侵华战争给咱们造成总损失的十分之一。

三十四　战后

胜利后的饥荒

苏联"二战"胜利的光辉下奠基着多少人的性命，一直难于考证，最新权威的数据显示，大约是 2700 万人，无家可归的人大约也有这个数字。

这些牺牲总算是有价值的，整个"二战"，苏联获取的新国土加起来比法国还大，不仅让斯大林在国内国外赢得了巨大的声誉，整个东欧、中欧绝大多数地区都拜入了苏联的山门，自认为小弟。

斯大林可不是有点成绩就翘尾巴的人，"二战"末期在日本岛上爆炸的两颗原子弹，不仅炸坏了日本人，也炸醒了斯大林，老美居然有这么危险的武器，这么高端的科技了，以后苏联还是危险啊，要急起直追，快点赶上。行了，都别庆祝了，赶紧启动第四个五年计划吧。

跟第一个五年计划几乎思路一致，第四个五年计划也是大规模发展重工业。第四个五年计划有利条件更多了，第一是苏联战后获得了轴心国 10 亿美元的赔偿，第二是他从世界各地比如咱家东北和东德运回去大量的机器设备资源，第三是他有大批复员军人和战俘低薪或者无偿劳动。因此，第四个五年计划再次提前完成，煤炭、电力、石油、钢材等产量超过战前水平，又创造了一次计划经济的奇迹。

苏联的每一次辉煌都是老百姓的牺牲换来的，第四个五年计划中，老百姓的生活依然困苦，工人的生活标准在 1947 年后提高了一些，很多生活物资不用配给了，但是农民就更糟。

"二战"中，集体农庄政策稍微松动，农民有了点自由，很快就为自己积累了一点儿小财富。斯大林最怕农民有钱，所以，他搞了一次金融改革，发行了新的货币，新旧货币之比为 1 比 10，老百姓稀里糊涂地发现，自己的财产只剩十分之一了。

很多青壮农夫被征上前线，战后这些退伍军人都被安置进工厂，农村劳动力锐减，土地又遭到战争摧残，1946年，乌克兰旱灾，粮食歉收。卫国战争的胜利让斯大林认为他对农村的政策是绝对正确的，所以战后将对农村的压榨又重演了，苏联又爆发了大饥荒。

铁幕演说

"二战"后，英法被削弱，美国因为各方面的势力，成为资本主义世界真正的大哥大；"二战"中，随着红军的征战，几乎邻近所有的国家都是被苏联红军解放的，红军帮助解放，顺带也就扶持跟自己对脾气的政府，于是在东欧、中欧地区形成了一片社会主义国家，奉苏联为大哥，与美国形成世界的两极。

西方资本主义国家一直抵制共产主义，没想到打了一场世界大战，共产主义势力拓展出一大片，这让西方国家非常恐慌。1947年，退休了不甘寂寞的英国的丘吉尔跑到美国演说，"从波罗的海的什切青到亚得里亚海边的里雅斯特，一幅横贯欧洲大陆的铁幕已经降落下来"，他还说，铁幕以东的国家，被斯大林铁腕高压控制着，美国作为世界大哥，不能不管，所有英语国家可以联合起来，抵制苏联的扩张。

这篇著名的"铁幕"演说后，分别以苏美为代表的东西阵营就忘掉"二战"时携手对敌的情分，开始互相怒目而视，也开始了"冷战"的历程。

"铁幕"之说虽然是丘吉尔公开发表的，其实都知道他代表的是美国的意思。原子弹爆炸后的美国，尤其是其总统杜鲁门，责任心爆棚，觉得全世界的事，美国人都应该担起责任，所以，他家出台了一个叫杜鲁门主义的东西，大意就是，以后全世界任何国家的人，只要觉得自己不自由不民主想推翻政府，美国人必须帮忙。

咱家对杜鲁门主义是非常了解的，用咱们熟悉的话翻译过来就是：野蛮干涉他国内政。咱家不喜欢被美国干涉内政，这个世界上喜欢被美国干涉的国家却不少，他们怎么这么好说话呢？因为美国人很清楚，想对别人家指手画脚，必须给点甜头好处，人家欠你人情，你干什么都比较方便了。

为杜鲁门主义护驾铺路的，就是"二战"后著名的"马歇尔计划"。这个欧洲复兴计划，主要内容就是美国人为欧洲提供财政扶持，尽快让这些国家在战后恢复经济和秩序。美国人想啊，经济低迷容易引发时局混乱，又会让共产党钻了空子，苏联的势力会继续扩张了。

毕竟"二战"时是盟友，美国人不敢明说马歇尔计划就是遏制苏联的，他们甚至还假惺惺地邀请苏联加入这个计划，美国人说了，他们一视同仁，美金有的是，只要苏联人敢要，美国人就敢给。

西方资本主义国家吃定了苏联不敢要，因为只要加入马歇尔计划，该国的经济就要被纳入监控，而且丧失部分经济上的主权，这些要求，苏联当然不会答应。就这样，马歇尔计划在苏联人怒目注视下进入西欧，大量的美金为当地带来快速的复兴。

美国人财大气粗臭显摆，苏联必须把自己控制的那几个社会主义国家看住了，别被美金吸引走了。因为"铁幕"的遮挡，其他社会主义国家比较容易掌控，麻烦的就是东德（苏联在东德的动作参看《德意志：铁与血的历史》）。两边较劲的结果就是德意志终于变成了西德和东德两个社会意识形态完全不同的国家，后来柏林还出现了一道难看的"长城"。

时间来到 1949 年，这一年发生了三件世界大事。第一重要的，当然是中华人民共和国成立了。又是个社会主义国家，还是个这么大的社会主义国家，地球两大派系的实力明显又发生了变化。

第二件大事是这一年的 4 月，美国与 12 个主要资本主义国家成立了北大西洋公约组织，白纸黑字规定，成员国成员，只要受到苏联及其小弟的攻击，其他人都可以一拥而上帮忙打回来。

居然组成社团要对付自己，斯大林很闹心，好在，他一直重点关注的工程有了结果。1949 年 8 月 29 日，苏联塞米巴拉金斯克大草原，一只古怪的巨球在 50 米的塔架上爆炸，数秒之后，巨大的彩色蘑菇云腾空而起，苏联终于爆炸了自己的原子弹，打破了美国的核垄断，成为世界上第二个拥有核武器的国家。

几乎全世界都知道，苏联的原子弹技术大部分是从美国偷来的，这个世界上有些规矩就是：只要偷得到就是自己的。蘑菇云让斯大林狠狠地松了口气，终于又跟美国站在一条起跑线上了。现在美苏两极都拥有了原子弹，让"冷战"上升到新阶段，这个阶段就是永远"冷战"，不会热战，因为两边都握有大杀器，一动手就有可能同归于尽天地俱焚。可以说，原子弹是地球上最狠的凶器，也是地球上最能遏制战争的力量。

两巨头无法正面对决，隔空喊话互相吓唬总不过瘾，终于有个地方，让他们挑动自己的小弟打了一架。

中日甲午战争惨败，大清被迫放弃了对朝鲜的宗主权，日本人占据半岛，随后通过日俄战争，赶跑了觊觎朝鲜半岛的俄国，在 1910 年，日本正式吞并了朝鲜。

"二战"中，美、苏、英三巨头第一次开会就说到，让朝鲜脱离日本独立。后来雅尔塔会议，美国人用咱们蒙古和东北换得了苏联对日宣战，但是对朝鲜，几方都有图谋。经过讨论，大家都感觉，"高丽人"一直都是邻国的附庸，自己独立成一个国家估计会乱套，干脆，一人分一块帮他们管着吧。

1945 年 8 月，以北纬 38° 线为界，北边的日军向苏联投降，南部的日军向美国投降。美苏两边的军队进入朝鲜，各自扶持符合自己要求的政权，两个老大撤军后，跟东西德国一样，朝鲜半岛上也成立了两个意识形态完全不一样的政府。朝鲜人拒不接受两个朝鲜，南北双方都考虑跟对方打一架，赢家统一半岛。

北方朝鲜的政府首脑金日成决定先下手为强，他征得斯大林同意后，于 1950 年 6 月对三八线以南发动了进攻。金日成虽然跟斯大林打了招呼，可他并没有知会邻居家的大哥——中国。

"二战"后有了联合国，当时的五大常任理事国中，有中华民国。中华人民共和国成立后，联合国也没说主动将安理会的席位交给新中国，居然还保留着台湾的位置。1950 年 1 月，苏联为了抗议联合国这个行为，愤而离席。

金日成出兵了，都知道他肯定是受到斯大林背后支持，所以，美国必须支持南朝鲜战斗。美国人向联合国交了个提议，看能不能组个多国部队给李承晚撑腰。

联合国表决，苏联代表继续消失无踪，于是，在苏联弃权的情况下，通过了这个决议，组建了包括南朝鲜在内17个国家构成的联合国军，开进朝鲜半岛。很多人都奇怪，为什么苏联的代表会不在场呢？他家是常任理事国，只要他家否决，这支多国部队就搞不成了。

斯大林怎么想的，要问他自己，他肯定不是没收到会议通知，我们讲到朝鲜历史时再讨论吧。后面的事大家都知道，1950年10月，在多次警告无效的情况下，咱家的志愿军进入朝鲜，进行了艰苦卓绝的抗美援朝战争，几十万好儿郎的鲜血，洒在异乡。

刚经过"二战"又栽进这么惨烈的战争，打了一年后，双方都有点累，都有停战谈判的要求。苏联自己不派兵参战，他乐得看其他国家互相削弱，最重要的是不要让美国脱离这个泥潭。在各种阻挠下，双方边打边谈，终于在1953年7月实现了停火，结束了这场浩劫。

1953年2月28日，斯大林招待同僚们在克里姆林宫观看了电影，随后邀请政治局委员，到莫斯科郊外，他私人的孔策沃别墅吃晚饭。

这个莫斯科郊外清寒的夜晚一点儿也不宁静，俄国老男人喝点儿老酒，都挺能闹腾。凌晨4点，聚会结束。斯大林想不到，这是他最后的晚餐。

3月1日一整天，斯大林的卫兵非常焦虑，已经过了平时起床的时间了，斯大林的卧室，依然没有动静。根据斯大林的命令，他就寝的时候，任何人不得打扰，卫兵就算觉得事有蹊跷，可谁也不敢敲门进入一探究竟。

晚间6点，终于有一份重要文件需要交付斯大林签署，卫兵们这才推开了斯大林的房门。平时挺威严的斯大林正倒在地上，口中发出扑哧扑哧的声音，已经不能说话。卫兵通知了斯大林最亲信的马林科夫和贝利亚，这两位凌晨2点进来看了一眼后，嘱咐卫兵不要打扰斯大林休息，而后扬长而去。等到早上9点斯大林才被送去急救。3月6日，莫斯科所有报纸和广播报道了斯大林逝世的消息。

三十五　土豆烧牛肉

念奴娇·鸟儿问答

鲲鹏展翅，九万里，翻动扶摇羊角。

背负青天朝下看，都是人间城郭。

炮火连天，弹痕遍地。

吓倒蓬间雀。

怎么得了，哎呀我要飞跃。

借问君去何方？雀儿答道：有仙山琼阁。

不见前年秋月朗，订了三家条约。

还有吃的，土豆烧熟了，再加牛肉。

不须放屁，试看天地翻覆。

用毛泽东这首词开头，就知道要说赫鲁晓夫了。这个矮胖老头造访匈牙利，告诉当地的百姓，所谓共产主义，就是天天吃"古拉希"，就是土豆牛肉加点小红辣椒炖得烂烂的。后来这个"土豆烧牛肉"就被我们用来讽刺苏联认为的共产主义。其实咱家那时候的理解也没什么大不同，咱们的父母、祖母那辈理解的共产主义是：楼上楼下，电灯电话！

赫鲁晓夫是个有趣的人，在苏联所有的领导人中，最有喜感。矮胖胖的，很像土豆。他的招牌形象是，在联合国开会，有人发言让他不爽，他就拿一只皮鞋敲桌子抗议。后来发现他没脱自己的鞋，据说是旁边某国元首看着会议无聊，瞌睡，赫鲁晓夫趁机盗其鞋，操起来做了惊堂木。还有人说，他专门带了一只鞋，就为敲桌子砸场子。遗憾的是赫鲁晓夫没碰上小布什，否则他这只鞋丢过去，应该准头不错，小布什避无可避。

在老杨心目中，赫鲁晓夫鲁莽且自以为是。不过，在苏联那样的政治环境里，赫鲁晓夫能最后荣登宝座，成为斯大林的接班人，还真不能说他完全是个糙人，没有政治智慧。

土豆领导人

根据斯大林死时苏共内部的形势，赫鲁晓夫应该不是接班的热门人选。1953 年 3 月 9 日，红场的斯大林葬礼上，马林科夫、贝利亚、莫洛托夫做了主题演讲，宣示了后斯大林时代三足鼎立的权力分布形式。贝利亚作为秘密警察的头子最有实权。赫鲁晓夫读过《三国》，他聪明地选择了东联孙吴，北抗曹操，联合马林科夫干掉了贝利亚，然后掀翻马林科夫。这一场政权夺位，赫鲁晓夫胜利的最大功臣，就是朱可夫。根据经验，篡夺大位第一元素就是掌握军队，有军界支持，大事基本可成，而朱可夫正是苏联军界的巨头。

比起苏联时代的各种路线，老杨更倦怠不耐的，是苏联最高层的权力之争，成王败寇，怎么赢不重要，赢了就好。赫鲁晓夫赢了，他接了斯大林的班。

赫鲁晓夫在位干了不少惊心动魄的大事，第一件最惊人的，就是对老上级的清算。

新老板上台，苏共照例要开个全国代表大会，宣示一下，组建新的中央机关，并审议下一个五年计划。1956 年 2 月 14 日，著名的苏共二十大在莫斯科召开了。老大哥开会，社会主义阵营的小弟都有代表参加，会议在 2 月 25 日基本结束，不过说不上是"胜利闭幕"。因为 2 月 25 日，苏联本国的代表突然被召回，背着其他国家的同志开内部会议，会议的内容让与会所有人目瞪口呆。

赫鲁晓夫花了五个小时的时间，宣读了一份长达 4 万字的报告，题目是《关于个人崇拜及其后果》。报告的中心内容就是一句话：斯大林不是东西，祸国殃民！这 4 万字可不是普通的大字报，它清晰地逐条列举了斯大林所有的罪行：大清洗时杀人无数；对少数民族缺乏公平；"二战"时期决策失误招致早期惨败和重大人员伤亡；经济政策方面的错误等，大约有七项罪名，条条有理有据，论证清晰。

这恐怕是长篇报告宣读史上受众最安静的，听完新老板的这番"控诉"，苏联的党代表们如同一个惊雷炸在头顶，个个呆若木鸡，据说"现场连一根针落地都能听得清楚"。

赫鲁晓夫要求这个报告保密，仅限于在苏共内部传达。西方的情报机构天天都盯着莫斯科呢，这样诡异的空气，肯定会让他们敏感。以色列的情报机关摩萨德效率最高，他们第一时间弄到了这份"秘密报告"的原文，紧随其后的就是美国联邦调查局，当年7月，《纽约时报》全文刊发，这个炸雷响在全世界的头顶。

报告在苏联国内引发的，当然是疾风暴雨般的"去斯大林化"行动，斯大林的遗体被迁出列宁墓，重新安葬。斯大林的老家格鲁吉亚不服，爆发了大规模的示威游行，要求赫鲁晓夫把报告收回去。苏联出动军警，向示威人群开枪镇压才算平息了局势。

但，最大的骚乱还来自国外，来自长期被苏联洗脑忽悠的卫星国小弟们。对东欧各社会主义国家来说，第一个社会主义国家苏联和带领这个伟大国家获得"二战"胜利的斯大林同志，那是神一般的存在，那是某种信仰，如今被同样是苏联老大哥的新掌门说得一无是处，而且证据确凿得让不明真相的革命群众困惑眩晕，还有什么比信仰受到挑战更让人抓狂的事呢？

1955年，为了对抗越来越近的北大西洋公约组织，苏联牵头成立了华沙条约组织，东德、波兰、捷克、匈牙利、罗马尼亚和阿尔巴尼亚都成为华约组织成员。而华沙条约中很重要的一条，就是苏联的军队可以进驻这些国家。

原来说过，社会主义作为一个新鲜事物，历史上没有参考系，苏联老大哥公认是成功模板，众小弟们图省事，只需要将老大哥所有的动作搬回家就行了。所以，苏联有的毛病，华约组织的小弟几乎都有。轻重工业发展严重不平衡，生活资料匮乏，人民生活困苦，家里还都有一个类似斯大林的领导者，时不时把人杀掉或者关进牢里。现在，斯大林被推倒了，华约国家，尤其是本来国内就有些反对派暗流汹涌的国家肯定是趁势而起，按照常规的说法，这中间肯定还夹杂着"西方反共势力"的各种挑唆。

骚乱最早发生在波兰，这个最近的小弟受刺激比较深。赫鲁晓夫的报告一传出来，斯大林最忠实的粉丝之一——波兰的领导人贝鲁特就得心脏病死掉了，我们可以充分怀疑他是被活活气死的。当年6月，波兰西部波兹南市一个机车厂的工人，在增加工资减少税收等要求被政府拒绝后，发动了10万人的示威活动。双方交涉无效，波兰政府的装甲部队开进了波兹南市区，以74人死亡的代价平息了这场风波。

在波兰国内，一直有一个声音提醒大家，应该走波兰自己的社会主义道路，而不是跟在苏联身后亦步亦趋。这个声音的代表就是波兰的一位政界大佬哥穆尔卡。根据苏联的风气，哥穆尔卡敢于跟主流意识叫板，能保存肉身就非常不易了，他一直因为"右倾"被关在监狱。波兹南事件后，波兰人更是迫切需要甩掉苏联的控制，获得波兰真正意义上的独立，于是，哥穆尔卡成为斗争的希望。

1956年10月，听说哥穆尔卡被重新选举为波兰领导人，赫鲁晓夫气坏了。这伙计办事干脆，也不通过外交照会，自己打了个"飞的"就降落在华沙，同时命令驻扎在波兰的苏联军队包围华沙。

哥穆尔卡比赫鲁晓夫淡定，两边最后终于通过谈判解决了这场一触即发的争端。波兰答应，只要大哥放手让小弟自己发展，小弟铁了心留在华约，绝不离开。赫鲁晓夫也感觉到苏联在波兰的控制大势已去，只好下令撤军，并调回了派到波兰指手画脚的干部。

波兰的风波平静收场，其他的小弟就没这么幸运了，比如匈牙利。哥穆尔卡在波兰上台，点燃了匈牙利人民的希望之火，因为他家也有一个哥穆尔卡式的人物，也就是著名的前总理纳吉。纳吉因为想要在匈牙利实现"去苏联化"的改革，也被扣了一顶"右倾分离主义"的帽子，开除出党。

1956年10月，布达佩斯的学生大规模示威游行，推翻了广场上斯大林的雕像。匈牙利政府也很果断地向学生们开枪，第二天一早，布达佩斯的街头就看见了苏军的坦克。矛盾彻底激化了，匈牙利人开始冲击布达佩斯的共产党总部，大量的匈牙利党员甚至退党抗议，民众要求新上台的纳吉总理下定决心脱离华约组织。

跟波兰一样，纳吉选择跟苏联谈判，这次苏联人没这么友善，11月3日，苏军17个师开进布达佩斯，在毫无抵抗下控制了匈牙利全境。匈牙利小弟想分家单过的"雄心壮志"给大哥的坦克无情碾碎。纳吉政治避难无果，辗转落在对头手里，两年后，被处决。

土豆与导弹

毛泽东气场强大，赫鲁晓夫每次造访中国回去，心情都比较压抑。好在他去美国把信心找回来了，在美国，这个传说中的北极熊受到围观，而老赫也见到了传说中的美国标志——玛丽莲·梦露，喝到了著名的可口可乐。老赫对美帝的和平善意并没有保持多久，进入20世纪60年代，他又整出一场惊世纠纷。

1962年10月的一天，年轻的美国总统肯尼迪收到中情局的消息，根据U-2飞机的侦察，古巴发现了导弹基地！

这时，古巴这个小国开始被全世界热切注视了。美洲国家古巴，位于浪漫的加勒比海西部，是由1600个小岛组成的美丽岛国，它距离美国的佛罗里达州最南端，只有217公里。蓝天碧海，性感热辣，一直被美国人视为度假地和后花园，1902年，古巴脱离美国独立，美国人一直不肯放手，所以在古巴扶持亲美势力。

美国人绝对没想到，古巴这小地方居然会出产地球上最牛的牛人，1959年，有个叫卡斯特罗的超级革命家，发动武装革命，一举颠覆了当时亲美的政府，成立了地球上最有气质的国家——古巴共和国。

古巴共和国是社会主义国家，美国人天天在欧洲反共，不曾想这"祸害"居然蔓延到了家门口，老山姆既震惊又郁闷。此后，美国就大力收留被推翻的前政府流亡分子，中情局亲自训练他们，希望把他们整合成一支军队，打回古巴拿回失去的政权。

1961年4月17日，这些在美国学成归来的反政府军队在古巴的猪湾登陆，美国人的轰炸机也跟着起飞掠阵。这场入侵对卡斯特罗来说是个侮辱，因为来犯的敌人不过1500人。古巴也不嫌少，三天后，只有50多名入侵者被美国人七手八脚地救走了。

猪湾事件后，卡斯特罗不敢掉以轻心，他知道他必须找到能跟美国抗衡的靠山。当时的环球，找不到比卡斯特罗和赫鲁晓夫更一见钟情两情相悦的人了。面对卡斯特罗向苏共释放的善意和忠诚，赫鲁晓夫恨不得扑上去亲这古巴人一口。

进入 60 年代，美苏的"冷战"不断升级，双方的互相威慑也不断升级。因为北约组织对苏联的地缘优势，美国的导弹已经部署在了土耳其和意大利，这样近的距离，美国人发动攻击后，苏联人只有认命等死的时间。苏联虽然也有把美国夷为平地的家伙，无奈距离太远，从发射到奏效，最少要 40 多分钟，40 分钟，对老山姆来说，他能改变很多事了。看到卡斯特罗，赫鲁晓夫想到，如果在古巴部署导弹，短程导弹，美国人防不胜防，如果是中程导弹，5 分钟之内可以打进美国本土，覆盖其超过三分之一的国土。

赫鲁晓夫性格的关键词就是鲁莽，他脑子一热想到的事，他就要赶紧做，不做他睡不着。他完全没想过往古巴部署导弹会是一个多么惊人的事件，他就这么决定，就这么干了。苏联海军还很有效率，非常秘密地掩过所有人的耳目，将一批中程弹道导弹和几万苏军送进了古巴，开始装配发射装置！

老山姆从诞生以来受过的最大创伤就是被日本人炸了珍珠港，那还是在遥远的太平洋上，后来大家都见识到了美国人的报复。此时，苏联人的导弹瞄准的居然是美国本土，想象一下美国人的反应吧。

这就是著名的"古巴导弹危机"，差点被吓傻的肯尼迪总统一边跟赫鲁晓夫放狠话，一边派出强大的舰队封锁了古巴的海域，要求所有前往古巴的船只接受检查，否则一律击沉。而美国的军队和欧洲的北约军队也进入战争戒备，美国的各种导弹也都做好了发射准备，一场大战，一场核战，一场全人类的浩劫一触即发。

离战争最近的那天应该是 10 月 24 日，苏联舰队继续向古巴运输导弹，在古巴的海域，遭遇了美国包围古巴的舰队，苏联的潜艇已经受到了深水炸弹的攻击，被迫浮出水面。

感谢暴脾气的老赫，此时要不要毁灭地球都在他的胖脑袋一念之间。他选择了让苏联舰队掉头返航。

古巴导弹危机被送上联合国，老赫抵死不承认他的行为，直到美国人现场展示了 U-2 飞机拍摄的清晰照片。全世界舆论一片哗然，老赫的敌人当然说他是想毁灭全人类的大坏蛋，老赫的战友也都认为这个事实在有点儿欠考虑，犯浑。老赫自己也感到，局面越来越不能控制。

这场危机持续了 13 天，在各方斡旋，当然也在双方都做出让步的情况下，美国人答应绝对不对古巴动手，甚至拆除部分部署在土耳其的导弹，而苏联则拆回部署在古巴的那些"进攻性武器"。

危机的和平解决是全人类之福，最不满意的是卡斯特罗，他觉得古巴最后是被苏联出卖，老赫这老头儿办事极不靠谱。

土豆和玉米

赫鲁晓夫是个莽夫，但不算是昏君，应该说，他是个改革派的领袖，很痴心地想为苏联带来一些改良和进步。

斯大林时代，压榨农业扶持重工业，给苏联的农业造成了许多积重难返的问题。斯大林后的苏联领导人都看到，农业发展不良，粮食总是不够吃，已经是制约国民经济发展的重要瓶颈。赫鲁晓夫接班后，他第一个面对的课题，就是农业改革。

以前集体农庄向国家交售农产品，几乎都是低于成本价的，让农民亏老本的买卖。赫鲁晓夫时代，对农庄的产品施行了采购制，国家当然也提高了采购价格，这项措施让农民的收入明显增加了；以前政府对农庄干预过多，播种时间、播种数量、耕种方式等都有很教条的限制，让农民手脚被束缚。改革后，政府仅仅是提出收购数量和目标，种地的细节就让农民们自己去处理了；以前为了防止农民们分散精力，迫使他们在集体农庄好好干活，政府严格限定农民发展副业，或者是自由养殖牲口。赫鲁晓夫降低了私人自留地的税额，还免掉了私人果树、私家牲口的实物税，很快，果树牛羊等就多起来了，农贸市场也繁荣活跃了。

以上这些都可以对老赫提出表扬，不过这个伙计就是不禁表扬，一说他好，他脑子就发热，脑子一发热，就能整出很多坑爹的事。

因为谷物产量上升缓慢，他就觉得应该是耕地不够。苏联这么大的国土，能没有地吗？垦荒去啊！哈萨克斯坦和西伯利亚，土地有的是，赶紧安排人过去开荒。

从1954年到1958年，这五年时间里，苏联政府投资67亿卢布开垦荒地，近十万被忽悠的志愿者到东部地区安家落户，成效斐然啊，共有4000万公顷的土地被开发出来，占苏联总耕地面积的五分之一。到1958年，苏联农业丰收，新开垦的土地收获了谷物5850万吨，超过当年全苏粮食总产量的40%以上。

丰收是好事啊，可世事总不完美。这些垦荒区都是些鸟不生蛋的地方，运输仓储都无法配套，收割时也面临严重的人手匮乏，结果，冬季到来之前垦荒区的庄稼还有大量没有收割，另外还有大量粮食在运输途中、储存过程中损失掉。而由于粗放式的垦殖方法，垦荒区风沙侵蚀日益严重，后来几十万公顷新开垦的土地又都被破坏。

开荒不好玩就换一样吧，老赫去美国旅游了一圈，除了致力于帮美国人洗脑，他也注意观察，到底美帝为什么这么奢侈富裕。后来他得出了结论，因为这家人主要是种玉米，玉米这东西，容易种，经济效率还高，还能帮助发展畜牧业。

从美国回来，老赫就下令扩大玉米种植面积。1953年，苏联只有350万公顷玉米种植，为啥苏联人不种玉米呢？因为玉米这种植物，要求干热气候，需要一定的日照时间，都知道苏联那地方天寒地冻的，光照时间是挺奢侈的。

老赫一个钳工出身，不知道这里面的高深原理，他喜欢老玉米，大家都要种。他还要求，到1960年，玉米种植面积要扩大到2800万公顷。要求归要求，玉米这种美帝的作物，就是不听从苏共的指令，他们在苏联的土地上，基本不结穗！这个劳民伤财的计划，再次失利。

除了农业方面，工业领域，老赫也进行了小幅度的改革，我们都知道，这样的国家，这样的体制，没有触动根基的改革，其效果多半不好。也许老赫犯了不少错误，也许他的脑子温差太大，但是，他任内，苏联人，不论是工人还是农民，其生活水平都得到了不小的改善和提高。还盖了不少廉价房子给老百姓住，实实在在还是做了不少事情。他力求给苏联一个和平的环境，觉得有战略核武器就够了，不用养这么多军队，所以搞了点裁军，直接得罪了苏联军方。所以有些评论家客观地说，苏联所有的领导人中，把国家交到下一任手里基本正常、运作良好的就是赫鲁晓夫，虽然他交出权力并不是心甘情愿的。

三十六　大厦崩塌

用两个段子开始这篇故事：

勃列日涅夫说：同志们，美国人登上了月球，我们不能再等了，党决定让你们上太阳。宇航员：总书记同志，我们会被烧死的。勃列日涅夫：没关系，同志们，党都替你们想好了，你们晚上去。

某人因为说勃列日涅夫是白痴被入刑，判了终身监禁。该人甚不服，法官解释：辱骂国家领导人判两年，剩下的是判你泄露国家重大机密罪！

这样的笑话可以找出很多来，勃列日涅夫在苏联掌门人排行榜上，最了不起的业绩是关于他的笑话最多，苏联的老百姓编派勃列日涅夫已经成习惯了。但大家不要把他当笑话看，苏俄历史上所有领导人，受老百姓的欢迎程度，老勃（简称）仅次于普京，是苏联时期声誉最好的老大！这个老勃在苏联人眼里是个仪表堂堂身材魁梧的帅哥，但如果大家找到他的照片，还有他的漫画，肯定会笑倒，这老头有两条极粗的眉毛，眉心几乎相连，容易让人想到蜡笔小新，"穿高衩泳装的姐姐在哪里？"（寒！……）

小新出场了，土豆哪去了？土豆当然是被牛肉炖了，还炖烂了。

1964 年 10 月 13 日，赫鲁晓夫被要求从度假地赶回莫斯科，参加苏共中央的主席团会议。会议通知是由当时的苏维埃主席团主席勃列日涅夫传达的，并且，他告诉他的老板，不论赫鲁晓夫出不出席会议，会议都会正常召开。

久经苏联政局考验的土豆当然知道发生了什么，一下飞机，他就被直接"劫持"到了会场，随后的几天里，赫鲁晓夫耷拉着自己的胖脑袋听取了各种人物对自己各类错误的当面批判，其中许多还是自己一手提拔的亲信。大势已去，赫鲁晓夫接受了命运的安排，在"退位诏书"上签下自己的大名，那一天，中国第一颗原子弹在罗布泊爆炸成功。

这场权力更迭中，勃列日涅夫似乎是主持者，所以，他当然也就取得了大位。我们都知道，苏联人争权夺位是相当高技术高风险的业务，最后赢的都是绝顶高手，能在上个老大任内将其放倒，那肯定是高手高手高高手了。这次不能经验主义，勃列日涅夫不在此列，他接班成为掌门，完全是因为整个政治局，他最弱最没用，对谁都不构成威胁，那几个狡猾的幕后黑手把他顶到前台主持政变，不过是看他人傻个子高，万一天塌下来，他能顶着。

从斯大林到赫鲁晓夫，苏共中央斗争不断，这种环境下能让自己平庸，永远披着保护色，别让上面注意到你，其实是一种大智慧，避免了冒头遭冷枪。老勃是个老实人，每天该上班上班，该开会开会，从不得罪人，前两任掌门都待见他，他仕途平顺升到高层。

当最强势两派力量，苏共中央书记苏斯洛夫和克格勃负责人谢列平密谋把赫鲁晓夫赶下台时，首先想到让老勃充当先锋，万一搞不定，也是这家伙倒霉。结果挺顺利，赫鲁晓夫被迫退休。可在苏斯洛夫和谢列平谁该接班的问题上出现了争拗，这两个人互相不服，谁做了老大，另一个都不会罢休，怎么办，找个两边都能接受的，让他先顶着，等咱哥俩儿争出高下再让他让位，谁做掌门大家最没有意见啊？勃列日涅夫！完全符合咱家"鹬蚌相争，渔翁得利"的法则。

老勃做老大的头几年是很可怜的，政治局开会，他的意见经常被忽视，他私下甚至求其他委员能否给他点面子，他讲话时多少给点掌声。大道无形啊，就这么个公认的傻乎乎的人不仅有效清除了威胁自己王位的各路对手，牢牢占据苏共头把交椅18年，还赢得了很高的声誉，到底这家伙有什么高深的道行呢？

大地的馈赠

不能不否认，大多数人的成功，最不可或缺的因素就是幸运。

赫鲁晓夫本来是个改革英雄，也可以成为一个悲情的改革英雄，可他因为办事鲁莽冲动，脑子发热随性而为，让他的改革大业总是透着些让人伤脑筋的不靠谱。

不靠谱也没触动根基，但是赫鲁晓夫任内的改革，对当时的苏联各方面都有或多或少的刺激，这些刺激的良性方面，正好在老勃任内开出花还结了果，落在老勃怀里。

老勃不领情，不管赫鲁晓夫跟斯大林有什么恩怨或者不得不清算的原因，老勃是不理解的，要知道，没有斯大林的大清洗，老勃这样的庸人，何德何能步步高升有今天的地位，老勃一类人，肯定还感念着斯大林的知遇之恩，提拔之情，而且，既然推翻了赫鲁晓夫，就说明他那套"去斯大林"的做法是不对的，应该恢复斯大林时代的风气，恢复斯大林的地位。

1966 年，宣示苏共新老大上台的苏共二十三大上，曾经被赫鲁晓夫更名为苏共中央主席团的苏联最高机构，再次恢复了其"中央政治局"的原名，苏共的老大再次被称为总书记，老勃成为了勃总。

勃总想给斯大林翻案，动作还不能太明显，但是他完全可以将偶像的做法复兴。赫鲁晓夫时代，在经济上已经有少许对"社会主义市场经济模式"的摸索和尝试，勃总上任，这些改革都被中止，将苏联再次拉回纯粹计划经济。同样，根据斯大林的模式，勃总也愿意大力发展重工业，尤其是军事工业。

进入 70 年代，苏联的工业总产值已经占美国的 80% 以上，农业达到 85%，最好的是，苏联人的生活水平有了显著的提高，政府兑现了大量的物质承诺，比如，基本实现了全民医疗、保障就业、基本食品的价格补贴，内需还不断扩大。

苏联人吃饱喝足之余还露脸，这段时间，是苏联的盛世。盛世当然是明君的功劳。勃总的治国政策到底是对是错我们以后再说，但我们必须理性地看到，这样的盛世，最重要的原因是国家有钱了，发财了，因为，勃总中彩票了！

1973 年，中东战争再次爆发，发生在以色列及周围穆斯林国家间的战争，这是第四次了。大家现在都熟悉了，中东那地方只要一乱，全世界的油价就暴涨，而这毛病，最早就是 1973 年落下的。那几年，世界石油价格翻着筋斗云向上冲，所有出产石油的国家，在家数钞票数得手都发软了。这些钞票，从此还有个专用名字，被称为"石油美元"。

在家数钞票手软的人中，就有勃总。赫鲁晓夫任内总念叨着到西伯利亚去垦荒，西伯利亚那地方真不能随便垦荒，因为挖深了容易打出油井来。赫鲁晓夫也派出石油勘探队在那一带活动，可是到1961年，世界著名的秋明油田才逐渐被开采出来。现在，秋明油田是仅次于中东的超级含油区，这个油田，在广袤的俄国大地上，只不过是规模第三大的油田而已。

拥有世界45%的天然气和13%的石油储量，勃总当然找到了财大气粗的感觉。不就是种不出粮食吗？不就是工农业总是不能平衡吗？咱有钱，有钱啥都能买，食品和日用品，咱们造不出来，还买不到吗？看似贫瘠的北方大地，终于给予在其间含辛茹苦生活了千年的斯拉夫人以回报，滚滚的油气带来的财富，成就了俄国难得一见的和谐盛世。

生命中不能承受之重

勃总现在是一个"发达社会主义"的首脑，所以他当然自以为也是社会主义阵营总舵主。勃总对世界秩序抛出了自己的理念，也就是著名的"勃列日涅夫主义"。简单说就是以下内容：第一，社会主义国家是个大家庭，不允许任何一个分裂出去；第二，苏联是这个家庭的大家长；第三，任何一个社会主义国家出现问题，苏联都应该以家长身份清理门户。

为了让所有人知道，这个"勃列日涅夫主义"不是跟大家开玩笑的，1968年8月20日，苏联出兵占领了捷克斯洛伐克。

捷克斯洛伐克这孩子太不省心了。跟着苏联老大哥走，时间长了就觉得跟不上。因为捷克斯洛伐克家里没有秋明油田，没有那么多从天而降的银子，所以没有盛世，只有陈旧低下的体制造成的漏洞百出。

穷则思变，感觉道路越走越黑暗的捷克人，选择了改革派领袖杜布切克为总书记，希望由他带领捷克斯洛伐克走出一条民主科学，符合捷克斯洛伐克国情发展的独立道路。而且捷克斯洛伐克人还都认为，为了捷克斯洛伐克的发展，在国际上光傍着苏联也不对，可以考虑跟全世界包括那些美帝之类的国家都走动走动。捷克斯洛伐克的这种思潮，被西方媒体称为"布拉格之春"。

1968年7月，苏联召集小弟波兰、匈牙利、东德、保加利亚开了个批斗会，并下了通牒，让捷克斯洛伐克赶紧修正错误，不要闯祸。谁知捷克斯洛伐克人不听，他们预备让"布拉格之春"继续春光明媚下去。

8月，苏联的忍耐到头了，华约近六十万大军，坦克大炮飞机应有尽有，从四面八方进入捷克斯洛伐克境内，一夜之间就占领了政府大楼和布拉格主要据点，在效率上已经胜过了当年闪电战出击的纳粹军队。布拉格的市民用血肉之躯阻挡苏军的坦克，跟二十多年前一样，这一切都是徒劳，这个可怜的国家，再次陷落了。

虽然对于这场来自东欧阵营内部的民主斗争是被西方人欢迎的，但是，当时西方阵营的老大美利坚正陷在越南战争的泥沼中，正努力避免与苏联的"冷战"升级，所以，对于苏联这种野蛮的行为，西方阵营也只能是谴责而已。在联合国，任何决议都可以因为苏联的"一票否决权"否决，所以，联合国对捷克斯洛伐克的局势也只能无奈。

杜布切克等捷克斯洛伐克国家领导被绑到苏联去，当时大多数参与者都遭到清算，结局悲惨。(老杨经常提到的最代表小资精神的作家，米兰·昆德拉最著名的作品就是《生命中不能承受之轻》，故事背景就来源于这段历史，了解了背景，再读这部小说，会有不一样的理解。)

苏联对捷克斯洛伐克的入侵完胜，说明苏联人再次确立了对东欧阵营的有效控制，既然全世界都敢怒不敢言，貌似东欧阵营之外的事，苏联人也可以参与自己的意见了。

根据之前的历史，我们知道，整个俄国的历史，就是一部扩张史，进入20世纪，地球经过了两场恶战，还有了联合国这种机构，再有特别想扩充自己的门墙而欺负邻居的事，也都收敛了。收敛归收敛，不能不想啊，尤其是俄国人，他们不扩张，就憋屈得相当难受。

历史上最憋屈的俄国人是彼得大帝，还记得吧，因为没有一个出海口，这伙计死了都闭不上眼，所以，他为后世订立了几个理想的扩张蓝图。俄国想从南部出海，最开始纠结的就是打通黑海进入地中海，但其实还有一条更好的路，就是穿过阿富汗、巴基斯坦进入阿拉伯海而后印度洋，如果这条道路打通，对苏联的全球战略是非常有利的，因此控制阿富汗这个国家就显得尤为重要了。

从阿富汗独立开始，苏联就没放过这个国家，一直对其实行各方面的渗透，进入1970年底，终于收到了效果。1973年，亲苏的首相达乌德在苏联支持下发动政变，推翻了当时的阿富汗国王，成立了"阿富汗共和国"。

达乌德本来就喜欢在美苏之间坐跷跷板，占小便宜，委身苏联也为图谋大事，如今大事已成，他绝对不会甘心成为苏联的傀儡。勃总发现自己扶持了白眼狼，以最快的速度改正错误。苏联又策动了阿富汗一批军官闹政变，1978年，在苏联战机和坦克的协助下，总统府被占领，达乌德以身殉国，全家被处死。

这次政变后，在苏联的安排下，阿富汗成立了"阿富汗民主共和国"，克格勃一手扶持了忠诚听话的塔拉基为国家主席兼总理。

塔拉基真不惹事，他一上台，就严格复制苏联模式，苏联责无旁贷地对阿富汗派驻大量专家和顾问，协助这个穆斯林国家尽快融入社会主义大家庭。

遗憾的是，阿富汗人民不屈服，他们不喜欢看到首都街道到处被漆成红色，自己的生活要被一个异教国家来安排。在阿富汗执政党的内部，要不要对苏联如此俯首帖耳，也产生了分歧。被塔拉基一手提拔的总理阿明，就是反对派的代表，曾在美国的哥伦比亚大学进修。

塔拉基敏感到阿明的势力渐涨，对己不利，曾想先下手为强，干掉这个敌人。阿明侥幸脱身后，也就不客气，于1979年9月发动政变，调遣亲信部队包围了总统府，激战中塔拉基身亡，传说是被一个枕头捂死。

整个70年代阿富汗就是被这三场政变整得支离破碎，然而这个不幸地区的不幸才刚刚开头。阿明认为塔拉基对自己下手显然是苏联指使的，所以他上任后，于公于私都对苏联摆出了冷脸，不仅要求顾问、专家全回家去，还要求撤换大使，同时，向美利坚挥舞着橄榄枝。

1979年12月，苏联各种现代化军队8万多人，开进了阿富汗，很快占领了首都和主要大城市，阿明被擒住后遭到处决。

回忆一下历史，从十月革命以来，苏联经历的所有战事，苏联红军都保持了不败的战绩。勃总当然是感觉，以当时苏联盛世之威，让阿富汗这么小的国家屈服，应该是难度不大，但是他没想到，这个泥沼，不管什么样的庞然大物都能吞下去。

阿富汗人民是不屈服的，本来只是党派间的派系斗争，现在上升为反侵略的民族战争了，我们都知道穆斯林兄弟的作战精神和作战能力，他们通过游击战开展了如火如荼的反苏斗争，一直将苏联军队拖在阿富汗整整十年，耗资巨大，成为后来苏联解体的重要因素之一。

而整个 80 年代，世界各地对苏联入侵阿富汗的谴责成为主旋律。为了庆祝盛世，苏联还撒大把银子举办了 1980 年的莫斯科奥运会，包括美国和中国的五十多个国家，因为阿富汗战争抵制苏联，拒绝参加。勃总死于 1982 年，没机会亲自领略阿战带给苏联的恶果，至于那个替勃总背黑锅，不得不吃下这恶果的人，我们后面再说吧。

珍宝岛

苏联的历史跟咱家是息息相关的，按现在的说法，曾经跟苏联的关系是我国外交政策的重中之重。赫鲁晓夫时代跟中国决裂，勃总上台，推翻了老赫所有的政策，那么他对华政策会有什么惊喜吗？

不是惊喜，是惊悚！老勃一早表明了态度，苏联的对华政策，不改善不修复，两边继续互相瞪着吧。

干瞪眼不行，住得太近，邻里关系一闹僵，矛盾总是会出现的。根据 1860 年丢人的《中俄北京条约》，中俄是以乌苏里江为界河的，当然是以主航道为分界线。乌苏里江上有几个岛子，比如七里沁岛或者珍宝岛，这些岛的归属就容易说不明白。其实按道理，它们既然位于主航道的中国一边，就应该是中国的领土，不过苏联人不答应，它们经常自说自话地派人上岛溜达。

1969 年 3 月 2 日，苏联军队发现中国的军队上岛巡逻，预备像过去一样驱逐，没想到这次中国军队有备而来，发动了反击。几天后，苏军出动坦克入侵珍宝岛，中国的守军也上岛进行防御，经过激战多次打退苏联的进攻。整个三月，珍宝岛上的两军冲突大约有三次，双方都死了不少人，虽然冲突规模不大，梁子却越结越深，引发的两国反应更是惊人。

此时的苏联，应该是上帝让其灭亡前的疯狂期，全球唯我独尊，只有中国这家人太不给面子。于是，他家提出一个"一劳永逸消除中国威胁"的说法，想动用他家部署在远东的核弹向咱家的军事设施实行"外科手术式的打击"，并在中苏边境陈兵百万，预备重演一次布拉格事件。

苏联本来是想偷偷动手，可根据"冷战"期间美苏互相监视的重视程度，老山姆是不可能不察觉的。当时中美还没建交，但彼此已经淡化了很多敌意。而老山姆分析，如果咱家被老毛子打废对他家其实是很不利的，所以，美国一收到风就有意无意地透露出来。中国人淡定地说：不就是原子弹嘛，鄙人不怕！

说不怕是假的，根据老辈人的回忆，当时备战情形还是略显恐慌的，大量重要工厂向三线和山区搬迁、人员疏散、物资紧急调配，还提出了"深挖洞、广积粮、不称霸"的著名口号，现在咱家那些大城市中的地下商城都是那时候挖的，1966—1969 年，咱家在全世界的关注中接连爆炸了原子弹和氢弹，明白地告诉老毛子，放马过来吧，你那玩意儿咱们也有！

惊天的核战再次避免，要感谢美利坚的态度，老山姆在这个事上表现得不错。他家把应付古巴导弹危机时的导弹系统全部启动进入预备状态，并告诉老毛子，只要他敢把导弹打进中国，就意味着第三次世界大战开场，老山姆家会马上向苏宣战。美国佬客气，咱们也领情，珍宝岛事件是后来中美得以顺利建交的重要催化剂之一。

苏联人没想到美国佬突然给中国人帮忙了，有点发蒙，只好掏出自带的楼梯下台，找到中国要求重开谈判。

珍宝岛最终在 21 世纪初毫无争议回到中国的版图。40 年前珍宝岛上的种种，也为后世留下暂时解不开的谜题。不管这些谜的真相是什么，我们都记得，在这块小小的岛屿上，中国军人保卫国土捍卫主权献出的生命和热血，每当有恶邻在我们周遭挑衅时，这些往事就被我们反复地想起……

谁是罪魁

勃总任内，苏联走向了盛世顶点，苏联成为仅次于美国的第二超级大国，根据上面的记录，在这段时期里，第一超级大国美利坚一直对苏联采取低调的守势，让苏联人张狂得不得了。然而也是在勃总任内，苏联由盛而衰，直到发展停滞。

不是一直有大量的石油美元吗？对，钱再多也扛不住乱花啊。对外，勃总一直顶着美国搞军备竞赛，加上阿富汗战争以像泻肚子一样的速度花钱；对内，特权阶层的混乱和腐败，硕鼠和蛀虫都没闲着。现在有很多人说，真正灭亡了苏联的罪魁祸首，实际上是勃列日涅夫，因为他一手打造了只图私利从不替国家前途着想的苏共党内的利益集团。

利益集团的事要从赫鲁晓夫说起。老赫的改革，有一点很靠谱，那就是对官僚特权阶层发起的斗争。在老赫任内，公车、公房、公款吃请都被取消。更彻底的是，老赫规定，国家和地方上的干部，要实行任期制和轮换制，差不多的时侯，干部就要换一批，再好的干部也不能超过三届，废除了干部的终身制。应该说，老赫对官僚系统下手，是他被下课的一个重要原因。

苏共的人事升迁，是标准的逆向淘汰，勃总就是个最佳说明。老勃生在红旗下，长在春风里。他最清楚，他的事业是怎么来的，不是自己有什么了不得的能力，实在是自己会做人有眼力见儿，这些老领导老上级愿意帮扶提拔。

勃总一上台就表示要保护干部，干部就应该享受特权，干部就是跟老百姓不一样，要区分界限。而且，没什么事，干部不能随便换，要让他们在位置上终老，保护一辈子，"干部的稳定，是胜利的保障"，这是勃总的名言。

这种昏君做法导致的结果是可想而知的，特权阶层对老百姓的伤害老杨就不用仔细描述了。而因为干部不能轻易变动撤换，造成了勃总政府内，老家伙们横行，越老越横，只要他们不死，新鲜的干部新鲜的意识别想进入苏共中央。这些垂老的零件禁锢着苏联的前行，还将国家的肢体磨砺得伤痕累累。

勃总扶持保护自己的老干部，老干部当然也扶持保护自己的势力，渐渐地，从中央到地方，盘根错节，利益集团不断扩大，最后终于将苏联牢牢控制在手里，整个国家的资源被他们恣意地消耗，所有的决策当然也是以保护特权阶层的利益为出发点，我们都知道，特权阶层爽了，老百姓肯定不爽。而且，政治腐败与经济衰弱几乎是如影随形的兄弟俩。

勃总书记有句名言：靠工资谁也活不了！总书记亲口开出了苏联生存的法则，那就是，灰色收入是必需的。于是，整个官僚系统除了国家给予的各种特权，他们还变着法子贪污腐败。

在苏联所有的大佬中，勃总算是比较讲究生活质量的，爱好也比较高端，他喜欢收藏汽车，偶尔也收藏女人。勃总的收藏想必是叹为观止的。有个传闻说，勃总请自己的老妈参观自己新修的别墅和里面各色进口汽车，勃妈看完后忧心忡忡地问："东西挺漂亮，这要是布尔什维克再回来可怎么办啊？"

除了自己生活奢侈腐败，勃总对自己的儿子闺女更是慷慨有爱。勃总喜欢用公款给自己修别墅、乡间度假屋之类的，这些东西，儿女都有一份，儿子女婿更是顺着裙带关系仕途坦荡青云直上，进入官场的王子和驸马，也照贪不误。

别以为勃总不爱惜自己的名誉，他对荣誉还是有要求的。勃总是个著名的"勋章控"，有事没事，喜欢给自己颁发勋章。有笑话说，勃总要做一个扩胸手术（不知道是不是植入硅胶），因为现有的胸腔太小，戴不下更多的勋章了。老杨分析勃总这个"勋章情结"，绝对是出于能力有限的某种自卑，越是庸人，越是希望外界肯定自己，哪怕是假的。

不管勃总多少笑话多少不堪，他任内是苏联的盛世，老百姓大都只看到眼前的安稳，不会对长远做出客观分析。对苏联人来说，他们待见老勃，还有另外一个原因：根据之前的历史记录，苏联人生活条件艰苦，吃不饱肚子已经成习惯了，苦点不介意，但他们最介意的是自己国家的江湖地位。历史上他家疯狂扩张，从上到下都养成了一种病态的老大意识，对自己家在街坊说了算这件事特别看重。勃列日涅夫期间，美国因为种种原因一直不敢太横，苏联力压美国貌似成为武林盟主，这是让苏联的老百姓喝着西北风都自豪的事情，自然而然，勃总就成为他们心中最光辉的领袖了。

1982 年 11 月 10 日，勃列日涅夫因心脏病去世，这伙计一辈子运气好得没话说，在大位上终老，到死都是总书记。跟之前每次苏共更换掌门人的腥风血雨相比，老勃死后，大位传承之顺利简直不像话。勃总的"老人政治"真有好处啊，此时苏共中央，一群老爷子，上炕都费劲，别说上位了。最后 68 岁的克格勃头目安德罗波夫无惊无险地接了班。

安德罗波夫是第一个由克格勃首脑这个伟大光荣的职位晋升为国家元首的同志，跟此时其他的苏共老人家相比，他多少还有点清醒的认识。比如，他曾经多次带着克格勃查腐败查贪污，缴获赃物无数，可惜后来都变成无用功，因为老大勃总对贪污腐败从来就不以为然，有的时候安德罗波夫查得动作太大，勃总就几个月不理睬安德罗波夫，给他脸色看，让他知趣停手。

所以，安德罗波夫接班后，还真想大刀阔斧清理一下苏联的秩序，整顿一下官场的作风。遗憾的是，既然苏联的灭亡已经注定，安德罗波夫所有的政治理想也只能是空想，执政一年三个月后，这位老人家因为肾衰竭去世。

接替安德罗波夫的老人家更老，73 岁高龄的契尔年科，一直跟在勃总身边，是勃总的"大内总管"，勃总也早有意让他做自己的接班人。总算是接班了，为了让老大显得年轻，给他配的内阁全都年高德劭，外交部部长 75 岁，国防部部长 76 岁，核工业部部长 86 岁，70 岁左右都算年轻干部，那段时间你如果有机会到苏共的高层会议上参观，肯定会以为自己不小心进了养老院，开会的时候门口肯定要预备救护车。救护车真派上用场了，执政 13 个月后，契尔年科也驾鹤西去了。

这么大一个帝国，年年死领导人也不合适吧，下一任，坐着轮椅拄着拐杖或者戴着助听器和呼吸器的都不能要了啊，政治局里看一圈，还真有一个年轻健康的，就是头上总顶着张神秘地图，就你了，赶紧上班去吧。

三十七　HOLD 不住

戈尔巴乔夫下台后参加一个聚会，有人当面辱骂他，他平静地说：是我给了你骂我的权利。

在苏联所有领导人中，戈尔巴乔夫是仅次于列宁的知识分子，其实他也没经历正规的求学阶段，老戈童工出身，很早就会驾驶联合收割机收割作物了，在整个成长阶段，因为没有撤去后方，他聆听着德军的隆隆炮声成长。18 岁那年他被评为"劳动红旗手"，第二年被送进莫斯科大学攻读法律，老戈的求学之路，这才进入正轨。

老戈是我们经常说的"团派"，最早进入政坛是从事共青团工作，而后党务，而后中央。因为他参加了函授的农业课程学习，在很长一段时间，他被视为农业方面的专家。我们都知道，西方国家很看重领导人的法学专业背景，因为宪法最大，而在苏联，根据前几任领导的专业分析，学工科的显然更容易仕途顺利。

在南部地区任"省委书记"是仕途的转点，因为苏共高层喜欢到南方疗养。老戈首先入了安德罗波夫的青眼，而安德罗波夫是勃总的亲信，于是，老戈自然而然成为了"自己人"。1980 年，老戈 49 岁当选为中央政治局委员，对当时那个老人政坛来说，这个年龄几乎还未成年呢。

勃总去世，安德罗波夫接位，他最器重的老戈自当大用，几乎执掌了全苏的经济。到契尔年科时代，老戈已经是政治局的核心人物，苏联的重要领域都由他发号施令，如此一来，1985 年 3 月，老契尔年科去世，老戈自然而然就成为苏联的新领袖了。

末世的灾难，末世的变革

上篇说到，进入 20 世纪 70 年代末期，勃总治下的经济已经陷入发展停滞，苏联社会千疮百孔，是个巨大的烂摊子。所以安德罗波夫即位后，以那样的高龄还想大刀阔斧地改革，可惜壮志未酬。经过契尔年科的老病无为，戈尔巴乔夫接手的时候，苏联的病情恶化到什么程度了呢？

其实我们不用罗列各种数据，只需要看当时苏联民间的风气就知道了。安德罗波夫曾经是克格勃老大，他最清楚苏联的问题有多严重，他上台后，就认为有几件事到了非解决不可的程度了，比如说"恣意违反劳动纪律、酗酒、流氓行为、受贿、贪污社会主义财产和其他冒犯社会的行为"。他把这些行为称为"同社会主义格格不入的现象"，也就是说，在安德罗波夫看来，这些事肯定不是制度的问题，但是急需整风。

的确，在当时的苏联，酗酒已经成为非常严重的社会问题，而且不管是不是头天喝醉的，上班时迟到早退消极怠工也是一种风气。客观分析一下就知道，行政当局腐败，国企内部当然是更腐败，本来生活资料匮乏，生活水平总是上不去，权贵们腐化堕落，国家和自己的前途看不到希望，对老百姓来说，除了喝酒混日子，他们还能干什么呢？而这种风气，不正是一种末世的氛围吗？

老戈的改革，我们根本不用分析背景和原因，对苏联这样的国家来说，不是万不得已，哪个领导人愿意给自己找麻烦啊。

老戈认为他应该先对经济问题做出反应，1985 年一上台，他就提出了一个"加速"的概念。就是说，目标再定高一些，步子再迈大一些，不能怕扯到蛋。老戈这个药方子显然是开错了，因为对苏联来说，经济问题还真不是提高效率，而是调整结构。因为老戈的这项"提速"，还是以重工业尤其是军事工业为核心的，最大的轻重工业失调的问题依然没解决。

随后，老戈继承安德罗波夫的事业，预备把反酗酒工作进行到底。都知道老毛子爱喝酒能喝酒，苏联至少有一个轻工业产业是挺兴旺发达的，也就是酿酒业。老戈可能觉得要区分酗酒和普通喝酒有点儿麻烦，或者是苏联人只要沾酒就是酗酒，没有随便喝点儿的，所以，老戈下达的是禁酒令！禁绝伏特加，关闭所有的酒吧、啤酒馆，组成反酗酒纠察队，闻到身上有酒味的直接带走。老戈这项声势浩大的反酗酒运动，在两年时间里，让苏联这个本来就财政赤字的国家，生生地少掉了一笔巨大的伏特加收入，而大量的葡萄园被砍伐，酒厂倒闭，也是国家财政的巨大损失。

大家都知道，酒这东西，除非自己想戒，别人禁是禁不住的。于是，地下作坊酿酒和黑市买卖酒类成了热门生意。大量的糖被用来酿私酒，国企内的工业酒精经常丢失，毒品需求也越来越旺盛。总的来说，老戈这个反酗酒运动造成的危害，肯定是比苏联人全体酗酒大多了。好在1988年，这项神奇的改革无声无息地停止了，苏联人变本加厉地又喝上了。

末世除了末世的情绪和末世的气氛，肯定还会配合着大型灾难。就在老戈意气风发上台的第二年，他就遭遇了一场地球上空前、不知道会不会绝后的灾难。

1986年4月26日，苏联的第一座核电站，当时被认为是最安全的核电站，修建在乌克兰的切尔诺贝利核电站，4号反应堆爆炸！

反应堆爆炸，这应该算人类进化以来最大的灾难了吧。可就是在苏联这样的国家，这样的大灾还要给官僚主义让路。凌晨爆炸，上午老大戈尔巴乔夫收到的消息不过是着火，大家还没事人一样过。最可怜的是距离核电站3公里的普里皮亚季市，一个美丽的乌克兰小城，有四万三千人口，没有任何人告知他们已经活在强大到足以致命的辐射里了。在爆炸后的两天时间里，这里的居民该结婚的结婚，该生孩子的生孩子，该吃吃该喝喝，直到有些造型古怪，戴着口罩的军人不断出现在大街上，还是没有任何人告诉他们发生了什么事。爆炸发生的第二天下午，一千辆大巴陆续开进市区，军方要求所有市民，带上必不可少的行李，撤离。依然不解释，苏联人习惯了政府不解释，政府也习惯了不解释，即使此时此刻很多人的生命和人生都已被彻底改变。

老戈在克里姆林宫要求核电站尽快灭火，据他自己说，他知道真相是因为瑞典测出了高辐射。切尔诺贝利的辐射粉尘，顺风飞向北方，进入瑞典东部。瑞典人命比较金贵，所以很快就发现了危险，不仅以最快的速度寻找污染源，还第一时间向自己的国民发布了事件通告和警告，并安排受影响地区人员体检。

切尔诺贝利事件的处理过程技术上可以参考日本的福岛事故，行政过程就神秘多了。苏共当局在爆炸三天后才在《真理报》上登了豆腐块大的文章，轻描淡写通告了事故。爆炸发生后第 17 天，老戈才出面，在电视上露了个脸，没有道歉，没有解释，只是强调了事件是人力不能控制的意外，政府不惜代价救灾云云。

爆炸后的风雨，已经将辐射粉尘带到了乌克兰、白俄罗斯和俄罗斯的很多地区，虽然苏联科学机构已经测得了这些污染，可是他们还是鼓励受污染地区的人们，继续庆祝五一劳动节的活动。在基辅，很多儿童参加了污染地区的节日游行，当时当地的辐射量，已经超过了标准的几百倍。

整个救灾活动，在冬季结束，一个巨大的石棺罩住了爆炸的反应堆，至今危机重重，乌克兰正忙于为石棺增加新的防护罩，困在 4 号反应堆下面的核猛兽，不知道什么时候会挣脱束缚再给欧洲带来一场炼狱。

事故原因是什么，有没有直接的责任人，或者是临时工操作失误？外界认为，是 50 年代在技术不成熟的情况下，强行仓促上马造成的恶果，当然，苏联的领导人是不能承认的。

切尔诺贝利的爆炸其辐射程度已经超过美国投在日本的那两颗原子弹的100 倍，而其扩散的规模和程度也是几百倍于广岛，其周围 30 公里地区人员全部疏散成为死城，外围还有大量地区并没有及时疏散，事故发生 3 年多后，还有百万人生活在辐射区里。整个事故造成多少人的伤亡，显然又是谜，苏联人说是 4000 人，根据国际上评估，死亡人数超过 5 万，致残的近 8 万，还有几十万人长期受各种古怪疾病的困扰。灾难花去了苏联 180 亿卢布，当时的 1 卢布就是 1 美元，其后不久，世界石油价格下跌，让国家财政雪上加霜。

切尔诺贝利事件，给民众最大的刺激就是没有知情权。这么大的事，老百姓生死攸关，政府居然如此冷漠地捂着，并美其名曰怕造成恐慌。因为周边西欧国家也遭到了连累，资本主义政府做出了完全不同的反应，他们不仅全程通告事件发展，还免费为怀疑自己遭受辐射的国民做检查，苏联的很多人明明受了辐射，还被告知是健康的。苏联人通过外媒知道这些差异后，对苏共的信任和依赖逐渐消退。此时，正是老戈雄心壮志卷起袖子预备进行改革大业之时，感觉到民意，他当然要做出反应，并开出了新的药方，这个方子包括"执政的公开性和民主化""建设以人为本的社会主义"等，力求消除切尔诺贝利事故的根源。随后，老戈又觉得，干脆毕其功于一役，下点猛药。

1988年，苏联结束了书报检查制度。开放了报禁，就很难不开放党禁，社会上各种党派逐渐成型。

开了闸，事情就有点不受老戈控制，他之前应该也没想到要给予苏联人这么大的自由，可事已至此，他又是个有点懦弱的人，只好顺势而为，1990年，苏联修改宪法，苏联公民有权结党，多党制的苏联产生了。而在此之前不久，老戈先接受了西方三权分立的原则，提出苏联要选个总统出来。既然都全盘西化了，经济领域当然就是从国有化向私有化过渡呗。

然而，老戈没想到苏联还有更无法解决的问题。

闹分家

都知道，苏联的地盘大部分是抢来的。抢来的不只是土地，还有土地上的人口。前面说过，整个俄国，除了俄罗斯、白俄罗斯、乌克兰这三个斯拉夫人的民族，还有其他近二百个民族，他们被强行整合在苏联的版图内，从来没有真正融合过，进入苏联时期后，很多民族问题都没有充分暴露出来，林林总总积压多了，只要稍有刺激，就会总爆发。

其实十月革命之后，对于如何整合这些少数民族的事，苏共内部就有不同的意见，有的人认为，应该给这些民族平等的权利，让他们自愿围绕在大俄罗斯周围。这些加盟的民族国家，有自己的代表大会，自己的军队和货币，保留一定的独立性。这一派的代表就是列宁。而一直对此表示异议，双方因此产生了重大矛盾的，就是斯大林。

在成立联盟国家的问题上，斯大林要求其他民族国家作为自治共和国加入俄罗斯联邦，不过白俄罗斯、乌克兰、格鲁吉亚等国都不同意这样整个纳入苏联。列宁反对斯大林用行政压制的办法解决问题，他坚持在自愿的原则上建立新的联盟，俄罗斯民族应该向少数民族做出让步。

从 20 年代到 80 年代，到底苏联的少数民族有多少不满和纠结我们就不一一回顾了，就从老戈上台，这些民族问题的总爆发说起吧。

第一个爆发点是 1986 年 3 月，雅库茨克大学发生了俄罗斯与雅库特族大学生之间的斗殴事件。当年 12 月，苏联的哈萨克加盟共和国发生了震惊世界的阿拉木图事件。

事件的起源是苏共中央为哈共中央换了个书记，长期担任这一职务的哈萨克人被解职，换来一个俄罗斯人。哈萨克人想必是预计到，异族的书记肯定帮不上忙，而中央会派一个俄罗斯人来管理哈萨克人，显然是对哈萨克人的不尊重，所以首都阿拉木图的大学生们为抗议这个事就上街了。

学生运动很危险，年轻人一进入这种亢奋的氛围，就难以控制尺度，容易引发骚乱。苏共当局还以为只是年轻人闹事，没想到这次运动正是苏联大家庭散伙的开端。为了教育"淘气"学生，政府出动了包括克格勃在内的国家机器镇压，2 人死，200 多人受伤。

联盟国家的解体，就此拉开了大幕。

苏联境内的少数民族区域，有几个地方是长期不服的，根据之前我们讲述过的历史，第一个就是乌克兰，乌克兰内部浓烈的反俄情绪从来没有消散过；第二个就是波罗的海三国，爱沙尼亚、拉脱维亚和立陶宛，这三个国家是苏联根据"二战"前与德国签订的《苏德互不侵犯条约》拉进来的，三国中很多反抗人士被捕流放。这三个被拉进来的姑娘，一直质疑这段婚配的合法性，一直张罗着让苏共公开当年条约龌龊的细节；第三个区域则是外高加索那三个国家。高加索山脉从西北向东南横亘在黑海和里海之间，是欧洲和亚洲分界线之一，周围 44 万平方公里的地区被山脉分成两大部分：山脉北部称为北高加索，山脉南部称为南高加索或外高加索。外高加索地区包括格鲁吉亚、阿塞拜疆、亚美尼亚三国和土耳其的一部分。这三个国家被整合进苏联大费周章，一直跟莫斯科离心离德，他们还互相看不顺眼，内部矛盾重重，当局又没有公平有效的解决办法，所以这三个小媳妇，也恼着呢。

经常看新闻的读者都知道，高加索地区，到现在为止都是世界地缘政治的旋涡之一，著名的是非之地，而他们最早开始牵动世界的视线，就是从20世纪80年代末开始，首先爆发的，是阿塞拜疆和亚美尼亚的冲突。

这两家为啥干仗？邻居嘛，住得太近了呗。这两家之间有个地区，名叫纳格尔诺—卡拉巴赫自治州（简称纳—卡）。纳—卡地区20万人口中，90%是亚美尼亚人，信奉基督教，苏联成立后，斯大林要成立自治州，就把这块地区划入了阿塞拜疆，而阿塞拜疆大部分是穆斯林。亚美尼亚人对这个分割办法十分不满，经常向莫斯科请愿上访，莫斯科认为，都是苏联领导的，在那边不都一样嘛，就是不受理这个请求。

中央不管，两家就暗掐，今天是亚美尼亚驱逐阿族人，明天是阿塞拜疆驱逐亚族人，两边的积怨越来越深。

老戈上台后，亚美尼亚人以为这个秃顶老头是个青天，几万人签名写请愿信，老戈公务繁忙，对这些陈年旧怨实在没时间，亚美尼亚人只好自己解决，开始了游行和罢工。亚美尼亚人闹，阿塞拜疆认为亚美尼亚觊觎自己的领土，所以更恨，1988年2月，邻居间冲突升级，亚美尼亚因为罢工游行几乎瘫痪，而阿塞拜疆那边就开始屠杀亚族人了。

两边快闹翻天了，都等着莫斯科政府能给个公平解决的方案，谁知，老戈的意思是，苏联眼下麻烦很多，这两个小共和国的事，能不能等到我们其他问题处理完了再说，最好两国的领导人能坐下喝杯茶，谈一谈，交交心，大局为重，别给中央添乱。

老大不管事，这两个国家自决吧，结果是，亚美尼亚最高苏维埃决定：让纳—卡并入亚美尼亚；阿塞拜疆最高苏维埃决定：纳—卡继续留在阿塞拜疆。证明两边的领导都没顾念大局，还跟着一起闹，局势进一步恶化。阿塞拜疆组成了人民阵线，现在，他们不仅杀亚美尼亚人，还找俄罗斯人索命。因为阿境内的局势恶化，好多阿族人也开始逃亡，苏联军队不得不在90年代初进驻阿国首府巴库，跟人民阵线战斗。

这时，不论是亚美尼亚还是阿塞拜疆都看出，跟着苏联混，事情只会越来越糟，于是两边除了互相打，都觉得应该彻底独立，撤出苏联，不许他再过来搅局。

就在这两家打得热闹时，格鲁吉亚也没省事。作为斯大林的老家，这里一直民风彪悍，对于苏联所谓民族一体化的政策，格鲁吉亚人是极端不屈服、不认可的。苏共开放了党禁，格鲁吉亚马上就诞生了许多社团组织，大部分都是以民族独立为诉求，他们的论点清晰简单，因为格鲁吉亚根本就是被苏联占领的，所以现在需要光复！

格鲁吉亚的问题，从阿布哈兹开始。阿布哈兹是个独立的民族，也是个小共和国，并入苏联后，行政上被划分给格鲁吉亚管辖。格鲁吉亚信仰东正教，阿布哈兹是穆斯林，本来就不容易融合。偏偏格鲁吉亚人喜欢霸王硬上弓。为了把阿布哈兹永远留在自家，格鲁吉亚开始向阿布哈兹大规模移民，甚至挑衅当地的传统，冲击当地的文化，阿布哈兹一直要求脱离格鲁吉亚。

1989 年，阿布哈兹州自说自话通过一项决议，让阿布哈兹升级为加盟共和国，这样就不受格鲁吉亚的管束了。格鲁吉亚当时就恼了，4 月 4 日，首都第比利斯爆发大规模示威，先是反对阿布哈兹搞分裂，闹了一阵，不知道怎么的，口号就变成了"格鲁吉亚独立"，"打倒俄罗斯"！

不论是格鲁吉亚还是莫斯科，都没想到这些诉求是可以商量安抚的，他们事多，讲究效率，东欧阵营其他国家"胡闹"都是出兵镇压，自己的加盟共和国闹事，军队难道能置身事外？所以，几天后，军队就开进了第比利斯。

第比利斯政府大楼的广场上，示威群众不肯散去，还有部分高校学生开始了绝食。面对军警的到来，有些示威群众掏出了自己随身的武器，不过是小刀或者板砖之类的，而军警们也号称自己动用的是冷兵器，主要用胶棍。从 4 月 9 日凌晨开始的镇压活动，最后造成 20 人死亡，200 多人住院治疗，此后的一个月，因为不适去就医的达到 3000 多人，后来留医者超过 500 人。

格鲁吉亚人不磨叽，1989 年成立自己的人民阵线，修改宪法，1991 年，在苏联解体前，基本在事实上已经获得了独立。

其实，在外高加索这三兄弟混闹之前，波罗的海三国已经开始行动了。

1989 年 8 月，正好是《苏德互不侵犯条约》签订 50 周年，波罗的海三个国家也不好庆祝这倒霉日子，就找莫斯科发难，让他们把当时的条约公布出来，还应该为那些反抗侵略被驱逐的人恢复名誉。

这三家人文明有创意，不打不闹不撒野，他们组织了一个"波罗的海之路"的活动，三国居民 200 多万人，手牵手组成了一条连绵 600 公里不断的人链，将这三个国家的首都连在一起。这条人链当然也因其长度和历史价值被永久地记入吉尼斯世界纪录。

这不是行为艺术，也不是为了世界纪录，三国国民所有的行动，都是为了获得国家和民族的独立。西方社会也大都认为，苏联对波罗的海三国的占有属于抢亲性质，一直就支持他们脱离北极熊魔掌，此时更是和着人链向莫斯科施压。外高加索那是一群悍匪，搞不定，波罗的海这种文明抗议更头痛，总不能开飞机沿着人链轰炸吧？行动六个月后，立陶宛率先实现独立，随后爱沙尼亚和拉脱维亚也获得了自己的主权。这三个小媳妇一点没给前夫面子，顶住重重压力，终于在 2005 年如愿加入了北约，让北约东扩的行动一直走到俄国人的家门口。

波罗的海和外高加索都闹独立了，乌克兰当然不会沉默，乌克兰一骚动，白俄罗斯人也觉得应该单干。除了这些民族国家，那些被用各种理由来回迁徙的民族也要求回到原来的老家去。20 世纪 80 年代，老戈自己不承认民族问题已经燃上了眉毛，他还自我感觉挺好。当然，苏联天大地大的，这些个民族都独立也算不得什么。然而终于，有个民族给了苏联最后一击，俄罗斯联邦共和国，他们也号称要脱离苏联独立！

俄罗斯是苏联的基础也是支柱，不仅拥有苏联 70% 以上的领土，一半以上的人口，其资源和经济实力都是苏联家的超级大哥顶梁柱，基本可以说，苏联哪怕丢掉所有的加盟共和国也没什么，俄罗斯走掉，苏联就比空壳还空洞了。

老戈被各加盟共和国伤了老心，没想到还有致命的一击，这一击，来自一个叫叶利钦的人。

三十八　莫斯科不相信眼泪

1931 年 2 月，一个刚出生的孩子在苏联一个乡村接受洗礼，根据东正教的习俗，孩子要丢进水里浸一会儿，举行仪式的神父比较神仙，他差事干完，忘了孩子还在水里。等孩子的爸爸手忙脚乱把儿子捞出来，这娃娃居然还神奇地活着。孩他爸高兴之下给这个呛得迷迷糊糊的孩子起名"鲍里斯"，大概意思就是"勇士""斗士"，这个出身贫寒大难不死的孩子全名叫鲍里斯·尼古拉耶维奇·叶利钦。

他还真是大难不死，小时候淘得没边，正适逢"二战"，小男孩都对武器有兴趣，只有小叶同学研究得比较学术，他从一个军火库偷了一颗手榴弹出来，然后让其他人退后隐蔽，他操起一把榔头，对着手榴弹砸过去，（这孩子太虎了！）结果是永远失去了左手的两根手指。

3 岁看大，从叶利钦幼时的表现就看出，这家伙，就没他不敢干的事，没有他不敢闯的祸。

1949 年，18 岁的叶利钦上大学了，学了建筑，毕业后，从一个普通的建筑工人做起。淘气的孩子智商情商都挺高，所以进入仕途后，叶利钦步步顺溜，30 岁那年，不仅入了党，还做到了州建筑局局长！

叶利钦工作的这个州，就是早年老戈龙兴的地区，所以从这个关系上看，叶利钦算是老戈的老部下，老同事。1985 年，老戈成为苏共的掌门，组阁时当然优先考虑早先自己的嫡系人马，叶利钦就此进入中央，成为建筑部部长。

一说到改革，大家都知道一定会遭遇两种不同的声音。在苏共中央内部，老戈是改革主流派，还有一派人多势众，当然是拒绝改革的保守派。叶利钦是个心眼活泛思想激进的人，且支持改革，于是老戈让他进中央成为自己改革的臂膀，后来又保举他成为莫斯科的市委书记。谁知，同样是改革派，叶利钦的程度深多了，于是，老戈等于引狼入室，给自己扶持了另一个反对派，也就是所谓激进派，总觉得老戈的改革动作磨磨叽叽，步子迈不开，像个小脚老太太。

叶利钦是个爱放炮的，喜欢看见不爽一声吼，风风火火闯九州。1987 年 10 月，苏共中央全会，老叶开始向老领导发炮，对中央所有的大事小情表达不满，重点批评了老戈的改革是半桶水。

老戈肚子里撑不起船，一个月后，叶利钦被解除了首都书记的职务，留任建委部部长，老戈和老叶的不和正式公开。

看起来，被老大抛弃，叶利钦在苏共党内应该是没有进步空间了，没想到，老大还是给他留下东山再起的机会。根据老戈的改革，要扩大人民的权利嘛，所以就搞出个苏联人民代表大会，在老百姓中间选代表，号称让他们代表国家最高的权力。

因为规定，部长以上的干部不能参选，叶利钦果断辞去建委的职务，加入这次选举。早先叶利钦在莫斯科书记任上的工作可圈可点，而且长期保持反强权、反腐败、为民请命，誓要肃清各种社会流毒的光辉形象，他被罢黜，形象则更加升华，莫斯科的老百姓不知道送万民伞这种玩法，但他们用选票感谢了叶利钦，让他高票当选人民代表，再次回到政坛中心，到老戈面前，给他添堵。

敢于冒险的人，一般是因为野心巨大。叶利钦无论他表现出来的是什么形象，或者意识形态是什么，我们都可以认为，他对权力的攫取是不会放弃的。老戈跟他同龄，想等老戈退休接班不定数太多，但是借老戈的改革整翻他，打破这个旧社会，建立一个新制度，这破立之间，叶利钦有很多机会实现其政治理想。

1990 年，是叶利钦政治生涯的另一个高峰，这一年，他退党了！他宣布彻底放弃共产党、放弃马克思主义、放弃共产主义了。交出了党证的叶利钦参加俄罗斯联邦共和国最高苏维埃的选举，当选为主席！

苏联最大的加盟共和国落在叶利钦手里了，老戈费好大劲才憋着没哭出来，不过很快，老叶就让他哭了。叶利钦鼓动发起了俄罗斯内部的全民公决，结果是：俄罗斯联邦是主权国家，随时保留退出苏联的权利。老戈一边哭一边部署对叶利钦的封杀，并力图将俄罗斯争取回来，叶利钦也毫不示弱地在莫斯科鼓动起义示威，张罗着让老戈下台。

这一轮角力互有输赢，叶利钦坚持应该直接拆散联盟，让苏共消失，俄罗斯独立，于是全苏搞了一个公决，结果出乎老叶的意料，大部分的苏联人还不希望联盟就这么散了，给老叶一直挺顺利的前进之路造成了点儿障碍，但他也没全输，俄罗斯人在1991年选举叶利钦成为了俄罗斯的第一任总统，让老戈在克里姆林宫又哭一场。

莫斯科现在有两个总统，苏联总统老戈显然不如俄罗斯总统叶利钦有派头，因为人家是民选出来的。在老戈的眼皮底下，叶利钦有条不紊地开始清理苏联的印记，沙皇时期的国旗和双头鹰标志被重新启用，宗教信仰重新成为老百姓精神生活的重要内容，东正教的宗教仪式也逐渐恢复，列宁格勒恢复为圣彼得堡，很多城镇街道也回到沙皇时代的旧名。

1991年，觉得自己彻底HOLD不住的老戈，计划跟叶利钦妥协并联手，叫上哈萨克的纳扎尔巴耶夫，三人趁着8月大家都放假，搞一个新的联盟条约——《主权国家联盟条约》，内容是：所有要独立的联盟国家都让他们独立，而后以主权国家的形式自愿再组成联盟，苏联中央保证不对这些联盟国家的内政多嘴，无权向他们收税或者占用他们的资源。

这个妥协条约的确是双赢，老戈保住了大位，叶利钦实现了自治的理想，商量妥当后，老戈就心情舒畅地去了克里米亚休假，预备8月20日回家签条约。

趁老戈休假，苏联副总统亚纳耶夫和几个骨干在克宫开会，号称国内疑似有恐怖分子，宣布进入紧急状态，并成立国家紧急委员会，亚纳耶夫称，老戈在克里米亚犯病了，不能理事，现下他亚纳耶夫就是苏联代理总统、最高领袖。

1991年8月19日，紧急委员会的通告向全苏发布，同时，坦克、战车、运兵车开进了莫斯科。著名的"八一九"政变就这样发生了。

亚纳耶夫显然也是个政变雏儿，他控制住了老戈就以为控制了莫斯科，其实，叶利钦才是更可怕的敌人。几乎在军队进入莫斯科的同时，叶利钦方面关于指责政变，并劝说军方不要掺和的传单已经飘散在主要街道上空了。

而本来在乡间别墅度假的叶利钦，也第一时间赶回了莫斯科。

军队和人群包围了白宫，这里是俄罗斯联邦政府的办公地点，亚纳耶夫预备对这里发动进攻。街上的亚纳耶夫和楼里的叶利钦，狭路相逢，就看谁先亮剑。叶利钦没有兵，没有坦克和战车，但他有更强大的力量——民众。这应该算是老叶生命中的巅峰时刻，他走出大楼，爬上一辆坦克，对街上的士兵和市民们发表了一场演说，得到了现场市民的支持。

亚纳耶夫操纵他的武器围住大楼，叶利钦也可以操纵他的武器，也就是莫斯科大规模的罢工、示威、游行，莫斯科市民们在街道上跟军队对峙，原定当天下午对白宫发动的进攻一时也无法进行。

第二天，依然是对峙，但是叶利钦基本已经取得了主动，他向全世界通报了这次政变，而他也警告军队，他们不能将枪口和炮口对准百姓。老百姓为了体现对叶利钦和他代表的改革派的支持，在跟军队对峙之余，故意走进麦当劳之类的美国餐厅购买食品，让麦当劳叔叔莫名成为了民主运动第一个受益者。

但是必须看到，此时亚纳耶夫一派也不是传统意义上的死硬派了，虽然军队荷枪实弹上了街，但是真要对莫斯科市民下手，他们谁也不敢下这个命令。

只是这么大规模的骚乱，不可能不出一点儿乱子，还是有三位示威群众付出了生命，让双方都感到了事态如果失控，恐怕双方都赔不起。

第三天，亚纳耶夫派内部先慌乱了，这样打又不能打，退又不能退，难道互相大眼瞪小眼直到天荒地老？叶利钦方面倒是一点儿不乱，此时，老叶已经跟黑海岸边的老戈取得了联系，并提前一步，将老戈接回莫斯科。

总统回来了，总统没病，副总统的国家紧急状态委员会当然就是个不合法组织，立即解散，所有人各回各家，各找各妈。在解除了政变主要头目的职务后，这场震动了世界的政变就算结束了，三天的莫斯科惊魂，叶利钦显然居功至伟。

事变之后，很多人当然也是在叶利钦派的鼓动怂恿下，要求摆脱共产党。叶利钦在俄罗斯更是下令停止苏共的活动，《真理报》停止出版，裁撤所有共产党的部门和机构，第一个就是克格勃，甚至，还拆除了十月革命胜利的纪念碑！这一切最后导致的结果是，大势已去无力回天的苏共"自动解散"。

意识形态此时已经是小事，对叶利钦来说，更重要的是掌握苏联的核心资源，他很快宣布由俄罗斯接掌苏联的所有权力，接管苏联所有的金融财政机构，接管能源的出口和生产，接管苏联的对外事务。而苏共解散时，其巨额的党产也落在俄罗斯手里，70年执掌政府，苏共绝对是攒了不少钱，老叶因此发了一笔横财。

1991年12月7日，叶利钦叫上乌克兰总统克拉夫丘克和白俄罗斯领导人舒什科维奇到白俄罗斯首都明斯克附近的别洛维日开秘密会议，密谋大事，此时被彻底架空独自在克里姆林宫忧患前途的老戈对此是一无所知的。

这三位斯拉夫系的大佬都觉得自己是苏联这么多加盟共和国的核心，对苏联的前途责无旁贷，所以他们三人的决定也用不着找谁商量，只要三位老大能达成共识，苏联的前途就妥当了。

三位老大真是有能量，就是这次秘密会议，他们决定，什么联盟不联盟的，不联了，换一种方式玩，搞个"独立国家联合体"，所有苏联原来的联盟共和国，愿意加入的还可以抱团，不愿加入就自己玩，反正是苏联和苏联政府必须解散，消失。

别洛维日签订的协议，就是苏联的死刑判决书，三位斯拉夫老大这场平静的政变（这当然也算是一种政变），不仅轻松推翻了自己的领导和自己的政府，还一手灭亡了地球上最剽悍的这个超级大国。

对老戈来说，他明知被欺骗也无计可施了，他知道自己已无力回天。1991年12月25日19时，老戈是这个圣诞节全世界最悲催的老头，在他的总统办公室，面对着摄像机，他向全国和全世界发表了辞去苏联总统职务的讲话。他沉重地接受了眼下的现实，不过他说："我还对我国人民失去一个大国的国籍感到不安，它会给所有的人带来十分沉重的后果。"

19时20分，老戈向叶利钦交出了控制着全苏超过2万枚核弹头发射的核按钮，等于也交出了自己武装力量的最高权力。几乎在同时，苏联国旗黯然落下，取代它的是俄罗斯红白蓝三色国旗，叶利钦入主克里姆林宫，苏维埃社会主义共和国联盟解体了！

那一天，戈尔巴乔夫悲恸地哭泣，叶利钦喜极而泣，只是，随便你怎么哭，莫斯科都不相信眼泪。

老戈的改革之初，就宣布放弃勃列日涅夫主义的全球战略，所以在 1988 年 5 月，陷在阿富汗泥潭的苏军终于决定撤军，近 9 年的无谓战争，苏军人员损失超过 5 万，银子打进去 450 亿卢布，都知道阿富汗这种地方，打进去容易，想全身而退很难，苏军为了扶持当时的喀布尔政权留下不少武备，而阿富汗内部各派系族群的斗争也不休止，苏联前脚刚走，绵延至今的阿富汗内战就全面爆发。混战中，英雄辈出，最闪亮的明星，当然就是塔利班，我们到美国卷再详细说。

阿富汗都管不上了，东欧诸国更不用管了。1990 年，东欧阵营也发生了连锁地震，而因为老戈对东欧诸国改弦易辙保持微笑，既不干涉，也不动武，把西方人感动得哭着喊着非要把当年的诺贝尔和平奖发给他不可。大家都知道诺贝尔和平奖这东西，特别青睐那些突然良心发现浪子回头改邪归正的"坏小孩"，大部分时候，这个奖分明就是用来搞笑的。东欧诸国因为没有了大哥的严厉监控和武力威胁，终于最后选定了自己的发展道路，那就是一头倒向以美国为首的资本主义国家的怀抱，还有好几个义无反顾从华约组织转会到北约组织 (1991 年，华约也解散了)。

苏联，这个承载了许多光荣和梦想的大船轰然沉没，这恐怕是世界历史上下数千年最惊人的大事了。

戈尔巴乔夫是苏共领导人，作为苏共的代表，你突然告诉老百姓，存在了一个世纪的苏联共产党什么都不是。马克思主义说社会主义比资本主义高级也是错误的，美帝西方那些生活方式才是对的，老百姓肯定迷茫。后来普京也说，苏联解体让老百姓失去了信仰和价值观。一个失去了信仰的民族，还能不没落吗？

倒是老山姆家没这么些意识形态的纠结，看问题比较本质，他们认为：苏共党内出现了分化，政府高官原来虽然有特权，生活也不错，但戈尔巴乔夫的改革让他们看到，他们有富可敌国的机会。在国有资产私有化的过程中，最接近资源的政府部门以最快的速度将资源垄断在自己手里，原来只是拿工资，现在那些石油和天然气是自己家的了，当然同意改革啊，步子再大一点，把原来国家的都变成自己的，这对任何一个人都是不可抗拒的诱惑，所以他们肯定结伙，然后用吃奶的力气把苏联分解，只有这个国家不存在了，抢在手里的国有资产没有失主了，那才是真正自己的财富了。后来俄罗斯那些经济寡头几乎都是在转型过程中占了苏联的大便宜发家的，是苏联解体最大推动者当然也是受益者！

　　苏联是以美国为首的西方世界的大敌，他家分析苏联倒台的原因，基本可以说是得了便宜还卖乖。在这部俄罗斯史中，老杨重点从苏联内部讲述它解体的原因，而这样一个庞然大物说倒就倒，肯定是内外力共同作用的结果。作为欧美等西方国家的大敌，苏联一直是他们处心积虑打击的目标，苏联最终解体，几乎可以看作是他们完美打击的结果，至于这些外力如何帮助苏联"解体"，我们到下一家美利坚时再详细说吧。

三十九　休克的转型

别看广告看疗效

这篇从经济学讲起，给大家讲一个叫"休克疗法"的东西：用一定量的电流通过人的头部，使该倒霉蛋达到全身抽搐的效果（翻白眼吐白沫，参看电影《大腕》）。这种疗法适用于狂躁型精神病等疑似恶性疯子的患者。我理解的这种治法的要点是：把疯子治成傻子，减少危害社会的风险。

20世纪80年代的时候，有个美国经济学家叫萨克斯的，因为被聘为玻利维亚的经济顾问，看到这国家有点烂泥糊不上墙，情急之下发明一种经济上的"休克疗法"，死马当活马医，一招奏效，让玻利维亚创造了一个经济奇迹，此后萨克斯在街坊开馆坐堂，带着他的休克疗法成为江湖上的金字招牌，号称专治经济界的绝症，有起死回生之能。后来好像波兰也用过，至于效果见仁见智，应该多少也起了点刺激作用。其他的治愈案例就没听说过，失败的倒有几个，比如俄罗斯。

世界上的事，破旧总是比立新容易，挑剔别人也比完善自己简单。叶利钦在万众期待中取代老戈成为俄国人的希望，现在他是民选的首脑，只能有一个工作目标：别让俄罗斯百姓后悔他们的选择！

叶利钦上任面临的就是让俄罗斯向资本主义国家继续全面深入地转型，这样他就面临两大领域的转型，一个是经济，建立资本主义自由市场经济，一个是政治，重点是建设民主和法制。

经济方面，因为接收了前苏联的大量财产，有点积蓄，可是国家的问题并没有解决，吃老本能吃几天呢？而且叶利钦初登大位，不能让全世界看笑话啊。其实俄罗斯的问题就是苏联原有的痼疾甚至是绝症，叶利钦自己对经济所知甚少，他只能充分依赖懂点经济学的幕僚班子，著名的经济学家盖达尔就这样成为叶利钦的救命稻草，1992年俄罗斯的代总理。而就是这个盖达尔，举荐了当时的神医萨克斯带着休克疗法来帮忙。

所谓病急乱投医啊，老叶只是想赶紧让眼下的局势改变，也不分析病情也不考虑副作用，只管把医生的理论全盘照搬。"休克疗法"的具体内容被萨克斯概括为"三化"，即自由化、私有化和稳定化。自由化指经济自由化，包括价格自由化、经济联系自由化、对外贸易自由化；私有化指国有企业私有化；稳定化指采取财政紧缩政策，实现财政与货币的稳定。

这个计划1992年开始施行，真不愧是休克疗法，俄罗斯顿时口吐白沫，全身抽搐，大概了解一下啊：价格自由化就是所有的价格由市场控制，由供求关系调节。大家知道，俄罗斯一直是物质匮乏的，面包、牛奶、鸡蛋、猪肉甚至伏特加这家人从没富裕过，老百姓最多吃个半饱，这些价格一开放，还不蹿到天上去，通胀得一塌糊涂。贸易自由化，国外的商品铆足了劲进入俄罗斯，品质高价格好，俄罗斯自己产的东西没人要，民族企业大受打击。财政紧缩使国内的企业无力发展，境外的投资也不愿进来。总之，老叶下了一着臭棋，而且奇臭无比。

其实这个休克疗法的核心就是抄近路跑步进入资本主义，一步到位实现资本主义，老叶会动用这种激进的招数，主要是想着不能给保守派留出时间，怕他们再把俄罗斯带回社会主义去。老叶改革的结果导致了1993年俄罗斯经济的巨大衰退，整个国家几乎因此崩溃，街上到处都是赤贫的老百姓，商店里空空如也，基本的生活用品都买不到，俄罗斯的百姓又一次沦为改革的牺牲者，他们无奈地再次上街、罢工、游行、示威。1994年3月，叶利钦不得不公开宣布，改革失败，并换掉了盖达尔。

俄罗斯是从苏联延续下来的，所有的毛病都存在，包括上层的权力斗争。跟老戈改革一样，叶利钦也遭遇了自己的反对派，反对的声音来自议会。

叶利钦上位之前挺民主的，做了俄罗斯总统，他要求总统说了算，其他人不要叽叽歪歪的，尤其是在总统专心改革的时候。议会不高兴了，不是全盘西化嘛，人家西方民主，政府有事都要通过议会，要不然摆个议会干吗用呢？正好，俄罗斯杜马的议长哈斯布拉夫还是个经济学家，他早就感觉休克疗法要坏事，所以一直对改革提出质疑。

叶利钦能有今天，哈斯布拉夫和鲁茨科伊是左臂右膀，现在一个是议长，一个是副总统，让老叶没想到的是，眼下这两位结成一党，处处跟他为难。

议会想限制总统的权力，总统嫌议会碍事，两边终于撕破脸。1993年，叶利钦预备彻底解决跟议会的恩怨。6月5日，他召集开制宪会议，想借助地方的力量，绕过议会，强行通过新宪法草案，在俄罗斯建立"总统制"的政体，将总统的权力置于立法、司法和行政之上，合法独裁。哈斯布拉夫当然不干，双方对抗，摔东西、耍嘴皮、撂挑子，闹腾了一个月，新宪法草案终究没搞出来。

矛盾更激化了，还是在白宫，当年叶利钦意气风发冉冉上升的地方，不过，这次他是指挥军队开进莫斯科炮口对准白宫的那一方。1993年10月3日，坦克和装甲车再次包围了白宫，这里现在是议会所在地，叶利钦终于预备用武力解决与议会的恩怨。

老叶比当年的亚纳耶夫果断，他就真下令开火了，政府军和支持议会的军民们对打了10个小时，在187人死亡、437人受伤后，议会方面终于宣布投降，哈、鲁两位走出白宫，被送进了监狱。老叶再次取得了白宫的胜利，奠定了权威的总统地位，从此后俄罗斯的"民主政体"就是一种强势总统弱势议会的格局，这就是著名的"炮打白宫"。

上次的白宫事件让老叶形象越发高大，这次的白宫事件却让很多人看到了叶利钦民主表象下独裁的内核，早先支持他的民主派力量，现在也有点对他敬而远之了。

老叶没时间消化这些后遗症，因为就在所有问题都没有解决的态势下，这个飘摇困惑的新国家，又滑入了一场战争。

车臣

老叶分裂苏联时毫不手软，他被人分裂时，更加毫不手软。终于，那个著名的车臣，进入我们的视线。

史料上对大约公元 7 世纪以前的车臣人就有记载，他们定居在高加索山脉的北侧，跟格鲁吉亚是邻居，那地方专出悍匪，车臣人也是其中之一。光悍不顶用，车臣这个部族毕竟太小，个子小脾气还不好，所以历史上，没少被收拾。

13 世纪，他们就被蒙古人入侵；到 14 世纪末又等来了帖木儿帝国的军队；大约从 16 世纪开始，伊斯兰教传入车臣。后来车臣就被波斯、土耳其、俄罗斯三大帝国争夺，混战四十多年，1895 年沙俄取得了胜利；1934 年，车臣与西边的邻居印古什州合并，成为车臣—印古什自治共和国；"二战"中，车臣人被用火车将近四十万车臣人迁出了原来的家园，赶入西伯利亚。直到 1957 年 1 月 9 日，苏联最高苏维埃才决定恢复车臣 – 印古什自治共和国，归俄罗斯联邦管辖。

车臣虽然只是个小弹丸，可它的地理位置太重要了，它卡在黑海与里海之间，是进出高加索的咽喉。车臣地区除了自己地下蕴藏着丰富的石油，从中亚向欧洲输送石油的管道同样也必须经过这里。俄罗斯出口石油是头号重要的大生意，绝对不能被影响的，所以，车臣不管怎么闹，俄罗斯都不会让它脱离出去。

"八一九"事件后，俄罗斯头昏脑涨之际，苏联空军的少将，车臣人杜达耶夫趁乱推翻了当时车臣的苏维埃政府，自己当选为总统，在苏联解散之前，车臣已经以独立国家自居，杜达耶夫还组建了相应的军队。等俄罗斯局势稍微平顺，叶利钦就发现，杜达耶夫这小子，他是既不参加俄罗斯的选举，也不参加俄罗斯的各种事务，他是实实在在在闹独立了啊！

1994 年 12 月，俄罗斯发 6 万大军分三路进攻车臣。本以为这个弹丸之地，大军所到无不披靡，没想到，这场战争出奇地艰难。战事意外地持续了 20 个月，虽然杜达耶夫在战斗中被击毙，可车臣就是不降，俄军的伤亡甚至超过了阿富汗战争。

不仅战场上占不到便宜，车臣军队还不走武林正道，他们有游击队，玩恐怖活动，这场军事行动，大约 10 万人没了性命，1996 年 8 月，双方签署了一个《和平协定》，暂时不打，俄军撤出。

这就是第一次车臣战争，基本可以说，是俄罗斯输了，这个新国家，第一次在国际"武台"上亮相，就输得挺难看的。俄罗斯也可以说自己输得很冤，因为怀疑车臣的反政府武装一直受到美国人的支持。但美国人不承认，俄国人也不能发飙，而车臣共和国的独立存在得以维持，让俄国人心痛。不过他们等到了第二次机会，我们到后面会说到。

血洗议会后，从此老叶大权在握，成为绝对说了算的超级总统。老叶在国内改革失败，不得人心，他的处理方式很简单，拿总理当替罪羊，任内换了六个总理，比换衣服还快。车臣战事失败后，老叶的声望更加低迷，玩政治又是个闹心活儿，最伤心脏。1996年，老叶做了一项心脏手术，手术很成功，给他带来离奇的好运。就是这么个被所有人诟病的当家，1996年二次大选，老叶连任俄罗斯总统，在身体不好，民众支持率还不高的情况下，他居然成功地躲过了议会的弹劾，稳稳坐定总统之位，不能不说他是政治操作的顶级高手。

到了1997年，应该说，之前所有人的改革，慢慢地都产生了各自的效果，俄罗斯貌似正艰难地熬过转型期。货币逐渐稳定，国际国内的投资都有了一定的增长，可是，这些仍然不够。贫困问题没有解决，犯罪率居高不下，贪污腐败继续横行。当年叶利钦以一个反贪形象出现在苏联政坛，如今在他治下，经济寡头如雨后春笋般地发出来，老百姓穷得叮当响，家里的富豪却是世界顶级的。老叶自己也不干净，老叶的孙女婿杰里帕斯卡后来成为俄罗斯首富，世界前十名，要说这个财富来源绝对没有得益于老叶的权力，肯定谁都不信。

1999年的最后一天，叶利钦送给俄罗斯人民两件大礼，一件是他决定辞去总统之位，另一件就是他指定普京接替了自己的位置。

老叶的辞职事发突然，又一次震动了世界，俄国人总喜欢在别人过年的时候整出比鞭炮还响的动静。都知道老叶此人权欲熏心，之前的奋斗过程也不是不辛苦，怎么说放手就放手了呢？有人说是健康问题，有人说是给普京让路……

不管什么原因，老叶没有选择死守王位，然后为保住权力浪费国家资源，一个愿意退却的政治人物，我们就应该表扬他。而且他这份礼物是送得够厚的，俄罗斯股市因为老叶下课的消息暴涨，还创了一个 1998 年来的新高，俄罗斯人对老叶真有感情。

老叶在位对老山姆家示好，因为实力上已经不是对手了，尽量不做敌人吧。现在北约在东欧那样张狂，跟老叶早前的妥协很有关系。老叶跟咱家不错，就是从他开始，咱家和俄罗斯建立了战略伙伴关系，成为街坊上比较重要的一股力量。

叶利钦是世界上最幸福的退休老头，日子很滋润，住豪华别墅，有自己的司机厨子，出门警车开道，经常出国旅行，这些费用，还都由俄罗斯政府报销，就算政府不愿意出，老叶自己也出得起。

2007 年 4 月，幸福的老头叶利钦心脏病恶化去世。他的同龄人和老领导戈尔巴乔夫出席了他的葬礼，我们更好奇，到底该时刻，老戈是如何评价这位曾经的朋友曾经的敌人的呢？老人家的标准跟政治家不一样，老人家的成功就是看谁能活得更久，在这一点上，老戈是最后赢家，他老人家至今还健在呢！

四十　第一男主角

老叶就是老叶，对他来说政治上从无绝境，临离别，他还作了一生最聪明、最高明、对俄罗斯贡献最大的决定——将万众期待的普京送上权力巅峰，这是世界政坛上难得一见的美貌与智慧并重的超级偶像实力派，对大多数女读者来说，跟随老杨在这冰天雪地的国家蹒跚而行近千年，不过就是为了一睹普京的风采而已。

话说1999年12月31日，这一日的莫斯科像普通的冬日一样朔风凛冽，滴水成冰，跟世界上的其他地方一样，俄罗斯人也在忙着准备告别旧世纪，迎接新千年，虽然面包还是不够吃，有钱也买不到什么东西，好在快乐是不花钱的，而且还可以祈祷，也许新的千年上帝会给俄罗斯人新的希望。中午，在克里姆林宫的总统办公室，叶利钦宣总理进屋说话。

且看来的这位，五短身材，相貌平平，敦厚结实，西装颇不合身，走路晃着肩膀，普普通通的一个小个子男人。叶利钦对这个男人说，"今天开始，这就是你的办公室了"，然后，将那只神秘箱子——"核按钮"交到他手上。这个小个男人既没激动也没惶恐，看着他一如既往平静而坚定的眼神，叶利钦知道，虽然他没有给俄罗斯带来振兴，至少给俄罗斯带来了新千年的希望，俄罗斯的复兴之路，也许会从他今天这个动作开始！

当时的西方媒体诧异的除了老叶的主动退出，就是搞不清这个普京从哪里冒出来的，他是西方情报机构的焦点，可从来不是政治分析家花心思研究的人物，搞得全世界的政治学者上个千年的最后几个月没时间干别的，都忙着查普京的祖宗八代呢。

仕途

1952 年 10 月 7 日，普京出生在圣彼得堡一个汽车厂的院子里。他是战后出生的，没有"二战"时卫国战争中那些苦大仇深的记忆。

随后的几年，这个其貌不扬的小孩就在这个破旧简陋的院子里玩泥巴，打老鼠，撒野，瞎跑。大杂院这种地方，打架是家常便饭，孩子们很快发现，他们都打不过这个叫普京的孩子了，因为他只要一动手，就必须打赢，敢拼命。为了打赢还专门学了些手艺，比如摔跤和柔道。

普京家并不富裕，父母更是身份低微，后来他能够从最底层的百姓角度考虑问题，跟他的出身是很有关系的。这孩子从稍懂人事就有个很惊人的理想，他想加入克格勃！要知道，对咱们来说克格勃很酷，可对俄罗斯人来说，克格勃代表的是谋杀、监听和秘密逮捕这一类阴暗的事件，不容易变成一个大好青年的美丽理想。想当克格勃，多少让少年普京显得有点与众不同。他不是随便想想，他甚至跑到克格勃的有关部门去毛遂自荐，克格勃的工作人员告诉他，考进列宁格勒 (圣彼得堡) 大学，就有希望，在这个指导思想下，普京考进了列宁格勒大学的法律系，在这里，他不仅赢得了一尊市柔道冠军的奖杯，更重要的是认识了改变他命运的重要人物，他的老师索布恰克。

如果说普京是千里马，那真正的伯乐就是索布恰克。作为普京和梅德韦杰夫的教授，索布恰克在大学时对这两个学生似乎就青眼有加。但在大学阶段，这三个人都没想到他们后来会成为俄罗斯政界的顶尖人物。

大学四年级，普京如愿进入了克格勃，并加入了苏共，不管克格勃名声有多不好，待遇绝对一流，大学一毕业，普京生活得就很中产阶级，同学们怀疑，也没发现什么蛛丝马迹。

10 年在国内做特工，培训加执行侦察任务；随后被派到东德卧底，过了 5 年标准间谍的生活。

苏联解体那一年普京亲眼目睹东德的骚乱，独自面对东德人对克格勃机构的冲击；38 岁的时候，普京带着对自己国家前途的茫然回到圣彼得堡，退出克格勃，在母校谋一个闲差。幸好，又遇到了索布恰克。

人称索布恰克为俄罗斯的政治教父，作为一个经济学教授，他玩政治还真挺专业。都知道他是个民主先锋，可他从不给人"激进派"的印象，即使是苏联局势最紧张的时候，他还可以跟叶利钦和戈尔巴乔夫同时保持良好的关系。

这样的高手对仕途肯定经营良好，所以他成为第一位民选的圣彼得堡市长。普京正式进入政界就是从他给索布恰克当副市长开始，从普京当副市长开始，圣彼得堡的大小事都归他管了，因为市长有更高级的事务，比如争取下一次竞选时连任等。实在没时间管理日常琐事，有人找市长办事，市长一股脑都打发给普京解决。

普京任内，大力引进外资，可口可乐等美国企业进入圣彼得堡，为后来那个繁华的大都会奠定基础。索布恰克也是个心高命薄的，忙了半天还在1996年选举中失败，被自己的学生后来居上。老索其后成为普京的总统顾问，到死一直在学生背后出谋划策，是普京的良师益友。这个老索除了自己出名，有个女儿也很出名，江湖人称俄罗斯的希尔顿，是个顶级交际花，在俄罗斯的上流社会如蝴蝶般穿梭飞舞。她一直跟普京关系不错，老师的女儿和男学生是个很容易暧昧的话题，他俩都说是普通朋友，咱们没凭没据不好乱讲人家是非，大家咬咬牙坚持到百年之后，相信那时候会有很多普京的私生活曝光。

随后的经历就不说了，总之是跟着他老师竞选，落败，受到叶利钦赏识，辗转又被任命为俄罗斯国家安全局的局长，相当于是回到了克格勃并成为首领，完美地实现了儿时的理想。

1999年3月，叶利钦在换了六个总理之后，将这个棘手的位置交到普京手上，虽然俄罗斯人谁也不清楚普京是何方神圣，但既然俄罗斯的总理就是个短期临时工，那么谁干都无所谓了。不过真英雄，上天一定会给他表现的舞台，所以叫时势造英雄。

战争

成就了普京的第一件事就是车臣，这也成为他后来执政过程中最大的内伤。

1996 年，在全世界揶揄的注视中，俄罗斯军队惨淡撤出车臣，还必须咬着牙忍耐这个共和国实质上的独立。1997 年，车臣选举了自己的总统马斯哈多夫，可大家都知道，能让车臣局势越来越危险的，是一个极端分子，他被马斯哈多夫选为总理，他叫巴萨耶夫，江湖人称"高加索恐怖之狼"，这家伙最牛的就是公开宣称，自己是个彻头彻尾的恐怖分子，不以为耻，反以为荣。

巴萨耶夫成为总理后跟总统不和，他不仅为车臣这个不清不楚的独立地位憋屈，他还想征服车臣东部的达吉斯坦共和国，两边统一建立一个伊斯兰原教旨主义的国家。

达吉斯坦虽然也有些分离分子，可大体上这个共和国还是安稳地待在俄罗斯的版图里，接受着俄罗斯政府的行政管辖，达吉斯坦共和国里，还部署着俄罗斯的军队。

1999 年 7 月 4 日，巴萨耶夫率领二百多名车臣非法武装分子潜入达吉斯坦进行了一系列恐怖活动，还偷袭了俄罗斯内务部队哨所，造成伤亡。回家又准备了几天后，8 月 7 日他又指挥非法武装分子兵分两路攻入达吉斯坦共和国，向俄军猛烈进攻，8 月 10 日，居然宣布成立"达吉斯坦穆斯林国家"！

除了在外高加索撒野，车臣这帮家伙还在俄罗斯搞各种破坏。1999 年 8 月 31 日，跟克宫一墙之隔的马涅什广场地下商场爆炸，四十多人受伤，还死了一个，俄警方正在追查事故原因时，9 月 4 日，塔吉克斯坦境内，一栋俄军的家属楼被炸弹端了，死 64 人，伤逾百；9 月 9 日，莫斯科一栋有 100 套住房的住宅楼被从中间整齐劈开，附近的楼宇都有不同程度的损毁，现场类似地震，150 人被埋，死了九十多。太惨烈了，俄政府决定 9 月 13 日为全国哀悼日，全国下半旗致哀，可是就在 13 日凌晨，又炸了。

这么闹，哪个国家也不能坐视了，叶利钦也就是在这个背景下，让普京成为新的总理。这位特工老大对车臣分离分子的态度非常清晰："我们打击恐怖分子必须坚持到底，即使他们逃到厕所里，我们也要把他们溺死在马桶里！"

普京这种气场容易让人放心，所以他要求对车臣战争的全权指挥时，叶利钦毫不犹豫地就给他了，就这样，新总理普京亲自部署并指挥了第二次车臣战争。9月16日，10万大军开进车臣。

这次再开打，普京立时现出了不一样的素质和效率，跟第一次车臣战争不同的是，这次有战略有战术，条理清楚，目的清晰。根据普京的思路，战争第一阶段，俄军先扑向达吉斯坦，肃清那里的非法武装分子，然后封锁俄国边境；第二阶段，杀进车臣，占领其首府格罗兹尼；第三阶段，清理流亡在高加索山区的流寇。而且，这次进军，不再以地面部队正面拼命为主，而是学习北约的玩法，利用制空权精准打击那些地面目标，以减少人员的伤亡。

基本上，战事的发展跟普京计划的一样，但是偶尔的疏忽瑕疵也后患无穷，譬如包围圈被撕开，不少悍匪突围成功，转入山区，正逢春风乍起，山间林木发出新芽，为这些武装分子提供了很好的隐蔽，计划中的第三阶段，入山剿匪，困难重重。

2000年2月4日，俄军将俄罗斯国旗插上了格罗兹尼的车臣政府大楼，基本就是宣示，俄罗斯终于将这个地区重新收回自己的控制之中。到当年6月，大型的军事行动基本结束，车臣的态势算是大致平息，普京宣布，他取得了第二次车臣战争的胜利。根据俄罗斯公布的数据，这场场面惨烈的战争，俄国方面死亡人数为两千六百多人，伤六千二百多人，比第一次车臣战争已经少了很多，但是造成了多少车臣人的伤亡，数字就不太容易统计了。

"9·11"没有发生之前，西方社会因为自己的价值观或者国家利益，对所谓的"恐怖分子"是不太严苛的，有的还偶尔对他们抱有同情态度。第一次车臣战争，因为俄罗斯对自己的联邦共和国动手，造成平民伤亡，引起西方社会尤其是美国人诸多批评；这次出兵，刚开始又惹得西方一片挤对，伴随着作战计划的，还有外交斡旋。普京召见各国大使，向他们详尽解释了车臣武装分子对俄罗斯造成的危害，和俄政府必须动兵的无奈。普京这样苦口婆心地解释，虽然西方依然不解不满不认同，负面舆论还是比第一次战争少了些。

2000年伊始，作为总理和代总统的普京带着夫人到车臣前线劳军，俄国士兵近距离看到这位铁血彪悍的老大，心里更加有底。车臣的胜利让俄罗斯人爽翻了，原来说过，俄国人宁可饿肚子也不愿意丢掉大国的威严，这个其貌不扬的小个子和他藏都藏不住的霸道能量符合俄罗斯人的普遍审美，俄罗斯人为这位克里姆林宫的新老板惊艳了。

然而此时普京还不是正式工，他只是代理总统，要想转正，还是要经过大选。其实选不选的，已经不重要了，此时俄罗斯人眼里，只剩普京了。大选原来在 6 月，被提前到 3 月，普京又做了一件让俄罗斯乃至全世界粉丝尖叫的事，他再次去到了车臣前线，因为俄国部队正预备从车臣撤出，普京要亲临这个撤军的现场。最刺激的是，他不是随便去的，他亲自驾驶苏 -27 战机到达车臣前线，在空中视察一圈后，降落在俄国官兵崇拜敬仰的目光中。那一刻，全世界都公认，穿着飞行制服，戴着飞行头盔走下战机的普京，是全世界最帅的男人，最炫的元首。

普京这样的，还要通过竞选就有点欺负对手了，2000 年 3 月 26 日，普京毫无意外地大选获胜，成为名正言顺的俄罗斯总统。到当年年底，普京执政一百天时，民调支持率升高，创下了政治人物崛起的最快速度。

清理

元首会开飞机会打架肯定不够，一个领袖的第一标准，还是要看他能不能让治下的人民生活得更好，所以我们不可避免要讲到普京内政及改革，这种事往往比较沉闷，不符合普京这个精彩人物的特点，老杨大概说说吧。

普京上台后，俄罗斯还清了所有外债，外汇储备和黄金储备都飙升。普京再神，也不能凭空弄出钱来，他是运气好，一上台，又碰上国际能源价格尤其是石油的节节攀升，所以他家的石油、天然气等出口赚翻了。普京时代的经济腾飞，最大的原因是俄罗斯又赚取了巨大的石油美元。

不过，普京脑子清楚，国际上有种叫"荷兰病"的东西，就是只出口自然资源、原材料的初级产品，最后国家的制造业衰败。为杜绝这种毛病，普京一直致力于对能源的深加工。俄罗斯还在谋求核能领域的话语权，积极开发中国和印度的核能市场，军备竞赛也不纯粹是浪费钱，至少让俄罗斯在武备这项业务上有一定权威。

普京为俄经济转型定了调子，就是发展涵盖航空航天、纳米技术等高科技领域的"创新经济"，建立经济特区，以便加大吸引投资的力度。看到没，他家的发展牛的地方就是：他家很容易就能建立高端的工业体系，有自主知识产权，有顶级的研发能力。其实即使是低端产品他也比咱家有优势，第一是他家有丰富的资源打底，第二是他家的工业基础不错，第三是他家跟欧洲市场的地域方便。所以，同样是高速发展的国家，俄罗斯看着比咱们走得扎实。

都知道普京执政这些年，一直保持不错的民众支持率，就是因为真正让老百姓受惠了。普京上台就抛出了"以人为本，民生第一"的改革大计，提出了医疗、教育、住房、农业四大国家优先项目，每年用于这四个项目的支出超过 1000 亿卢布，至于效果怎么样？老百姓愿意修改宪法支持普京独裁已经是最好的评价。

至于外交方面，一个间谍出身的总统很知道如何在复杂的环境八面玲珑，他家的徽记是原来东正教的双头鹰，所以普京制定了所谓"双翼外交"的策略，历史上的他家总是在偏西方还是偏东方中困惑，现在问题解决了，他家两边都挨着，哪边有利就跟哪边亲近。因为俄罗斯多少还算个大国，他在东西方之间的平衡外交其实对街坊的安宁还是挺好的。

普京是个明星元首，一般的内政外交这些事，大家就觉得不给力，对不起观众和粉丝，好在普京不负众望，对得起门票，他治国时，最让人津津乐道的，就是对国内众寡头那一场酣畅淋漓惊心动魄的围剿。

普京接手了俄罗斯，这个古怪的资本主义国家。对，是俄罗斯特色的资本主义。特色的地方多着呢，俄罗斯是没有任何资本主义基础的，不像波兰或是匈牙利，人家到底是熟手，恢复回去就行了。让一个社会主义国家以最快的速度变成资本主义，没有书本可以教啊，马克思只教过他们从资本主义往社会主义变啊。

首先，私有化的过程就是无法控制的，没有法律法规，没有监督机制，在老百姓蒙在鼓里的时候，国有企业、国有资源就已经变成私人的了。这些国有资产在向个人手里过渡的过程中，充满了大量的权钱交易，权力可以转化为资本，资本又反过来追逐权力。又加上，这帮人商量好了，不能便宜了老外，所以西方的资本没能插上手，整个社会财富进入两个帮派，一伙是官僚垄断，另一伙是金融寡头。

上篇说过，叶利钦当政把俄罗斯搞得乌烟瘴气，但是1996年大选，他居然还可以高票连任，这件事俄罗斯和西方挺接轨，就是，竞选这件事，一是靠钱，二是靠舆论，当然对俄罗斯来说，上一任的指派最重要，因为叶利钦没有上一任所以只好花钱、造舆论来争选票。叶利钦大选前召见了七个人到克宫开会，共商连任大计，这七个人名单如下：

联合银行总裁别列佐夫斯基

大桥银行总裁古辛斯基

国际商业银行总裁维诺格拉多夫

首都储蓄银行总裁斯摩棱斯基

阿尔法银行总裁弗里德曼

梅纳捷普银行总裁霍多尔科夫斯基

俄罗斯信贷商业银行总裁马尔金

稍通时事的一看就认识，这七位就是俄罗斯鼎鼎大名的七寡头，个个年轻多金，发得不明不白。这几个再加上统一电力公司总裁丘拜斯，已经操控了俄罗斯的油气、动力、冶金业和金融业，基本还能操纵舆论。这几个家伙在俄罗斯的地位，那真是，说权倾朝野肯定不够，反正是他们若伸个懒腰，全俄罗斯就要地震。

上篇不是说过叶利钦任上喜欢换总理吗，真怪不了老叶，这几位大哥要换，他说了也不算。基本上俄罗斯的资本主义被叫作官僚＋寡头式的资本主义。这种资本主义的特色就是政府没有权威。管事的说了不算，政局能安定吗？

20世纪末，俄罗斯的黑社会组织都快成精了；经济上因为是垄断的，所以没有自由竞争，没有正常的国内市场；垄断势力和金融寡头代表的是大资本的利益，肯定会排斥外来资本的竞争，国内中小资本根本不可能存活，这些都严重阻碍了俄罗斯社会的发展。叶利钦最后已经意识到了，不清除官僚和寡头，俄罗斯是永无宁日的，虽然他的家族是最大的官僚之一。所以，他选定普京，以提前让位为条件，让普京答应他，对他和他的家族绝不追究，不秋后算账。既然有这个约定，就说明老叶下台扶普京上位还是鼓励他清除别的官僚和寡头的，从这一点上讲，老叶算是不错了！

普京竞选时，因为是叶利钦指定的接班人，其中几个寡头都尽力帮忙，谁当都一样啊，既然是老叶指定的，利害关系肯定都交代过了，我们扶这个小个子上马，让他接老叶的班继续为寡头们服务。这几个寡头尤其是别列佐夫斯基，操控几个大媒体，造势汹涌，为普京的顺利当选立下汗马功劳，他没想到，他下这么大本钱，给自己培养了一个掘墓人。

2000年普京正式到克宫上班后，好言好语地跟这几个寡头商量一个和平共处的办法：这些亿万富翁可以保留他们在叶利钦时代获得的一切，虽然来路都值得商榷，但只要以后不再用相同的手段攫取财富，政府就不追究了。但此后不能再干涉政治并且必须合法纳税。

听起来很合理，换我们任何一个人都会收敛一下，安享富贵得了。可人家既然是寡头，野心和欲望也是寡头级的。普京的这个约定他们觉得不能接受："我说小普啊，你这人做事不讲究啊，这就不是钱的事，你整这个吧，老伤俺们几个自尊了，俺们指定不能吃这亏！"所以，七寡头变本加厉地干政涉政，最离谱的是，为了对付普京，他们有几个还跟车臣分子勾结到一起去了！别列佐夫斯基曾经叫嚣：俄罗斯所有的政要都被他收买了！也就是说，对付寡头，普京是孤家寡人，蹦跶不了几天。像普京这种角色怎么能威胁呢，他即刻对全俄罗斯人喊出了他的誓言："把寡头当作一个阶层消灭掉！"跟寡头对立的是俄罗斯亿万赤贫百姓，所以这些人全都追随在普京身后，替他呐喊助威，这几个寡头虽然是比上帝都有钱，可他们买不到亿万颗人心。

开练了，先拣哪个动手呢？"传媒大亨"古辛斯基。为什么先找他开刀呢？这家伙手气不好，总统大选他押宝押在普京的竞选对手身上，他手里有一家独立电视台，那个电视台竞选期间全部用来丑化普京和叶利钦了，即使是后来普京当选了，他还贼心不死，处处跟普京作对。新仇旧恨，当然找他麻烦。这家伙以非法侵占国家财产罪被捕，关了三天被保释后就消失了。普京下了全球通缉令，古辛斯基是犹太人，有个最佳避难场所，他跑到以色列去了，成了以色利和俄罗斯一个扯不清的麻烦。

开了头，操作起来就流畅了：别列佐夫斯基，是个说话磕巴的数学家，倒卖汽车出身，是七寡头中最嚣张也最不聪明的一个。叶利钦和普京成为总统，他都有重大贡献，尤其是俄罗斯有个著名的"公主党"，就是以叶利钦的小女儿为首的小政治局，跟老别钱权结合完美，左右着俄罗斯很多大事，他也成功地扶持这位俄罗斯公主成为俄罗斯首席富婆。

就因为这些背景，他觉得俄罗斯应该是他说了算，经常对普京指手画脚。"小……小……小普啊"，谁受得了一个磕巴整天在耳边鼓噪啊，手起刀落，世界安静了！ 2000 年，老磕巴叛逃不列颠，在打击他期间，俄罗斯发生了库尔斯克号潜艇事件，他借此事发难，让普京很被动。

2003 年别列佐夫斯基在伦敦落网，但英国答应他政治避难，于是他在英国宣布要发动政变推翻普京，2004 年大选，老别号称抛出十亿美元组建反对党让普京下台。出手太小了，十亿美元收买全俄罗斯的百姓真是不够。老别还私下支持车臣分离派武装搞恐怖活动，到现在都没个消停，算是个祸害。因为自己的利益受到些许损失（他在境外的财富一样可以让他锦衣玉食，富贵终老），就不惜以卖国来报复，这个老别我很鄙视他。

下一个是谁？著名的共青团干部，当时的俄罗斯首富，俄罗斯最大石油公司尤科斯总裁霍多尔科夫斯基，英俊儒雅，石油沙皇，2003 年 10 月被捕，有七项严重指控，罪责不轻。抓他时阵仗很大，如同反恐行动。小霍飞机一降落，几十辆军车就围上去，这位白面书生走出机舱，看到的全是黑洞洞的枪口！为了老板被抓的事，尤科斯不惜重金买凶暗杀普京。他最近在向梅总求饶，希望获得赦免。尤科斯公司在世界石油市场上的地位太要紧了，普京抓小霍表面理由是这家伙很张狂，还几乎控制国家杜马，深层的理由谁都明白，他是要拿回尤科斯掌握的巨大油田。

1999 年维诺格拉多夫申请破产，是七寡头最可怜的一个，因为已经没钱了，所以就不追究他了。马尔金现在莫斯科开赌场，不太嘚瑟，也不说他了。斯摩棱斯基也在 1998 年金融危机中失败，废了。

只有弗里德曼一直还算合作，不太惹事，可怜见的，普京就容他了，这家伙现在是俄罗斯数得着的企业家，生活得还算正常。

另一个不在七大之列的寡头就是大家都熟悉的，切尔西的老板。每次切尔西的比赛他都会亲自到场加油，全场高呼"我们真他妈的有钱！"使切尔西成为当时世界上最嘚瑟的球队之一。他就是大名鼎鼎的阿布拉莫维奇（简称阿布）。

阿布可比前面几块料脑子清楚多了，说起来，他的发家史也是充满邪恶，他以实际价格的8%收购了西伯利亚石油公司，这样的生意等于是天上下钞票啊，他能不发家吗？能不寡头吗？阿布智商高，当他发现普京来真的时，果断选择了配合。传闻普京有一辆超豪华的游艇就是阿布送的。

为了不给自己找麻烦，阿布果断抛售在俄的资产，而且买票进入国家杜马。俄罗斯的议员有"豁免权"。阿布不错，知道好歹，当上一个小自治区行政长官后，拿了巨款出来改善当地百姓生活，使一个不算发达的地区发生了翻天覆地的惊人变化，成为当地人人感念的大善人。

你敬我一尺，我敬你一丈，既然你给我面子，我就不让你难看。普京放了阿布一马。虽然现在安全，谁知道以后的事，俄罗斯的富豪被普京修理得都有点神经质了。阿布现在移民英国，资产也大量转移海外，在俄财产基本都已被他套现，这位老哥预备在体育界做寡头。阿布给俄罗斯的最突出贡献是教给亿万富豪一个新的娱乐方式，就是买足球队玩，现在好多富豪都在效仿。

开始说过的叶利钦的外孙女婿，曾经的首富杰里帕斯卡，都说他的财富来路比前面那几个干净，谁知道呢，反正他是老叶家族的，但他绝不承认他的财产跟叶利钦有关，因为他是以俄罗斯第一钻石王老五的身份迎娶叶利钦的外孙女，而不是结了婚才发达的。就算他的财产真有问题，普京也不会动他，一是跟叶氏家族有承诺，二是他私下跟普京打得火热，经常跟普京出访其他国家。这伙计最有意思的事是他最近拿了点钱，找莫斯科国立大学帮他研究长生不老药，他想万寿无疆，不老不死！这孩子不到40岁就成为俄罗斯最有钱的人，生活对他来说太美好了，他肯定希望这种金玉满堂的生活永无终止。

经济危机后，杰里帕斯卡的资产严重缩水，普京对他也有诸多不满，前年，杰里帕斯卡居然因为拖欠自己工厂工人的工资，被工人们上街抗议，普京亲自到场视察，亲自安排他下发了工资，整个过程，普京铁青着面孔，杰里帕斯卡像个吓傻了的鹌鹑。

普京最近的一次对亿万富豪的行动，就是关闭了全世界最大的轻工业品批发市场——切尔基佐夫市场，切断了市场老板伊斯梅洛夫的主要财路。伊斯梅洛夫被普京盯上，完全咎由自取。

2009年，伊斯梅洛夫投资15亿美元在土耳其建了一个世界顶级的酒店"马尔丹宫殿"。这个酒店之奢华无与伦比，所以开业庆典尤其要符合排场。伊斯梅洛夫是商人出身，比之前那些寡头，显得格局小多了，同样是花钱，花得毫无腔调。他居然在开业庆典的舞会上安排下"美元雨"，宾客在跳舞，头上有人向下撒钱，这一场舞会，老伊撒掉了6100万美元，疯狂的举动导致了他的霉运。

2008年经济危机后，石油市场波动，俄罗斯的经济也不能幸免地陷入衰退，总理普京一脑门子的不爽，居然自家的有钱人还跑去土耳其撒钱玩，于是，另一场对富翁的追剿又开始了。

基本上，现在普京收拾有钱人，是得心应手，俄罗斯的富豪们想到这位"沙皇"不苟言笑的脸，都有些后背发寒，但是，普京也有无奈无解怎么都不能得心应手的事。

危机

刚入主克宫，家里家外一团乱麻，并跟寡头们缠斗之际，出大事了！世界上最大的核潜艇，号称"航母终结者"的库尔斯克号在巴伦支海演习时失踪了！最后确定，这个号称可以干掉一个航母编队的海底霸王居然爆炸沉没了，事发当时下去勘查时，听到艇内有敲击船板的声音，也就是说，艇上的人可能还活着。这时普京在休假，虽然他布置了救援，但并没有停止休假回到办公室指挥（看来能第一时间赶赴现场的只有咱家的），立刻全国上下，街坊内外都说普京是个无情的人。他当时不是正对老别下手嘛，老别动用手里所有的媒体舆论资源诋毁救援行动，指责普京冷血，朝野内外对这件事意见很大。

其实，普京有点儿冤，因为出事第二天，巴伦支海就出现风暴，根本没办法靠近出事地点。整整六天，什么救援目的都没达到。没办法了，只好求外人帮忙了，挪威和不列颠这种海盗出身的家庭，打捞沉船是家传手艺啊。

库尔斯克号造价十亿美元，是最高级的核潜艇之一，有许多独一无二的设计，是俄国顶级的军事秘密，普京不是最后被逼到没辙，怎么也不敢麻烦外人的。

挪威人的手艺真不赖，打捞队从潜艇中捞出了118具船员尸体。在"反动媒体"煽动下，老百姓愤怒了，遇难者家属更加失控。

普京首先是对全俄罗斯宣布，他承担这件事的全部责任，然后含着眼泪拜访受难者家属，对家属们的现场发难，他一直以一个谦卑的态度不停地道歉。

普京是以一个铁腕形象进入俄罗斯人的视线的，现在他一脸的悲伤，默默忍受几百人的当面指责，就显得特别的悲情和可怜。三个小时的会面后，家属们居然不吵不闹了。普京马上回头处理了几个幸灾乐祸、落井下石的媒体，并表示要重新振兴海军的决心，成功平息了总统生涯第一次重大危机。

关于这么高档的东西是怎么出纰漏的，疑点重重，根据英国人研究的说法是：库尔斯克号鱼雷发射失败，自己把自己炸沉了（这个解释还真丢脸），俄国人比较接受的说法是：因为库尔斯克号在参加夏季军演，所以巴伦支海域，北约的潜艇都在周遭窥伺，有可能相撞。还有一种说法是车臣非法武装干的，但估计车臣那帮大侠们没有这么大本事。

普京后来一直着急要补上海军的损失，制造出新的核潜艇，财政紧张的时候他甚至说，宁可卖掉克里姆林宫，也要造出新的来！

2002年8月19日，一架号称世界上最大的米-26直升机在车臣境内一头栽在地上，机上147个人，死了118个，普京再次宣布8月22日为全国哀悼日。正在查事故原因查得晕头转向之际，又一架另一型号的直升机栽到地上，这次没有人走运了，机上的人全死了。但事故原因却看清楚了，车臣恐怖分子用便携式的导弹打掉的，进一步查出，境外不仅向他们提供了便携式导弹发射系统，还给了好大笔钱，最狠的是，境外那些支持恐怖分子的还开出了赏格：击落一架飞机或直升机，就能得到 3 万— 6 万美元；毁坏一辆装甲车，1000 —5000 美元……重赏之下都是勇夫啊，比上班待遇好多了，走，到车臣打飞机玩去。查明真相后，普京处分几个国防部的高级干部，安抚了民心。现在打车臣，基本上都是用轰炸，尽量不短兵相接，避免死人。

又过了一关，普京松了口气。上帝就不给松这口气的时间。两个月后的 10 月 23 日，车臣匪首巴萨耶夫带着他的黑寡妇军团冲进莫斯科轴承厂文化宫，把里面观众和演员八百多人全部扣为人质，让普京从车臣撤军。

这就是"莫斯科大剧院人质事件"，全街坊又什么都不干了，就看普京怎么处理这事。普京态度很明确，人质肯定要救出来，撤军是绝对不可能！

恐怖事件的头目要介绍一下，巴萨耶夫家族是车臣最牛的恐怖分子家族，以残酷杀戮出名，最专业的恐怖事件是绑架，最大特色是拿到钱一律撕票，而且全是把头剁下来丢在街上那种。人质落在这家人手里，相信普京自己也没指望能救出几个来。

这次的事件，普京获得了国际上的道义支持，既然没有谈判的空间，他决定用特种部队杀进去，强行解救人质。10 月 26 日，特种部队向剧院内发射迷魂气体，还把墙体炸出一个大洞，双方火拼几个钟头。最后大部分恐怖分子被击毙，七百多名人质获救，虽然因为吸入俄军发射的迷魂气体死了不少人。不过，对这么大的人质事件来说，解决得算完美了。

事后没几天，普京到布鲁塞尔跟欧盟开会，一些用心险恶的媒体趁机指责他滥用暴力，这老哥又飙出了一条世界级语录，他对法国记者说："如果你愿意成为伊斯兰极端分子的话，我请你到莫斯科来做包皮手术。我们有最好的专家为你解决问题！"后来"到莫斯科做手术"成为普京一个态度标志，是俄罗斯流行语之一。

其实人质事件的解决还是让普京悲愤难平，所以随后又让军队在车臣境内绞杀了一回，匪首巴萨耶夫的老家被夷为平地，这种冤冤相报，永无了结。

俄罗斯没有老山姆家富裕，没办法按美国那个级别反恐，可他家遭遇的恐怖分子一点不比老山姆家的等级低。恐怖分子的最大特点就是对平民下手，咱们平头百姓也没能力打酱油带八个保镖，或者是卖菜时先由特工检查猪肉档有没有藏着炸弹，所以，万一当家的惹恼了恐怖分子，那老百姓就只剩享受恐怖了。

2004年，普京在没什么悬念的情况下轻松连任总统，执政的日子还是一点都不轻松。8月开始，莫斯科一公共汽车站发生爆炸，4人受伤；当天深夜，两架民航客机几乎同时坠毁，90名乘客和机组成员全没了；31日莫斯科一地铁入口处发生自杀式爆炸，60多人死的死伤的伤。俄政府正被车臣反政府武装的搞事效率压得透不过气来，更大的灾难发生了。

2004年9月1日，正在度假的普京跟德国的施罗德、法国的希拉克这两个老家伙宾主尽欢，从跟咱家的交往历史看，这两个绝不是扫兴的人，很懂事通时务，比现在他们家那两位强多了。

头一天，普京安排了车臣的选举，结果跟他的要求一样，虽然老山姆家又跳着脚说民主公正之类的屁话，但是这两个老伙计表示了支持，"老哥俩儿够意思，啥也别说了，都在酒里了！"（编派人家，普京根本不喝酒！）马上乐极生悲了不是，俄罗斯北奥塞梯共和国别斯兰第一中学正在举行开学典礼，恐怖分子最喜欢这种扎堆的场合，几十个绑匪轻松控制了1200名老师和学生！

因为大部分是孩子，顿时在全世界炸了锅了，绑匪的要求照旧：允许车臣独立，从车臣撤军，释放原来抓的恐怖分子。照普京的立场，这三条都没有商量的余地。但这么大的事，普京纵然见惯大世面也有些手足无措了，他甚至向车臣反政府头目请求帮助，希望他出面斡旋，这件事普京很难堪，因为后来证明他求助的，并声称会不计前嫌帮他忙的家伙，正是这起事件的策划者。

谈判的事一直没进展，特种部队只能强行救人。9月3日在双方对峙50多个钟头后，突然从被歹徒控制的学校体育馆里传出爆炸声，俄特种兵以为是绑匪开杀戒了，马上突入学校，开始交火，几个钟头后结束。可是，代价太大了。到现在为止，伤亡人数还没有定论，俄政府也选择了对公众保密。根据公布的数字，400多人死亡，其中250名以上是孩子，700多人受伤。而最令人震惊的是，俄罗斯精英特种部队，江湖上威名赫赫的"阿尔法部队"

和"信号旗部队"居然死亡11人，伤24人！是这两支神话般的部队成立以来的最大折损，车臣的恐怖分子太专业了！

这个事件也有很多内幕在事后浮出水面，比如到底进攻前的爆炸是怎么回事。后来证实是绑匪绑在篮球筐上的炸弹自行跌落引炸，又引炸了附近一枚炸弹，就是这两声乌龙爆炸启动了特种部队的进攻。后来还查出策划这起事件的其中一个匪徒原来是俄罗斯的警察，在一次保护政要的任务中被车臣分子抓走，所有人都认为他已经殉职，没想到是投靠了坏人，反过来害自己的同胞。关于伤亡人数一直被政府讳莫如深的原因是，很多人质是死于特种部队的乱枪，现场实在太乱了，匪徒和人质混在一起向外跑，误杀是很难避免的。

俄罗斯人又把上一起人质事件翻出来，因为当时很多人质死于麻醉气体，以此证明俄军的解救方式毫不顾惜人质安全。而特种部队遭遇这么大的伤亡，究其原因是在谈判还是动手的问题上，普京犹疑不定，让两支特种部队无法部署周密的作战方案，在两次意外的爆炸声中仓促应战，如果不是这两声爆炸，两边不知会不会对峙到下个月。

这是普京政治生涯最惨烈的打击，9月4日，出现在电视里的普京苍白憔悴、眼圈黑得像熊猫、话都说不太利索了："无论是作为总统还是普通公民，我都断言，我们别无选择。"这时的普京不是原来那个硬汉，不是那个铁腕酷哥，只是一个被伤了心的男人，是一个正在遭受巨大挫败感的男人！好在，俄罗斯人也是吃软不吃硬的脾气，车臣反政府武装越是疯狂杀戮，他们越是大力支持政府跟他们血战到底，而且，他们也应该庆幸，幸好老大是克格勃训练出来的，没有钢铁的神经，碰上这样的悍匪，早给折磨疯了。

"别斯兰事件"给当时的孩子留下很大的创伤，对整个俄罗斯也是难以愈合的伤痛，后来有些心理受伤的孩子还被邀请到咱家来散心，用中医帮助他们恢复。

在对外关系上，普京任内，跟俄罗斯扯不清的要数英格兰了，最著名的就是间谍纠纷。

2006年年初，莫斯科郊外一个街心花园中发现有一块石头很神奇，经常有英国外交人员，或是些面目可疑的人围着这块石头活动。把那块石头拿回来一研究，发现是个接收发射信息的装置。并因此怀疑有四个英国使馆人员是间谍，俄罗斯马上扬言要驱逐英格兰的外交官，并向他家索赔。其实西边几个国家互派间谍，是有光荣传统的，彼此好像都不算秘密，俄罗斯此时突然发难也是外交手段，那阵子西方抨击他家的民主，老山姆在他家附近策划颜色革命。外交上的事，自然通过外交方式解决吧，最后两边有多少因此引发的交易就不详了。

"石头间谍案"还没完全闹清楚，又有间谍冒出来了。2006年11月，叛逃到不列颠家（英国最喜欢接受俄罗斯人过来政治避难）的前克格勃特工科特维年科在伦敦一个日式餐馆中毒，几天后身亡。一追查下来，又是大事了，这个叛逃的小间谍死于"钋210"，一种昂贵的、稀有的放射性物质。

这个叫科特维年科的过气间谍绝对是世界上死得最贵的人，后来经检查，留在他体内的这种物质，其市价超过1000万美元！全球哗然，用这么奢侈的方法杀人，一般人或组织都做不到啊。鉴于这家伙死时已经是英国公民了，英国投入极大热情追查凶手，最后他家出示所有的证据证明"克格勃追杀叛逃者，幕后策划是普京"。

英国刚在"石头间谍案"上吃了鳖，有点难看，现在"特工中毒案"侦破，该俄国人难看了，英格兰于是也像石头案时俄罗斯那样，大呼小叫，似乎受了天大的委屈，张罗着要驱逐俄罗斯的外交官。欧盟、老山姆一伙跟着瞎起哄，等着普京难看。

用脚丫子想都知道这应该是个冤假错案，对克格勃来说，杀人不留痕迹比吃饭还容易，一个过气特工，又不是超人，至于用俄罗斯顶级实验室里的钋210来动手吗？难道老鼠药达不到目的？就算一定要用这么高级的毒药，以克格勃的本事，难道没有路子从别国买，非要用自己国家的，然后被英国人分析出来？死的这家伙叛逃英国六年了，当初是因为行为不端被开除克格勃，用旅行护照逃到英国，如果这家伙真有那么大的谋杀价值，克格勃会放他逃走吗？会等六年才动手，还闹出满城风雨的动静？普京很郁闷，这种陷害方法，分明在说他家那个令江湖闻风丧胆的克格勃是猪啊。

跟"石头案"一样，不过是适当时候的外交武器，当时的普京正跟欧盟因为波兰牛肉的事纠缠不清，普京很在意和欧盟的关系，总想跟他们走近一点，欧盟见俄国人上赶着凑过来，还不趁机辖制他家吗？俄罗斯一直不肯接受波兰的牛肉等产品，波兰就利用自己的欧盟资格总给他压力，想搞强买强卖。又加上，当时还有个重大谋杀事件：俄罗斯女记者安娜·波利特科夫斯卡娅被谋杀。

安娜太讲新闻良心了，该说的不该说的都大肆报道，经常让政府和普京不舒服，有一天突然在电梯里被杀掉了。西方以此事大肆抨击普京，认为铁定是他剿杀反对的声音。而中毒特工之所以会跑到日本料理店去中毒，是因为有人约他谈女记者被杀的事。这个特工从叛逃后就以揭露克格勃的秘事为业，著书立说。

这几件事纠结在一起，又把普京陷在危机里，据西方的媒体说，那阵子，普京看着就灰头土脸。到现在也没找到真凶，嫌疑人名单又超过一米长了。后来浮出头来的醒目人物是叛逃的寡头老别，有证据显示是他策划了所有事并嫁祸普京。过了几天意大利的黑手党也被卷进事件中心，最热闹时，英国军情五处那个出名的女领导扛不住压力，辞职不干了！整个事件真是云山雾罩，扑朔迷离……咱们就别跟着费这脑筋了，百年之后，定有真相，等着吧。

二人转

2008 年，普京第二届总统任期届满，当时的很多俄罗斯人，建议修宪，延长总统任期，以留住普京。

我们外人看普京，喜欢看他赤裸上身秀肌肉，骑马钓鱼开战斗机，跟恐怖分子死磕。可如果我们是俄罗斯人，那我们对普京的要求肯定不是会秀那么简单了。

普京不是圣人，世上也没有完人，在他任内，俄罗斯的旧疾并没有得到根治，贪污腐败，寡头影响，贫富分化这些似乎改善得并不多。外界尤其是西方世界，对普京最大的批评就是认为他不够民主，骨子里还是"沙皇"。比如他处理完那几个寡头后，将其资产收归国有，尤其是控制了传媒和舆论，都被认为是叶利钦那时全盘自由化的某种倒退。

那究竟为什么，俄罗斯的老百姓如此信赖甚至愿意依赖普京呢？除了开始说的，普京当家八年，俄罗斯人的生活水平是实实在在提高了，而且国家形象硬朗有型，似乎正在逐步寻回往日的荣光；更重要的原因和考量是，历经苏联、老戈、叶利钦，俄罗斯人好久没遇上能让大伙放心的老大了，普京也许不是最好的，可他几乎没犯什么错，比之前那几位强不少，万一放走了他，再选一个不靠谱的，也不能随便退货啊。

普京自己心里很有数，他还头脑清晰，身子骨强壮，再干个十来年一点儿问题也没有，而且，如果真要修宪，让自己能第三次参选，他依然可以毫无悬念地获胜，继续做总统。可是，如果他真这么做了，俄罗斯人看他的眼神肯定不一样了，他不民主想独裁，还想终身独裁这个猜测就坐实了，严重影响普京一直维护的形象。

老百姓留不住普京，他推选的人当然就被认为是最好的。所以，当普京举荐自己的同乡、同学、最重要的幕僚和挚友——梅德韦杰夫成为下任总统时，俄罗斯人也就非常痛快地接受了。

不要以为俄罗斯不严肃啊，俄罗斯总统绝对是民选的首脑，梅德韦杰夫虽然有普京的大力支持，可也是经过了合法的各种选举、各种手续上岗的，他当时可是获得了近70%的有效选票呢。

梅德韦杰夫一接班，就任命自己的老上级普京为总理，大家都明白，这样一种关系。全世界的人都认为，梅德韦杰夫如果是个懂事的，一上任就应该修宪或者提前大选，让普京再回到总统的大位上。

梅德韦杰夫果然不负众望，他上台真就安排修宪了，不过仅仅是"微调"，以后俄罗斯的总统任期由四年延长到六年，理由也很充分啊，以美国为例，四年任期，第一年磨合，第四年又要预备大选，能安心工作产生效率的，只有中间的两年，各种政策都无法连续执行，影响国家发展嘛。

2012年将临时，梅德韦杰夫完成了对普京的承诺和忠诚。他宣布，他将推荐并支持普京参加下届总统大选。而普京也马上声明，他回到总统岗位后，梅德韦杰夫是当然的总理人选。全世界都为这种"俄罗斯式的民主"会心一笑。中国的网友们智慧无极，起了个非常贴切的名字叫"二人转"。

梅德韦杰夫和普京两人都以为 2012 年这轮举世瞩目的交接将流畅顺遂，没想到在 2011 年底就遭遇了巨大的挑战。年底的国家杜马选举，"二人转"代表的统一俄罗斯党虽然依旧取得了绝对多数，但得票率却发生了大规模下滑。

俄罗斯历史分期及领导人一览

基辅罗斯

留里克 (862—879)

奥列格 (879—912)(882 年迁都基辅，从此开始基辅罗斯的统治)

伊戈尔 (912—945)

奥丽加 (伊戈尔妻) 摄政 (945—962)

斯维亚托斯拉夫一世 (962—973)

雅罗波尔克一世 (973—980)

弗拉基米尔一世 (980—1015)

斯维亚托波尔克一世 (1015—1019)

雅罗斯拉夫一世 (1019—1054)(1054 年雅罗斯拉夫死后，其子三分天下，基辅罗斯解体)

伊兹雅斯拉夫 (1054—1073)

斯维亚托斯拉夫二世 (1073—1078)

弗塞沃洛德一世 (1078—1093)

斯维亚托波尔克二世 (1093—1113)

弗拉基米尔·莫诺马赫 (1113—1125)

穆斯提斯拉夫一世 (1125—1132)

封建割据时期 (1132—1157)

弗拉基米尔大公统治时期 (1157—1218)

蒙古统治时期

雅罗斯拉夫二世 (1238—1246)

斯维亚托斯拉夫 (1246—1247)

迈克尔 (1248—1249)

安德烈二世 (1249—1253)

亚历山大一世 (1253—1263)

雅罗斯拉夫三世 (1263—1272)(特维尔公)

巴西尔·瓦西里 (1272—1276)

德米特里厄斯·季米特里 (1276—1281，1283—1294)

安德烈三世 (1281—1283，1294—1304)

米切尔 (1304—1319)(特维尔公)

尤里·达尼洛维奇 (1318—1326)(莫斯科公)

亚历山大二世 (1326—1327)(特维尔公)

亚历山大三世 (1328—1331)

莫斯科大公国

丹尼尔 (1263—1303)

尤里三世 (1303—1325)

伊凡一世 (1325—1341)(又称 "钱袋" 伊凡)

西蒙 (1341—1353)

伊凡二世 (1353—1359)

德米特里·顿斯科伊 (1359—1389)(顿斯科伊意思为 "顿河英雄")

瓦西里一世 (1389—1425)

瓦西里二世 (1425—1462)("失明大公")

伊凡三世 (1462—1505)(伊凡大帝，1480 年脱离蒙古统治)

瓦西里三世 (1505—1533)

伊凡四世 (1533—1584)(伊凡雷帝，1547 年正式称 "沙皇")

费多尔一世 (1584—1598)(1598 年沙皇费多尔死，无嗣，留里克王朝告终)

王朝混乱时期

鲍里斯·戈东诺夫 (1598—1605)

费多尔二世 (1605)

季米特里一世 (1605—1606)(山寨一号)

舒伊斯基 (1606—1610)

德米特里厄斯·季米特里二世 (1607—1610)(山寨二号)

波兰公 (1610—1613)

罗曼诺夫王朝

米哈伊尔·罗曼诺夫 (1613—1645)

阿列克谢 (1645—1676)

费多尔三世 (1676—1682)

伊凡五世 (1682—1696)

彼得一世 (彼得大帝)(1682—1725)

叶卡捷琳娜一世 (1725—1727)

彼得二世 (1727—1730)

安娜·伊凡诺芙娜 (1730—1740)

伊凡六世 (1740—1741)

伊丽莎白 (1741—1762)

彼得三世 (1762)

叶卡捷琳娜二世 (叶卡捷琳娜大帝)(1762—1796)

保罗一世 (1796—1801)

亚历山大一世 (1801—1825)

尼古拉一世 (1825—1855)

亚历山大二世 (1855—1881)

亚历山大三世 (1881—1894)

尼古拉二世 (1894—1917)

苏联至俄罗斯

列宁 (1917—1922)

斯大林 (1922—1953)

马林科夫 (1953—1955)

赫鲁晓夫 (1955—1964)

勃列日涅夫 (1964—1982)

安德罗波夫 (1982—1984)

契尔年科 (1984—1985)

戈尔巴乔夫 (1985—1991)

叶利钦 (1991—2000)

普京 (2000—2008)

梅德韦杰夫 (2008—2012)

普京 (2012—　)